高等学校交通运输专业规划教材

交通运输商务

(第 3 版)

主　编　◎　汤银英

副主编　◎　陈　思

西南交通大学出版社
·成　都·

图书在版编目（CIP）数据

交通运输商务 / 汤银英主编. —3 版. —成都：西南交通大学出版社，2023.1（2025.8 重印）
ISBN 978-7-5643-8526-2

Ⅰ. ①交… Ⅱ. ①汤… Ⅲ. ①交通运输经济 – 经济管理 – 高等学校 – 教材 Ⅳ. ①F506

中国版本图书馆 CIP 数据核字（2021）第 277852 号

Jiaotong Yunshu Shangwu
交通运输商务
（第 3 版）

主　　编／汤银英
责任编辑／周　杨
封面设计／何东琳设计工作室

西南交通大学出版社出版发行
（成都市金牛区二环路北一段 111 号创新大厦 21 楼　610031）
发行部电话：028-87600564
网址：http://www.xnjdcbs.com
印刷：四川煤田地质制图印务有限责任公司

开本　185 mm×260 mm
印张　19.25　　字数　458 千
版次　2014 年 1 月第 1 版　2017 年 4 月第 2 版　2023 年 1 月第 3 版
印次　2025 年 8 月第 8 次

书号　ISBN 978-7-5643-8526-2
定价　42.00 元

课件咨询电话：028-81435775
图书如有印装质量问题　本社负责退换
版权所有　盗版必究　举报电话：028-87600562

第3版前言

随着贸易业和运输业的长足发展，运输业与保险、法律、金融、海关等行业有了密切的联系，对从事运输业的相关人员有了更高的要求，需要其在精通运输业务的基础上了解商务知识。本书是为了适应贸易业与运输业的和谐稳定发展对运输商务应用型人才的需要，按照高等教育应用型人才培养规划教材编写要求，根据我国运输业发展和改革的实践需要，结合近几年的科技发展以及理论研究和教学改革实践成果，在第二版的基础上组织编写而成的。

本版主要修订内容说明如下：（1）第2章 交通运输合同：根据《中华人民共和国民法典》（中华人民共和国第十三届全国人民代表大会，2020）和《道路旅客及客运站管理规定》（中华人民共和国交通运输部令2020年第17号）等相关最新文件修订了交通运输合同分类方式、责任划分等相关内容，也依据其他现行法律法规对该部分内容进行了补充和完善；（2）第3、4、5、7、9章 铁路运输、公路运输、航空运输、运输费用、运输商务事故处理：更新了国内外发展现状，删除了已废止的法律或者条例中所引用的内容，并根据现行法律条款等对内容进行了补充和完善，同时增添了"热点连线"内容；（3）第6章 水路运输：该部分为新增内容，并且根据相关的法律法规对国内外水路运输的发展现状、运输业务、运输合同等内容做了说明与介绍；（4）第8章 运输保险与保价：根据《快递暂行条例》（国务院，2019）等最新文件修订了快递行业以及其他运输行业的保险与保价内容，同时增添了"热点连线"内容；（5）结合交通运输行业实际更新了涉及疫情防护、新媒体应用、旅客文明出行的相关案例，修改了部分错字别字，精简了部分内容。

本书理论与实践相结合，不仅涵盖了交通运输商务的基本理论和方法，还尽量与生产实践保持一致，并通过大量的案例分析、思考题、章节小结等内容，提高了教材的实用性和自学适用性。本书主要内容包括：交通运输合同、铁路运输、公路运输、航空运输、水路运输、运输费用、运输保险与保价、运输商务事故处理等。

本书具有较强的适用性，既适用于本科，也能用于专科层次的教学，同时还能够很好地应用于成人和网络教育。教材包含丰富的案例分析，以及热点连线、章后小结、复习思考题等内容，为广大读者和使用者提供了良好的自学条件。

本书特点：

（1）强化基本概念和基本理论的教学；

（2）结合实际案例理解教学内容；

（3）扩展了教材的适用性；

（4）提高了教材的可读性。

本书第三版主要编写工作人员为汤银英、陈思，研究生阮吕彬、钟娟、张一迪、胡雅婷、池欣忆、卜思豪等也参与了部分章节的书稿整理工作。全书由汤银英统稿。

由于本书涵盖内容较多，加上编写时间较紧和编者业务水平有限，在全书内容的组织和文献材料的取舍方面难免存在诸多不当和疏漏之处，欢迎国内外同行和专家及各位读者批评指正，同时对本书的出版提供帮助的单位、个人及本书参考文献作者表示诚挚的感谢！

编 者

2022 年初

目　录

1 绪　论 ··· 001
　1.1　商务概论 ··· 001
　1.2　运输商务概述 ··· 002
　1.3　运输商务的主要内容 ··· 003
　本章小结 ··· 007
　复习与思考 ··· 008

2 交通运输合同 ··· 009
　2.1　运输合同概述 ··· 009
　2.2　货物运输合同 ··· 015
　2.3　旅客运输合同 ··· 024
　2.4　运输合同案例 ··· 030
　本章小结 ··· 032
　复习与思考 ··· 032
　参考文献 ··· 032

3 铁路运输 ··· 033
　3.1　铁路运输概论 ··· 033
　3.2　铁路运输的基本条件 ··· 039
　3.3　铁路货物运输业务 ··· 045
　3.4　铁路旅客运输业务 ··· 051
　3.5　热点连线 ··· 064
　本章小结 ··· 069
　复习与思考 ··· 070
　参考文献 ··· 070

4 公路运输 ··· 071
　4.2　公路运输的基本条件 ··· 074
　4.3　公路货物运输业务 ··· 077
　4.4　公路旅客运输业务 ··· 085
　本章小结 ··· 089
　复习与思考 ··· 089
　参考文献 ··· 089

5 航空运输 ··· 090
　5.1　航空运输概论 ··· 090
　5.2　航空运输的基本条件 ··· 098
　5.3　航空货物运输业务 ··· 105

	5.4 航空旅客运输业务	115
	5.5 热点连线	124
	本章小结	125
	复习与思考	125
	参考文献	126
6	水路运输	127
	6.1 水路运输概论	127
	6.2 水路运输的基本条件	132
	6.3 水路货物运输业务	135
	6.4 水路旅客运输业务	154
	本章小结	158
	复习与思考	158
	参考文献	159
7	运输费用	160
	7.1 运价的基本原理	160
	7.2 铁路运费计算	168
	7.3 公路运费计算	189
	7.4 航空运费计算	195
	7.5 水运运费计算	201
	本章小结	217
	复习与思考	218
	参考文献	219
8	运输保险与保价	220
	8.1 运输保险	220
	8.2 保价运输	250
	8.3 热点连线	263
	本章小结	265
	复习与思考	265
	参考文献	265
9	运输商务事故处理	267
	9.1 运输事故	267
	9.2 运输事故责任划分	277
	9.3 运输事故索赔	284
	9.4 运输事故理赔	289
	本章小结	300
	复习与思考	301
	参考文献	302

1 绪 论

改革开放以来,我国经济发展飞速,贸易业和运输业亦是成绩斐然。由于运输业务涉及部门广泛,与保险、法律、银行、海关等行业有密切的联系,这就要求相关从业人员既需精通交通运输业务,还需了解商务知识,才能更好地促进贸易业和运输业和谐、稳定地发展。

1.1 商务概论

商务是指以盈利为目的的市场经济主体,通过商品交换获取经济资源的各种经济行为的总称,用户可以利用网络、电话、传真、信函和传统媒体来实现商务交易和管理过程。用户能够通过传统手段进行市场营销、广告宣传、获得营销信息、接收订货信息、做出购买决策、进行款项支付、获取客户服务支持等。这种手段具有环节多、成本高、效率低、双方心理距离远的特点。

随着经济的发展和观念的更新,现代商务活动也在不断发展,现代商务活动主要有以下特点:

(1) 职能综合化日益明显。

现代商务活动逐渐表现出信息职能、金融职能、流通职能等特点,例如先进的商务管理系统、图文传送系统及电子识别等系统技术大大增强了商务活动中信息的收集、加工、整理、分析能力。

(2) 流通水平日新月异。

随着如今计算机技术和通信网络的发展与应用,使得商务活动有了现代化技术支持,出现了新兴的流通方式及理念,例如新型的无实体店铺、无店员网上店铺、零库存理论等。

(3) 专业化、高效化程度逐渐提高。

目前,商流、物流和信息流呈现分离的趋势,专业化分工初现端倪,商流将与物流发生分离,在商流、物流分离的同时,信息流的专业化也逐渐形成。

随着市场竞争的进一步加剧,商务的组织形式和活动方式还将发生革命性的变化,表现出以下几个趋势:

(1) 商业形式多样化。

商业形式多样化是指企业适应市场快速多变的要求,有针对性地采用多样化的商业经营方式。

商业向大型化形式发展，经济的发展刺激了消费，原来分散的中、小型商业企业不能满足大量消费的需要，大批量销售的商业组织在这种环境中得到发展。同时，批发向多元化形式发展，专职批发商、代理商、厂家销售分支机构以及其他批发商业组织将共同存在。零售商业呈现多样化，专业商店、百货公司、超级市场、杂货商店等各种零售商业形式将共同存在。

（2）商事组织联合化。

商事组织联合化是企业适应流通领域竞争和垄断加剧的新趋势，旨在增强综合竞争能力及提高规模效益所实施的对策。

商事组织联合化有多种形式：工商一体化的形式，指企业兼顾生产、销售双重功能，实行市场调查、产品设计、生产制造、市场销售、售后服务一条龙经营；跨国一体化的形式，主要指企业根据国际市场的需要和自身可能，把相关行业有机地结合起来形成经济实体，进行生产、销售、服务、国际化经营；综合商社的形式，主要指以贸易为主体，集贸易、金融信息、综合化服务功能为一体的跨国集团。

（3）销售方式多样化。

销售方式多样化是企业依据目标市场、目标顾客的消费需求，细分或改变传统销售模式所实施的对策，主要包括更新改造型、填齐补缺型、推陈出新型、领导潮流型等几种形式。

（4）商务电子化和国际化。

随着国际互联网络的迅猛发展，集计算机技术、网络技术、信息技术为一体的电子商务已得到飞速发展。伴随着经济全球化和技术创新的大趋势，开展国际商务活动也将是一个重要的发展趋势。

（5）经营手段现代化。

经营手段现代化主要是指将现代科技革命成果应用于商流、物流、信息流的管理，使其快速、高效、协调运转，以实现企业经营目标。

（6）经营战略多角化。

经营战略多角化主要是指企业在区位结构、行业结构、商品结构等环节进行全方位开发，以实现利润最大化目标。

1.2 运输商务概述

从运输业的发展来看，运输密切联系着转运、仓储、保险等业务服务。运输商务涉及海、陆、空以及管道运输，还有管理货物的运输、中转、装卸、仓储等事宜。

交通运输商务是指交通运输企业在经营客货运输业务的过程中，面向运输市场而开展的各种经济行为的总称。

交通运输商务管理是有关运输生产活动中的运输法规与政策的管理、客货运输营业管理、运输费用管理、运输质量管理、运输商务信息管理以及与货运有关的仓储、理货、代理、联运、保险等项业务管理活动的总称。

交通运输商务的开展具有非常重要的意义：

（1）交通运输商务工作是交通运输生产的前提和基础。

运输商务为运输生产提供了所需的客流和货源，同时为运输生产提供了法律和政策的支撑、信息支撑和服务保障，联系了运输和其他经济活动，是运输生产的前提和基础。

（2）交通运输商务工作是交通运输企业提高市场声誉、扩大市场份额的基础。

运输商务活动是面向运输市场的活动，运输商务活动的过程也是旅客和货主了解运输企业的过程。因此，运输商务活动质量直接影响着旅客和货主对于运输企业的评价，运输商务工作是运输企业提高市场声誉、扩大市场份额的基础。

（3）交通运输商务工作是提高运输服务质量的基础。

运输服务质量包括安全、迅速、准确、舒适、经济、便利等方面，这些都与运输商务活动直接有关。不断提高运输商务工作的质量，可以使上述特性得到改善，从而提高运输服务质量。

（4）交通运输商务工作是交通运输企业提高运输效率、增加运输收入和经营效益的基础。

优质、高效的运输商务活动，有利于提高运输企业的声誉，使运输企业吸引更多的客流和货源，为运输企业增加运输收入和经营效益，提高运输效率。一些新的商务形式例如运输电子商务的开展也大大提高了运输企业的经营效益。

运输商务学科是交通运输科学的重要组成部分，属于运输管理学、运输经济学、运输市场营销学、交通运输法学等学科的交叉学科。

运输商务与相关学科的关系如下：

（1）运输商务学科与运输组织学。

运输组织学侧重于研究运输企业内部的客货运输组织、行车组织以及调度指挥等工作；而运输商务则主要研究运输企业对外的工作。

（2）运输商务学科与运输经济学。

运输经济学是一门研究如何有效地在交通运输与其他经济活动之间分配资源，以及如何有效利用已分配用于运输部门的资源的学科；运输商务学科在运输费用的计算、运输事故理赔等方面需要应用运输经济学的理论。

（3）运输商务学科与运输市场营销学。

运输市场营销学是一门研究在运输市场上通过运输劳务的交换来满足旅客或货主现实的或潜在的运输需求的学科；运输商务学科在运输市场调查与分析方面需要应用运输市场营销学的理论。

1.3 运输商务的主要内容

运输商务按照运输对象不同可以分为货物运输商务和旅客运输商务。运输商务主要包括以下几方面的内容。

1. 运输合同

运输合同是指承运人将旅客或者货物从起运地点运输到约定地点，旅客、托运人或者收货人支付票款或者运输费用的合同。运输合同可以被描述为运输合同的当事人依据运输合同的约定所享有的权利和承担的义务。

作为合同当事人的权利是一种债权，债权属于请求权、相对权。请求权是合同当事人权利的性质，如旅客、托运人可要求承运人提供运输劳务，要求承运人于目的地交付行李、货物等，它意味着享有权利的人可以要求合同的义务人为一定行为或不为一定行为。相对权与绝对权相对应，是从义务人是否特定以及权利的实现是否需要义务人的协助出发，而对权利所做的分类。

货物运输合同简称货运合同，是承运人和托运人之间达成的明确货物运输权利义务关系的协议。承运人有义务将货物安全、及时、完整地运到托运人指定的目的地，并交付给托运人指定的收货人，托运人或收货人应当支付相应的运输费用。

旅客运输合同简称客运合同，是承运人与旅客之间就客运方面的权利义务关系达成的协议。根据该协议，承运人有义务将旅客及其行李按约定的时间安全送达目的地，旅客有义务支付规定的票款。旅客运输合同的当事人主要有承运人和旅客两方，其标的为承运人的运输行为。在旅客运输合同中，旅客既是运输合同的主体，也是运输合同的运送对象。

2. 运输业务

（1）铁路运输。

铁路运输的特点主要有：载运质量大，运行成本低，能源消耗少，既在大宗、大流量的中长以上距离的客货运输方面具有绝对优势，又在大流量、高密度的城际中短途旅客运输中具有很强的竞争优势。

铁路货物运输合同的形式包括：

① 按季度、半年度、年度或更长期限签订的货物运输合同；

② 铁路货运延伸服务订单。

铁路旅客运输合同的基本凭证是铁路旅客车票。铁路旅客车票与一般客票一样，具有有价证券性质和旅客运输合同性质。铁路旅客车票票面应当注明发站和到站站名、座别、卧别、径路票价、车次、乘车日期、有效期等主要内容，实行实名制的车票还应注明旅客姓名、证件号等相关信息。

（2）公路运输。

公路运输一般是指汽车运输，即使用汽车在公路上载运货物或旅客的运输方式。它不仅可以直接运进或运出货物，而且也是车站、港口和机场等运输节点集散货物的重要手段。公路运输的主要特点包括分布面广，适应性强，可实现"门到门"直达运输，具有运量较小，运输成本较高，运送速度较快等特点。

（3）航空运输。

航空运输是指使用一种航空器在空中从事地理位置的移动，把旅客、货物、行李、邮件从一地运送到另一地的交通作业。航空运输的特点主要有：运输速度快，运输路线短，灵活性大，舒适安全，基本设施建设周期短、投资少、见效快。

航空货运单是航空货物运输合同订立和运输条件以及承运人接收货物的初步证据。航空货运单的用途包括：① 保险证书；② 承运人内部业务的依据。

航空客票是旅客和航空公司之间签署的运输契约，是承运人和旅客订立航空运输合同条件的初步证据，是旅客乘坐飞机、托运行李的凭证，也是航空公司之间及航空公司与代理人之间进行结算的依据。

（4）水路运输。

水路运输是以船舶为主要运输工具、以港口或港站为运输基地、以水域为运输活动范围的一种客货运输。水路运输具有运量大、运输成本低、速度低、受自然条件的限制和影响较大等特点。

国内水路货物运输合同包括班轮货物运输合同、航次租船货物运输合同、国内水路货物运单等。

海上货物运输合同的基本内容包括货物名称，货物的数量和质量，运费的支付，履行的期限、地点，违约责任等。

船票是水路旅客运输合同成立的证明。船票的基本内容包括承运人名称，船名、航次，起运港（站、点）和到达港（站、点），舱室等级、票价、乘船日期、开船时间，上船地点（码头）等。

客票是海上旅客运输合同成立的凭证。客票分为记名客票与不记名客票两种，记名客票上记载着购票人的姓名、地址，通常是不可转让的；不记名客票在乘船前可以转让。

3. 运输费用

运价就是运输价值的货币体现，表现为运输单位产品的价格。各种运输方式都有其特定的运价。运费是托运人根据运输契约向承运人支付的运输费用，或者是承运人根据运输契约向托运人收取的运输报酬，运费应是单位运价与运量之积。

（1）铁路运价。

铁路货物运价按其适用范围不同可以分为普通运价、特殊运价、军运运价等；按货物运输种类不同分为整车货物运费、零担货物和集装箱货物运费、托运人自备或租用铁路机车车辆运输货物的运费、货物快运费、冷藏车运费、自备货车装备物品及集装用具的回送费。

铁路旅客票价分为普通票价、加快票价、卧铺票价和市郊票价四种。

（2）公路运价。

公路运价按车辆类别不同分为普通车辆运价和特种车辆运价，按货物类别不同分为普通货物运价和特种货物运价。

公路运费的构成情况为：整批货物及集装箱的运输费用一般由吨（箱）次费用、运价费用和货物运输其他费用构成；零担货物和计时包车运输货物的公路运输费用一般由运价费用和货物运输其他费用构成。

公路旅客运价按不同客运种类、不同客车类型、不同营运方式和不同道路条件实行差别运价。客运车型计费等级分为普通客车、中级客车、高级客车三类，每类按其座位总数分为大型、中型、小型三种。

（3）航空运价。

按运价的制定方法不同，航空货物运价可分为协议运价和公布运价。按运价的组成不同，航空货物运价可分为公布直达运价和非公布直达运价，其中，公布直达运价可按货物的性质不同进一步分为普通货物运价、指定商品运价、等级货物运价和集装货物运价；非公布直达运价包括比例运价和分段相加运价。

航空旅客票价指旅客由出发地机场至目的地机场的航空运输价格，不包括机场与市区之间的地面运输费用。航空客票按使用范围不同分为国际客票和国内客票；按旅客的航程要求不同分为单程客票、来回程客票和环程客票；按客舱等级不同主要分为一等舱客票和普通舱（也称经济舱）客票；按客票的票价不同分为全价客票、折扣价客票（如季节性折扣客票等）、儿童客票、婴孩客票等。

（4）水运运价。

班轮运价按照班轮运价表的规定计算，为垄断性价格。不同的班轮公司或不同的轮船公司有不同的运价表，但它都是按照各种商品的不同积载系数、不同的性质和不同的价值结合不同的航线加以确定的。

集装箱海运运费的构成包括海运运费、堆场服务费、拼箱服务费、集散运输费、内陆运输费等。

水运客票运价按运价里程和不同的航线基价进行计算。

4. 运输保险与保价运输

运输保险是指在运输生产过程中，由于意外事故、自然灾害而给承运人的货物、旅客、运输工具、乘务人员、第三人造成的损失给予补偿的各种保险的总称，包括货物运输保险、运输工具保险、旅客人身意外伤害保险等。

运输保险是以处于流动状态下的财产作为保险标的的一种保险，运输保险业务的内容包括运输货物保险、机动车辆保险、船舶保险、航空保险、摩托车保险等，在整个财产保险业中占有十分重要的地位。

保价运输是指运输企业与托运人共同确定的以托运人申明货物价值为基础的一种特殊运输方式。保价，就是托运人向承运人声明其托运货物的实际价值。凡按保价运输的货物，托运人除缴纳运输费用外，还要按照规定缴纳一定的保价费。

5. 运输事故

旅客和货物在运输过程中不可避免会产生运输事故，各种运输方式针对不同的事故类型划分不同的种类和等级，事故等级一般以货物损失金额或旅客人员的伤亡程度进行划分。运输事故责任主要分两种：承运人的责任和托运人的责任。

运输事故索赔是指投保人或被保险人在发生保险事故、遭受财产损失或人身伤亡后，要求保险人履行赔偿或给付保险金义务的行为。运输事故理赔是指保险事故发生后，保险人对被保险人所提出的索赔案件的处理。

6. 运输商务发展趋势

交通运输业电子商务是指以互联网为核心的现代信息技术在交通运输经营管理中

的应用，从而提高交通运输企业经济效益和经营效率，增强企业的市场适应能力和客户的满意度，进而提升运输企业竞争力的一系列过程。交通运输业电子商务应用具体体现在货运电子商务、客运电子商务和附加服务三个方面。

运输电子商务是运输商务活动的高级形式。在这种形式中，大部分的商务活动都是通过网络渠道来完成，如询价、报价、订单及各种单证的传输、协议的签订、付费，以及在国际贸易中的租船、报关、纳税等商务活动。可以说除运输、仓储等物流活动外的一切商务活动都可以在电子虚拟世界中进行。显然，这种形式不仅节省人力和物力，而且大大地提高了商务活动的效率。

（1）铁路运输电子商务。

铁路发展电子商务的首要方向应该集中在以下两个方面：一是发展铁路与其长久、大型货运合作伙伴之间的电子数据交换（EDI），使这些大客户能够流畅地利用网络完成票据往来、信息交互和预定、支付、退偿等一系列资金交易，以增加提高货运方面电子商务的应用；二是发展铁路的网上营销，为广大旅客提供方便、快捷的网上查询、订票、购票及其他相关服务，即加强电子商务在客运领域的实施。

（2）公路运输电子商务。

我国高速公路的网络已经形成，为专业的电子商务引入创造了良好条件。高速公路运营管理实现现代化，及时全面掌握路网动态，提高事故快速处理能力，做好车辆和路网抢修，维护路网运营安全，做好经营收费和监管等经营管理现代化，可以通过运用电子监视系统、建立路网监视平台、与电子商务联网等来实现。

（3）航空运输电子商务。

航空运输电子商务是指航空运输业务的电子形式的统称，也就是通过计算机网络系统记载、保存和管理旅客、行李或者货物行程及相关资料的电子信息记录，它的基本形式是电子运输凭证的营销管理，包括电子客票、电子行李票和电子货运单等。

（4）海上运输电子商务。

海上运输电子商务系统中的单证主要有电放提单和电子提单两种。

电放提单具有迅捷、简便、对收货人安全等特点。电放提单可通过传真在几秒钟内迅速完成单据传递，收货人凭电放提单换取提货单并及时提货，从根本上解决了"货等单"的问题。电子提单的安全性、正确性、高效率、快速度等优越性能，也是人工操作的纸张单据所无法比拟的。电放提单和电子提单的运用，使国际货物的流通速度有了一个飞跃的发展。

本章小结

本章通过阐述商务概论，引入了运输商务的概念及其重要意义，并介绍了运输商务的主要内容和发展趋势。

（1）商务概述。商务是指以盈利为目的的市场经济主体，通过商品交换获取经济资源的各种经济行为的总称。

（2）运输商务概述。运输商务是指交通运输企业在经营客货运输业务的过程中，面向运输市场而开展的各种经济行为的总称。

（3）运输商务的主要内容。运输商务内容从运输对象上可以分为货物运输商务和旅客运输商务。货物运输商务和旅客运输商务内部又可以细分为运输合同、运输方式、运输费用、运输保险、运输事故、运输代理、运输电子商务等内容。

复习与思考

1. 谈谈现代商务的发展趋势。
2. 什么是运输商务？
3. 简述运输商务的主要内容。
4. 谈谈运输电子商务的发展趋势。

2 交通运输合同

为了明确承运人及旅客、托运人和收货人在运输过程中的权利和义务关系，规范其商务行为，尽量避免和减少运输纠纷，承运人与旅客或托运人须签订交通运输合同。交通运输合同是当事人意思表示一致的结果，它不仅是交易达成的标志，也是保护当事人合法权益、降低合作风险的依据，还是当事人行使权力、履行义务、解决纠纷的证据，是运输商务重要组成部分之一。

2.1 运输合同概述

2.1.1 交通运输合同的概念和特征

1. 合同的概念

合同也称契约，是民事主体之间设立、变更、终止民事法律关系的协议。民事主体指的是平等主体的自然人、法人、非法人组织。

当事人订立合同，可以采用书面形式、口头形式或者其他形式。书面形式是合同书、信件、电报、电传、传真等可以有形地表现所载内容的形式。以电子数据交换、电子邮件等方式能够有形地表现所载内容，并可以随时调取查用的数据电文，也被视为书面形式。

合同的基本特征有：

（1）合同是双方或多方当事人的法律行为。合同是双方或多方当事人意思表示一致的结果，是当事人确立、变更或终止一定法律关系的行为，它能引起一定的法律后果，是具有法律约束力的行为。

（2）合同关系中当事人的法律地位是平等的。合同是当事人之间的协议，在合同关系中只有当事人的法律地位平等，才能各自表达自己的真实意思，进行平等协商。在合同中一方不得把自己的意志强加给另一方。

（3）合同是当事人的合法行为。合同中所确立的权利义务，必须是当事人依法可以享有的权利和所承担的义务，这是合同具有法律效力的前提。如果签订的合同中有违法行为，当事人不仅达不到预期的目的，还应根据违法情况承担相应的法律责任。

2. 运输合同的概念和特征

《中华人民共和国民法典》（2021年1月1日正式实施，以下简称《民法典》）第809条规定，运输合同是指"承运人将旅客或者货物从起运地点运输到约定地点，旅客、托运人或者收货人支付票款或者运输费用的合同"。运输合同是当事人为达到一定的运输目的，经当事人意思表示一致而达成的协议。运输合同作为民事合同的一种，除具有民事合同的一般法律特征外，还具有以下的特征：

（1）合同主体的复杂性。

运输合同的主体包括承运人、旅客、托运人和收货人。承运人是指提供运输服务的当事人，包括运输企业和从事运输服务的个人。在我国，承运人既有国有企业，如铁路局、汽车运输企业、航运公司等，也有集体运输组织及城镇运输个体户和农村运输专业户。承运人的复杂性是与我国多种运输形式及多层次的运输经营方式相联系的。

旅客是指乘坐交通工具旅行的自然人，是旅客运输合同的主体。未成年人或者不具备完全民事行为能力的人也可以作为旅客运输合同主体，但必须与其法定代理人、监护人一起旅行，或者按照规定委托承运人照顾。

托运人是指提行李、包裹和货物运输的人，可以是自然人、法人或者非法人组织。行李运输的托运人就是旅客；包裹运输的托运人可以是旅客，也可以是其他货主；货物运输的托运人可以是货物的所有人，也可以是货物所有人委托的运输代理人或者货物的保管人。运输合同的订立是托运人向承运人提出，经过承运人确认后成立的。因此，托运人作为合同的主体具有积极主动的地位。

收货人是依据运输合同的约定而接收承运人送达的货物的人，也是托运人指定的领取货物的人，可以是个人、法人或者非法人组织。收货人一般是承运人和托运人之外的第三人，托运人也可以指定自己作为收货人。收货人在行使领取货物的权利时，也应当依法承担相应的法律义务。

（2）合同标的的特殊性。

运输合同的标的又称运输合同的客体，它是承运人运送旅客或者货物的劳务行为而不是旅客或货物。旅客或者托运人与承运人签订运输合同，其目的是要利用承运人的运输工具将货物或旅客实现从一地到另一地的空间位置的转移。承运人的运输劳务行为是双方权利义务共同指向的目标。因此，只有运输劳务的行为才是运输合同的标的。

（3）运输合同当事人权利义务的法定性。

运输合同当事人的权利义务大多数是由法律、法规、规章规定的，只要双方当事人意思表示一致，合同即告成立。当事人对合同的内容也可以依法进行修改，但对于法律规定的强制性条款，当事人不能协商。选择性条款或者提示性条款当事人可以协商。凡是当事人协商的补充条款，都具有法律效力。

（4）运输合同的双务性、有偿性。

所谓"双务合同"，是指合同当事人双方都享有权利，又承担义务，且合同中的一方的权利为另一方的义务，如买卖合同、租赁合同等。在运输合同中，承运人将旅客或货物从起运点运输到约定地点，旅客、托运人或者收货人支付票款或者运输费用，双方之间的权利义务具有对等给付的关系和有偿关系。

所谓"有偿合同"，是指一方当事人要通过对方履行义务而获取合同利益，为此必须支付相应的代价的合同。在运输合同中，旅客或货主要使承运人运输货物或旅客，就应当支付票款或者运费。

（5）运输合同一般为格式合同。

运输合同一般采取格式条款订立。所谓格式条款，是指"当事人为了重复使用而预先拟定，并在订立合同时未与对方协商的条款"（《民法典》第496条）。也就是说，合同一方提供具有合同全部内容和条件的格式条款文本，另一方当事人予以确认后合同即告成立。由于格式条款是由当事人一方提供格式条款文本，对利益方来说，很可能其合法权益会因此而遭受侵害，因此，为保护托运人和旅客的合法权益，法律对制定标准格式条款的一方规定了严格的义务。

（6）运输合同是诺成性合同。

所谓"诺成性合同"，是指一旦双方当事人达成协议，合同就成立，即"一诺即成"。与此相对应的是"实践性合同"，就是合同的成立不仅要双方当事人达成协议，而且要相互交换标的物，比如保管合同，必须寄存人将寄存的物品交给保管人，合同才能成立。

旅客运输合同属于诺成性合同。虽然实际生活中常有旅客先上车后买票的情况存在，但这只是合同的成立与履行同时进行，不能因此认为旅客运输合同为实践性合同。货物运输合同在性质上也属于诺成性合同。

2.1.2 交通运输合同的内容

1. 运输合同内容的概念

作为法律关系三要素之一的内容，指合同当事人依据合同约定所享有的权利和所承担的义务，因此，运输合同的内容也就可以被描述为运输合同的当事人依据运输合同的约定所享有的权利和承担的义务。

合同当事人的权利是一种债权，属于请求权、相对权。请求权的性质是合同当事人的权利，如旅客、托运人可要求承运人提供运输劳务，要求承运人于目的地交付行李、货物等，它意味着享有权利的人可以要求合同的义务人为一定行为或不为一定行为。相对权与绝对权相对应，是从义务人是否特定以及权利的实现是否需要义务人的协助出发，而对权利所做的分类。作为相对权，债权人只能要求特定的债务人履行义务，债务人原则上也仅对债权人履行义务。对相对权的侵害，当事人应承担违约责任。

2.《民法典》总则关于合同内容的规定

《民法典》第470条规定：合同的内容由当事人约定，一般包括以下条款：

① 当事人的名称或者姓名和住所。
② 标的。
③ 数量。
④ 质量。
⑤ 价款或者报酬。
⑥ 履行期限、地点和方式。
⑦ 违约责任。
⑧ 解决争议的方法。

作为"一般包括"的条款，以上条款是否具备并不必然影响合同的成立，实际上，上述条款仅是笼统地针对所有合同提供的示范性合同条款。截断合同条款与合同的成立之间的必然联系，有助于契约自由、当事人意思自治原则的实现，也有助于司法实践中对合同成立的认定。

运输合同是《民法典》规定的 19 种典型合同中的一种，因此，作为"总则"规定的八项条款对运输合同内容的确定也并非没有示范功效。相反，订立一项完备的运输合同，以上条款的具备是不可或缺的。事实上，有关的运输规程已经按照这些示范性条款制定了有关运输合同的基本内容。

3. 运输合同的默示条款

合同是双方当事人意思表示一致的产物，因此，凡是有关当事人权利、义务的合意都是合同的内容。当事人的合意过程往往通过要约、承诺表示，那些写在被称为"合同书"的纸上的合同条款，被称为合同的明示条款，而另外一些未记载在"合同书"上的合同条款则是合同的默示条款。当然，这并不排除在订立口头合同时，双方口头明示的内容也是合同的明示条款；而双方尽管口头未表明，但却心照不宣的内容同样是合同的默示条款。

相当多的运输合同往往依赖诸如客票、运单之类的证券或证据加以证明，基于方便性的考虑，客票的尺寸不可能太大，因此，其所记载的合同内容也不可能详尽，诸多的合同内容并不体现在客票之上。在我国，铁路、汽车运输中所使用的客票往往仅记载始发站、到达站、始发时间、票价之类的合同内容，至于运行的线路、经停地点、到达时间等合同内容，并未记载于客票之上。但这并不能说明除了客票所载明的内容，其余未记载事项不是合同内容。恰恰相反，那些未记载在客票上的内容构成了客运合同的应有内容，这些不表现在客票上的事项是客运合同的默示条款。于是，诸如到站时间、经停地点一类的内容张贴公示在车站的售票大厅，或印刷在"列车时刻表"上，可以认为这是承运人的意思表示，是要约邀请。旅客正因为信赖该公示内容，才会选择购买相应客票，购买之行为是要约。承运人发售旅客依承运人公布的"列车时刻表"而购买的客票属于承诺行为。依据《民法典》的规定，既然要约、承诺已经做出，则客运合同即应认为成立。相应地，要约、承诺的内容也就成为合同内容。

4. 运输合同的效力

（1）运输合同生效的条件：
① 当事人具有订立合同的能力。
② 当事人的意思表示真实。
③ 不违反法律、行政法规的强制性规定，不违背公序良俗。
（2）导致合同无效的原因：
① 无订立合同能力的人订立的合同。
② 违反法律、行政法规的强制性规定而订立的合同。但是，该强制性规定不导致该订立的合同无效的除外。
③ 违背公序良俗而订立的合同。
④ 行为人与相对人恶意串通，损害他人合法权益而订立的合同。
（3）导致合同可撤销或变更的原因：
① 因重大误解订立合同。
② 一方以欺诈手段，使对方在违背真实意思的情况下订立合同。

③ 第三人实施欺诈行为，使一方在违背真实意思的情况下订立合同。
④ 一方或者第三人以胁迫手段，使对方在违背真实意思的情况下订立合同。
⑤ 一方利用对方处于危困状态、缺乏判断能力等情形，在订立合同时显失公平。

（4）合同无效或被撤销的后果：

① 返还财产。返还财产是指当事人双方将从对方那获得的财产归还对方，回到未订立合同的状态。

② 赔偿损失。合同被确认无效或被撤销后，有过错的一方应当赔偿对方因此受到的损失；双方都有过错的，应当各自承担相应的责任。法律另有规定的，依照其规定。

2.1.3 交通运输合同的种类

运输合同种类繁多，根据不同的分类标准做如下划分。

1. 按照运输对象的标准分类

在运输合同中，运输对象有两种：旅客和货物，运输合同可以分为旅客运输合同和货物运输合同。旅客运输合同是指把旅客作为运送对象的合同。与旅客运输相关的行李包裹运输，可以看作一个独立的运输合同关系，也可以作为旅客运输合同的一个组成形式。货物运输合同是指以货物为运送对象的合同。

2. 按照运输工具的标准分类

运输合同根据不同的运输工具可以分为铁路运输合同、公路运输合同、水路运输合同、海上运输合同、航空运输合同等。

（1）铁路运输合同。

在铁路运输中，铁路运输企业与旅客或者托运人应当签订运输合同，明确各自的权利义务。铁路运输合同是实现旅客或者运输产品位移的法律形式。根据《中华人民共和国铁路法》（以下简称《铁路法》）第11条规定，铁路运输合同是明确铁路运输企业与旅客、托运人之间权利义务关系的协议。从形式上看，铁路运输合同一般包括旅客车票、行李票、包裹票和货运单据，即铁路运输合同的形式包括：旅客运输合同的旅客车票、行李运输合同的行李票、包裹运输合同的包裹票、货物运输合同的货物运单。

（2）公路运输合同。

所谓公路运输合同，是以公路运输企业或者个人作为承运人的运输合同。公路运输的承运人既包括经过批准取得公路运输经营权的企业，又包括依法办理有关批准手续而从事公路运输活动的个体经营者。

从形式上看，公路运输合同可以是当事人通过协商而签订的书面合同，也可以是公路承运人提供的货物运单、货票、客票等。与铁路运输相比，公路运输市场化程度较高，当事人协商的余地较大。双方可以按照《民法典》和有关法律法规的规定，通过协商确定双方的权利和义务。

（3）水路运输合同。

水路运输合同是指以水路运输经营者作为承运人的运输合同。水路运输的承运人既包括企业，又包括个人。水路运输合同的形式可以是船票、货物运单、托运单等单据，也可以是当事人签订的规范的书面合同。双方可以按照《民法典》和有关法律法规的规定，通过协商确定双方的权利和义务。

（4）海上运输合同。

海上运输合同是指以海上运输经营者作为承运人的运输合同。由于海上运输主要是涉外运输，世界各国对海上运输都十分重视，为调整海上运输及贸易关系，世界性的经济贸易组织通过协调，签订了很多海上货物和旅客运输的国际公约，这些公约是从事海上运输应当遵守的基本依据。

海上运输合同形式一般都是要式合同，提单作为船东签发的提货凭证，具有法律约束力。当事人必须按照提单的有关规则履行各自的义务。

（5）航空运输合同。

航空运输合同是指以航空运输经营者作为承运人的合同。航空运输利用空中飞行器载运旅客或者货物，快速方便，但对航空运输的技术要求比较高，安全问题特别重要。因此，只有经过国家批准的航空运输企业才能从事航空运输活动。航空运输合同从形式上来说也是要式合同。在旅客运输方面，以航空运输客票作为合同的基本凭证，但不是唯一凭证。当事人权利义务主要由法律规定，也可以约定，但必须符合法律法规的要求。在货物运输方面，以航空货物运单作为合同的初步证据，与运输的其他单据一起构成合同的全部内容。

3. 按照运输方式的标准分类

所谓运输方式，是指采取什么样的运输工具进行运输。以运输方式为标准，运输合同可分为单式运输合同和多式联合运输合同。单式运输合同，就是用一种运输方式完成运输行为的合同。多式联合运输合同（简称多式联运合同），是指托运人（或旅客）与多式联运经营人签订的，由多式联运经营人组织多个联运人通过衔接运输的方式将货物或旅客运送至目的地，托运人或者旅客支付运输费用的运输合同。这种分类的意义在于：在多式联运方式下，承运人通常为两个或两个以上，所以如何划分各承运人的责任和义务成为法律和合同规定的重点。

我国开展的联运方式有货物联运（以铁路水陆联运为主）、旅客联运和联运服务公司通过代办中转运输业务组织联运，均属于共同或连带运输形式。

4. 按照是否有涉外因素分类

按照是否有涉外因素，运输合同可以划分为国内运输合同和国际运输合同。国内运输合同是指运输合同当事人是国内的企事业单位或公民，起运地和到达地等都在国内的运输行为而所签订的合同。国际运输合同是指当事人或者货物的起运地、到达地有一项涉及国外的合同，如国际铁路运输合同、国际航空运输合同等。

2.2 货物运输合同

2.2.1 货物运输合同的概念和种类

1. 货物运输合同的概念

货物运输合同简称货运合同,是承运人和托运人之间达成的明确货物运输权利义务关系的协议。承运人有义务将货物安全、及时、完整地运到托运人指定的目的地,并交付给托运人指定的收货人,托运人或收货人应当支付相应的运输费用。货物运输合同具有以下特征:

(1) 标的是运输劳务行为。货物运输合同属于提供劳务的合同,其标的是承运人为将托运人托运的货物运送到指定地点所提供的劳务。

(2) 货运合同往往涉及第三人。在多数情况下,托运人往往是为第三人办理托运货物,托运人和收货人不是同一当事人,在这种情况下,收货人虽然没有直接参与签订货物运输合同,但其作为合同的关系人在合同依法成立后就享有合同规定的一定的权利并承担相应的义务。如运输合同规定运费由其支付,则在提取货物时应履行向承运人支付运费的义务。

(3) 格式的标准性。货物运输合同绝大多数具有格式条款的性质。

(4) 履行的特殊性。货物运输合同履行以承运人交付货物给收货人为终结。在货物运输合同中,承运人将货物运送到目的地,合同并未履行完毕,只有将货物交付给收货人后,其义务的履行才完结。如果承运人不能按时交付,则要承担相应的法律责任。

2. 货物运输合同的种类

对货物运输合同,可按不同标准划分为不同类型,见表2.1。

表 2.1 货物运输合同的种类

序号	分类标准	货运合同种类
1	按所运货物不同	普通货物运输合同;危险货物运输合同;鲜活货物运输合同
2	按运输过程中运输部门是否有协作关系	一般货物运输合同;联运货物运输合同
3	按运输方式的不同	铁路货物运输合同;公路货物运输合同;水路货物运输合同;航空货物运输合同;管道货物运输合同

2.2.2 货物运输合同的形式

货物运输合同可以采用承运人提供的格式条款,如托运单或者货物运单等,也可以通过双方协商签订具体的书面合同来明确各自的权利和义务。

1. 货物运单、托运单

货物运单、托运单是由承运人制定的货物运输凭证。托运人在托运货物、行李、包裹时一般都要向承运人提供货物运单或者托运单。承运人根据托运人填写的内容与托运人提供的货物进行核对，认为一致无误后即办理承运手续。托运单、货物运单都很简单，当事人的权利和义务往往是依据法律、法规和规章来确定的。货物运单、托运单应载明下列内容：

① 托运人、收货人、承运人的名称及其详细地址。
② 发站（港）、到站（港）。
③ 货物名称。
④ 货物包装、标志。
⑤ 件数和质量（包括货物包装质量）。
⑥ 承运日期。
⑦ 运到期限。
⑧ 运输费用。
⑨ 双方商定的其他事项。

一般的铁路货物运单格式如图 2.1 所示，铁路行李票格式如图 2.2 所示。

货物约定于 年 月 日交接			××铁路局 货物运单 托运人→发站→到站→收货人 运单号：					承运人/托运人装车 承运人/托运人施封 货票号：	
发站		专用线名称				专用线代码			
到站（局）		专用线名称				专用线代码		车种车号	
托运人	名称								
	地址					邮编		货车标重	
	经办人姓名		经办人电话			Email			
收货人	名称							货车施封号码	
	地址					邮编			
	经办人姓名		经办人电话			Email		货车篷车号码	
选择服务	□门到门运输 □门到站运输 □站到门运输 □站到站运输 □保价运输 仓储	□上门装车 □上门装车 □装载加固材料 □装载加固材料	□上门卸车 □上门卸车			取货地址			
						取货联系人		电话	
						送货地址			
						送货联系人		电话	
货物名称		件数	包装	集装箱箱型	集装箱箱号	集装箱施封号	货物价格	托运人填报重量（千克）	承运人确定重量（千克）
合计									
托运人记载事项						承运人记载事项			
托运人盖章或签字			发站承运日期戳		承运货运员签章		到站交付日期戳	交付货运员签章	
			年 月 日		年 月 日		年 月 日	年 月 日	

图 2.1 铁路货物运单

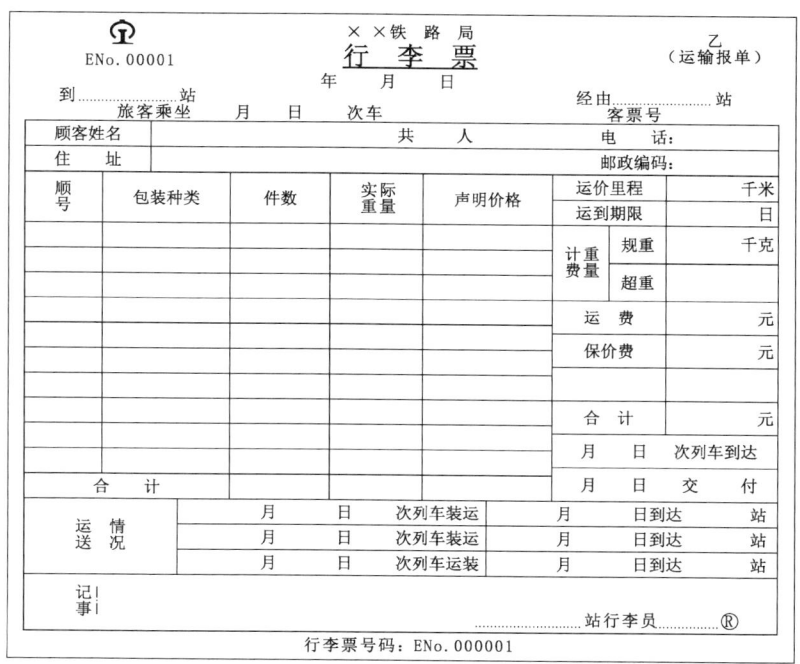

图 2.2 铁路行李票格式

2. 双方当事人商定的书面合同

当事人可以根据法律法规的规定，商定合同的具体内容。运输合同一般具备以下主要条款：

（1）合同主体条款，包括承运人、托运人、收货人名称（姓名）等基本内容。

（2）运输条款，包括货物的品名、种类、数量等；起运地（站、港）、到达地（站、港）名称。

（3）价格条款，即运费，承运人根据规定的价格标准进行计算；价格条款或者报酬不明确的，按照订立合同时履行地的市场价格履行；依法应当执行政府定价或者政府指导价的，依照规定履行。

（4）违约责任条款，该条款要明确违反合同应当承担的法律责任，包括支付违约金和赔偿损失等。

（5）双方商定的其他条款。

2.2.3 货物运输合同主体及其权利、义务

运输合同的主体是指参加运输合同法律关系，并依照运输合同而享有权利和承担义务的人，也称运输合同的当事人。货物运输合同的主体包括托运人、承运人和收货人。

1. 托运人的权利和义务

托运人是请求运送货物的人，可以是任何单位、组织、农村承包经营户、个体工商户、公民个人。托运人对所指定的发货人和收货人在收发货物过程中的行为承担责任。

（1）托运人的权利包括：

① 要求承运人按照合同规定的期限将货物安全、准时地运输到约定的地点。

② 在承运人将货物交付收货人之前，托运人可以要求承运人中止运输、返还货物、变更到达地或者将货物交给其他收货人，但是应当赔偿承运人因此受到的损失。

③ 在货物发运之前，托运人有权要求解除合同。

④ 因承运人的责任造成货物丢失、缺少、污染、变质、损坏时，托运人有权要求承运人赔偿货物损失。

⑤ 因承运人的责任而造成货物运输逾期时，托运人有权要求承运人赔偿货物逾期损失。

（2）托运人的义务包括：

① 如实申报的义务。《民法典》第825条规定："托运人办理货物运输，应当向承运人准确表明收货人的姓名、名称或者凭指示的收货人，货物的名称、性质、重量、数量，收货地点等有关货物运输的必要情况。因托运人申报不实或者遗漏重要情况，造成承运人损失的，托运人应当承担赔偿责任。"

② 有关文件交付及说明的义务。货物运输需要办理审批、检验等手续的，托运人应当将办理完有关手续的文件提交承运人。托运人托运易燃、易爆、有毒、有腐蚀性、有放射性等危险物品的，应当按照国家有关危险物品运输的规定对危险物品妥善包装，制作危险物品标志和标签，并将有关危险物品的名称、性质和防范措施的书面材料提交承运人。托运人相关条款规定的，承运人可以拒绝运输，也可以采取相应措施以避免损失的发生，因此产生的费用由托运人负担。

③ 支付运输费用的义务，这是托运人的基本义务。货物运输费用一般应按货物运价规则计算，托运人一般应于承运当日向发运站（港）交付，另有约定或规定的除外（则按照约定或规定支付）。

④ 包装的义务。《民法典》第827条规定："托运人应当按照约定的方式包装货物。对包装方式没有约定或者约定不明确的，适用《民法典》第619条的规定，托运人违反前款规定的，承运人可以拒绝运输。"（《民法典》第619条规定，出卖人应当按照约定的包装方式交付标的物。对包装方式没有约定或者约定不明确，依据《民法典》第510条的规定仍不能确定的，应当按照通用的方式包装；没有通用方式的，应当采取足以保护标的物且有利于节约资源、保护生态环境的包装方式。）（《民法典》第510条规定，合同生效后，当事人就质量、价款或者报酬、履行地点等内容没有约定或者约定不明确的，可以协议补充；不能达成补充协议的，按照合同相关条款或者交易习惯确定。）

⑤ 装卸的义务。货物装卸既可以由承运人负责，也可由托运人负责。由承运人负责时，托运人应支付装卸费。由托运人装卸时，托运人应准备相应的劳力和装卸机具，按约定时间和质量要求装卸，并由承运人监督装卸。

⑥ 正确制作运输标志和包装储运图示标志的义务。运输标志及包装储运图示标志的作用在于提醒承运人正确运输、保管。托运人应依据货物性质正确制作，以免发生差错。

⑦ 国家规定必须保险的货物，托运人应在托运地投保货物运输险。

2. 承运人的权利和义务

承运人是指提供运输服务的当事人,包括具有运输能力、经营运输业务的经济实体或个人。承运人有时可分为缔约承运人和实际承运人:缔约承运人是指参与签订运输合同的承运人;实际承运人是指接受缔约承运人委托从事运输的人。需要说明的是,在道路货物运输活动中,承运人和驾驶员的关系与道路客运中的关系是相同的,有的是同一的,有的是雇佣关系或民事代理关系。

(1)承运人的权利包括:

① 向托运人和收货人收取相应运费的权利。

② 对托运人不按规定交付运杂费的,有收取迟交罚金或拒绝运输的权利。

③ 对托运人不按规定进行包装的,在改善包装之前有拒绝运输的权利。

④ 拒绝办理违反规定的运输变更的权利。

⑤ 对收货人不明或者收货人无正当理由拒绝受领货物的,有提存货物的权利。

(2)承运人的义务包括:

① 安全、准时、运送的义务。承运人应按合同约定或规定的期限,将货物安全地运送到目的地,这是承运人最基本的义务。《民法典》第811条规定了承运人的此项义务,即"承运人应当在约定期间或者合理期间内将旅客、货物安全运输到约定地点。"

② 配备适运车辆的义务。适载性要求有:车辆必须经车管部门审验合格,技术状况良好;车辆必须完整清洁,配备必要的工具;用于特种货物、零担货物、集装箱等货物的运输车辆应符合专项规定。

③ 选择经济合理的运输路线的义务。

④ 依托运人指示来处理货物的义务。承运人在尚未将运送货物运到目的地、通知收货人前,或收货人在货物到达后尚未请求交付货物之前等情况下,托运人有权请求承运人终止运送、返还货物或做其他处理。

⑤ 运到通知的义务。承运人将货物运达目的地后,应立即通知收货人提货,以便使收货人能及时领取货物。

⑥ 货物交付的义务。经收货人的请求,承运人负有将所运货物交付收货人的义务,货物交付结束,则合同履行完毕。收货人只有出示提货凭证后,承运人才能向收货人交付货物。

⑦ 对运输货物全过程负责的义务,包括防潮、防火、防腐、防丢失,妥善保管的义务。对因承运人责任造成货损、货差的要负赔偿责任。

⑧ 按约定进行装卸的义务。按照合同约定或者有关规定由承运人负责装卸的,承运人应严格遵守作业规程和装载标准,保证装卸质量,对货物进行装卸。

3. 收货人的权利和义务

收货人是货物运输合同中托运人指定的提取货物的公民、法人或非法人组织,即在目的地接收货物的人。收货人一般是承运人和托运人以外的第三人,但托运人也可以在运输合同中指定自己作为收货人。

（1）收货人的权利包括：

① 在承运人将货物运到目的地后，凭收货凭证提取相应货物的权利。

② 对运达货物查验货损、货差的权利。

③ 对货损、货差提出索赔的权利。在领取货物时，收货人发现由于承运人的责任而造成货损、货差或逾期时，有权按规定请求赔偿金或逾期违约金。

④ 请求货物运输的变更的权利。收货人由于特殊原因，有权请求货物运输的变更，还有权向托运人或承运人提出取消货物运输。

（2）收货人的义务包括：

① 按时提取货物的义务。收货人在收到提货通知后，应当及时提货。收货人逾期提货的，应当向承运人支付保管费等费用。

② 支付相应费用的义务。收货人应缴清托运人在起运地未交或少交以及在运送期间发生的运输费用和因托运人责任发生的垫款。不按时支付应支付的费用，收货人应按规定交付滞纳金。

③ 卸车的义务。运输合同约定由收货人负责卸车的，应在规定的卸车时间内将货物卸完，或在规定停留时间内将货车送到指定的交接地点。卸车完毕后，应将货车清扫干净，需要洗刷消毒的，还应洗刷消毒。

④ 对货物进行检验的义务。《民法典》第 831 条规定，收货人提货时应当按照约定的期限检验货物。对检验货物的期限没有约定或者约定不明确，依照《民法典》第 510 条（《民法典》第 510 条规定，合同生效后，当事人就质量、价款或者报酬、履行地点等内容没有约定或者约定不明确的，可以协议补充；不能达成补充协议的，按照合同有关条款或者交易习惯确定。）的规定仍不能确定的，应当在合理期限内检验货物。收货人在约定的期限或者合理期限内对货物的数量、毁损等未提出异议的，视为承运人已经按照运输单证的记载交付的初步证据。

【案例分析 2-1】

某年春节前夕，在广州市的许某乘坐在当地从事个体汽车运输的老乡刘某的一辆大客车回家过春节，同时携带了在广州购买的羊毛衫 100 件，准备回到家乡销售。买完车票后，许某将 100 件羊毛衫作为行李交给刘某放于客车顶上随车托运，并交付了托运费。汽车在经过湖北省境内时遇到暴雨，由于路滑，加上刘某过度疲劳，车辆驶出路面，撞上路边一根电线杆，造成许某右臂骨折。由于车顶遮盖行李的油布老化，还有些破洞，致使雨水淋湿部分行李。雨水和泥水浸湿了包装纸箱，羊毛衫全部受到纸箱黄色水渍的污染，无法销售，造成经济损失约 1 万元。

思考分析：

在该起事件中，羊毛衫受损的责任方是谁？应该负什么样的责任？

2.2.4 货物运输合同的订立、履行、变更和解除

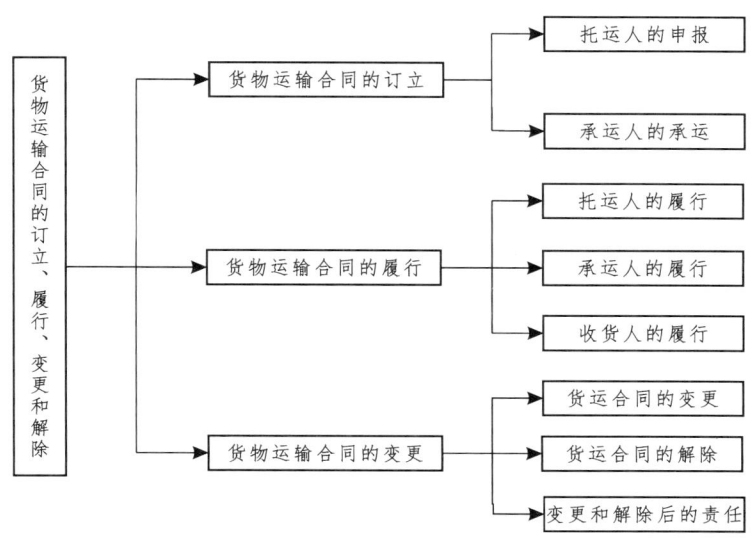

图 2.3 货物运输合同的订立、履行、变更和解除

1. 货物运输合同的订立

托运人与承运人签订货物运输合同,其合同的成立可以是诺成性的,也可以是实践性的。所谓诺成性的,是指双方通过书面协议订立合同并不需要交付运输的货物,合同即告成立。例如,长期运输合作合同就是一种诺成性的合同。但大多数的零担运输合同都是实践性的,即托运人在与承运人订立合同时,同时要交付运输的货物,合同才成立。但不管是诺成性还是实践性的合同,托运人向承运人申报货物运输的基本情况并提供运输的货物是签订合同的重要一步。货物运输合同的订立一般要经过以下两个基本程序:

(1)托运人的申报。

在签订货物运输合同时,托运人应当如实向承运人申报与货物运输有关的情况。申报情况主要通过填写有关运输单据体现,可以认为是一种要约行为。托运人的申报应当遵守有关法律的规定。根据这一规定,托运人申报的内容主要有以下四项:

① 收货人的基本情况。收货人是提取货物的人,托运人必须准确填写申报收货人的基本情况,承运人才能准确、及时地交付货物。

② 收货地点。托运人必须填写清楚货物交付地点。这对承运人非常重要,如果承运人不知道收货人的收货地点,就无法在确定的地点进行交付货物,也就无法完成承运任务。

③ 货物的品名和性质。如实申报货物的品名和性质,对保证货物运输安全是十分重要的,有的货物不能混装,危险货物要按危险货物运输的规定办理运输。不同货物的运输条件可能不同,托运人如实填写才能保证运输安全。

④ 货物的数量、重量。托运人对货物的重量和数量负有申报的义务。因为重量和数量不仅是计算运费的依据,还是货物安全运输的保障。

(2)承运人的承运。

承运是指承运人对托运人托运的货物进行检查后,确认与托运人申报的内容相符,

予以接受货物、签发运单的一种行为。承运是合同成立的重要标志。在以运单作为合同的基本凭证的零担货物运输中，承运人签发运单后合同成立。承运人承运时，要按照货物的性质和重量，配备相应的运输工具。

【案例分析 2-2】

2008年1月21日，某单位业务员张某为图省事，将一批易燃的进口喷发胶货物按照一般化妆品到某站进行托运（即按普通货物托运），被车站查出。铁路公安机关根据有关规定予以没收，并对直接责任人张某予以拘留10天的治安处罚。张某不服，提起行政诉讼。

思考分析：

铁路部门的处理措施是否合适？

2. 货物运输合同的履行

所谓合同的履行，是指合同当事人全面、适当地完成合同约定及法律规定的义务，以使对方当事人的权利得到实现。货物运输合同成立后，当事人应当履行各自的义务，保证对方权利的实现。无论是托运人、承运人还是收货人，都应当正确、全面地履行其义务。

（1）托运人的履行。

托运人的履行主要包括向承运人提供与运单记载一致、包装符合运输安全要求的货物，及时支付运输费用等。

（2）承运人的履行。

承运人履行货物运输合同，可分为三个阶段，即承运阶段、运送阶段和交付阶段。

在承运阶段，承运人要认真检查托运人提供运输的货物是否与运单记载一致；检查货物包装是否符合约定或有关规定的要求，对不符合要求的应要求托运人改善包装；在核对无误后及时办理运输手续。

在运送阶段，承运人要保证将货物从起运地点运输到约定地点，这个阶段主要是承运人的履行。由于许多运输活动是由不同的运输企业完成的，因此始发地的承运人与运送中的若干承运人之间的密切配合是保证货物安全运到目的地的重要条件。《民法典》第834条规定，两个以上承运人以同一运输方式联运的，与托运人订立合同的承运人应对全程运输承担责任；损失发生在某一运输区段的，与托运人订立合同的承运人和该区段的承运人承担连带责任。

在交付阶段，承运人要保证将货物及时交付给收货人，在这一阶段，承运人负有通知收货人领取货物和将货物安全完好地交付收货人的义务。《民法典》第830条规定，货物运输到达后，承运人应及时通知收货人，收货人应及时提货；收货人逾期提货的，应当向承运人支付保管费等费用。

（3）收货人的履行。

收货人的履行就是要按照承运人的通知，及时到约定地点领取货物，根据《民法典》

和有关法律规定第 830 条和 836 条规定，收货人的主要义务有两项：一是及时领取货物；二是支付托运人未付或少付的运输费用。对于收货人拒付费用的，承运人可以行使货物的留置权，但是当事人另有约定的除外。

在运输货物的交接方面，一般是凭现状交接，即货物包装完好就认为是正常交付。对一些贵重货物，双方当事人可以开包检验。对于发生货运事故造成运输货物损坏的，要凭货运记录交接。收货人与承运人确认的交接记录是最重要的证据。由于运输合同大多数是格式条款，因此，承运人规章规定的交接方式如果托运人在签订合同时没有提出异议，没有就此签订补充或者修正的意见，对收货人来说就具有法律约束力，收货人就要按照规章规定的方式进行交接。如果有修正意见，则按修正后的条款进行交接。

3. 货物运输合同的变更和解除

合同依法成立后即具有法律约束力，当事人必须全面履行合同规定的义务，任何一方不得擅自变更或解除合同。但是，在履行合同的过程中，当事人的实际情况或客观条件常常会发生变化，从而影响原合同的履行，需要对已订立的合同进行必要的修改、补充，甚至解除。因此，法律允许按照法定程序对原订合同进行变更或解除。《民法典》第 829 条规定，"在承运人将货物交付收货人之前，托运人可以要求承运人中止运输、返还货物、变更到达地或者将货物交给其他收货人，但应当赔偿承运人因此受到的损失。"变更和解除运输合同，应当遵守相应的法律规定，符合规定的条件，经承运人确认后，变更和解除才能成立。

（1）货运合同的变更。

合同订立之后，由于履行合同条件的变化或其他主、客观原因，当事人要求修改或补充合同条款，以使合同条款更有利于自己或有利于合同的履行，这种修改或补充即合同的变更。从实践看，货运合同的变更包括变更运输货物的名称、数量、起讫地点、运输时间、收发货人、车辆种类、运行路线等。变更合同应当提交相应的文件，这些文件主要是货物运输凭证。不同运输方式的要求不同，但基本上请求人应当把货物运单和变更请求书送交承运人，承运人根据货物运输情况，决定是否接受变更请求。凡是能够变更的，承运人应当办理变更；不能变更的，应当说明理由。

（2）货运合同的解除。

在承运人还没有把货物发运以前，托运人可以提出解除合同的要求。如果货物已经发运，则只能变更合同。要求解除合同时，托运人提交的文件应是各种运输单据，包括托运单、货票等。不同的运输方式，其要求也不一样。承运人接受解除请求后，应当将货物退给托运人。法律许可的运输合同的解除方式主要有协议解除（必须是协商一致且不损害国家利益，采用书面形式）、单方解除（必须符合法定条件，原合同不能履行，应及时通知对方）和裁判解除（经仲裁或诉讼裁判解除）3 种。

（3）变更和解除后的责任。

货物运输合同变更后，应对运输费用进行清算，多退少补。如果承运人有损失，请求人要赔偿损失。合同解除时，也要根据实际情况和相关规定，对运输费用进行清算，该退的运输费用要退还，该收的相关费用也要收取（如保管费、装卸费，手续费等）。

【案例分析 2-3】

2005年1月16日,某商贸公司委托福建省平和县某果品食杂公司代办铁路运输业务,由漳州站往二宫站发一节车辆的柑橘,收货人为商贸公司,车号为P6×××36号,件数5 200件,货重45 t,保价运输金额10万元;漳州站核收运杂费22 690.72元(含保价费1 000元)。1月26日下午,商贸公司在货物应到而仍未收到领货凭证的情况下,派人持公司证明前往承运公司查询,如货到便办理提货手续,以防冒领。经查询证实货物已到二宫车站,于是经储运公司业务主任刘某确认商贸公司领货人身份后,同意办理提货手续。但在办理提货时,由于装载柑橘的车辆还未推入储运公司专用线,无法卸车,储运公司便通知商贸公司明日来办理。商贸公司提货人走后,储运公司于当日19时20分收到二宫站电话,称1月25日漳州站发来电报一封,其主要内容为"原收货单位××商贸公司有误,请更改为××乡市场林某收货"。储运公司做了记录。当日晚,林某持领货凭证将该车皮柑橘在储运公司专用线上全部提走。次日上午10时商贸公司再来办理提货时,被工作人员告知货已被他人提走。商贸公司因向储运公司索赔未果,向终点站铁路中级人民法院提起了诉讼。

思考分析:

在该起商贸公司提货不着事件中,事故责任方是谁,应承担什么责任?

2.3 旅客运输合同

2.3.1 旅客运输合同的种类和特点

旅客运输合同简称客运合同,是承运人与旅客之间就客运方面的权利义务关系达成的协议。根据协议,承运人有义务将旅客及其行李按约定的时间安全送至目的地,旅客有义务支付规定的票款。旅客运输合同的当事人主要有承运人和旅客两方,其标的为承运人的运输行为。在旅客运输合同中,旅客既是运输合同的主体,也是运输合同的运送对象。

旅客运输合同通常为格式条款。旅客只需向承运人提出相应的旅行条件,承运人出售客票,合同即告成立。旅客运输合同的基本形式是客票。客票是旅客乘车、乘船、乘机旅行的凭证。旅客可以与承运人签订书面旅客运输合同,也可以以客票作为确定双方权利义务关系的基本文件。

1. 旅客运输合同的种类

旅客运输合同根据运输工具的不同,可分为铁路旅客运输合同、道路旅客运输合同、水路旅客运输合同和航空旅客运输合同等。

2. 旅客运输合同的特点

旅客运输属于公共运输,承运人通过公布价目表向社会公众发出要约邀请。购票人支付票价的行为为要约,承运人发给客票的行为为承诺。《民法典》第 814 条规定:客运合同自承运人向旅客出具客票时成立,但是当事人另有约定或者另有交易习惯的除外。旅客运输合同具有以下特点:

(1)旅客运输合同是标准合同。承运人和旅客不得就合同的条款进行协商,要按国家统一规定的客运规定订立合同,合同的唯一体现就是旅客所持有的客票。

(2)旅客运输合同是诺成性合同,双方经过要约、承诺,达成合意,合同即告成立。

(3)旅客运输属于公共运输,承运人不得拒绝旅客通常的运输要求。对于旅客的要约,承运人承担着强制承诺的法律义务,除正当理由外不得拒绝。

(4)旅客运输合同包括行李的运送。行李运送是指旅客按承运人公告规定的种类、数量,随同旅客免费运送,超过公告规定的数量部分应凭票办理托运手续,并支付一定的费用。行李票是托运行李的货物运输合同的书面形式,是另一个运输合同。

(5)对于旅客先乘车后补票的情况,旅客运输合同自旅客乘上车(船)时即告成立,因为此时双方的行为表明双方已就承运达成合意,只是双方之间的合同为非书面形式,其后旅客补票则是将合同变为书面形式。

2.3.2 旅客运输合同主体及其权利、义务

旅客运输合同的主体主要包括承运人和旅客。承运人与旅客之间的权利与义务关系是对等的,承运人的权利即旅客的义务,承运人的义务即旅客的权利。需要说明的是旅客只能是自然人,不能是法人。实践中有的以单位名义租车让职工乘坐,旅客仍然是自然人,单位的名义只能是旅客的代表人。

1. 承运人的权利和义务

承运人的基本权利包括:

(1)依照规定收取运输费用。

(2)要求旅客遵守国家法令和规章制度,保护自身安全。

(3)对损坏他人利益、运输设施和设备的行为有权制止、消除危险和要求赔偿。

(4)对旅客违反有关法律、法规或者违反承运人公布的运输条件的,有权拒绝承运。

(5)有权对旅客进行安全检查或者采取其他保证安全的措施。

承运人的基本义务包括:

(1)不得拒绝旅客合理的运输要求。对于从事公共运输业的企业来说,应当依法承担运输责任,对于旅客按照其公布的运输条件而要求运输时,不得拒绝。拒绝提供的,应当承担相应的责任。

(2)为旅客旅行提供良好的服务。服务是承运人履行旅客运输合同的基本内容。承运人要完善服务设施,明确服务项目及其服务的标准,使旅客在旅行过程中能有一个舒适的环境和完善的服务。

(3)安全运输的义务。《民法典》第 811 条规定:"承运人应当在约定期限或者合理期限内将旅客、货物安全运输到约定地点。"《民法典》第 819 条还规定:"承运人应当

严格履行安全运输义务,及时告知旅客安全运输应当注意的事项。旅客对承运人为安全运输所做的合理安排应当积极协助和配合。"

（4）合理运输的义务。承运人应当按照约定的或者通常的运输路线,将旅客、货物运输到约定地点。

（5）及时披露信息的义务。《民法典》第819条规定了承运人的此项义务,即"承运人应当严格履行安全运输义务,及时告知旅客安全运输应当注意的事项。旅客对承运人为安全运输所做的合理安排应当积极协助和配合。"在旅客运输中,旅客一般处于被动状态,因此,承运人有义务向旅客披露与旅客运输有关的各种信息。这些信息包括：运输时刻表,包括各种车次、班次,航次的名称、代号和始发、到达的时间；旅客旅行须知；票价；安全注意事项；允许携带物品的质量；不允许携带物品的品名；不正常运输的情况通报以及其他与旅客有关的信息。如果因承运人信息披露不够而导致纠纷的,承运人应当承担相应的责任。

（6）按照规定的期限、班次将旅客运送至旅行目的地,逾期到达要承担相应的违约责任。《民法典》第820条规定了承运人的此项任务,即"承运人应当按照有效客票记载的时间、班次和座位号运输旅客。承运人迟延运输或者有其他不能正常运输情形的,应当及时告知和提醒旅客,采取必要的安置措施,并根据旅客的要求安排改乘其他班次或者退票；由此造成旅客损失的,承运人应当承担赔偿责任,但是不可归责于承运人的除外。"从本条规定来看,承运人按约定运输是履行客运合同的行为。若延迟履行则是违反客运合同的违约行为,应当承担相应的违约责任。

（7）救助的义务。《民法典》第822条规定,承运人在运输过程中,应当尽力救助患有急病、分娩、遇险的旅客。根据这一规定,承运人应当尽力救助有危急情况的旅客。这不仅是法律上的要求,也是道义上的要求。

（8）赔偿的义务。《民法典》第823条规定："承运人应当对运输过程中旅客的伤亡承担赔偿责任；但是,伤亡是旅客自身健康原因造成的或者承运人证明伤亡是旅客故意、重大过失造成的除外。该条款规定适用于按照规定免票、持优待票或者经承运人许可搭乘的无票旅客。"《民法典》第824条规定："在运输过程中旅客随身携带物品毁损、灭失,承运人有过错的,应当承担赔偿责任。旅客托运的行李毁损、灭失的,适用货物运输的有关规定。"

（9）保密的义务。对于实名制购买车票的旅客,承运人应将旅客的身份、行程等信息予以保密,不得随意公开或出售。

另外,在航空旅客运输合同中,承运人还要承担下列义务：

（1）遵守法规的义务。

（2）提供膳宿服务的义务。

① 空中飞行过程中,承运人应根据飞行时间向旅客免费提供饮料或餐食。

② 由于机务维护、航班调配、商务、机组等原因,造成航班在始发地延误或取消,承运人应当向旅客提供餐食或住宿等服务。

③ 由于天气、突发事件、空中交通管制、安检以及旅客等非承运人原因,造成航班

在始发地延误或取消，承运人应协助旅客安排餐食和住宿，费用可由旅客自理。

④ 航班在经停地延误或取消，无论何种原因，承运人均应负责向经停旅客提供膳宿服务。

2. 旅客的权利和义务

旅客的基本权利包括：

（1）依据客票票面记载的内容乘车。

（2）有权要求承运人接受其合理的运输要求。

（3）对因承运人过错造成的身体损害或物品损失有权要求承运人给予赔偿。

（4）要求承运人提供与客票等级相适应的服务并保障其旅行安全。

（5）在履行旅客运输合同规定义务的前提下，有权对尚未履行的旅客运输合同进行变更和终止。

（6）对在运输过程中发生的损失，旅客有权要求承运人给予赔偿和向承运人提起诉讼。

旅客的基本义务包括：

（1）及时支付运费。《民法典》第813条规定，旅客、托运人或者收货人应当支付票款或者运输费用，这是旅客的基本义务。旅客不支付票款，不能乘运。

（2）旅客应当持有效客票乘运。

（3）旅客要遵守承运人的规章制度，保证运输安全。旅客要爱护运输设施和设备，遵守乘车秩序，准时乘车，重视保护自身安全，遵守承运人的安全规章制度，妥善保管好自己的物品。

（4）旅客在运输中应当按照约定的限量携带行李。对超出规定限量的行李要支付相应费用。

（5）不得携带危险物品乘坐交通工具。《民法典》第818条规定，旅客不得随身携带或者在行李中夹带易燃、易爆、有毒、有腐蚀性、有放射性以及有可能危及运输工具上人身和财产安全的危险物品或者其他违禁物品。旅客违反前款规定的，承运人可以将违禁物品卸下、销毁或者送交有关部门。旅客坚持携带或者夹带违禁物品的，承运人应当拒绝运输。

（6）爱护运输设备、设施，维护公共秩序和运输安全。

（7）旅客应当重视保护自身的安全，妥善保管好自己的物品。

【案例分析2-4】

2011年8月25日，吕某乘坐深圳市中南出租汽车公司所属的一辆出租车回家。在途中，吕某突然被车窗外掷入的手机打伤右眼，经医治无效而失明。法医鉴定吕某已构成伤残七级，丧失劳动能力50%。因当时未能找到这场横祸的制造者，与承运的出租汽车公司协商亦无结果，吕某遂向法院起诉，以该出租汽车公司未能履行安全运送义务为由，要求赔偿医疗费及其他损失30万元。出租汽车公司以伤害不是自己造成,自己没有过错为由拒绝赔偿。

思考分析:

吕某的起诉是否合理?并给出理由。

2.3.3 旅客运输合同的订立、履行、变更和解除

1. 旅客运输合同的订立

旅客运输合同作为民事合同的一种,其订立和成立与其他民事合同的订立和成立有相同的地方,也有其特殊的地方。客运合同的订立主要是通过旅客购票、承运人售票行为完成的。旅客向承运人提出购票意愿,一般要提出旅行的目的地、乘坐交通工具的等级、时间、班次等要求,承运人按照旅客的要求出售客票,合同即告成立。旅客可以与承运人签订具体的书面旅客运输合同,也可以以客票作为双方确定权利义务关系的基本文件。

(1)客票的内容。

客票作为旅客乘坐车、船和飞机的凭证,一般应包括以下内容:发站(港)、经由站(港)、到站(港);票价;乘运日期和班次;双方当事人约定的其他内容。

(2)客票的法律性质。

客票包括车票、船票和机票,它是承运人与旅客之间存在运输合同关系的基本证明,在客运法律关系中具有重要的法律作用,主要表现为:

① 客票具有有价证券的性质。客票不仅表明了旅客乘运的班次、时间,而且还表明了旅客旅行的费用。承运人出售客票,实际上是承认了这张客票具有相应的价值。因此,任何伪造客票行为都是侵害承运人合法权益的行为,都应受到法律的制裁。

② 旅客客票具有旅客运输合同的性质。旅客付款取得客票,在旅客和承运人之间形成旅客运输合同关系。因此,一张小小的车(船)票,就是一份法律文书,记载了一定的权利义务,是承运人与旅客关系的证明。

(3)客运合同成立的时间。

《民法典》第814条规定:"客运合同自承运人向旅客出具客票时成立,但是当事人另有约定或者另有交易习惯的除外。"根据这一规定,客运合同成立的时间一般为承运人售出客票的时间。另外,有两种特殊情况需要注意:一是在旅客预订客票的情况下,以旅客取到或拿到了客票为标志,合同成立;二是在上车(船)后补票的情况下,以旅客登上车(船)为标志,合同成立。

2. 旅客运输合同的履行

旅客运输合同的履行是指当事人各自履行自己的义务,保证对方权利的实现。

(1)旅客的履行。

旅客应当按照有效客票记载的时间、班次和座位号乘坐。旅客无票乘坐、超程乘坐、

越级乘坐或者持不符合减价条件的优惠客票乘坐的,应当补交票款,承运人可以按照规定加收票款;旅客不支付票款的,承运人可以拒绝运输。实名制客运合同的旅客丢失客票的,可以请求承运人挂失补办,承运人不得再次收取票款和其他不合理费用。旅客因自己的原因不能按照客票记载的时间乘坐的,应当在约定的期限内办理退票或者变更手续;逾期办理的,承运人可以不退票款,并不再承担运输义务。

（2）承运人的履行。

承运人应当按照有效客票记载的时间、班次和座位号运输旅客。

3. 旅客运输合同的变更和解除

旅客运输合同的变更是指旅客运输合同订立后,由于履行合同条件的变化或者其他主、客观原因,当事人要求变动更改运输时间、地点等内容的行为。例如旅客提前下车、改乘其他班次、超出票面规定区域,承运人提前、晚点、变更车辆、改道行驶等。旅客运输合同变更后将带来权利与义务的变更。解除旅客运输合同应根据解除原因合法与否确定解除责任。变更和解除运输合同的基本标志是客票的改签或办理退票。

（1）因旅客的原因而变更和解除运输合同。

《民法典》第816条规定:"旅客因自己的原因不能按照客票记载的时间乘坐的,应当在约定的时间内办理退票或者变更手续。逾期办理的,承运人可以不退票款,并不再承担运输义务。"旅客要求变更和解除合同,应当遵守有关规定。不同的运输方式、不同的承运人对变更和解除的条件规定可能不一样,旅客在购票前应当认真阅读旅客旅行须知,了解自己的权利和义务。一般来说,承运人在旅客乘运站（港）、售票地点都要公布旅行须知。

旅客在规定的时间内退票,承运人应当办理退票手续,核收手续费;逾期的,则承运人可以不办理退票,旅客无权要求承运人退还票款,也无权要求承运人继续履行其运输的义务。

旅客要求变更运输与解除合同一样,也要在规定的时间内提出。超过规定的时间,承运人则可以不接受变更的要求。而且变更运输还要看承运人是否有能力,如果承运人的运力不满足旅客变更的要求,旅客可以办理退票,即解除合同。例如,铁路运输在春运期间,车票特别紧张,如果旅客要去变更乘车日期或者车次,就要看列车有没有座位,如果没有,则不能变更。旅客要么继续按票面规定的车次、日期旅行,要么退票。

（2）因承运人的原因而变更和解除旅客运输合同。

承运人售出客票,在持票人与承运人之间形成旅客运输合同关系。持票旅客有权要求承运人按客票票面载明的日期、班次将其运送至旅行目的地。《民法典》第820条规定:承运人应当按照有效客票记载的时间、班次和座位号运输旅客。承运人迟延运输或者有其他不能正常运输情形的,应当及时告知和提醒旅客,采取必要的安置措施,并根据旅客的要求安排改乘其他班次或者退票;由此造成旅客损失的,承运人应当承担赔偿责任,但是不可归责于承运人的除外。根据这一规定,承运人应保证旅客按时乘坐交通工具。

【案例分析 2-5】

2006年12月28日，李某偕夫人乘坐某航空公司SZ4803号航班从贵阳飞往厦门。购票时并未获知航班将绕航飞行。当他们于当日15时20分通过登机口时，听到广播通知：自贵阳至广州的乘客一同乘坐SZ4803号航班。经询问工作人员，才得知该航班绕道广州再返抵厦门。由于绕航，当该航班抵达厦门时，比原定时刻延误90分钟。对此，李某多次与该航空公司交涉未果，遂以该航空公司未告知乘客航班绕航为由，要求被告赔礼道歉并支付违约金217.5元。

思考分析：

你认为李某的诉讼是否合理？该航空公司是否应当承担责任？

2.4　运输合同案例

【案例分析 2-6】

2010年9月8日，北京某水果批发公司与河南省某乡签订了一份水果购销合同，水果批发公司向河南省某乡购买2 000箱共10万公斤的红富士苹果。河南省某乡于9月10日从郑州市火车站将红富士苹果如数发出（到站：北京某火车站，收货人：北京市某水果批发公司），9月11日抵达北京某火车站。北京某火车站于9月12日向北京市某水果批发公司发出了到货通知，同日，北京市某超市到北京市某火车站提取自陕西某火车站运来的2 000箱苹果时，北京市某火车站没有认真核对货物位置及苹果名称，任由该超市盲目提货，致使相邻的2 000箱红富士苹果被一并提走。9月13日16时，北京市某水果批发公司先后两次到北京某火车站提货未果。9月19日，某超市发现错装了2 000箱苹果，又返还给北京市某火车站，火车站于当天通知某水果批发公司来取货。但某水果批发公司称本公司的货车正在拉长途，所以要过1天才能取货。9月21日，某水果批发公司前来提货，发现苹果大部分已烂掉。此时，北京市苹果价格每公斤已涨到6元。

思考分析：

本案中货物损失应由哪一责任方来承担，为什么？

【案例分析 2-7】

甲公司自外地采购一批货物，为运回公司所在地，与乙公司订立了运输合同，由乙公司将货物运送至甲公司所在地。合同成立后，乙公司又委托丙公司负责运送该批货物，并与丙公司约定，途中货物发生的任何损失，丙公司都无须负责。丙公司遂指派公司司机张某开车运送该批货物。在运输途中，张某因醉酒翻车，造成货物部分毁损。甲公司要求乙公司赔偿其损失，乙公司表示不同意，认为责任应当由丙公司承担。丙公司则认为，他是代乙公司履行合同，并且与乙公司有约定，对途中发生的任何损失都不负责任，几方协商不成，甲公司向法院提起诉讼，要求乙公司赔偿损失。在本案审理中，根据乙公司的请求，法院追加丙公司为第三人。

思考分析：

分析各方当事人之间的关系及应承担的责任。

【案例分析 2-8】

某工矿电机厂与当地的某河运公司签订了一份运输合同，合同约定：乙方河运公司运输甲方工矿电机厂 197 t 产品到某机械工业材料设备厂，双方按照货物的体积收取运费。合同签订以后，河运公司正式起运货物。河运公司起运货物的同一天，某矿务局欲以更高的价格订购工矿电机厂的产品。电机厂厂长考虑，与矿务局订立合同更加合算，可以将向机械工业材料设备厂发运的货物先运往矿务局，然后迅速地赶制同样数量和质量的货物补发给机械工业材料设备厂。于是电机厂向水运公司致函，要求将货物的收货人改为矿务局，矿务局与机械工业材料设备厂在同一条航线上，去矿务局将多用运输时间 7 h。但是不久机械工业材料设备厂向电机厂发来电函，告知电机厂已经收到全部的货物。原来水运公司并没有按照电机厂的要求变更收货人，仍然按照运输合同的约定将货物运输给了机械工业材料设备厂。电机厂向水运公司质询，为什么接到变更收货人的通知仍然将全部的货物运到机械工业材料设备厂，使电机厂无法履行与矿务局的买卖合同，造成违约。电机厂要求水运公司承担由于没有向矿务局及时交货而遭受的损失。水运公司拒绝了电机厂的要求，双方因此发生纠纷，电机厂诉至法院要求法院责令水运公司承担损失赔偿责任。

思考分析：

1. 该合同变更是否有效？
2. 分析各方当事人之间的关系及应承担的责任。

【案例分析 2-9】

某制药厂出售一批需要保温冷藏箱运输的药物，委托了一家冷藏商运公司进行运输，制药厂方向该公司经办人何某交付了所有费用 31 500 元，签订了运输合同，并于当日将药物运送至冷藏商运公司所指定的保温冷藏集装箱。冷藏商运公司随后便安排公司内部的集装箱卡车进行运输，运输途中集装箱卡车司机没有任何失误，但在到达运输终点站时，集装箱卡车司机发现冷藏箱后面温室内温度控制箱箱门开启，冷板温度显示表和箱内显示表失灵，调温工作机不工作，导致所运药物全部失效，造成制药厂经济损失 502 730 元（包含 31 500 元在内），制药厂起诉冷藏商运公司，但冷藏商运公司辩称：由于集装箱卡车司机在运输过程中没有仔细检查集装箱，没有尽到其作为司机的义务，跟公司无关，要求法院判决驳回原告的起诉。

思考分析：

制药厂的经济损失应该由谁来承担，为什么？

本章小结

交通运输合同是运输商务中的重要内容，它不仅是当事人的行为准则，也是当事人行使权力、履行义务、解决纠纷的依据。本章在介绍交通运输合同概念的基础上，详细介绍了货物运输合同和旅客运输合同，主要包括货物运输合同的概念、种类、形式，货物运输合同的主体及其权利义务，货物运输合同的订立、履行、变更和解除；旅客运输合同的种类、特点，旅客运输合同的主体及其权利义务，旅客运输合同的订立、履行、变更和解除。此外，本章各小节还引入了一些案例分析，以便结合案例更好地学习本章的内容。

复习与思考

1. 简述运输合同的概念和特征。
2. 运输合同当事人的基本义务有哪些？
3. 简述客票的种类、性质和主要内容。
4. 简述货物运输合同的形式和内容。
5. 旅客运输合同当事人的基本义务有哪些？
6. 旅客运输合同变更和解除的基本规定有哪些？
7. 货物运输合同当事人的基本权利和义务有哪些？
8. 简述铁路货物运输合同订立的程序。
9. 简述货物运输合同履行的过程。
10. 简述货物运输合同变更和解除的概念和责任。

参考文献

[1] 唐秋生，刘玲丽. 交通运输商务管理[M]. 北京：人民交通出版社，2006.

[2] 刘作义，郎茂祥. 运输商务[M]. 北京：中国铁道出版社，2003.

[3] 侯作前，乔宝杰. 运输合同实务[M]. 北京：知识产权出版社，2005.

[4] 卢永真. 运输合同[M]. 北京：中国民主法制出版社，2003.

[5] 雷孟林. 运输合同法总论[M]. 北京：人民交通出版社，2006.

[6] 郑国华. 交通运输法教程[M]. 北京：中国铁道出版社，2006.

[7] 《中华人民共和国民法典》编写组. 中华人民共和国民法典[M]. 北京：中国法制出版社，2020.

[8] 交通运输部. 道路旅客运输及客运站管理规定[R]. 中华人民共和国交通运输部令2020年第17号. 2020.

[9] 交通运输部. 道路货物运输及站场管理规定[R]. 中华人民共和国交通运输部令2022年第30号. 2023.

3 铁路运输

我国路网建设快速发展,"四纵四横"高速铁路主骨架全面建成,"八纵八横"高速铁路主通道和普速干线加快建设,全国路网布局持续优化,运输质量显著提高,装备水平全面提升,市场改革进一步深化,市场环境进一步改善。截至 2021 年年底,中国铁路营业里程突破 15 万公里,其中高铁超过 4 万公里,约占铁路营业里程比重为 26.7%,运输效率世界第一,为经济社会发展做出了重要贡献。

3.1 铁路运输概论

3.1.1 铁路运输的特点

铁路运输作为一种快捷、安全、低耗和环保的运输方式,在我国占据着十分重要的地位,也是构成综合运输交通系统的重要组成部分。与其他运输方式相比,铁路运输具有以下几个明显特征:

(1) 单位载运量大,在大宗、大流量的中长距离的客货运输方面具有优势;
(2) 单位运输成本较低,能源消耗少;
(3) 具有较高的送达速度,在大流量、高密度的城际中短途旅客运输中具有很强的竞争优势;
(4) 受天气等条件的影响较小,能够较好地保证运输的准确性。

另外,铁路运输在提高交通运输可持续发展方面也发挥着十分重要的作用:

(1) 铁路干线在节约土地资源方面具有一定优势。国家 I 级双线铁路与四车道和六车道的高速公路的工程总体占地比约为 1:1.24~1:1.37,单位货运能力占地比约为 1:1.87~1:2.80。

(2) 铁路运输可以更有效地减少交通能源消耗。铁路与公路的能耗比为(以铁路内燃机车消耗为基准):货运约为 1:20~1:30,客运约为 1:4~1:6.5。

(3) 发展铁路可以更好地减轻交通环境污染。在各种运输方式中,铁路是污染排放较小的一种运输方式。在货物运输中,卡车的排放与常规铁路相比:一氧化碳为 3.5 倍,二氧化碳为 4.6 倍,碳氢化合物为 46 倍。在旅客运输中,飞机和小汽车污染排放量最为严重,一氧化碳分别是常规铁路的 158 倍和 130 倍,二氧化碳分别为常规铁路的 4.3 倍和 2.6 倍,氮氧化合物分别为常规铁路的 4.9 倍和 11.4 倍。

3.1.2 我国铁路运输的现状

截至 2021 年年底,全国铁路营业里程突破 15 万公里,居世界第二位,其中高速铁路运营里程超过 4 万公里,居世界第一位。目前,我国所有省份均已通达铁路,路网结构进一步完善,但仍存在东部沿海地区密集、中西部地区稀疏的特点。

3.1.2.1 我国铁路货物运输的现状及发展方向

在货物运输方面,铁路作为国民经济的大动脉依然发挥着非常重要的作用。但在市场经济的环境下,我国铁路传统的生产方式受到公路等其他运输方式的强烈冲击,导致铁路运输市场份额逐年减少。仅 2015 年铁路货运总发送量就比上年减少 11.9%,货运总周转量减少 13.7%,严重影响了我国铁路的进一步发展。2005—2020 年铁路货运量与货物周转量如图 3.1 所示。

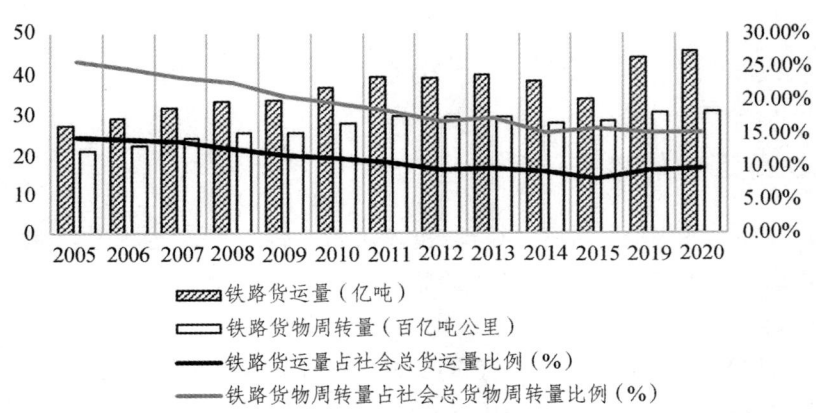

图 3.1 2005—2020 年铁路货运量与货物周转量

在这样的背景下,自 2013 年 6 月至今,我国铁路进行了一系列的货物运输改革,见表 3.1。

表 3.1 货物运输改革

主题		时间	内容	目的
货运改革	第一次	2013.06	改革货运受理方式; 实现实货制运输组织方式; 清理规范货运收费; "门到门"全程物流服务	确立"前店后厂"思路,由按计划组织运输模式向适应市场经济的经营模式转变
	第二次	2014.09	取消订车环节; 开办零散货物快运业务,组织主要干线开行区域、跨区域的货物快运列车; 实行货运"一口价"; 开办中欧班列、集装箱快运班列、电商班列、高铁快件、自驾游汽车专列等	解决零散货物难以快速集结装运等问题,完全敞开运力与市场接轨

续表

主题		时间	内容	目的
运价改革	第一次	2014.02	全国铁路货物平均运价水平每吨公里提高1.5分,由政府定价改为政府指导价	由政府定价改为实行政府指导价,上限控制
	第二次	2015.02	提高国家铁路货物统一运价,由平均每吨公里14.51分提高到15.51分。允许适当上浮,上浮幅度最高不超过10%,下浮不限	建立上下浮动机制,增加运价弹性
取消货运立户		2014.08	各铁路局取消铁路运输立户管理,不得以立户管理限制货运敞开受理	取消货运中间环节,减少货运代发

到目前为止,我国铁路货运改革已经取得了初步成效:

(1)简化了货运受理中一系列繁杂手续,增加了12306、95306等电商渠道以及电话受理业务;

(2)对大宗稳定货物通过协议运输方式给予运力保障,其他货物敞开受理,随到随办;

(3)建立"一口价"收费机制,运价公开透明,运输企业拥有了更多的自主定价权,运价更为合理;

(4)开展"门到门"全程物流服务,提供高效快捷运输服务;

(5)相继推出了中欧班列、电商班列、自驾游汽车专列等货运产品以及高铁快运等一系列快运业务,进一步满足了货主的需求。

随着我国现代物流业的飞速发展,货物运输需求不断增长,特别是"一带一路"为铁路发展带来了新契机。在新形势下,我国铁路必须要把握好发展趋势并明确发展方向,才能在激烈的市场竞争中找到新的出路。

(1)进一步完善铁路货物运输营销体系,在市场经济的体制下,铁路必须真正融入市场这个大环境中,找到自身的优势与不足,通过先进的管理运作模式与营销手段提高铁路竞争力。

(2)加速铁路货物运输信息化建设,铁路信息化是铁路现代化的重要标志,是世界铁路的共同发展趋势。依靠信息技术改造货物运输系统,可大幅提升铁路生产的服务水平与工作效率;同时需进一步建设电子商务与数据库等信息化平台,加强铁路货运信息技术研发。

(3)重载运输是我国铁路发展的一个趋势。目前我国铁路重载运输已初具规模,京广线、京沪线等繁忙干线普遍开行5 000~6 500 t重载列车,单元式、组合式重载列车主要在大秦线开行,2014年4月2日大秦铁路实现了牵引重量从2万吨到3万吨的跨越,我国成为世界上仅有几个掌握3万吨铁路重载技术的国家之一。这种扩能效果显著的重载运输方式已成为我国发展重载运输的主要方式。

（4）以促进内陆多式联运为目标，建设北京、天津、上海、重庆、哈尔滨、沈阳、大连、青岛、宁波、广州、深圳、郑州、武汉、成都、西安、昆明、兰州、乌鲁木齐18个集装箱中心站，建设约40个靠近省会城市、大型港口和主要内陆口岸的集装箱专门办理站，形成地区铁路集装箱运输中心。集装箱场、站技术标准与国际标准相统一，运行管理信息化。

3.1.2.2 我国铁路旅客运输的现状及发展方向

在客运方面，我国旅客列车速度和舒适性大幅度提高，客运专线大规模建设，总里程现居世界第一，动车组列车旅客发送量占总发送量的比重逐年增大，尤其是高铁"走出去"政策更是为客运发展创造了新契机。客运高速化主要通过建设客运专线和推进既有线提速，来构建铁路快速客运网，实现相邻大中城市间1~4小时交通圈、城市群内0.5~2小时交通圈。我国已有近2万千米铁路客运专线及城际铁路投入运营，基本建成了以"四纵四横"为骨架的全国快速客运网。2016年6月29日，国务院通过《中长期铁路网规划》，打造以沿海、京沪等"八纵"通道和陆桥、沿江等"八横"通道为主干、城际铁路为补充的高速铁路网。

1. 四纵四横

（1）"四纵"客运专线。
① 京沪客运专线，贯通京津至长江三角洲东部沿海经济发达地区。
② 京港客运专线，连接华北和华南地区。
③ 京哈客运专线，连接东北和关内地区。
④ 杭福深客运专线，连接长江、珠江三角洲和东南沿海地区。

（2）"四横"客运专线。
① 徐兰客运专线，连接西北和华东地区。
② 沪昆客运专线，连接华中、华北与西南地区。
③ 青太客运专线，连接华北和华东地区。
④ 沪汉蓉客运专线，连接西南和华东地区。

2. 八纵八横

（1）"八纵"通道。
① 沿海通道，连接东部沿海地区，贯通京津冀、辽中南、山东半岛、东陇海、长三角、海峡西岸、珠三角、北部湾等城市群。
② 京沪通道，连接华北、华东地区，贯通京津冀、长三角等城市群。
③ 京港（台）通道，连接华北、华中、华东、华南地区，贯通京津冀、长江中游、海峡西岸、珠三角等城市群。
④ 京哈—京港澳通道，连接东北、华北、华中、华南、港澳地区，贯通哈长、辽中南、京津冀、中原、长江中游、珠三角等城市群。

⑤ 呼南通道，连接华北、中原、华中、华南地区，贯通呼包鄂榆、山西中部、中原、长江中游、北部湾等城市群。

⑥ 京昆通道，连接华北、西北、西南地区，贯通京津冀、太原、关中平原、成渝、滇中等城市群。

⑦ 包（银）海通道，连接西北、西南、华南地区，贯通呼包鄂、宁夏沿黄、关中平原、成渝、黔中、北部湾等城市群。

⑧ 兰（西）广通道，连接西北、西南、华南地区，贯通兰西、成渝、黔中、珠三角等城市群。

（2）"八横"通道。

① 绥满通道，连接黑龙江及蒙东地区。

② 京兰通道，连接华北、西北地区，贯通京津冀、呼包鄂、宁夏沿黄、兰西等城市群。

③ 青银通道，连接华东、华北、西北地区，贯通山东半岛、京津冀、太原、宁夏沿黄等城市群。

④ 陆桥通道，连接华东、华中、西北地区，贯通东陇海、中原、关中平原、兰西、天山北坡等城市群。

⑤ 沿江通道，连接华东、华中、西南地区，贯通长三角、长江中游、成渝等城市群。

⑥ 沪昆通道，连接华东、华中、西南地区，贯通长三角、长江中游、黔中、滇中等城市群。

⑦ 厦渝通道，连接海峡西岸、中南、西南地区，贯通海峡西岸、长江中游、成渝等城市群。

⑧ 广昆通道，连接华南、西南地区，贯通珠三角、北部湾、滇中等城市群。

2020年是"十三五"发展规划收官之年，也是不平凡的一年。面对严峻复杂的国际形势和艰巨繁重的国内改革发展稳定任务，特别是新冠疫情的严重冲击，国务院有关部门、国家铁路集团有限公司、各省区市党委政府深入落实习近平总书记对铁路工作的重要指示批示精神和党中央、国务院对铁路工作的决策部署要求，铁路建设工作经受住了大疫大灾考验，圆满完成了各项目标任务，川藏铁路开工建设，基建投资实现逆势增长，京雄城际等一批重大工程项目建成投产，建设管理水平持续提升，为扎实做好"六稳"工作、全面落实"六保"任务，推动铁路建设高质量发展，加快建设交通强国铁路篇，服务构建新发展格局做出了重要贡献。"十三五"期间，全国铁路营业里程由12.10万公里增加到14.63万公里、增长20.9%，高铁由1.98万公里增加到3.79万公里、翻了近一番，复线率由53.5%增长到59.5%，电气化率由61.8%增长到72.8%，"四纵四横"高铁网提前建成，"八纵八横"高铁网加密成型，建设成了世界上最现代化的铁路网和最发达的高铁网，高铁已经覆盖了全国92%的50万人口以上的城市。截至2021年，全国铁路营业里程已突破15公里，其中高速铁路营业里程已突破4万公里，"八纵八横"高速铁路取得更进一步的建设。未来将统筹推进高铁主通道及普速铁路通道建设，实现至2035年全国铁路网运营里程达到20万公里左右，其中高铁7万公里左右。20万人口以上城市实现铁路覆盖，50万人口以上城市高铁通等目标。

3.1.2.3 我国铁路行包运输发展现状及发展方向

自2003年铁路行包运输体制改革以来，全路围绕基础建设、市场营销、品牌建设等方面开展工作，行包运输安全基础不断加强，管理水平不断提高，服务质量持续改善，产品体系不断创新，品牌知名度明显提升，市场竞争力显著增强，行包发送量及运输收入实现稳步增长。2013年7月，中国铁路总公司将原来的铁路专业运输公司转型为物流公司，即中铁快运股份有限公司，发展方向为市场化的铁路现代物流股份制企业，公司设有18个分公司，拥有8个控股子公司。经营网络覆盖全国2 856个县级以上行政区域，形成了国内覆盖范围最广、规模最大的专业快运经营网络，已经成为铁路行包业务的主要承担者。为了满足客户的需求，适应市场的需要，中铁快运建立了新的产品体系，以市场、客户和服务等元素为基准确定了服务标准，设计了中铁快运的各种批次产品，比如小件快运、合同物流、货物快运和包裹快递等。

为加快实现铁路行包运输发展，我国铁路应坚定向现代物流企业发展的方向，树立大市场、大营销的观念，依托铁路打造快捷物流品牌。铁路局应继续大力支持专业运输向现代物流拓展，实现全路效益的最大化。

在货物运输、旅客运输以及行包运输中，我国铁路一直在推行铁路强国建设。《新时代交通强国铁路先行规划纲要》提出：到2050年，全面建成更高水平的现代化铁路强国，全面服务和保障社会主义现代化强国建设。铁路服务供给和经营发展、支撑保障和先行引领、安全水平和现代治理能力迈上更高水平，智慧化和绿色化水平、科技创新能力和产业链水平、国际竞争力和影响力保持领先，制度优势更加突出。形成辐射功能强大的现代铁路产业体系，建成具有全球竞争力的世界一流铁路企业，中国铁路成为社会主义现代化强国和中华民族伟大复兴的重要标志和组成部分，成为世界铁路发展的重要推动者和全球铁路规则制定的重要参与者。

3.1.3 国外铁路运输发展现状

1. 国外铁路旅客运输发展现状

相对我国而言，国外铁路旅客运输更早地完成了以客运专线和客货混跑的高速铁路为代表的客运运行高速化。归纳起来，国外的高速铁路主要分为以下几种模式：

（1）日本新干线模式：全部修建新线，旅客列车专用。
（2）法国TGV模式：部分修建新线，部分旧线改造，旅客列车专用。
（3）德国ICE模式：全部修建新线，旅客列车及货物列车混用。

截至2020年年底，日本高速铁路的里程已达3 422公里，并计划再修建大量的高速铁路，构成日本陆地交通运输网的支柱。

法国高速铁路新线里程已达1 892公里，以巴黎为中心，辐射到四周既有线，形成5 900公里的服务网。

德国高速铁路呈网状分布，由新线1 400公里及既有提速线路组成，形成4 800公里的服务范围，由ICE系列高速动车组担当客运任务。

2. 国外铁路货物运输发展现状

重载运输是世界铁路货物运输的一个发展方向。发展重载运输始于 20 世纪 20 年代。美国东部的煤矿和铁路合作，曾组织总重约 10 000 吨的单元列车，将整列煤炭直接送往发电厂和港口，中途不经过任何编组作业，但是这种高效的运输方式在当时并没有引起重视并加以推广。到 20 世纪 60、70 年代，为适应产品生产、流通和国际贸易的增长，降低运输成本以适应日益激烈的运输市场竞争，在各生产大宗原材料（煤炭和其他矿石、木材、粮食）的国家，如美国、苏联、加拿大、澳大利亚、巴西和南非等国，都采用不同形式先后发展了适合自己国情的铁路重载运输。

3. 国外铁路行包运输发展现状

行李和包裹运输原本是铁路旅客运输的一个组成部分，但一些国家为了竞争的需要，把行李、包裹以及邮件作为小件货物，成立了专门的铁路行包运输系统。

1968 年，英国国营铁路就开办了铁路快运包裹运输业务，将邮件、报纸等以定期快运货物列车进行运输。

法国国营铁路 1970 年成立包裹运输公司，1976 年开行行包特快包裹专用列车，全国设 13 个换装中心和 350 个取送作业所，由汽车办理货物取送和集中，然后送往铁路行包办理站集中装运。

3.2 铁路运输的基本条件

3.2.1 货物运输的基本条件

货物运输在铁路运输中占有很大比重，而通过铁路运输的货物品种繁杂、数量庞大、规格各异、性质不同，对铁路运输的要求也不相同。为了安全、准确、快速地把不同类别的货物顺利送达目的地，铁路部门按照运输生产中的实际情况，对于铁路货物的种类、重量、件数以及运输限制有明确的规定，这就要求承运人要熟悉办理货物运输的基本条件、有关法规和相应的原则。

1. 铁路货物运输种类

现行铁路货物运输种类分为整车、零担和集装箱三类。整车适用于大宗货物；零担适用于零星货物；集装箱适用于精密、贵重、易损货物。

托运人可以依据货物数量、性质、状态、形状等特点加以选择，达到安全、迅速、经济、便利地运送货物的目的。

（1）整车货物运输。一批货物的重量、体积、形状或性质需要以一辆及其以上货车运输的，应按整车运输。

限按整车托运的货物包括：

① 需要冷藏、保温或加温运输的货物。

② 规定限按整车办理的危险货物。

③ 易于污染其他货物的污秽品（例如未经过消毒处理或未使用密封不漏包装的牲骨、湿皮毛、粪便、炭黑等）。

④ 蜜蜂。

⑤ 不易计算件数的货物。

⑥ 未装容器的活动物（铁路局规定在管内可按零担运输的除外）。

⑦ 一件货物重量超过 2 吨，体积超过 3 立方米或长度超过 9 米的货物（经发站确认不致影响中转站和到站装卸作业的除外）。

限按整车办理的货物（蜜蜂、使用冷藏车装运需要制冷、保温的货物和不易计算件数的货物除外），其数量不够一车，按托运人要求将同一径路上的两个或三个到站在站内卸车的货物装在同一货车内，作为一批整车货物运输，而在途中不同到站卸车的运输方式称为整车分卸。

按整车运输的货物，托运人要求在站界内搬运或途中装卸时（包括在不办理货运营业的车站装卸），经月度要车计划核准后，可在铁路局自局管内办理。但危险货物不得办理站界内搬运或途中装卸。

途中装卸的货物，可根据托运人的要求，以途中装卸的后方或前方办理货运业务的车站作为发站或到站。

（2）零担货物运输。一批货物的重量、体积、形状和性质不需要单独使用一辆货车装运的货物，可按零担方式办理运输。按零担托运的货物，一件体积最小不得小于 0.02 立方米（一件重量在 10 千克以上的除外），每批不得超过 300 件。

货物快捷运输。单件体积在 0.02 立方米以上或重量在 10 千克以上，单件重量在 1.5 吨以下、体积在 2 立方米以下或长度在 5 米以内的货物，均可受理。

但下列货物不得办理：

① 法律法规明令禁止或需要专办运输的货物。

② 危险货物（含理化性质不明的货物）、国际联运货物。

③ 有特殊运输需求的货物。

④ 易于污染其他货物的污秽品。

⑤ 活动物。

⑥ 易碎物品（托运人包装处理后能保证货物运输安全的除外）。

⑦ 散装货物。

（3）集装箱运输。现行铁路集装箱运输适箱货物共 12 个品类：交电、仪器、小型机械、玻璃瓷器、工艺品、印刷品及纸张、医药、烟酒食品、日用品、化工品、针纺织品和小五金，贵重、怕湿、易碎货物都适于采用集装箱运输。下列货物严禁使用铁路通用箱装运：

① 易于污染和腐蚀箱体的货物。

② 易于损坏箱体的货物。

③ 鲜活货物。

④ 危险货物。

【例 3-1】 判断下列十种货物可否按零担办理，并简要说明理由。
（1）活牛（1头，500千克/件）
（2）冻肉（2箱，25千克/件）
（3）硝酸甘油炸药（1箱，50千克/件）
（4）炭黑（5麻袋，50千克/件）
（5）水泵（1箱，11千克/件，0.23米×0.18米×0.4米）
（6）服装（265箱，35千克/件，0.85米×0.65米×0.4米）
（7）蜜蜂（70箱，30千克/件）
（8）门吊架（1件，500千克/件，长32米）
（9）小毛竹（1捆，20千克/件）
（10）机床（1箱，3 000千克/件）

2. 按一批运输办理的条件

铁路运输货物以批为单位。"一批"就是一个运输单位，也是承运人计算货物运输费用的一个单位。一批货物的托运人、收货人、发站、到站、装卸地点必须相同（整车分卸的货物可以例外）。

整车货物以一车为一批（但跨装、爬装及使用游车的货物，可以每一车组为一批），零担货物以每张货物运单所托运的货物为一批，集装箱货物以每张货物运单所托运的集装箱数为一批（每批必须同一箱型，至少一箱，最多不得超过铁路一辆货车所能装运的箱数）。

下列情况不能按一批办理：
（1）易腐货物与非易腐货物。
（2）危险货物与非危险货物（另有规定者除外）。
（3）根据货物性质，不能混装运输的货物。
（4）保价运输货物与非保价运输货物。
（5）投保运输险与未投保运输险的货物。
（6）运输条件不同的货物。

前款规定的货物，在特殊情况下，经铁路局承认也可按一批托运。

【例 3-2】 A 站于11月5日收取到达 E 站的集装箱5箱（其中6吨箱3箱，10吨箱2箱）的运费，并于11月7日18点前装车完毕。已知 A—E 运价里程为961公里。

问：（1）该五箱货物能否按一批托运，为什么？
（2）该五箱货物应在哪月哪日之前必须卸车完毕才没有违约？

3. 运输货物重量的规定

运输货物的重量以千克为单位。整车货物和集装箱货物的重量由托运人确定，零担货物的重量由承运人确定，但下列情况亦可由托运人确定：
（1）标准重量的货物。
（2）包装上涂有标记重量的货物。

（3）附有全批过秤清单的货物。

（4）一件重量超过发站衡器最大称量的货物。

（5）经承运人同意由专用线或专用铁路组织零担运输的货物。

货物的重量包括货物包装的重量。托运人确定的货物重量，铁路部门有权进行抽查。抽查结果超过衡器最大公差时，托运人或收货人应支付过秤费，并按规定处理。

4. 运输货物件数的规定

运输货物时，不论是整车、零担还是集装箱，均按件数和重量承运。但下列货物按整车条件办理时，只按重量承运，不计算件数：

（1）散堆装无法成件的货物。

（2）成件的货物规格相同（规格在 3 种以内相同，视为相同）一批数量超过 2 000 件，规格不同一批数量超过 1 600 件。

文具百货、家用电器、医疗器械、玻璃仪器等按整车条件运输时，不论规格，每件平均重量在 10 千克以上，能按件点交时，都可按件数和重量承运。

5. 货物运输限制的规定

下列货物须凭证明文件运输：

（1）物资管制方面的，如托运麻醉品、枪支、民用爆炸品，必须提出医药、公安部门的证明文件。

（2）卫生检疫方面的，如托运种子、苗木、动物和动物产品，应提出动、植物检疫部门的证明文件。

（3）物资运输归口管理方面的，如托运烟草、食用盐、酒类，应提出物资管理部门的证明文件。

（4）国家行政管理方面的，如进出口部门规定须凭运输许可证运输的货物，应提出运输许可证。

须凭证明文件托运的货物，托运人提不出规定的证明文件时，铁路可拒绝受理。

6. 货物押运规定

下列货物运输托运人应派人押运：

（1）活动物。

（2）需按时浇水的鲜活植物。

（3）需生火加温的货物。

（4）挂运的机车和轨道起重机。

（5）特殊规定应派押运人的货物。

押运人每批以 1~2 人为限，押运人须持托运人或收货人出具的身份证明，押运人姓名、证明文件名称、号码应填记在货物运单"托运人记载事项"栏内，车站按规定核收押运人乘车费。

3.2.2 旅客运输的基本条件

为旅客提供便捷、舒适、快速的服务是铁路旅客运输一直努力追求的目标，为了保证旅客运输的合理组织，对旅客的乘车条件做了以下规定：

（1）按票乘车。旅客须按票面载明的日期、车次、席别乘车，并在票面规定有效期内到达到站。持通票的旅客中转换乘时，应当办理中转签证手续。

（2）除特殊情况并经列车长同意的外，持低票价席别车票的旅客不能在高票价席别的车厢停留。

（3）途中客票有效期终了的处理。持通票的旅客在乘车途中有效期终了、要求继续乘车时，应自有效期终了站或最近前方停车站起，另行补票，核收手续费。定期票可按有效使用至到站。

（4）卧铺票的规定。对乘坐卧铺的旅客，列车可以收取车票并予集中保管。收取车票时，应当换发卧铺证；旅客下车前，凭卧铺证换回车票。成人带儿童或儿童与儿童可共用一个卧铺。

（5）不予运送的旅客。烈性传染病患者、精神病患者或健康状况危及他人安全的旅客，站、车可以不予运送；已购车票按旅客退票的有关规定处理。

【例 3-3】 以下不符合乘车条件的情况如何处理？

（1）无票乘车怎样处理？
（2）持用低等级的车票乘坐高等级列车与铺位、座席怎么办？
（3）应买票而未买票的儿童乘车怎样处理？
（4）旅客未按票面指定的日期、车次乘车，但乘坐相同票价的列车时怎么办？

旅客出行携带行李较多，是我国铁路旅客运输的一个重要特点，我国铁路为保证旅客运输的安全，对行李的运送条件做了一些明确的规定。

1. 行李的定义

行李是指旅客自用的被褥、衣服、个人阅读的书籍、残疾人车和其他旅行必需品。

2. 限制规定

行李中不得夹带货币、证券、珍贵文物、金银珠宝、档案材料等贵重物品和国家禁止、限制运输的物品和危险品。

3. 重量和体积规定

行李每件的最大重量为 50 千克。体积以适于装入行李车为限，但最小不得小于 0.01 立方米。行李应随旅客所乘列车运送或提前运送。

每名旅客免费携带品的重量和体积是：儿童（含免费儿童）10 千克，外交人员 35 千克，其他旅客 20 千克。每件物品外部尺寸长、宽、高之和不超过 160 厘米，杆状物品不超过 200 厘米，但乘坐动车组列车不超过 130 厘米；重量不超过 20 千克。残疾人代步所用的折叠式轮椅不计入上述范围。

铁路包裹运输可分为不同种类，分别制定了相关规定。

1. 包裹的定义

包裹是指适合在旅客列车行李车内运输的小件货物。

2. 包裹的分类

包裹分为以下四类：

一类包裹：自发刊日起 5 日以内的报纸；中央、省级政府宣传用非卖品；新闻图片和中、小学生课本。

二类包裹：抢险救灾物资，书刊，鲜或冻鱼介类、肉、蛋、奶类、果蔬类。

三类包裹：不属于一、二、四类包裹的物品。

四类包裹：一级运输包装的放射性同位素、油样箱、摩托车；泡沫塑料及其制品；国务院铁路主管部门指定的其他需要特殊运输条件的物品。

每件包裹的体积、重量限制与行李相同。涉及国家限制运输的物品，请在办理托运时提供有关主管部门的运输证明。

运输超过包裹规定重量和四类包裹中 3 项品名的物品时，应经调度命令或上级书面运输命令批准。

行李包裹的运到期限以运价里程计算。从承运日起，行李 600 公里以内为三日，超过 600 公里时，每增加 600 公里增加一日，不足 600 公里也按一日计算。包裹 400 公里以内为三日，超过 400 公里时，每增加 400 公里增加一日，不足 400 公里也按一日计算。快运包裹按承诺的运到期限计算。

行李包裹逾期运到时，收货人可以要求支付违约金，但请凭行李票、包裹票在行李包裹到达次日起 10 日以内提出。承运人按逾期日数及所收运费的百分比向收货人支付违约金。一批中的行李包裹部分逾期时，按逾期部分运费比例支付。违约金最高不超过运费的 30%。

如果收货人要求将逾期运到的行李运至新到站时，可凭新车票办理，不再支付运费，承运人也不再支付违约金。如果行李包裹超过运到期限 30 天仍未到达，收货人可以认为行李包裹已灭失而向承运人提出赔偿。

行李从运到日起、包裹从发出通知日起，承运人免费保管三天，逾期到达的行李包裹免费保管 10 天。超过免费保管期限时，按日核收保管费。

收货人凭行李、包裹领取凭证领取行李、包裹。如将领取凭证丢失，必须提供本人身份证、物品清单和担保人的担保书；如不能提供担保人时，可以出具押金自行担保。如在收货人声明领取凭证丢失前行李、包裹已被冒领，承运人不承担责任。

托运人办理托运后，可按如下规定办理一次行李包裹变更（鲜活包裹不办理变更），核收变更手续费：

（1）在发站装车前取消托运时，退还全部运费。

（2）装运后要求运回发站或变更到站的（行李只办理运回发站或中止旅行站），补收或退还已收运费与实际运送区间里程通算的运费差额。

（3）旅客在发站停止旅行，要求仍将行李运至到站时按包裹收费，补收发站至到站的包裹与行李运费的差额。

办理变更运输后产生的杂费按实际产生的核收。如已收运费低于已产生的杂费时,则不补收杂费也不退还运费。但因误售误购客票产生的行李变更时,不收变更手续费。

发现品名不符时,在发站,补收已收运费与正当运费的差额;在到站,加收应收运费与已收运费差额两倍的运费。到站发现重量不符应退还时,退还多收部分的运费。如将国家禁止、限制运输的物品或危险品伪报其他品名托运时,在发站取消托运,在中途站停止运送(在列车上发现危险品交前方停车站),均通知有关部门和托运人处理,已收运费不退,按四类包裹另行补收运输区段的运费。

【案例分析 3-1】

××年1月25日,上海某公司委托某储运部代办托运仪器2件,运至呼和浩特车站。该储运部在康庄车站办理托运,其在包裹托运单上填写品名为仪器,声明价格 1 000 元(托运的仪器实为价值 100 500 元的电脑及附件),收货人为内蒙古某公司,托运人为某储运部。康庄车站依此制发包裹票。该储运部办理了保价运输,交纳保价费 10 元,铁路运杂费 55 元。1月28日,康庄车站将该批货物正确装上77次列车,次日该货到达呼和浩特车站。一名自称呼和浩特车站装卸工李某的人前来接站,列车行李员让该人在行包装卸交接证上签名,该人签上李某、杜某名字后将包裹提走。后由于收货人提货不着,到站呼和浩特车站遂向发站、银川客运段查询,得知该货交予李某,但呼和浩特车站行李员、装卸工中没有叫李某、杜某的。因上海某公司提出赔偿 100 500 元的要求未能实现,随后某储运部出具证明,由货主上海某公司直接提起诉讼。

思考分析:

在该事件(收货人提货不着)中,应由谁来承担责任?依据是什么?

3.3　铁路货物运输业务

铁路货物运输业务主要包括货物的出发作业、途中运输、货物的到达作业三个阶段。铁路货物运输业务流程就是货物运输合同订立、履行的过程。同时,运输的过程中可能会涉及运输合同的变更和解除。

3.3.1　主要业务及流程

铁路货物的出发作业主要包括货物的托运、承运人的受理、进货和验收、装车、制票和承运等各环节。整车货物是先装车后承运,零担是先承运后装车,集装箱与零担基本相同。整车有计划,零担随到随承运。

铁路的途中运输包括途中货物的交接、检查,以及货物的换装整理。途中运输过程中可能涉及货物运输合同的变更和解除。

货物的到达作业主要包括到达货票登录、接受重车和货票数据、卸车、领货通知、货物的保管、内勤支付、外勤支付、货主查询等环节的作业。

自货改实行至今，铁路一方面大大简化了货运受理手续，另一方面拓宽了货运受理渠道，客户可以选择多种方式联系发货。

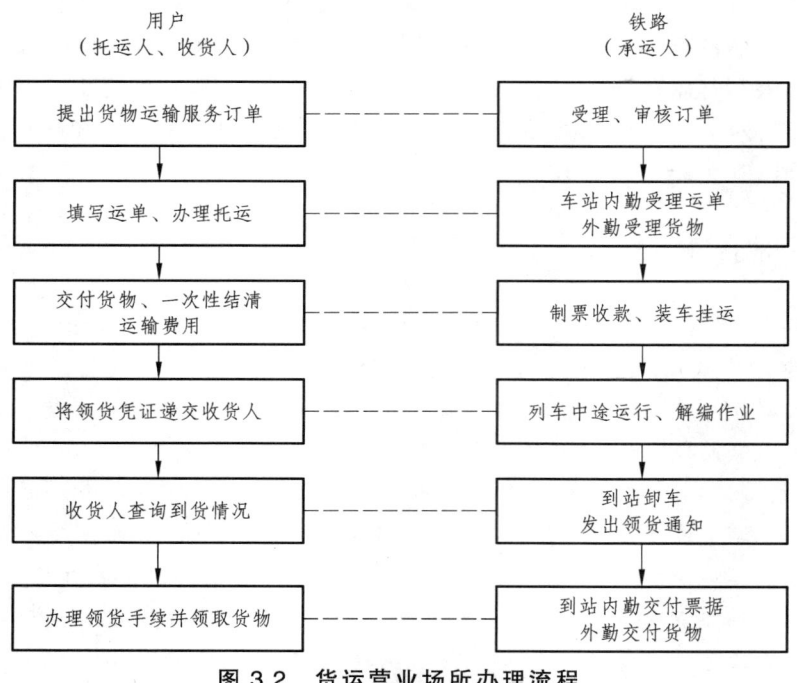

图 3.2　货运营业场所办理流程

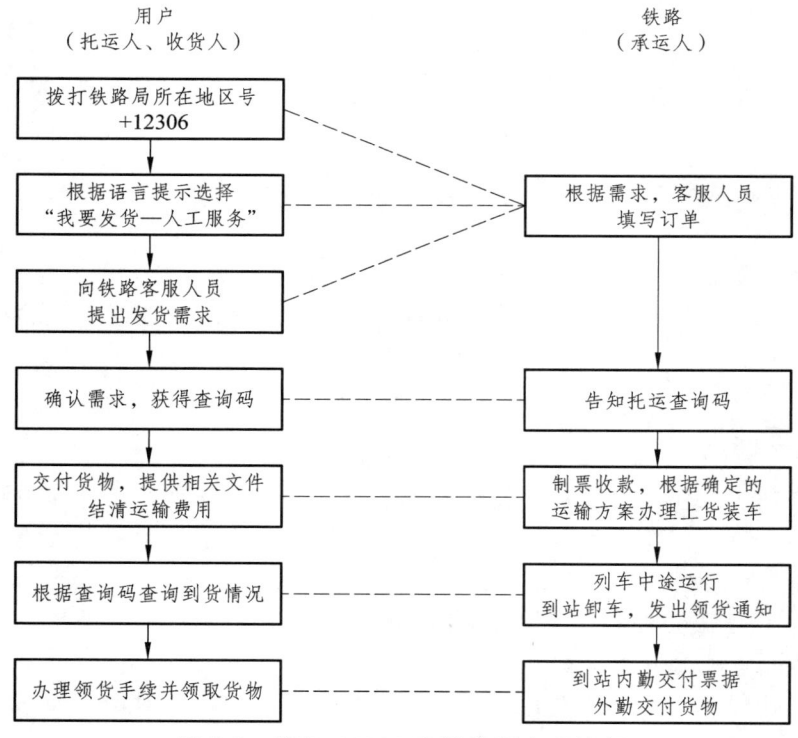

图 3.3　拨打 12306 客服电话办理流程

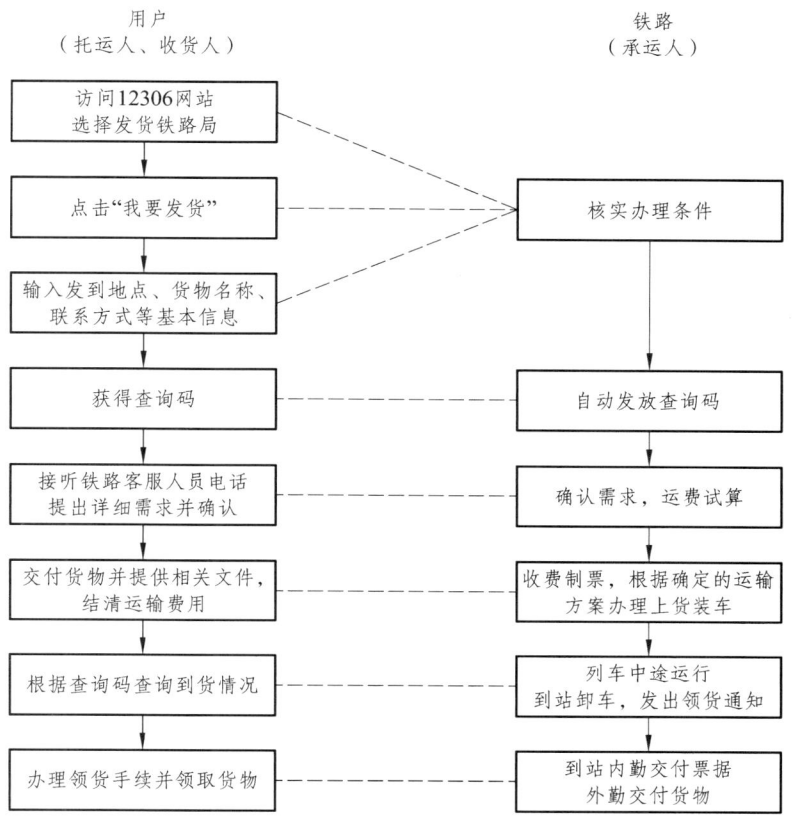

图 3.4 12306 网站"我要发货"办理流程

3.3.2 货物运输合同当事人责任

1. 托运人、承运人、收货人的权利义务

根据铁路货物运输合同,托运人应承担的义务是按合同约定的时间和有关要求(如进行货物包装、缴付有关证明文件、提供装车备品及加固材料和派押运人等),向承运人交付托运的货物并向承运人交付规定的运输费用,将领取货物凭证及时交给收货人并通知其向到站领取货物。托运人有权要求承运人在指定期限和到站,将货物完整、无损地交给收货人;货物发生货损货差、承运人多收运输费用或运输违约时,托运人有权要求赔偿或退款。

承运人应承担的义务是按照合同规定的期限,将承运的货物完好运抵到站交收货人,在车站公共装卸场所装卸的货物,除特定者外,负责组织装卸,由承运人组织卸车的货物,向收货人发出到货催领通知。承运人有权向托运人或收货人收取运输费用;由于托运人或收货人责任,给铁路或第三者造成财产损失的,承运人有权要求托运人或收货人赔偿;承运人对无法交付的货物和运输阻碍有权按章处理。

收货人的义务是在货物免费暂存期限内将货物搬出车站；缴清托运人未交或少交的一切运输费用；按铁路规定处理其他未尽事实。因承运人责任发生货损货差或运输违约时，有权要求赔偿和退款。

2. 货物赔偿相关规定

铁路承运人自承运货物时起至将货物交付时止，对货物发生的灭失、短少、变质、污染、损坏承担赔偿责任，但下列原因造成的损失，承运人不承担赔偿责任：

（1）不可抗力。

（2）货物本身性质引起的碎裂、生锈、减量、变质或自燃等。

（3）国家主管部门规定的货物合理损耗。

（4）托运人、收货人、押运人的过错。

由于托运人、收货人的责任或押运人的过错，使铁路运输工具、设备或第三者的货物造成损失时，托运人、收货人应负赔偿责任。

托运人，收货人与承运人双方对事故责任有分歧时，应依照下列程序解决：

（1）双方协商解决。

（2）协商解决尚不能达成一致意见时，一方可申请合同管理机关进行调解、仲裁。

（3）向人民法院起诉，由法院审理判决。

不论采取哪种方式，托运人、收货人或承运人均应自收到书面赔偿要求的次日起30日内（跨及两个铁路局以上运输的货物为60日）进行处理，答复赔偿要求人。索赔的一方收到对方答复后，如有不同意见，必须在收到对方答复的次日起60日内提出，超过这个期限各方均不予受理。经人民法院判决的案件，当事人一方对判决不服的，必须在判决书指定的日期内上诉，期满不上诉的，判决即付诸实施。

3.3.3 铁路货物运输合同的订立

铁路承运标志着铁路货物出发作业的完成，货物运输合同的订立是铁路承运的标志。

托运人以铁路运输货物，整车货物可按年度、半年度、季度或月度签订货物运输协议，也可以签订更长期限的运输协议；在协议期内，托运人可与承运人按阶段确定需求，交运货物时，向承运人按批提出货物运单，作为运输合同的组成部分。其他零担货物和集装箱运输的货物使用货物运单作为运输合同。

托运人向承运人提出货物运单是一种签订合同的要约行为，即表示其签订运输合同的意愿。托运人按货物运单填记的内容向承运人交运货物，承运人按货物运单记载接收货物，核收运输费用，并在运单上盖章后，运输合同即告成立，托运人、收货人和承运人双方即开始负有法律责任。

货物运单和领货凭证按一式两联印制，上联为货物运单，下联为领货凭证，如图3.5所示。铁路货物运单、货票和运费杂费收据的格式应按规定样式全路统一，不得随意改动。每批货物填写一张货物运单，根据栏目要求分别由托运人和承运人填写。填写内容必须翔实正确、文字规范、字迹清楚，不得使用铅笔或红色墨水笔。内容如有更改，在更改处须加盖托运人或承运人印章证明。

货物约定于　年　月　日交接　　　　　　　　领货凭证

货位

号码

承运人/托运人装车
承运人/托运人施封

运到期限　日　　　　　　运单号：　　　　　　货票号：

发站		专用线名称		专用线代码		车种车号	
到站（局）		专用线名称		专用线代码			
托运人	名称					货车标重	
	地址			邮编			
	经办人姓名		经办人电话	Email		货车施封号码	
收货人	名称						
	地址			邮编		货车篷车号码	
	经办人姓名		经办人电话	Email			
选择服务	□门到门运输　□上门装车　□上门卸车 □门到站运输　□上门装车 □站到门运输　□装载加固材料　□上门卸车 □站到站运输　□装载加固材料 □保价运输			取货地址			
				取货联系人		电话	
				送货地址			
	仓储			送货联系人		电话	

货物名称	件数	包装	集装箱箱型	集装箱箱号	集装箱施封号	货物价格	托运人填报重量（千克）	承运人确定重量（千克）
合计								

托运人记载事项		承运人记载事项		
托运人盖章或签字	发站承运日期戳	承运货运员签章	到站交付日期戳	交付货运员签章
年　月　日	年　月　日	年　月　日	年　月　日	年　月　日

图 3.5　领货凭证

3.3.4　铁路货物运输合同的履行

货物运输合同的履行，是伴随货物的途中运输以及货物的到达作业完成的。货物的途中运输涉及货物运到期限和运输费用支付等相关问题；货物的到达过程涉及货物领取的相关问题。

1. 货物运到期限

货物运到期限是对承运人的要求和约束，是对托运人、收货人合法权益的保护，有利于托运人和收货人据以安排经济活动。

铁路运输货物应在规定的运到期限内运至到站。货物运到期限从承运人承运货物的次日起，按下列规定计算：

（1）货物发送期间为 1 日。

（2）货物运输期间：每 250 运价公里或其未满为 1 日；按快运办理的整车货物每 500 运价公里或其未满为 1 日。

（3）特殊作业时间：

① 需要中途加冰的货物，每加冰一次另加 1 日。

② 运价里程超过 250 公里的零担货物和 1 吨、5 吨型集装箱货物，另加 2 日，超过 1 000 公里加 3 日。

③ 一件货物重量超过 2 吨、体积超过 3 立方米或长度超过 9 米的零担货物及零担危险货物另加 2 日。

④ 整车分卸货物，每增加一个分卸站另加 1 日。

⑤ 准、米轨间直通运输的整车货物，另加 1 日。

⑥ 门到门运输时，需要上门装、卸货物，各另加 1 日；需要门到发站、到站到门接取送达货物，各另加 1 日。

货物实际运到日数的计算。起算时间从承运人承运货物的次日（指定装车日期的，为指定装车日的次日）起算。终止时间：到站由承运人组织卸车的货物，到卸车完了时止；由收货人组织卸车的货物，到货车调到卸车地点或货车交接地点时止。

货物运到期限的起码天数为 3 日。

2. 运输费用支付

铁路货物运输费用收费项目及收费标准在《铁路货物运价规则》内规定，并在车站营业场所公告，未经公告，不得实行。

货物运输费用，除另有规定外托运人应在发站承运货物的当日支付。18 时以后至 24 时装车的货物，可以在次日支付。途中或到站发生的运输费用，由收货人在到站支付。

对经常托运或领取货物的托运人或收货人，不必一批一付，可以按日汇总一次支付。具体办法由车站与托运人、收货人商定。

【例 3-4】 A 站在 5 月 28 日承运发往 F 站的整车普通货物和零担货物各一批，运价里程为 2 478 公里。问：

（1）两批货物的运到期限各为多少天？

（2）如果整车货物和零担货物分别于 6 月 10 日和 6 月 12 日到站卸完，是否逾期？

3. 货物领取方式

承运人组织卸车的货物，卸车完了后及时向收货人发出领货通知。到货通知有两种信息通道：一是托运人在货物承运后将领货凭证寄交收货人，收货人持领货凭证主动联系到站领取货物；二是货物到达后，由到站向收货人发出领货通知。

到站发出领货通知，可采取在营业场所揭示公告、寄出信函、市内电话通告等方法。收货人也可与到站商定如拍发电报、传真、长途电话等其他方式，这种商定通知方式的费用，由收货人支付。

到站发出领货通知（不能实行领货通知的为卸车之后）的次日起，2 日内收货人应将货物全部搬出。对超过 2 日（铁路局可规定为 1 日）未能搬出者，车站向收货人核收货物暂存费。收货人拖延领取、拒绝领取或无人领取时，铁路采取解决措施无效后，自发出领货通知满 30 日（搬家货物为 60 日）仍无人领取或收货人未按规定期限提出处理意见，承运人按无法交付货物进行处理。对性质不宜长期保管的货物，承运人根据具体情况可缩短处理期限。

3.3.5 铁路货物运输合同的变更和解除

托运人或收货人由于特殊原因，对铁路承运后的货物，可按批向货物所在的中途站或到站提出变更到站、变更收货人；发送前可向发站提出取消托运，解除运输合同，这两种情况均称为货物运输变更。

下列情况中的承运人不受理运输合同变更：

（1）违反国家法律、行政法规、物资流向、运输限制和蜜蜂的变更。

（2）变更后的货物运到期限大于容许运输期限。

（3）变更一批货物中的一部分。

（4）第二次变更到站。

货物运输合同在承运前的变更办法另行规定。

整车货物、大型集装箱货物发站在挂运前，零担货物和其他集装箱货物发站在装车前，托运人提出取消托运要求时，经承运人同意可以取消托运手续，货物合同即告解除。

办理取消托运或变更手续时，托运人、收货人应向发站、中途站或到站提出领货凭证和货物变更要求书。不能提出领货凭证时，应提出能证明托运人、收货人身份的有效证明文件，并在变更要求书中注明，方可办理。已经卸车的整车货物不再变更到站。

办理变更或取消托运，托运人或收货人应向承运人支付货物变更手续费。发送前取消托运的，由发站返还全部运费及押运人乘车费。发送后变更到站的，运费应按发站至处理站、处理站至新到站分别计算，由新到站向收货人结算。对已发生的相关费用，由发站或处理站随同变更手续费一起核收。

【例3-5】 车站顺序如图3.6所示，下列货物能否办理整车分卸，试说明其原因：

（1）A站托运一整车百货，重30吨，要求B、C两站分卸。

（2）A站托运一整车牲骨，麻袋包装，要求B、D两站分卸。

（3）A站托运一整车炭黑，麻袋包装，要求C、D两站分卸。

（4）A站托运一整车冻猪肉，纸箱包装，要求B、C两站分卸。

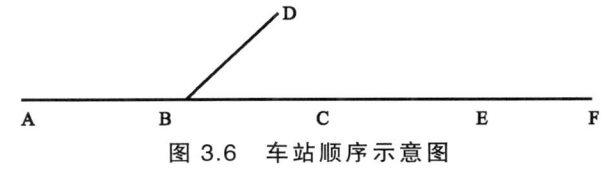

图3.6 车站顺序示意图

3.4 铁路旅客运输业务

铁路旅客运输业务主要在车站和列车上进行。车站的业务包括：售检票；引导、问询等信息服务；候车服务，以及车站的组织管理工作。列车上的业务包括咨询服务、餐饮服务等。铁路旅客运输按流程不同可分为购票环节、车站服务环节和列车服务环节。

旅客运输流程和服务内容如图3.7所示。

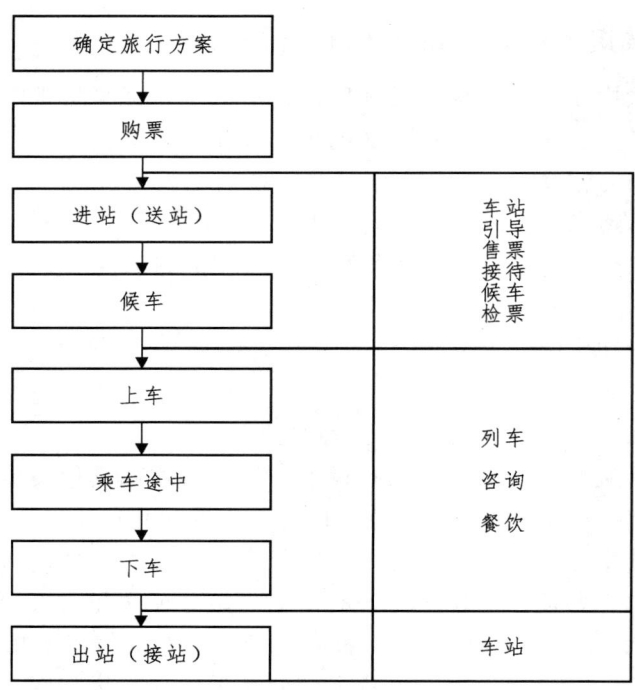

图 3.7　铁路旅客运输流程

3.4.1　铁路旅客运输主要业务及流程

目前，铁路售票采用售票窗口售票、自动售货机售票、电话订票、互联网购票、候补购票、联系方式预留等多种售票方式相结合，同时推出了实名制购票的理念，不仅打击了倒卖车票的行为，更为旅客的出行购票提供了最大限度的便捷。

1. 国内铁路购票方式

（1）售票窗口购票。

在铁路售票窗口购票时，可以使用居民身份证等有效证件购票。

在铁路售票窗口购票时，可以使用现金、微信、支付宝、POS 机收单行的银行卡或带有银联标识的各种银行卡支付票款。一笔交易的全部票款需使用一张银行卡支付。旅客付款时，应当场认真核对票款。发现票款有误时，需立即向售票人员当场提出；未当场核对、过后提出的，旅客自行负责。

（2）自动售货机购票。

在自动售票机上，可以使用居民身份证（包括中华人民共和国居民身份证、港澳居民居住证、台湾居民居住证、外国人永久居留身份证）购票。在自动售票机上可以购买全价票、儿童票、学生票、残疾军人票等。学生、残疾军人旅客进站前应到车站指定售票窗口或自动售/取票机办理一次本人居民身份证件与学生优惠卡或残疾军人优惠证件的核验手续（学生票需每学年乘车前办理一次），通过后可凭居民身份证件自助办理实名制验证和进出站检票。

在自动售票机上，可以使用现金或自动售票机上标识的银行所发行的银行卡，以及带银联标识的其他银行借记卡和预付卡（不含信用卡）支付票款。使用现金支付时，应使用面额为 5、10、20、50、100 元的、较为平整的人民币纸币。

（3）电话订票。

全国铁路电话订票号码为区号 + 95105105。电话订票系统开放时间为每日 05:00—23:00，可预订第 4 天（含第 4 天）至预售期内的车票。

通过电话订票，可以购买全价票，儿童票，学生票、残疾军人票。在当日 12:00 前电话订票成功的，必须在次日 12:00 前支付；当日 12:00 以后电话订票成功的，必须在次日 0:00 前支付。凭电话订票系统提供的订单号、乘车人的有效身份证件原件，到全路任一车站售票窗口或铁路客票代售点均可办理支付。

电话订票系统与互联网售票系统目前是相互独立的系统，12306 网站暂不提供电话订票信息查询、支付等服务。

（4）互联网购票。

在 12306 网站购票，必须实名注册为网站用户。注册时按 12306 网站页面提示要求填写相关信息，必须填写用户名、密码、真实姓名、证件类型、证件号码、手机号码、旅客类型、护照有效期截止时间等信息。

12306 网站全天提供信息查询及退票服务，每日 05:00 至次日 01:00（周二为 05:00 至 23:30）提供售票改签服务。

在 12306 网站，可以购买铁路客票系统发售的全价票、儿童票、学生票、残疾军人票（含伤残人民警察）四种各车次、各席别的直达票。一张有效身份证件同一乘车日期同一车次可以购买一张车票，但儿童没有身份证时，还可以在同一订单下再次使用同行成年人的身份信息购买儿童票。

在 12306 网站购票后，可以到车票票面载明的发站乘车，也可以在中途站乘车。

（5）候补购票。

候补订单的提交、兑现时间与 12306 网站（含手机客户端）运营时间一致；开车时间为 00:00—12:59 的候补终止时间不晚于开车前一天的 23:30；开车时间为 13:00—23:59 的候补终止时间不晚于开车当日前 6 小时。

购票人可在提交候补订单时自主设定终止兑现时间，也可在提交候补订单后随时修改和主动终止兑现。（均不晚于最晚终止时间）

候补购票需预付款，按订单不同组合需求中票款的最高额度计算（卧铺按下铺票价计算）。

候补购票预付款支付成功后，系统将持续尝试兑现候补需求，若有匹配需求的车票，系统将自动生成已支付订单，预付款大于实际票款的，系统将自动退回差额票款；若无法满足购票人需求的席位，将在截止兑现时间自动终止兑现，用户主动终止或系统自动终止候补的，系统自动全额退还预付款。

候补订单提交成功后需在系统提示时间内完成支付，完成候补预付款支付后，候补购票订单立即生效。候补购票订单生效后，除截止兑现时间可以修改，其他相关候补需求不可修改，如需变更，可终止订单后重新操作。

候补订单兑现成功、兑现失败、自动退单时均会通过用户选择的通知渠道（短信、微信或支付宝）推送通知消息。推送消息的同时，也会发送邮件通知（用户邮箱须激活）。

（6）联系方式预留。

为做好疫情常态化防控，同时便于及时将列车运行变更信息通知到乘车人，在购买火车票时需要预留乘车人的联系方式。未成年人、老年人等重点旅客以及无手机的旅客可提供通过核验的监护人或亲友手机号码联系；港澳台旅客、外籍旅客可提供通过核验的电子邮箱联系。一个手机号码最多可被5个不同的身份证件关联核验，其中被18岁以下未成年人、60岁及以上老年人身份证关联核验不计入号码关联证件数量。

2. 旅客购票的有关规定

（1）铁路旅客车票应在铁路承运人、销售代理人的售票处或者铁路的12306网站上购买。

（2）车票应在承运人或销售代理人的售票处购买。在有运输能力的情况下，承运人或销售代理人应按购票人的要求发售车票。承运人可以开办往返票、联程票（指在购票地能够买到换乘地或返回地带有席位、铺位号的车票）、定期、不定期、储值、定额等多种售票业务，以便于购票人购票和使用。

（3）发售软座客票时最远至本次列车终点站。旅客在乘车区间中，要求一段乘坐硬座车，一段乘坐软座车时，全程发售硬座客票。乘坐软座时，另收软座区间的软、硬座票价差额。动车组列车车票最远只发售至本次列车终点站。

（4）旅客购买加快票必须有软座或硬座客票。发售加快票的到站，必须是所乘快车或特别快车的停车站。发售需要中转换车的加快票的中转站还必须是有同等级快车始发的车站。

（5）旅客乘坐提供空调的列车时，应购买相应等级的车票或空调票。旅客在全部旅途中分别乘坐空调车和普通车时，可发售全程普通硬座车票，对乘坐空调车区段另行核收空调车与普通车的票价差额。

（6）承运人一般不接受儿童单独旅行（乘火车通学的学生和承运人同意在旅途中监护的除外）。实行车票实名制的，年满6周岁且未满14周岁的儿童可以购买儿童优惠票；年满14周岁的儿童应购买全价票。每一名持票成年旅客可免费携带一名未满6周岁且不单独占用席位的儿童乘车；超过一名儿童时，超过人数应当购买儿童优惠票。未实行车票实名制的，身高达到1.2米且不足1.5米的儿童可以购买儿童优惠票；身高达到1.5米的儿童应当购买全价票。每一名持票成年旅客可免费携带一名身高未达到1.2米且不单独占用席位的儿童乘车；超过一名儿童时，超过人数应当购买儿童优惠票。儿童优惠票的席别应当与同行成年人所持车票相同，到站不得远于成年人车票的到站。按上述规定享受免费乘车的儿童单独占用席位时，应当购买儿童优惠票。

（7）在普通大、专院校（含国家教育主管部门批准有学历教育资格的民办大学），军事院校、中、小学和中等专业学校、技工学校就读且没有工资收入的学生，家庭居住地和学校不在同一城市时，凭附有加盖院校公章的减价优待证的学生证（小学生凭书面证明），每年可享受家庭至院校（实习地点）之间四次单程半价硬座客票、加快票、空调票（以下简称学生票）。动车组列车只发售二等座车学生票，学生票为全价票的75%。新生凭录取通知书、毕业生凭学校书面证明可买一次学生票。华侨学生和港澳台学生按照上述规定同样办理。发售学生票时应以近径路或换乘次数少的列车发售。下列情况不能发售学生票：① 学校所在地有学生父或母其中一方时；② 学生休学、复学、转学、退学时；③ 学生往返于学校与实习地点时；④ 学生证未按时办理学校注册的；⑤ 学生证优惠乘车区间更改但未加盖学校公章的；⑥ "学生火车票优惠卡"缺失、不能识别或者与学生证记载不一致的。

（8）中国人民解放军和中国人民武装警察部队因伤致残的军人（以下简称伤残军人）凭"中华人民共和国残疾军人证"、因公致残的人民警察凭"中华人民共和国伤残人民警察证"享受半价的软座、硬座客票和附加票。"中华人民共和国残疾军人证"和"中华人民共和国伤残人民警察证"由国家有关部门颁发，铁路运输企业有权进行核对。

（9）到站台上迎送旅客的人员应买站台票。站台票当日使用一次有效。对经常进站接送旅客的单位，车站可根据需要发售定期站台票。随同成人进站身高不足1.2米的儿童及特殊情况经车站同意进站人员可不买站台票。未经车站同意无站台票进站时，加倍补收站台票款。遇特殊情况，站长可决定暂停发售站台票。

（10）20人以上乘车日期、车次、到站、座别相同的旅客可作为团体旅客，承运人应优先安排；如填发代用票时，除代用票持票本人外，每人另发一张团体旅客证。

（11）在无人售票的乘降所上车的人员，可在列车内购票，不收手续费。

对于车站服务环节，在旅客运输组织中要坚持"以人为本"的理念。铁路客运站是一个人流集散的场所，旅客从一个车站购票、进站、候车、检票上车，直至到达目的车站下车出站，这个过程中将有很大一部分时间处于车站环境中，而车站客运服务系统是直接为旅客服务的，它的优劣直接影响旅客购票及候车环境的安全性、舒适性和便利性。

对于列车服务环节，因为列车服务与旅客感受密切相关，因此提高铁路旅客列车服务质量和旅客满意度能有力地增强铁路的市场竞争力。

目前，我国旅客列车应进一步优化乘车环境，加大硬件投入，细化服务标准，提高服务质量，并强化培训，提高服务人员各方面素质。

3.4.2 旅客运输合同的形式

旅客运输合同的表现形式是客票。目前我国铁路出售的客票为粉红色软纸票、淡蓝色的磁卡票以及电子客票。下面以2009年12月10日前出售的粉红纸票为例说明车票元素含义，如图3.8所示。

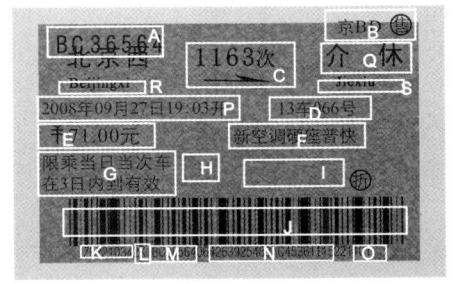

图 3.8 铁路客票

A 票号：表明对于某台售票窗口或终端连续售票的编号，由字母和6位数字组成。有时字母前方还有数字，一般表示售票窗口编号。

Q 始发站和终到站：行程 400 公里以下为魏碑体，400 公里以上为黑体。注意：在通票中终到站并不是旅客首先下车的站。

C 车次：旅客选择的具体车次。注意：在通票中是旅客第一次乘坐的车次，请注意方向箭头的走向和位置。

D 座位号或者铺号：旅客选择的具体座位或铺位。

P 开车日期和时刻：注意跨零点车次的日期归属，以开车时间确定日期，实行 24 小时制。

E 票价：由人民币符号和数字组成，数字精确到分。

F 车型以及中转站：表明旅客第一次乘车时的车型还有通票中的换乘站。

G 有效期：注意是旅客最终到达车站用时的期限（因为旅客可能中途下车或者换乘），而不是说这张票在几天之内都可以从始发站坐车。

H 学生票：显示"学"，还有"孩""团""残""返"等类型。

I 底纹和水印：对光可以看到"中国铁路""CR"和铁路标志的底纹和水印。真票侧面对光看的时候有反光的中国铁路的标志，假票则没有。

K 车站代码：前 6 位是发售车站代码；第 7～10 位是出票窗口代码。

L 11～14 位是售票记账日期（不完全是发售日期，可能比发售日要晚一天）。

M 15～21 位是车票号码，应该和左上角的红色数码票号一样。

N 加密校验码：只有车站的机器可以识别，是检验票真假的核心部分。

O 最后四位是里程数。

为适应新技术发展需要，铁道部决定自 2009 年 12 月 10 日起，对全路计算机车票（含磁介质车票）票样进行修改，此次升级最大的变化，是原车票下方的一维防伪条码变成了二维防伪图案。二维防伪图案呈方形、黑白相间，形似"三维立体画"。此次升级涉及全路所有计算机车票，除了红色的纸质票外，浅蓝色的磁介质车票也在升级之列，但列车及车站到达补票系统车票不变。升级后的车票如图 3.9 所示。

（a）普通车票

（b）磁介质普通列车车票

（c）磁介质动车组列车车票

（d）磁介质京津城际动车组列车车票

图 3.9　新车票示例

随着信息技术的发展，从 2011 年起铁路部门开始电子客票的应用，到 2021 年 1 月，已有 2 878 个高铁和普铁车站实施电子客票。铁路电子客票是以电子数据形式体现的铁路旅客运输合同，旅客购票后，铁路运输企业不再出具纸质车票，旅客持购票时所使用的有效身份证件原件即可快速、自助进站检票乘车，与普通车票具有同等法律效力。

1. 实名制车票

为了确保旅客运输安全有序，铁路运输企业依照国家有关规定实行了车票实名制管理。车票实名制的实行范围、售票及验证检票方式以车站公告为准。购买实名制车票时，需要提供乘车人的有效身份证件。

铁路运输企业实行车票实名制时，乘车人凭有效身份证件原件或复印件购买车票，并持车票及购票时所使用的乘车人本人有效身份证件原件进站、乘车，但免费乘车的儿童及持儿童票的儿童除外。

使用中华人民共和国居民身份证、港澳居民居住证、台湾居民居住证、外国人永久居留身份证，港澳居民来往内地通行证，台湾居民来往大陆通行证等可识读证件购买铁路电子客票的旅客，凭购票时所使用的有效身份证件原件，可通过实名制核验、检票闸机自助完成实名制验证、进出站检票手续。使用其他证件购买铁路电子客票的旅客，凭购票时所使用的有效身份证件原件，通过人工通道完成实名制验证、进出站检票手续。

2. 临时身份证明办理

旅客购票时或购票后、乘车前因有效身份证件未携带、丢失等原因无法出示有效证件时，可以至车站铁路公安制证口办理乘坐旅客列车临时身份证明。办理时，要符合下列条件之一：

（1）出具所在地公安机关的户籍证明信。
（2）学生旅客出具所在学校的证明信。
（3）中国人民解放军、武警部队现役军人持所在部队出具的证明信。
（4）外籍旅客持当地使领馆出具的证明信。
（5）凭其他有效证件购买车票的旅客持发证部门出具的证明信。
（6）通过其他方式能够证明本人身份的。需要确认证明信内容包括旅客姓名、性别、出生年月、籍贯、有效身份证件号码等信息，并加盖证明单位公章。购票后丢失有效身份证件的，需要确认证明信内容与车票票面记载的旅客身份信息一致。

3. 报销凭证

旅客通过 12306 网站（含铁路 12306 手机 App）购买铁路电子客票后，可通过网站自行打印或下载"行程信息提示"，也可在车站指定窗口或自动售票机打印。车站售票窗口、自动售票机和铁路代售点向旅客发售铁路电子客票时，不出具纸质车票，根据旅客需要打印报销凭证；不需要报销凭证的可提供"行程信息提示"，如图 3.10 和图 3.11 所示。"行程信息提示"和报销凭证不能作为乘车凭证使用。

图 3.10　行程信息单　　　　　　图 3.11　报销凭证

旅客如需报销凭证，应在开车前或乘车日期之日起 30 日内，凭购票时所使用的有效身份证件原件，到车站售票窗口、自动售/取票机换取报销凭证；超过 30 日时通过铁路 12306 客服办理。

符合购买学生票、残疾军人票条件的旅客，应到车站指定售票窗口或自动售/取票机办理一次本人居民身份证件与学生优惠卡或残疾军人优惠证件的核验手续（学生票需每学年乘车前办理一次），通过核验手续的旅客购票后可凭居民身份证件自助办理实名制验证和进出站检票，核验手续应当在乘车前办理。铁路工作人员有权在车站和列车核对其减价优惠（待）凭证。

列车上无法判别学生、残疾军人旅客是否具备优惠（待）资质时，应办理补收票价差额手续，并开具电子客运记录（特殊情况可开具纸质客运记录）。学生、残疾军人旅客到站后可凭车补车票、减价优惠（待）证件和购票时所用有效身份证原件（列车如开具纸质客运记录，还应携带纸质客运记录），30 天内到全国任意车站退票窗口办理资质核验和退票手续。车站核实学生、残疾军人所购减价优惠（待）票符合有关规定后，为其办理资质核验，扣减学生火车票优惠卡次数；办理学生、残疾军人旅客车补车票退票时，不收取退票手续费，不退列车补票手续费。

与 2009 年开始使用的车票相比，目前使用的车票（报销凭证）新增了票面信息，如图 3.23 所示。在车票右上角新增检票口、候车或进站信息，左下角数字表示车站码、售票方式码、售票窗口及票号等信息，文字表示发售站。票价由人民币符号和数字组成，数字精确到角。其余信息与之前车票相同。

3.4.3　旅客运输合同的订立和履行

铁路旅客运输合同是指把旅客作为运输对象的合同，它的签订主要是通过旅客的购票行为和铁路承运人的售票行为完成的。铁路承运人按旅客的要求售出车票，则在承运人与旅客之间形成相应的合同关系。

旅客向铁路承运人提出旅行要约，一份合法有效的邀约应当具备以下三个方面的内容：一是要有明确的旅行目的地；二是要有明确的旅行始发时间；三是要有明确的车次、座别。只有提出这三项基本内容，铁路承运人才能向旅客提供相应的车票。

铁路旅客运输合同从售出车票时起成立，至按票面规定运输结束旅客出站时止，为合同履行完毕。旅客运输的运送期间自检票进站起至到站出站时止计算。

购买火车票分实名制和非实名制两种。我国主要采用实名制的形式，欧洲许多国家和印度等国也采用实名制；日本新干线因高密度发车未采用实名制。

2010年春运期间，我国铁路部门在广州铁路集团公司和成都铁路局部分车站试行火车票实名制，旅客凭有效身份证件购买试行实名制车站车票。旅客在全国各火车站购买在试行实名制车站上车的异地、联程等车票也需要凭有效身份证件。试行实名制的车票票面上增印旅客身份信息，旅客进站要持本人有效身份证件和车票，车站核对相符后，方可进站上车。

其中，有效身份证件包括：居民身份证、临时身份证、军官证、武警警官证、士兵证、军队学员证、军队文职干部证、军队离退休干部证和军队职工证、护照、港澳同胞回乡证、港澳居民来往内地通行证、中华人民共和国来往港澳通行证、中国台湾居民来往大陆通行证、大陆居民往来台湾通行证、外国人居留证、外国人出入境证、外交官证、领事馆证、海员证。1.5 m以上16岁以下没有办理身份证的未成年人可凭户口簿、户口所在地公安机关出具的户籍证明信或学生证购票。

旅客运输合同签订后，旅客和铁路承运人均应认真履行合同，对于一些特殊情况有如下规定。

1. 误售、误购、误乘的处理

因站名相似或口音不同发生车票误售、误购时，应在购票站换发新票。在中途站、原票到站或列车内补收票款时，换发代用票，补收票价差额。应退还票款时，站、车应编制客运记录交旅客，作为乘车至正当到站要求退还票价差额的凭证，并以最方便的列车将旅客运送至正当到站，均不收取手续费或退票费。

发生误售、误购车票或者误乘车、坐过了站等情况时，请及时向车站、列车工作人员提出。在列车上，列车长经确认后，开具客运记录将旅客交至前方停车站，由车站为旅客办理换乘或者免费送回。免费送回时，旅客不得中途下车；否则，对往返乘车区间补收票价，核收手续费。

2. 丢失车票的处理

旅客丢失车票另行购票时，车站另发新票。列车上补票时，注明丢失。由于站车工作人员工作失误造成旅客车票丢失时，站车均应填发代用票，在记事栏内注明"因某某原因丢失"，将款额剪断线全部剪下随丙联上报。

旅客丢失车票另行补票后又找到原票时，列车长应编制客运记录，连同原票和后补车票一并交给旅客，作为旅客在到站出站前退还后补车票的依据。列车长与车站办理交接时，车站不得拒绝。处理站在办理时，填写退票报告，并核收退票费，列车编制的客运记录随报告联一并上报。

3. 不符合乘车条件的处理

对不符合乘车条件的旅客、人员，站、车均应了解原因，区别不同情况予以处理。对有意不履行义务的，应补收票款并加收票款。对主动补票并经站、车同意上车的人员或儿童，只补收票价，核收手续费。

对持定期客票违章需按往返及天数加收票价时，按下列公式计算：

$$加收票价 = 单程应收票价 \times 2 \times 天数 \tag{3-1}$$

对需补收票款差额的，办理时发售补价票或收回原票，换发代用票。换发代用票时，补收的差额票价填写在代用票补收栏内，收回的原票随代用票丙联上报。

【案例分析 3-2】

杨某家住江苏无锡，在上海某家公司当工程师，并长期乘坐火车往返无锡和上海，但购买的车票多为上海站至上海西站、无锡站至无锡新区站的短途票。杨某从上海回无锡时，先用上海的短途票检票上车，中途通过躲厕所逃过查票，下车后再刷无锡的短途票离站。自 2018 年 7 月至案发，杨某总共逃票 480 次，逃票金额达 2 万元。2019 年 8 月 15 日，杨某因涉嫌恶意诈骗铁路票款，被上海铁路警方刑事拘留。

思考分析：
杨某的行为有何不妥？

4. 拒绝运送和运输合同的终止

根据《中华人民共和国民法典》第八百一十五条规定，旅客应当按照有效客票记载的时间、班次和座位号乘坐。旅客无票乘坐、超程乘坐、越级乘坐或者持不符合减价条件的优惠客票乘坐的，应当补交票款，承运人可以按照规定加收票款；旅客不支付票款的，承运人可以拒绝运输。

对列车上拒绝补票的人，应编制客运记录交列车前方县、市三等以上车站处理，但不能超过无票人员的到站。车站对列车移交和本站发现的人员应按章追补票价，对当时无力补票的应设法通知其单位或家属帮助补交票款。

对于在列车内寻衅滋事、扰乱公共秩序被列车工作人员责令下车的旅客，列车应编制客运记录交车站。车站工作人员对在站内发现的和列车移交的上述旅客应带出站外，情节严重者应送交公安部门处理。对被站、车拒绝乘车和责令下车旅客的车票应在车票背面做相应记载，作为不予改签或退票的依据。

【案例分析 3-3】

2018 年 9 月 19 日，在永州至深圳的 G6078 次列车上，乘客周某的原座位靠过道，但却霸占了旁边靠窗的位置。被霸占座位的乘客投诉后，列车工作人员劝解乘客周某无果。最终，周某因"扰乱公共交通工具上的秩序"，根据《中华人民共和国治安管理处罚法》第二十三条第一款第三项规定，被处以罚款 200 元，并被铁路部门限制 180 天内不能购买火车票、乘坐火车。

思考分析：

你认为铁路部门的处罚是否合理？

5. 线路中断时对旅客的安排

线路中断造成列车不能继续运行时，列车长应迅速了解停运的原因，组织列车工作人员稳定车内秩序。发生火灾爆炸等事故时，应组织旅客撤离现场，抢救伤员，扑救火灾（必要时应分解列车），调查取证并迅速与就近车站联系，向客调及上级有关领导报告情况。

列车停运且不能在短时间内恢复运行时，站、车应做好服务工作，解决旅客的困难，做好饮食供应工作；必要时，向地方政府报告请求援助。

事故发生局还应向国务院铁路主管部门请求命令后向全路发出停办客运业务的电报。恢复通车时也照此办理。

对旅客车票按如下规定处理：

（1）停止运行站和被阻列车应在车票背面注明"日期、原因、返回××站"字样或贴同样内容的小条，加盖站名戳或列车长名章，作为旅客免费返回发站或中途站办理退票或改签的凭证。

（2）在发站或由中途站返回发站停止旅行时，退还全部票价，其中包括在列车上补购的车票，但罚款、手续费和携带品超重、超大补收的费用不退。已使用至到站的车票不退。

（3）在停止运行站或返回中途站退票时，退还已收票价与发站至停止旅行站的票价差额，不足起码里程按起码里程计算。

（4）铁路组织已购票的被阻旅客乘原列车绕道运输时持原票有效。组织旅客换乘其他列车绕道运输，车站应为旅客办理签证手续，在车票背面注明"因××绕道××站（线）乘车"并加盖站名戳。绕道运输乘坐原座别、铺别时票价不补不退，变更座别、铺别时，补收或退还差额。中途下车车票失效。

（5）旅客要求在发站或一个中途站（返回途中自行下车无效）等候继续旅行，凭原票在通车 10 日内可恢复旅行。旅客要求恢复旅行时，车站应办理签证手续。

（6）由于线路中断影响旅行旅客要证明时，车站应开具文字证明，加盖站名戳。

3.4.4 旅客运输合同的变更和解除

旅客和铁路承运人在某些时候会遇到变更和解除旅客运输合同的情况，应按相关程序办理。

1. 旅客运输合同变更的程序

持通票的旅客在中转站和列车上要求变更经路时，必须在通票有效期能够到达到站时方可办理。办理时原票价低于变径后的票价时，应补收新旧径路里程票价差额，核收手续费。原票价高于或相等于变更后的径路票价时，持原票乘车有效，差额部分（包括列车等级不符的差额）不予退还。

（1）因旅客原因的变更。

旅客不能按票面指定的日期、车次乘车时，应当在票面指定的日期、车次开车前办理一次提前或推迟乘车签证手续，特殊情况经站长同意可在开车后 2 小时内办理。持动车组列车车票的旅客改乘当日其他动车组列车时不受开车后 2 小时内限制。团体旅客不应晚于开车前 48 小时。旅客使用电子支付方式通过车站售票窗口、自动售票机、铁路代售点和 12306 网站购买的铁路电子客票，均可通过 12306 网站或车站指定窗口办理改签、退票手续。在 12306 网站注册且通过手机 App 完成人脸身份核验的旅客，也可通过 12306 网站办理其他人使用电子支付方式通过车站售票窗口、自动售票机、铁路代售点和 12306 网站为其购买的铁路电子客票改签、退票手续。

旅客使用现金方式购买或已打印报销凭证的铁路电子客票，可到车站指定窗口办理改签、退票手续；或通过 12306 网站先行办理退票，自网上办理退票成功之日起 180 天（含当日），凭乘车人身份证原件到铁路车站指定窗口办理退款手续。

已打印报销凭证的铁路电子客票办理改签、退票手续时，须收回报销凭证。

旅客办理铁路电子客票改签后，可重新打印报销凭证和"行程信息提示"。

在车站售票预售期内且有运输能力的前提下，车站应予办理，收回原车票，换发新车票，并在新车票票面注明"始发改签"字样（特殊情况在开车后改签的注明"开车后改签不予退票"字样）；原车票已托运行李的，在新车票背面注明"原票已托运行李"字样并加盖站名戳。具体改签规则为开车前 48 小时（不含）以上，可改签预售期内的其他列车；开车前 48 小时以内，可改签开车前的其他列车，也可改签开车后至票面日期当日 24:00 之间的其他列车，不办理票面日期次日及以后的改签；开车之后，旅客仍可改签当日其他列车。已经办理"变更到站"的车票，不再办理改签。在 12306 网站办理铁路电子客票改签、退票手续的，不晚于车票发站开车前 25 分钟；办理"变更到站"业务时，不晚于开车前 48 小时。

必要时，铁路运输企业可以临时调整改签办法。

旅客在发站办理改签时，改签后的车次票价高于原票价时，核收票价差额；改签后的车次票价低于原票价时，退还票价差额。

旅客办理中转签证或在列车上办理补签、变更席（铺）位时，签证或变更后的车次、席（铺）位票价高于原票价时，核收票价差额；签证或变更的车次、席（铺）位票价低于原票价时，票价差额部分不予退还。

（2）因承运人原因的变更。

因承运人责任使旅客不能按票面记载的日期、车次、座别、铺别乘车时，站、车应重新妥善安排。重新安排的列车、座席、铺位高于原票等级时，超过部分票价不予补收。低于原票等级时，应退还票价差额，不收退票费。

【例3-6】 某公司为方便员工旅行，提前向某铁路车站预订了40张到成都的硬卧车票。当该团体旅客到车站乘车时，没有预售车票所载明的车厢。列车长根据当日客车的旅客状况，安排20人到其他硬卧车厢，另20人安排在硬座车厢。事后，该企业要求车站退还硬卧与硬座票的差额，并赔偿损失。车站同意退还差价，但双方对赔偿损失协商未果。该企业遂向法院提起诉讼。

问：（1）该案例中的责任方是谁？

（2）责任方应该承担什么责任？

2. 旅客运输合同解除的要求

应当在旅客乘车之前解除铁路旅客运输合同。解除合同的标志是铁路承运人退还票款。

（1）旅客要求退票时，按下列规定办理，核收退票费。

① 旅客退票必须在购票地车站或票面发站办理。

② 在发站开车前，特殊情况也可以在开车后2小时内，退还全部票价。团体旅客必须在开车48小时以前办理。

③ 旅客开始旅行后不能退票。但如因伤、病不能继续旅行时，经站、车证实，可退还已收票价与已乘区间票价差额。已乘区间不足起码里程时，按起码里程计算；同行人同样办理。

④ 退还带有"行"字戳迹的车票时，应先办理行李变更手续。

⑤ 因特殊情况经站长同意在开车后2小时内改签的车票不退。

⑥ 站台票售出不退。

市郊票、定期票、定额票的退票办法由铁路运输企业自定。

必要时，铁路运输企业可以临时调整退票办法。

（2）因承运人责任致使旅客退票时按下列规定办理，不收退票费。

① 在发站，退还全部票价。

② 在中途站，退还已收票价与已乘区间票价差额，已乘区间不足起码里程时，退还全部票价。

③ 在到站，退还已收票价与已使用部分票价差额。未使用部分不足起码里程按起码里程计算。

④ 空调列车因空调设备故障在运行过程中不能修复时，应退还未使用区间的空调票价。

（3）发生线路中断旅客要求退票时，在发站（包括中断运输站返回发站的）退还全部票价，在中途站退还已收票价与已乘区间票价差额，不收退票费，但因违章加收的部分和已使用至到站的车票不退。

3. 旅客信用

以下失信行为将纳入铁路旅客信用信息记录管理：
（1）扰乱铁路站车运输秩序且危及铁路安全、造成严重社会不良影响的。
（2）在动车组列车上吸烟或者在其他列车的禁烟区域吸烟的。
（3）查处的倒卖车票、制贩假票的。
（4）冒用优惠（待）身份证件、使用伪造或无效优惠（待）身份证件购票乘车的。
（5）持伪造、过期等无效车票或冒用挂失补车票乘车的。
（6）无票乘车、越站（席）乘车且拒不补票的。
（7）依据相关法律法规应予以行政处罚的。

对以上行为，除按有关规定进行处置外，还将记录个人身份信息，在一定期限内限制购票，并按规定向国家、地方政府相关部门和有关征信机构提供铁路旅客信用信息。

铁路旅客信用信息记录期限，自失信行为发生之日起一般为 5 年；超过 5 年的，应当予以删除。国家对相关期限另有规定的，从其规定。

【案例分析 3-4】

2018 年 1 月 5 日，由蚌埠南站开往广州南站的 G1747 次列车在合肥站准备开车时，旅客罗某以等丈夫为由，用身体强行扒阻车门关闭，要求列车员通知检票员放行其丈夫，列车员和乘客多次劝解无果，造成该次列车延迟发车。罗某的行为涉嫌"非法拦截列车、阻断铁路运输"，扰乱了铁路车站、列车正常秩序，违反了《铁路安全管理条例》第 77 条规定，依据该条例 95 条规定，公安机关责令罗某认错改正，对罗某处以 2 000 元罚款。

思考分析：

罗某的行为属于哪项失信行为？

3.5 热点连线

一、承运人未审查收货人证件给托运人造成损失的，应承担赔偿责任——粮油公司诉昆明铁路局、上海铁路局等铁路货物运输合同纠纷案

1. 案例要旨

铁路运输企业作为承运人，不具有审查托运人指定收货人是否真实的义务，也无须审查托运人与收货人之间交易和付款的方式，因指定收货人不真实而产生的相应法律后果应由托运人自己承担。本案中提货人用假身份证提货，承运人没有尽到仔细审查证件的义务，承担部分责任，但不构成误交付。

2. 基本案情

A粮油公司以××面粉厂的名义从上海铁路局蚌埠站（以下简称蚌埠站）将60吨小麦面粉运往昆明铁路局所属的宣威火车站。货票记载：面粉2 400件，重量60吨，运输号码为12H××××××××，票号C×××××××，车号P×××××××，托运人为××面粉厂，收货人为××挂面厂陈××，费用合计人民币8 638.50元，并办理了国内铁路货物运输保险，保险金额为人民币5万元。蚌埠站承运后，于20××年12月17日随45503次小运转列车挂运蚌埠东站，发往宣威站。20××年12月22日该货到达宣威站后，宣威站口头通知运单内记载的收货人，收货人凭身份证和宣威市中德食品有限公司的担保书将货物提走，货票（丁联）记载收货人签字"陈××"、领货人身份证号码"32××××××××××××××"。后因陈××未向A粮油公司支付货款，该粮油公司遂到宣威站查询货物交付情况，发现提货人陈××留存在货票（丁联，票号C×××××）上的身份证号码缺一位数。另，收货人××挂面厂并未向工商行政管理部门进行登记，公安机关证实在云南省宣威市并无"陈××"此人。A粮油公司自述与收货人××挂面厂陈××未直接接触，而是通过面粉中间人联系介绍，双方也无书面合同，但曾口头约定货装上车后由对方打钱过来后再发货，但对方始终未打钱，货物发出后A粮油公司曾通知中间人告知其联系收货人领货，领货凭证曾由A粮油公司保管但后又弄丢了。

3. 争议焦点

本案在审理中，争议的焦点主要集中在涉案货物已灭失的情况下货物价值应如何确定，以及铁路运输企业在交付货物的过程中是否存在误交付。

（1）涉案面粉价值应如何确定。

A粮油公司在一、二审期间共提供了四份证据来证明涉案面粉的价值：① 江苏省泗洪县价格认证中心出具的《关于对特二面粉单价鉴定结论书》，证明按江苏当地市场价特二级面粉每斤人民币0.97元；② "中国网上粮食市场网"上公布的粮食市场价格；③ 证人时××的证言，时××系个体运输户，其证词证明其受A粮油公司委托，从泗洪县运送60吨面粉至蚌埠站，面粉包装袋上显示为特一粉，运费为每吨人民币60元；④ 证人唐××的证言，唐××系A粮油公司员工，其证词证明A粮油公司生产的面粉只有特一粉和超级粉两种，涉案货物为特一粉，一斤小麦能生产出0.7斤面粉，这批面粉的出厂价为每斤人民币0.94元，销售到云南为每斤人民币1.07元。

二审法院认为，由于涉案货物已被交付，且无其他直接证据可以证明该批面粉的等级，而两证人证言对面粉等级的陈述可以相互印证，故可以认定涉案面粉为粮油公司自行确定的特一级面粉。根据唐××的证言，A粮油公司并不生产特二级面粉，故价格鉴定书的意见不应被采纳。虽然涉案货物已灭失，但面粉是种类物，并非特定物，可参照同类物品的价格来认定。原审法院以A粮油公司投保价认定该批面粉的价值，导致面粉价格明显低于小麦的价格，不符合常理。在实践中不足额保险的情况也时有发生，故本案中不能以投保的数额来认定货物价值。在面粉价格采用市场调节价而没有政府指导价的情况下，对面粉价格的认定应以相对合理的标准予以确定。唐××作为A粮油公司的员工,证明该批面粉的出厂价为每斤人民币0.94元,应当具有一定的可信性,故涉案面粉的价格可按每斤人民币0.94元予以确定。

(2)本案是否构成误交付?

本案双方当事人之间存在铁路货物运输合同关系,向承运人提供收货人的真实信息是托运人的义务,本案中的收货人"××挂面厂陈××"是A粮油公司指定的收货人,而"陈××"又是在中间人告知领货信息后去领货的,故将货物交给该收货人是托运人在铁路货物运输合同中的意思表示。铁路运输企业作为承运人不具有审查托运人指定收货人是否真实的义务,也无须审查托运人与收货人之间的交易和付款的方式,因指定收货人不真实而产生的相应法律后果理应由托运人自行承担。A粮油公司作为货物的所有权人对买家的真实情况并不了解。而轻信了中间人的介绍,向承运人指定的收货人提供的信息实际虚假,过错在于A粮油公司自身,而该过错是导致货物被"陈××"领走的主要原因。根据铁道部发布的《铁路货物运输规程》第34条的规定,收货人在到站领取货物时,在领货凭证未到或丢失时,个人应出示本人居民身份证、工作证或服务所在单位出具的证明文件,车站应将姓名、工作单位名称、住址及证件号码详细记载在货票丁联上。昆明铁路局作为承运人,在领货凭证未到的情况下,要求收货人提供担保并写下收货人身份证号码进行交付的行为符合《铁路货物运输规程》的规定。虽然货票丁联记录的身份证号码仅有17位,比正常的号码少了一位,但根据调查,宣威市在籍人员中并无"陈××"此人,因此,不管"陈××"去领货时提供的身份证上的号码是17位还是18位,这都是一张假身份证。而车站对于身份证件的审查,仅是一种形式要件上的审查,因为车站并不是公安机关,不能要求其对身份证件的真伪做出判断,只要证件在形式要件上符合一般认知标准,就可以认为车站尽到了审核义务。且根据A粮油公司自述的相关事实分析,实际最终领取货物之人应当是A粮油公司指定的收货人"陈××",也是其曾经希望交易的对方,只是在提取货物后对方未能付款才导致A粮油公司发现受骗上当,故实际收货人即是托运人指定的收货人,本案并不存在误交付。收货人"陈××"应当是A粮油公司货物损失的责任主体。但是,由于"陈××"在提货时所持的身份证号码仅为17位,存在明显的瑕疵,只要昆明铁路局所属宣威站的有关工作人员稍加注意,完全有可能发现该身份证系伪造,从而可以避免损失。铁路承运人在货物交付过程中具有确保货物安全的责任,但因承运人未能尽到谨慎的注意义务,使"陈××"以明显的假身份证提走了面粉,故作为承运人的昆明铁路局也对A粮油公司的损失发生存在一定的过错,应当承担相应的赔偿责任。本案是由第三人的侵权行为引发的纠纷,在铁路货物运输合同关系中,A粮油公司的过错是导致损失发生的主要原因,昆明铁路局的过错是损失发生的次要原因。

二、乘客因在车站内横穿轨道被驶入列车撞致身亡的,铁路运输企业不承担赔偿责任——杨××与中国铁路上海局集团有限公司、中国铁路上海局集团有限公司南京站铁路运输人身损害责任纠纷案

1. 案例要旨

在车站设有上下车安全通道,且铁路运输企业已经采取必要的安全措施并尽到警示义务的情况下，受害人未经许可、违反众所周知的安全规则，进入正有列车驶入的车站内轨道、横穿线路，导致生命健康受到损害的，属于《中华人民共和国铁路法》第五十八条规定的因受害人自身原因造成人身伤亡的情形，铁路运输企业不承担赔偿责任。

2. 基本案情

20××年3月26日，杨××持票乘坐G××××次列车由苏州至南京南，该次列车于15时22分到达。杨××由第23站台西端下车后，沿第22站台（第22站台与第23站台共用一个平台）向东行至换乘电梯附近，后在换乘电梯及出站口周围徘徊。15时43分，D××××次列车沿21站台以约37公里/小时的速度驶入车站。杨××在列车驶近时，由22站台（合宁高铁K304+128米处）跃下并进入轨道线路，后迅速横穿线路向21站台方向奔跑，并越过站台间立柱，于列车车头前横穿线路。站台值班的车站工作人员发现后向杨××大声示警。列车值乘司机发现有人跃下站台，立即采取紧急制动措施并鸣笛示警，数据显示列车速度急速下降。杨××横向穿越轨道，在列车车头前，努力向21站台攀爬，未能成功爬上站台。15时43分，列车将杨××腰部以下挤压于车体与站台之间，并由于惯性裹挟杨××辗转向前行驶35米后停止于21站台合宁高铁K304+163米处，距正常机车停车位93米。车站工作人员于15时44分向南京市急救中心呼救，急救中心医务人员于16时05分到达现场。15时45分，南京铁路公安处南京南站派出所接到南京南站工作人员报警，并于15时49分到达现场出警。民警于15时53分拨打"119"消防电话，消防人员于16时09分到达现场。16时38分，参与现场施救的急救中心医务人员宣布杨××死亡，经对站台破拆，17时50分将杨××遗体移出站台。另查明，杨××持有其本人购买的20××年3月26日D××××次武汉至黄冈车票以及20××年3月27日D××××次南京南至汉口车票。根据乘车记录显示，杨××生前多次乘坐高铁。当日，杨××乘坐的G××××次列车停靠南京南站时，车厢内曾广播"请持有换乘车票的旅客到站后按便捷标志指引换乘接续列车，距离换乘地点最近的是五号车厢"的换乘说明；站台及候车室设置有专门的换乘通道，换乘路线指示标志清晰、醒目。事发站台边缘设置有安全白线，站台两端设有"严禁翻越股道，违者后果自负"警示标志。车站广播有"请站在安全白线内""请在安全白线内行走，以免发生危险""某某次列车即将进站，请站在安全白线内等候，不要随车奔跑，注意安全"等提示语，显示屏滚动播出"严禁翻越股道，注意安全！""站在安全白线内"等提示。南京南站轨道道床与站台高差约1.5米，轨道上方站台侧面写有"禁止跨越股道"的字迹，两股轨道间建有站台间立柱。事发当时，23站台列车进站，工作人员正常接车，22站台无车进入，杨××所站区域宽敞空荡。当日D××××次列车车型为C××××型，自重353.7吨，载客重量48.8吨。

3. 争议焦点

本案在审理中，争议的焦点主要集中在被告是否已经充分履行了安全防护警示等义务、被告在事故发生后的处置是否及时以及被告是否应承担赔偿责任。

（1）被告是否已充分履行了安全防护、警示义务？

原告认为被告未充分履行法律规定的安全防护与警示义务。法院认为，铁路运输企业应当采取现实可能的措施，充分履行安全防护、警示等义务，但任何义务都应建立在现实可行的技术条件之上。事发站台边缘设置有安全白线，设置有专门的换乘通道，指示标志明确、显著，且位于事发地点附近。车站广播有"站在安全白线内、注意站台缝隙"的提示，显示屏滚动播出字幕中也有"严禁翻越股道，注意安全！""站在安全白线内"等提示，轨道道床距站台约1.5米，站台侧面写有"禁止跨越股道"等字迹。上述设置符合高速铁路设计规范的规定。目前我国高铁运输车型不一，停靠方向不相同，车门停靠处也不一致，并且在高铁高速运行过程中，车体周边气流冲击较强，因此，高速铁路设计规范并未要求在车站站台设置围墙、栅栏或屏蔽门。

杨××在事故发生之前，所处区域较为宽敞，在站台滞留时无任何异常举动，也未向铁路工作人员求助，其跃下站台属于事发突然，并无前兆。站台值班人员在发现有人横穿线路后，奔跑过去并进行喝止。本案情况属突发事件，无法预见并提前阻止。

车站作为人流量较大的公共场所，无论安排多少人员在站台巡查，也无法杜绝类似本案的情况发生。因此，在地面有警示标识、站台有广播提示、站台侧面有提示、站台有人值班的情况下，车站已充分履行了安全保障与警示的义务。

（2）被告在事故发生后的处置是否及时、得当？

事发时列车及时采取了刹车（紧急制动）措施。事故现场示意图显示，杨××背包及手机位于合宁高铁K304+128米处，机车停车于合宁高铁K304+163米处，距正常机车停车位93米。当次列车自重及载客重量质量约为400吨，质量巨大，惯性大。杨××跃下站台横穿线路时，距列车车头仅有几米，司机发现情况即采取紧急制动措施到将时速30余公里的列车完全停稳，有一段距离属合理。因此，原告关于被告事故发生后未及时采取刹车措施的意见不符合实际情况，法院不予采纳。

当日15时43分事故发生。15时44分，南京市急救中心接到车站工作人员电话，"120"急救于16时05分到达。15时45分，南京铁路公安处南京南站派出所接到南京南站工作人员报警，并于15时49分到达出警。民警于15时53分拨打"119"消防电话，消防人员于16时09分到达现场，经过破拆站台，于17时50分将杨××遗体移出站台。

综合以上证据显示，被告在事故发生后已尽其所能，所采取的应急救助措施并无不当。

（3）被告是否应对本起铁路交通事故承担赔偿责任？

本案事故发生的场景系站台轨道内，故应基于车站站台这一场景，综合各方面因素，评判被告是否应承担赔偿责任。

首先，杨××属于未经许可进入高度危险活动区域。车站内的轨道显然属于高度危险活动区域。杨××在乘坐的列车到站后，应及时出站或由换乘通道换乘其他车次。但其在出站通道处徘徊后滞留站台，并在看到D×××次列车开始进站后，主动跃下22站台横穿轨道，试图攀上D×××次列车即将停靠的21站台，其举动本身极其危险。

其次，本次事故的发生系由杨××引起。一般而言，铁路运营破坏了行人的通行条件，并对周围的环境造成了危险，因此，法律对铁路运营企业做出了严格的责任规定。虽然杨××横穿站台轨道的意图已不可知，但通过其持有的后续客票以及其具体行为，法院推定，杨××系意图搭乘当日D××××次列车。铁路运输时间紧、人数多，尤其在动车、高铁运输时代，列车停靠时间较之前更短。铁路旅客应遵守国家法律和铁路运输规章制度，听从车站、列车工作人员的引导，按照车站的引导标志进、出站。杨××若想搭乘列车，应当遵守规定，服从管理，持票通行。其在无当日当次车票的情况下，不顾现场的安全警示标识，违背了众所周知的安全常识。在车站设有安全通道的情况下，杨××横穿线路造成损害，显然系引起本次事故发生的一方。

对于本次事故，杨××作为完全民事行为能力人，受过高等教育，具备预测损害发生的能力，对于损害结果也具备预防和控制能力，其只要遵守相关规则，就不致发生本次事故。车站已采取了充分的警示与安保措施，并给予了行人在车站内的各项通行权利。因此，上海铁路安全监督管理办公室做出的《铁路交通事故认定书》，认定杨××违法抢越铁路线路是造成本起事故的原因，杨××负本起事故的全部责任，并无不当。

《民法典》第1243条规定，未经许可进入高度危险活动区域或者高度危险物存放区域受到损害，管理人已经采取安全措施并尽到警示义务的，可以减轻或者不承担责任。《中华人民共和国铁路法》第五十八条规定，因铁路行车事故及其他铁路运营事故造成人身伤亡的，铁路运输企业应当承担赔偿责任；如果人身伤亡是因不可抗力或者由于受害人自身的原因造成的，铁路运输企业不承担赔偿责任。违章通过平交道口或者人行过道，或者在铁路线路上行走、坐卧造成的人身伤亡，属于受害人自身的原因造成的人身伤亡。据此，法院驳回原告诉求。

本章小结

铁路是国家重要的交通设施，是交通运输系统的骨干企业，是关系到国民经济发展的重要因素，在我国经济社会中具有重要的地位。因此，本章主要对我国铁路发展现状、发展方向、发展趋势、铁路客货运输的基本条件做了简单介绍和说明，同时结合具体案例分析了铁路客货运业务的作业内容及流程，重点介绍了铁路客货运输合同的订立、履行、变更和解除。

1. 铁路运输现状和发展方向。

铁路运输在我国将长期作为区域骨干运输方式。我国铁路货物运输向集装化和重载化发展，旅客运输向高速化发展。

2. 我国铁路客货运输的基本条件。

铁路货物运输基本条件对货物的种类、重量、件数、限制条件等方面做了明确规定；铁路旅客运输基本条件对乘客乘车条件、各种票据的使用、行包运输条件做了明确规定。

3. 铁路的客货运业务流程。

货物运输的流程主要分为铁路货物的托运、受理、承运、途中运输，铁路货物的到达、支付等几个阶段；铁路旅客运输主要包括购票，候车等站内服务，列车服务等几个环节。客货运输过程中都需要相关凭证进行保障。

复习与思考

1. 铁路运输的主要特点体现在哪些方面？
2. 我国铁路运输的发展方向是什么？
3. 简述几条旅客乘车的基本条件。
4. 简述铁路承运人、发货人、收货人的权利和义务。
5. 货物运输过程中在哪些情况下承运人可以不受理运输合同变更？
6. 简述铁路货物运输合同成立的条件。
7. 铁路旅客购票有几种方式？
8. 旅客失信行为有哪些？

参考文献

[1] 杜文.旅客运输组织[M].成都：西南交通大学出版社，2008.

[2] 中华人民共和国铁道部.铁路旅客运输办理细则[S].北京：中国铁道出版社，2010.

[3] 中华人民共和国铁道部.铁路货物运输规程[S].北京：中国铁道出版社，2000.

[4] 中华人民共和国交通运输部.交通运输行业发展统计公报[R].2020.

[5] 中国国家铁路集团有限公司.新时代交通强国铁路先行规划纲要[R].2020.

[6] 中国国家铁路集团有限公司.铁路旅客运输规程[S].北京：中国铁道出版社，2022.

[7] http://www.12306.cn

4 公路运输

公路运输是我国交通运输的主要方式之一，在国民经济发展中起着巨大作用。改革开放40多年来，我国公路建设发展迅速，作为国民经济的基础性产业，公路建设的发展对实现资源有效配置、促进区域协调发展、推动国民经济发展和社会进步等发挥了重要作用。便捷高效的公路交通也日益改变着人们的生活方式，扩大了出行半径，极大地提高了人民的生活水平。

为了加强道路旅客运输和货物运输的管理，保护道路旅客、货物运输当事人的合法权益，维护正常的道路货物运输秩序，我国地方运输部门对道路旅客运输的乘车条件、货物运输的办理条件，以及公路货物运输合同、旅客运输合同的订立、履行、变更和解除做了规定。

4.1 公路运输概论

4.1.1 公路运输的特点

公路运输是在公路上运送旅客和货物的运输方式，是19世纪末随着汽车制造技术的发展和道路状况的改善而产生的，初期主要承担短途运输业务。第一次世界大战结束后，基于汽车工业的发展和公路里程的增加，公路运输走向发展的阶段，不仅是短途运输的主力，并进入长途运输的领域。第二次世界大战结束后，公路运输发展迅速，欧洲许多国家和美国、日本等国已建成比较发达的公路网，汽车工业又提供了雄厚的物质基础，促使公路运输在运输业中跃至主导地位。公路运输有以下一些主要特点：

（1）分布面广，适应性强。

由于公路运输网一般比铁路、水路网的密度要大十几倍，分布面也广，因此公路运输车辆可以"无处不到、无时不有"。公路运输在时间方面的机动性比较大，车辆可随时调度、装运，各环节之间的衔接时间较短。尤其是公路运输对客、货运量的多少具有很强的适应性，汽车的载重吨位有小有大，既可以单个车辆独立运输，也可以由若干车辆组成车队同时运输，这一点对抢险、救灾工作和军事运输具有特别重要的意义。

（2）可实现"门到门"直达运输。

由于汽车体积较小，中途一般也不需要换装，除了可沿分布较广的路网运行外，还可离开路网深入到工厂企业、农村田间、城市居民住宅等地，即可以把旅客和货物从始发地门口直接运送到目的地门口，实现"门到门"直达运输。这是其他运输方式无法与公路运输比拟的特点之一。

（3）在中、短途运输中，运送速度较快。

在中、短途运输中，由于公路运输可以实现"门到门"直达运输，中途不需要倒运、转乘就可以直接将客货运达目的地，因此，与其他运输方式相比，其客、货在途时间较短，运送速度较快。公路的经济里程为300公里以内。

（4）单位运量较小，运输成本较高。

目前，世界上最大的汽车是美国通用汽车公司生产的矿用自卸车，长20多米，自重610吨，载重350吨左右，但单位车辆的运量仍比火车、轮船小得多；由于汽车载重量小，行驶阻力比铁路大9~14倍，所消耗的燃料又是价格较高的液体汽油或柴油，因此，除了航空运输外，汽车运输成本是最高的。

（5）污染较大。

从洛杉矶汽车尾气引起的光化学污染事件，到每条高速公路旁的来往车辆疾驶而过的嘈杂，从北京每日上演的交通拥堵，到新闻中时时传来的危险品运输车辆倾覆造成化工原料泄漏事件，公路运输在提供便利的同时也带来了大气污染、噪声污染、光污染和水污染等许多问题。

4.1.2　公路运输的现状及发展方向

新中国成立以来，特别是改革开放之后，我国公路运输得到了较快的发展，在综合运输体系中已占有重要位置，发挥着基础性作用。截至2020年年底，全国公路总里程达519.81万公里。公路密度为54.15公里/百平方公里。全国高速公路里程达16.10万公里，高速公路里程世界第一，全国高速公路车道里程72.31万公里。全国四级以上等级公路里程494.45万公里，占公路总里程的95.1%。其中，二级及以上公路里程70.24万公里，占公路总里程的13.5%。各行政等级公路里程分别为：国道37.07万公里、省道38.27万公里、县道66.14万公里、乡道123.85万公里、专用公路6.23万公里、村道248.24万公里。国道中，国家高速公路11.3万公里，已完成国家高速公路网规划目标的95.76%；普通国道37.07万公里。农村公路建设是我国公路建设中的一个亮点，全国农村公路（含县道、乡道、村道）里程达438.23万公里，2019年年底，我国所有乡镇已实现通硬化路。

目前，我国仍将公路建设放在重要的战略地位，提出了强化国道主干线建设并已基本贯通"五纵七横"的国道主干线，它们是：

五纵：黑龙江同江—海南三亚；北京—福建福州；北京—广东珠海；内蒙古二连浩特—云南河口；重庆—广东湛江。

七横：黑龙江绥芬河—内蒙古满洲里；辽宁丹东—西藏拉萨；山东青岛—宁夏银川；江苏连云港—新疆霍尔果斯；上海—四川成都；上海—云南瑞丽；湖南衡阳—云南昆明。

2005年1月13日，国务院新闻办公室召开新闻发布会，公布了我国《国家高速公路网规划》，规划中的国家高速公路网采用放射线与纵横网络相结合的布局方案，目标是用30年时间形成中心城市向外放射，以及横连东西，纵贯南北的大通道。该网络由7条首都放射线、9条南北纵线和18条东西横向线组成，简称"7918"。总规模8.5万公里，其中主线6.8万公里，地区环线、联络线等其他线路约1.7万公里。目前，"7918"国高网已基本建成，截至2020年年底，全国公路养护里程达514.4万公里，养护比例达到99%，截至 2019 年年底，全国高速公路优等率、普通国省干线公路优良率、农村公路优良中等路率分别达到 93.6%、82.9%、84.2%。

在国家层面的公路建设方面，《中华人民共和国国民经济和社会发展第十四个五年规划和 2035 年远景目标纲要》指出要进一步提升国家高速公路网络质量，推进普通国省道瓶颈路段贯通升级。构建高速公路环线系统，推动城市群都市圈交通一体化建设。加快沿边抵边公路建设，继续推进"四好农村路"建设，完善道路安全设施，提高公路交通运输网络深度。此外，为了推动国家的绿色转型，《国民经济和社会发展第十四个五年规划和 2035 年远景目标纲要》还指出要加快大宗货物和中长途货物运输"公转铁""公转水"，推动城市公交和物流配送车辆电动化。

在农村公路建设方面，《农村公路中长期发展纲要》指出到 2035 年，形成"规模结构合理、设施品质优良、治理规范有效、运输服务优质"的农村公路交通运输体系，"四好农村路"高质量发展格局基本形成。农村公路网络化水平显著提高，总里程稳定在 500 万公里左右，基本实现乡镇通三级路、建制村通等级路、较大人口规模自然村（组）通硬化路；管理养护体制机制完备高效、资金保障政策机制完善有力；基础设施耐久可靠、安全防护到位有效、路域环境整洁优美；运输服务总体实现"人便于行""货畅其流"，基本实现城乡公路交通公共服务均等化。《综合运输服务"十四五"发展规划》指出进一步完善县、乡、村三级物流服务体系，引导农村物流与特色产业、生产加工、电子商务融合发展，促进交通运输与邮政快递、商贸供销等资源整合，推动农村物流"场站共享、货源集约、服务同网、信息互通"高效发展，不断提高农村物流网络覆盖率和整体服务水平。计划到 2025 年，全国推广 100 个左右农村物流服务品牌。

"十四五"期间，我国将大力提高道路客运联网售票服务质量，全面提升二级及以上客运站联网售票覆盖率、班次可售率、网上售票率，建立道路客运电子客票服务体系，提升道路客运数字化智能化水平。"十四五"末基本实现二级及以上客运站和 80% 以上的省际、市际客运班线开通电子客票服务。

当代公路运输发展的主要趋势是：

（1）干线公路高等级化。

交通量的密集化以及汽车数量和载重量的增长，必然要求干线公路由量的增加发展到质的提高，因而干线公路高等级化就成为当今世界公路建设的基本趋势。第二次世界大战以后，发达国家竞相建设高速公路，其中美国州际高速公路的里程就达 8 万公里，其他发达国家也都建成了全国高速公路网，并进而连接成跨国高速公路系统。许多发展中国家在 20 世纪 70 年代以后也纷纷开始建设高速公路。

（2）汽车运输高效化。

为改善运输装备，提高运输效率和效益，汽车运输向着高效化的方向发展，如在货运方面发展大型拖挂车和专用车。目前各主要发达国家拖挂运输所完成的货物周转量占全路货运总周转量的 40%~80%。拖挂车运输发展迅速的主要原因是其运载量大、油耗低、运输成本低。以专用汽车代替普通栏板式卡车也是汽车运输业进步的重要标志，专用车的主要优势包括：安全可靠、运输质量好、货物不易变质和损坏；减少或取消包装费用；货物装卸时间缩短，运输效率提高。专用车在发达国家载货汽车保有量中占很大比重。

（3）公路运输向智能化发展。

智能运输系统简称ITS，是将先进的信息技术、数据通信传输技术、电子控制技术及计算机处理技术等综合运用于整个地面运输管理体系，使人、车、路及环境密切配合、和谐统一，使汽车运行智能化，从而建立一种在大范围内全方位发挥作用的实时、准确、高效的公路运输综合管理系统。

智能运输系统可提高公路运输安全水平，减少交通堵塞，提高公路网的通行能力，降低汽车运输对环境的污染，提高汽车运输生产率和经济效益。随着智能运输系统技术的发展，电子技术、信息技术、通信技术和系统工程等高科技技术在公路运输领域中将得到广泛应用，物流运输信息管理技术、运输工具控制技术、运输安全技术等均将产生巨大的飞跃，从而大幅度提高公路网络的通行能力。

（4）公路货运将向快速、长途、重载方向发展。

随着区域经济的发展以及公路基础设施和车辆的不断改进，中长距离公路运输需求增加，公路货运向快速、长途、重载方向发展。大吨位、重型专用运输车因高速安全、单位运输成本低而成为我国未来公路运输车辆的主力。专用车产品向重型化、专用功能强、技术含量高的方向发展。厢式运输车、罐式运输车、半挂汽车列车、集装箱专用运输车、大吨位柴油车及危险品、鲜活、冷藏等专用运输车辆将围绕提高运输效率、降低能耗、确保运输安全的目标发展。

4.2　公路运输的基本条件

从20世纪80年代开始，随着改革开放的推进和经济的快速增长，我国公路的客货运输水平都有了很大提高。在货物运输和旅客运输的过程中，对货物运输种类、办理条件，旅客乘车条件，行李包裹运送条件都有一些相应的规定。

4.2.1　公路货物运输种类及其办理条件

公路货物运输可以依据不同的标准进行划分，按照运输组织方法、运输速度、运输条件、运输车辆、经营方式等可以进行不同的分类，对于不同种类的货物运输，都有相应的办理条件。

（1）按运输组织方法分类：分为零担货物运输、整批货物运输和集装箱运输三类。

① 托运人一次托运货物计费重量3吨及以下的，为零担货物运输。

② 托运人一次托运货物计费重量3吨以上或虽不足3吨，但其性质、体积、形状需要一辆汽车运输的，为整批货物运输。

③ 采用集装箱为容器、使用汽车运输的，为集装箱运输。集装箱运输又有以下分类方法：

a. 国际集装箱运输和国内集装箱运输。

b. 标准集装箱运输和非标准集装箱运输。

c. 普通集装箱运输和特种集装箱运输（危险、冷藏保温和罐式集装箱运输等）。

d. 整箱运输和拼箱运输。

e. 用托运人的集装箱进行的运输和用承运人的集装箱进行的运输。

f. 用单车型式车辆进行的集装箱运输和用牵引车加挂半挂车的列车组合形式进行的集装箱运输。

（2）按运输条件分类：一般分为普通货物运输和特种货物运输。特种货物运输又可以分为：

① 大型特型笨重物件运输。因货物的体积、重量的要求，需要大型或专用汽车运输的，为大型特型笨重物件运输。

② 危险货物运输。

③ 鲜活货物运输。包括易腐货物、活动物和有生植物等的运输，其运输条件主要有：

a. 托运需冷藏保温的货物，托运人应提出货物的冷藏温度和在一定时间内的保持温度要求。

b. 托运鲜活货物，托运人应提供最长运输期限及途中管理、照料事宜的说明书。货物允许的最长运输期限应大于汽车运输能够达到的期限。

c. 运输途中有需要饲养、照料的有生命生物、植物，托运人必须派人押运。

（3）按运输速度分类：可分为普通货物运输和快件货物运输。要求在规定的时间内将货物运达目的地的，为快件货物运输。

（4）按运输车辆分类：可分为普通车辆运输和特种车辆运输。

凡由于货物性质、体积或重量的要求，需要大型汽车或挂车（核定载重吨位为40吨及以上的）以及容罐车、冷藏车、保温车等车辆运输的，为特种车辆运输。

（5）按经营方式分类：

① 公共货物运输，是以整个社会为服务对象的专业性公路货物运输，其经营方式主要有：定期定线运输；定线不定期运输；定区不定期运输。还有出租汽车货运和搬家货物运输。

② 契约货物运输，是指按照承托双方签订的运输契约进行货物运输。

③ 自用货物运输。

④ 汽车货运代理经营的货物运输。

（6）按运输方式的多少分类：可分为单一方式运输和公路参加的多式联运。

（7）按货物装卸责任分类：由托运人或收货人自理（或负责）装卸车的货物运输和由承运人负责装卸车的货物运输。

（8）按货物是否参加了保价运输或运输保险分类：货物保价运输、货物保险运输和既未保价、也未保险的货物运输。

4.2.2 公路旅客乘车条件

公路运输是我国中短途旅客运输的主力军，为维护公路旅客运输市场秩序，保障公路旅客运输安全，保护旅客和经营者的合法权益，对旅客乘车条件、旅客携带物品等方面有明确的规定。

1. 公路旅客乘车条件

（1）持有效、符合规定的客票乘车。

（2）维护乘车秩序，遵守公路规章，遵守社会公德。

（3）接受车站值勤人员对危险品的检查。

（4）以下旅客不准乘车：

① 不遵守汽车客运规章并不听劝告者。

② 精神失常无人护送或虽有人护送仍可能危及其他旅客安全者。

③ 恶性传染病患者。

2. 违反公路旅客乘车条件的处理

（1）旅客无票、超程乘坐或持无效客票、不符合规定的客票乘车，应当补交票款，承运人可以按照规定加收票款。

（2）旅客不得随身携带或者在行李中夹带易燃、易爆、有毒、有腐蚀性、有放射性以及可能危及运输工具上人身和财产安全的危险物品或者违禁物品。旅客如违反该规定的，承运人可以将危险物品或者违禁物品卸下、销毁或者送交有关部门。旅客坚持携带或者夹带危险物品或者违禁物品的，承运人应当拒绝运输。

3. 公路旅客禁止及限制携带或托运物品的规定

旅客乘坐道路客运车辆时，携带或托运物品应遵守《道路客运车辆禁止、限制携带和托运物品目录》（2021）的规定。

（1）禁止携带和托运的物品目录：

① 枪支、子弹及相关物品类（含主要零部件）。

② 爆炸物品类。

③ 管制器具类。

④ 易燃易爆物品。

⑤ 毒害品。

⑥ 腐蚀性物品。

⑦ 放射性物品。

⑧ 感染性物质。

⑨ 其他危害道路客运车辆公共卫生或运行安全的物品。

⑩ 国家法律、行政法规、规章规定的其他禁止携带、运输的物品。

（2）限制携带和托运的物品目录：

① 包装密封完好、标识清晰且体积百分含量大于或等于24%、小于或等于75%的酒精及酒类饮品累计不超过3 000毫升。

② 指甲油、去光剂累计不超过50毫升。

③ 冷烫精、染发剂、摩丝、发胶、杀虫剂、空气清新剂等自喷压力容器累计不超过600毫升。

④ 安全火柴不超过 2 小盒，普通打火机不超过 2 个。
⑤ 标识清晰的充电宝、锂电池数量不超过 5 块，单块额定能量不超过 100 Wh（如充电宝或锂电池未直接标注额定能量 Wh，则可以按照 Wh = V × mAh/1000 计算）。
⑥ 国家法律、行政法规、规章规定的其他限制携带、运输的物品。
（3）禁止旅客携带但可以在行李舱放置（托运）的物品目录：
① 锐器：菜刀、水果刀、剪刀、美工刀、裁纸刀等日用刀具；手术刀、屠宰刀、雕刻刀、刨刀、铣刀等专业刀具；刀、矛、剑、戟等表演刀具。
② 钝器：棍棒、球棒、桌球杆、曲棍球杆等。
③ 工具农具：钻机、凿、锥、锯、斧头、焊枪、锤、冰镐、耙、铁锹、镢头、锄头、农用叉、镰刀、铡刀等。
④ 其他：反曲弓、复合弓等非机械弓箭类器材，飞镖、弹弓，不超过 50 毫升的防身喷剂等。
⑤ 持有身份证明和检疫证明、装于封闭容器内的宠物可在具备通风条件的行李舱托运，并应向旅客说明运输过程中的通风、温度条件。

4.3 公路货物运输业务

公路运输主要承担中短途的货物运输，对铁路、水运、航空运输起着货物集散的作用。公路货物运输合同规定托运方和承运方的权利义务关系，公路货物运输合同的订立、履行、变更、解除贯穿在货物运输的整个过程中，是货物运输的保证。

4.3.1 公路货物运输合同

公路货物运输合同是指国内经营公路货物运输的企业与其他托运主体之间，为了实现特定货物运输任务而明确相互权利义务关系的协议，要求托运货物的一方称为托运方，承接货物运输任务的一方称为承运方。公路货物运输合同的主体资格包括：公路货物运输企业及其他企业、农村经济组织、国家机关、事业单位、社会团体等法人、其他经济组织及个体工商户、农村承包经营户。

公路货物运输合同的一般内容有：
① 货物的名称、性质、体积、数量及包装标准。
② 货物起运和到达地点、运距，托运人、收货人的名称及详细地址。
③ 运输质量及安全要求。
④ 货物装卸责任和方法。
⑤ 货物的交接手续。
⑥ 批量货物运输起止日期。
⑦ 年、季、月度合同的运输计划（文书、表式、电报）提送期限和运输计划的最大限量。
⑧ 运杂费计算标准及结算方式。

⑨ 变更、解除合同的期限。
⑩ 违约责任。
⑪ 双方商定的其他条款。

4.3.1.1 公路货物运输合同的订立

承运是公路货物运输合同订立的重要标志，它是指承运人对托运人托运的货物进行检查后，认为与托运人申报的内容相符，予以接受货物、签发运单的一种行为。

1. 货物的托运

（1）托运货物时运单的填写要求：
① 准确标明托运人和收货人的名称（姓名）和地址（住所）、电话、邮政编码。
② 准确标明货物的名称、性质、件数、重量、体积以及包装方式。
③ 准确标明运单中的其他有关事项。
④ 一张运单托运的货物，必须是同一托运人、收货人。
⑤ 危险货物与普通货物以及性质相互抵触的货物不能用一张运单。
⑥ 托运人要求自行装卸的货物，经承运人确认后，在运单内注明。
⑦ 如需填写纸质运单，应使用钢笔、签字笔或圆珠笔填写，字迹清楚，内容准确，需要更改时，必须在更改处签字盖章。

（2）托运货物时的有关注意事项：
① 托运的货物品种不能在一张运单内逐一填写的，应填写"货物清单"。
② 托运货物的名称、性质、件数、质量、体积、包装方式等，应与运单记载的内容相符。
③ 按照国家有关部门规定需办理准运或审批、检验等手续的货物，托运人托运时应将准运证或审批文件提交承运人，并随货同行。托运人委托承运人向收货人代递有关文件时，应在运单中注明文件名称和份数。
④ 托运的货物中，不得夹带危险货物、贵重货物、鲜活货物和其他易腐货物、易污染货物、货币、有价证券以及政府禁止或限制运输的货物等。
⑤ 托运货物的包装，应当按照承托双方约定的方式包装。对包装方式没有约定或者约定不明确的，可以协议补充；不能达成补充协议的，按照通用的方式包装，没有通用方式的，应在足以保证运输、搬运装卸作业安全和货物完好的原则下进行包装。依法应当执行特殊包装标准的，按照规定执行。
⑥ 整批货物运输时，散装、无包装和不成件的货物按重量托运；有包装、成件的货物，托运人能按件点交的，可按件托运，不计件内细数。

（3）托运危险货物的规定：
① 危险货物托运人应当委托具有相应危险货物道路运输资质的企业承运危险货物。
② 托运人应当按照《危险货物道路运输规则》（JT/T 617—2018）确定危险货物的类别、项别、品名、编号，遵守相关特殊规定要求。需要添加抑制剂或者稳定剂的，托运人应当按照规定添加，并将有关情况告知承运人。

③ 托运人不得在托运的普通货物中违规夹带危险货物，或者将危险货物匿报、谎报为普通货物托运。

④ 托运人应当按照《危险货物道路运输规则》（JT/T 617—2018）妥善包装危险货物，并在外包装设置相应的危险货物标志。

⑤ 托运人在托运危险货物时，应当向承运人提交电子或者纸质形式的危险货物托运清单。危险货物托运清单应当载明危险货物的托运人、承运人、收货人、装货人、始发地、目的地、危险货物的类别、项别、品名、编号、包装及规格、数量、应急联系电话等信息，以及危险货物危险特性、运输注意事项、急救措施、消防措施、泄漏应急处置、次生环境污染处置措施等信息。托运人应当妥善保存危险货物托运清单，保存期限不得少于12个月。

⑥ 托运人应当在危险货物运输期间保持应急联系电话畅通。

⑦ 托运人托运剧毒化学品、民用爆炸物品、烟花爆竹或者放射性物品的，应当向承运人相应提供公安机关核发的剧毒化学品道路运输通行证、民用爆炸物品运输许可证、烟花爆竹道路运输许可证、放射性物品道路运输许可证明或者文件。

2. 货物的受理

承运人受理托运人托运的货物时，应遵守如下规定：

（1）承运人受理凭证运输或需有关审批、检验证明文件的货物后，应当在有关文件上注明已托运货物的数量、运输日期，加盖承运章，并随货同行，以备查验。

（2）承运人受理整批或零担货物时，应根据运单记载货物名称、数量、包装方式等，核对无误，方可办理交接手续。发现与运单填写不符或可能危及运输安全的，不得办理交接手续。

（3）承运人应当根据受理货物的情况，合理安排运输车辆，货物装载重量以车辆额定吨位为限，轻泡货物以折算重量装载，不得超过车辆额定吨位和有关长、宽、高的装载规定。

（4）承运人应与托运人约定运输路线。起运前运输路线发生变化必须通知托运人，并按最后确定的路线运输。承运人未按约定的路线运输而增加的运输费用，托运人或收货人可以拒绝支付。

（5）运输期限由承托双方共同约定后应在运单上注明。承运人应在约定的时间内将货物运达。

3. 货物的交接

承、托双方应履行交接手续，包装货物采取件交件收；集装箱重箱及其他施封的货物凭封志交接；散装货物原则上要磅交磅收或采用承托双方协商的交接方式交接。交接后双方应在有关单证上签字。

货物交接时，承托双方对货物的重量和内容有质疑，均可提出查验与复磅，查验和复磅的费用由责任方负担。

经承、托运双方在指定的时间和地点验收、交接货物完毕，并经承运人与托运人在运单上签字或盖章后，运单即生效，货物运输合同即告成立。

4.3.1.2 公路货物运输合同的履行

承运人签发运单后，合同生效，进入合同履行阶段，包括承运人对合同的履行和收货人对合同的履行。承运人的履行分为三个阶段：承运阶段、运送阶段和交付阶段。收货人履行的主要义务有两项：一是及时领取货物；二是支付托运人未付或少付的运输费用。

1. 货物的搬运装卸

（1）承运人应根据承运货物的需要，按货物的不同特性，提供技术状况良好、经济适用的车辆，并能满足所运货物重量的要求。

（2）货物搬运装卸由承运人或托运人承担，可在货运合同中约定。

（3）委托站场经营人、搬运装卸经营者进行货物搬运装卸作业的，应签订货物搬运装卸合同。

（4）搬运装卸人员应对车厢进行清扫，发现车辆、容器、设备不适合装货要求，应立即通知承运人或托运人。

（5）搬运装卸作业应符合要求。

（6）搬运装卸危险货物，按交通运输部《危险货物道路运输规则》（JT/T 617—2018）进行作业。

（7）搬运装卸作业完成后，货物需绑扎苫盖篷布的，搬运装卸人员必须将篷布苫盖严密并绑扎牢固；由承、托运人或委托站场经营人、搬运装卸人员编制有关清单，做好交接记录；并按有关规定施加封志和外贴有关标志。

（8）货物在搬运装卸中，承运人应当认真核对装车的货物名称、重量、件数是否与运单上记载相符，包装是否完好。

2. 货物的到达与交付

（1）整批货物运抵前，承运人应当及时通知收货人做好接货准备。

（2）货物运达承、托双方约定的目的地后，承运人知道收货人的，应及时通知收货人。

（3）货物运抵目的地后，收货人应凭有效单证及时提（收）货物。收货人逾期提货的，应当向承运人支付保管费等费用。收货人不明或者收货人无正当理由拒绝受领货物的，承运人可以提存货物。

（4）收货人提货时应当按照约定的期限检验货物。对检验货物的期限没有约定或者约定不明确，则按照合同相关条款或交易习惯确定，仍不能确定的，应当在合理期限内检验货物。收货人在约定的期限或者合理期限内对货物的数量、毁损等未提出异议的，视为承运人已经按照运输单证的记载交付的初步证据。

（5）承运人对运输过程中货物的毁损、灭失承担赔偿责任。但是，承运人证明货物的毁损、灭失是因不可抗力、货物本身的自然性质或者合理损耗以及托运人、收货人的过错造成的，不承担赔偿责任。

（6）货物的毁损、灭失的赔偿额，当事人有约定的，按照其约定；没有约定或者约定不明确，则按照合同相关条款或交易习惯确定，仍不能确定的，按照交付或者应当交付时货物到达地的市场价格计算。

（7）货物在运输过程中因不可抗力灭失，未收取运费的，承运人不得请求支付运费；已经收取运费的，托运人可以请求返还。

（8）托运人或者收货人不支付运费、保管费或者其他费用的，承运人对相应的运输货物享有留置权，但是当事人另有约定的除外。

【案例分析 4-1】

2017年8月11日，某县水轮机厂向该县汽车运输公司托运一批产品，双方签订了运输合同，约定了双方的权利和义务。8月18日，该厂接到汽车站通知，汽车运输队行进到武宁县一带时，由于天降暴雨，河水陡涨，水势过猛引起道路阻滞，汽车无法前行。汽车队向水轮机厂征求意见，是就近卸存或运回起运站，还是绕道运输。水轮机厂厂长表示还是把产品运回来。8月23日，运输公司将产品运回水轮机厂，并索取3800元运费。水轮机厂则认为，汽车公司非但未将货物送达到站并交付收货人，而且耽误交货期近1个月，自己不向运输公司追收罚款就很礼让了，因而拒不交付运费，双方发生纠纷。

思考分析：

水轮机厂是否需要交付运费？为什么？

4.3.1.3 公路货物运输合同的变更和解除

公路货运合同签订后，任何一方不得擅自变更或解除。在承运人将货物交付收货人之前，托运人可以要求承运人中止运输、返还货物、变更到达地或者将货物交给其他收货人，但是应当赔偿承运人因此受到的损失。

【案例分析 4-2】

2016年8月，某市机床厂进口一台精密机器，委托市汽车运输公司代其由某港口运回。机床厂与汽车运输公司之间签订了货物运输合同，约定汽车运输公司应于8月16日将该仪器运到机床厂，并由汽车运输公司承担运输途中的保管责任，如有损坏，由汽车运输公司赔偿。机床厂在收到该仪器的次日通过银行结算运输费用。双方当事人均应按合同约定履行，任何一方违反合同，应按未履行部分的5%支付违约金；如有其他损失，还应另行赔偿。8月12日，汽车运输公司派出车辆赴港口装运精密机器，13日起送。16日下午3时将该仪器安全运抵机床厂。仪器运到后，机床厂表示因安装场地未准备好，要求司机将仪器运到两公里以外的一个仓库，并称为避免在装卸中可能对仪器精密度造成影响，要求司机将仪器连同汽车临时存在仓库，等待第二天安装场地整理好后运到厂内。司机称运输公司安排其第二天去给某厂拉货,不能将车留下,机床厂表示由其与汽车运输公司联系协商(当天没有联系上)。在司机将仪器运往仓库途中,一轮胎被扎破,仪器受到碰撞。第二天将仪器运回厂内卸车后,机床厂发现仪器有碰撞痕迹,安装后发现仪器精密度受到影响,遂与汽车运输公司交涉赔偿事宜。而汽车运输公司则要求机床厂支付汽车滞留费,并赔偿由此造成不能履行与某厂的运输合同而支付违约金的损害赔偿。双方协商未果,汽车运输公司诉到法院。

思考分析:

1. 机床厂在履行合同过程中有无过错?
2. 机床厂是否应对汽车运输公司承担责任?如需承担,应承担何种责任?
3. 汽车运输公司是否应对机床厂承担责任?

4.3.2 公路货物运输流程

公路货物运输主要包括货物受理托运、检货司磅、验收入库、开票收费、配运装车、卸车保管、提货交付等环节。

1. 货物受理托运

(1) 公路货物运输托运、受理的主要方法有:

① 预约受理,即与货主约定日期送货到站或上门提取货物。
② 上门受理,即由运输部门指派业务人员到托运单位办理托运手续。
③ 站点受理,即由货主送货到站、到站办理托运手续。
④ 签订运输合同,根据承托双方签订的运输合同或协议,办理货物运输。
⑤ 驻点受理,对生产量较大,调拨集中,对口供应,以及货物集散的车站、码头、港口、矿山、油田、基建工地等单位,运输部门可设点或巡回办理托运。

(2) 货物的托运、受理工作程序:

① 货物托运人签填托运单。

货物托运单是承、托双方订立的运输合同或运输合同证明,其明确规定了货物承运期间双方的权利、责任,货物托运单的主要作用包括以下几项:

a. 托运单是公路运输部门开具货票的凭证。
b. 托运单是调度部门派车、货物装卸和货物到达交付的依据。
c. 托运单在运输期间发生运输延滞、空驶、运输事故时是判定双方责任的原始记录。
d. 托运单是货物收据、交货的凭证。

② 托运单内容的审批和认定。

公路运输部门收到由货物托运人填写的托运单后,应对托运单的内容进行审批,主要有:

审核货物的详细情况(名称、体积、重量、运输要求),以及根据具体情况确定是否受理。通常下列情况运输部门不予受理:

a. 法律禁止流通的物品，或各级政府部门指令不予运输的物品。

b. 属于国家统管的货物，或经各级政府部门列入管理的货物，必须取得准运证明方可出运。

c. 不符合《危险货物道路运输规则》（JT/T 617—2018）的危险货物。

d. 托运人未取得卫生检疫合格证明的动、植物。

e. 由于特殊原因，以致公路无法承担此项运输的货物。

检验有关运输凭证。货物托运应根据有关规定同时向公路运输部门提交准许出口、外运、调拨、分配等证明文件，或随货同行的有关票证单据，一般分为：

a. 货物托运人委托承运部门代为提取货物的证明或凭据。

b. 有关运输该批（车）货物的质量、数量、规格的单据。

c. 其他有关凭证，如动、植物检疫证、超限运输许可证、禁通路线的特许通行证、关税单证等。

审批有无特殊运输要求，如运输期限、押运人数，或承托双方议定的有关事项。

③ 确定货物运输里程和运杂费。

对货物运输的计费里程和货物的运杂费由货物受理人员在审核货物托运单的内容后认定。

④ 托运编号及分送。

托运单认定后，应将托运单按编定的托运号码告知调度、运务部门，并将结算通知交货主。

2. 货物的核实理货

货物的核实理货工作一般有受理前的核实和起运前的核实。受理前的核实是在货方提出托运计划并填写货物托运单后，运输部门派人会同货方进行的核实。核实的主要内容有：

（1）托运单所列的货物是否已处于待运状态。

（2）装运的货物数量、发运日期有无变更。

（3）连续运输的货源有无保证。

（4）货物包装是否符合运输要求，危险货物的包装是否符合《危险货物道路运输规则》（JT/T 617—2018）规定。

（5）确定货物体积、重量的换算标准及其交接方式。

（6）确定装卸场地的机械设备、通行能力。

（7）确定运输道路的桥涵、沟管、电缆、架空电线等详细情况。

货物起运前的核实工作称为理货或验货，其主要内容有：

（1）承托双方共同验货。

（2）落实货源、货流。

（3）落实装卸、搬运设备。

（4）查清货物待运条件是否变更。
（5）确定装车时间。
（6）通知发货、收货单位做好过磅、分垛、装卸等准备工作。

3. 货物的装车配送

车辆到达装货地点后，监装人员应根据货票或运单填写的内容、数量与发货单位联系发货，并确定交货办法。散装货物根据体积换算标准确定装载量，件杂货一般采用以件计算。

在货物装车前，监装人员应注意并检查货物包装有无破损、渗漏、污染等情况，一旦发现，应与发货单位商议修补或调换。如发货单位自愿承担因破损、渗漏、污染等引起的货损，则应在随车同行的单证上加盖印章或作批注，以明确其责任。装车完毕后，应清查货位，检查有无错装、漏装，并与发货人员核对实际装车的件数，确认无误后，办理交接签收手续。

4. 货物的卸车交货

货物放卸人员在接到卸货预报后，应立即了解卸货地点、货位、行车道路、卸车机械等情况。在车辆到达卸货地点后，应会同收货人员、驾驶员、卸车人员检查车辆装载有无异常，一旦发现异常应做好卸车记录后再开始卸车。

卸货时，应根据运单及货票所列的项目与收货人点件或监秤记码交接。如发现货损货差，则应按有关规定编制记录并申报处理。

此外，零担货物的卸车交货还应注意：

（1）班车到站时，车站货运人员应向随车理货员或驾驶员索阅货物交接单以及跟随的有关单证，并与实际装载情况核对，如有不符应在交接清单上注明。

（2）卸车时，应向卸车人员说明有关要求和注意事项，然后根据随货同行的托运单、货票等原批、件验收，卸车完毕后，收货员与驾驶员或随车理货员办理交接手续，并在交接清单上签字。

（3）卸车完毕后，对到达的货物计入"零担货物到达登记表"，并迅速以到货公告或到货通知单催促收货人前来提货。

货物交货时的其他注意事项：

（1）不能以白条、信用交付货物。

（2）在凭货票提货交付货物时，应由收货人在提货联上加盖与收货人名称相同的印章并提供有效证明文件。

（3）如凭到货通知单交付货物，收货人在到货通知单上加盖与收货人名称相同的印章，验看收货人的有效证明，并在货票提取联上由提货经办人签字交付。

（4）凭电话通知交付时，则凭收货人提货证明，并经车站认可后由提货经办人在货票提货联上签字交付。

（5）如委托他人代提货，则应有收货人盖有相同印章向车站提出的委托书，经车站认可后，由代提货人在货票提货联上签章交付。

【案例分析 4-3】

某年 5 月，某公司向辽宁轮胎厂购得长征牌汽车轮胎 130 套，双方约定由辽宁轮胎厂代办托运。同年 6 月，辽宁轮胎厂办理了托运该 130 套轮胎至目的地的公路运输手续，货物保价 13.9 万元，收货人为某公司。承运人将货物运抵目的地的当日，向收货人发出领货通知。后有人自称是收货人的员工，现代收货人领货，但代领人说由于匆忙来不及开出单位证明，要求承运人电话核实，于是承运人在电话核实后即交货。结果后来收货人来电要求收货未果而将其诉至法院。

思考分析：
1. 承运人与代领人双方电话核实后是否可以交货？
2. 卸车交货时应注意哪些环节？

4.4 公路旅客运输业务

公路旅客运输业务是要完成旅客和行李的位移，公路运输合同规定了承运人和旅客之间的权利义务关系。公路旅客运输合同的订立、履行、变更、解除贯穿在整个运输过程中。

4.4.1 公路旅客运输合同

公路旅客运输合同的基本形式是客票。旅客运输合同规定了承运人和旅客各自的权利和义务。

1. 旅客运输合同的特征和形式

（1）是标准合同。承运人和旅客不得就合同的条款进行协商，而按国家统一规定的客运规定订立合同，合同的唯一体现就是旅客所持有的客票。

（2）是诺成合同。双方经过要约、承诺，达成合意，合同即告成立。

（3）承运人不得拒绝旅客通常、合理的运输要求。对于旅客的要约，承运人承担着强制承诺的法律义务，除正当理由外，不得拒绝。

（4）包括行李的运送。行李票是托运行李的货物运输合同的书面形式，是另一个运输合同。

（5）旅客先乘运后补票的，旅客运输合同自旅客乘上车时即告成立。

公路旅客车票是公路旅客运输合同的基本形式：

（1）班车客票，为定班次，定时刻、定线路的公共客运汽车票据。

（2）旅游客票，是对旅客到游览地的乘车、食宿等费用包干的票种。

（3）客运包车票，为客运包车专用票据。

2. 公路旅客运输合同的订立

（1）旅客购票的有关规定。

成人及年龄超过 14 周岁或者身高超过 1.5 米的儿童须购全票，6~14 周岁或者身高 1.2~1.5 米的儿童须购半票。持一张全票的旅客可免费携带一名 6 周岁（含 6 周岁）以下或者身高 1.2 米以下的儿童乘车，但不供给座位；携带免费乘车儿童超过一人或要求供给座位时，须购儿童票。革命伤残军人、因公致残的人民警察乘车分别凭《中华人民共和国残疾军人证》《中华人民共和国伤残人民警察证》购买优待票。儿童票和优待票按照具体执行票价的 50%计算。按照《道路旅客运输及客运站管理规定》（2020）第四十九条规定，在载客人数已满的情况下，搭乘的免票儿童不得超过核定载客人数的 10%。

实行实名制管理的，购票人购票时应当提供有效身份证件原件，并由售票人在客票上记载旅客的身份信息。通过网络、电话等方式实名购票的，购票人应当提供有效的身份证件信息，并在取票时提供有效身份证件原件。

（2）承运人的售票方式。

售票方式有车站售票、站外设点售票、随车售票、上门售票、网上售票和电话订票等。

3. 公路旅客运输合同的履行

（1）旅客乘车。

① 旅客持符合规定的客票，按票面指定的日期和车次检票乘车。

② 客票以票面指定的乘车日期、车次，一次完毕行程为有效期限。

（2）遗失客票的处理。

实名制客票的旅客遗失客票的，经核实其身份信息后，售票人应当免费为其补办客票。旅客遗失客票应另行购票乘车。如事先申报，事后找到原客票，在商定时间内经验证无误，退还原票款并免收退票费。途中遗失客票，能取得确实证明者，允许继续乘车至原票到达站。

（3）班车运行。

① 班车必须按指定车站和时间进入车位装运行包，检票上客，正点发车。严禁提前发车。

② 班车必须按规定的线路、班点（包括食宿点）和时间运行、停靠。如途中发生意外情况，无法运行时，应以最快方式通知就近车站派车接运，并及时公告。如需食宿，站方应协助解决，费用自理。

③ 班车到站后，按指定车位停放，及时向车站办理行包和其他事项的交接手续。

【案例分析 4-4】

2021 年 4 月某个周六下午，周某等 4 名矿工欲回城里家中与亲人团聚，持前一天预购的该市客运站发售的回城班车客票赶往车站，车票标明发车时间为当日下午 4 点，他们提前 15 分钟赶到车站，但该班车已于下午 3:35 分提前发出。周某等找到车站工作人员质问，工作人员回答说：司机今晚有急事，车已发出，没有别的办法。周某等提出车站另行派车，不然他们就搭出租车回城。工作人员称，现在没有车可派，你们买一张票21元，四人包一出租车需220元，车站不能同意。只能帮助安排住宿、吃饭，费用自理，签字后可改乘次日班车。周某等因乘明日班车回城无法在周一赶回上班，且又耽误了假日，故不同意车站一方的意见，乘出租车返回城里。事后，周某等持出租车车票向该车站要求赔偿损失。车站以未经车站同意而包出租车为由拒不予以赔偿。周某等4人向法院起诉，要求车站赔偿损失。

思考分析：
客运站是否应承担周某等4人的赔偿损失？为什么？

4. 公路旅客运输合同的变更和解除

（1）旅客不能按票面指定日期、车次乘车时，可在班车开车前办理签证改乘，改乘以一次为限。开车后不办理签证改乘。

（2）旅客要求越站乘车，事先申明并经驾、乘人员同意，补收加乘区段票款。

（3）旅客退票按以下规定办理：
① 应在当次班车开车前办理，开车后，不办理退票。
② 车上发售的客票和签证改乘的客票不办理退票。
③ 属客运经营者责任造成的退票，不收退票费。

（4）班车在始发站停开、晚点或变更车辆类别时须及时公告。旅客因此要求退票的，应退还全部票款，不收退票费的。旅客要求改乘的，由车站负责签证。变更车辆类别，应退还或补收票价差额。

（5）班车中途发生故障，客运经营者应迅速派相同或相近类别车辆接运。接运车辆类别如有变更，票价差额概不退补。

（6）因路线阻滞，班车必须改道行驶时，票价按改道实际里程计收。按改道里程发售客票后，如班车恢复原路线行驶，发车前由始发站将票价差额退还旅客。

（7）班车行至途中临时需要改线或绕道，票价差额不退不补。如不能继续行驶，旅客自愿在被阻点或返回途中停止旅行，应退还未乘区段的票款，自愿返回始发站的免费送回，退还全部票款；自愿在被阻点等候乘车，经站、车人员在客票上签证，可继续乘车。中途退给旅客的票款，经办站可向原发站或运方收回。

【案例分析 4-5】

2007年3月5日上午，某客运公司的长途客车上的检票员发现甲、乙两人没有买票，于是让他们补票。二人蛮不讲理，司机说："你们没有买票，我们就可以把你们赶下车，干吗那么多废话。"二人听后感到害怕，其中甲马上就补了票，但乙由于身上没带钱，央求汽车把他带到某站。检票员不同意，把乙赶下了车，当日下午1点，售票员发现客人太多，已经超员4人，于是便拒载后来的客人。

丙由于有急事，央求上车，售票员说："客车运输不能超载，出了问题，我们要负责任的。"丙说："出了问题我负责。不管什么问题，我都一人负责。"售票员无奈便让其上了车，还说："出了问题可由你一人全部负责！"下午3点，售票员发现丁某携带危险品，便随之把危险品拿到车下销毁。丁坚决反对，售票员说："要么你拿着危险品下车，要么让我销毁。"

思考分析：

1. 乘车人甲、乙二人没买票，售票员可否直接把他们赶下车？
2. 由于乙身上没带钱，售票员最终还是把他赶下车？是否合法？为什么？
3. 售票员是否有权销毁旅客携带的危险品？为什么？
4. 设检票员未把丙赶下车，在赶往某站的途中，由于司机突然刹车致丙倒地重伤，谁应对丙的损失负责？

4.4.2 公路旅客运输流程

公路旅客运输主要包括购票、候车、乘车等环节，各环节主要在车站和汽车上完成。公路旅客运输流程如图4.1所示。

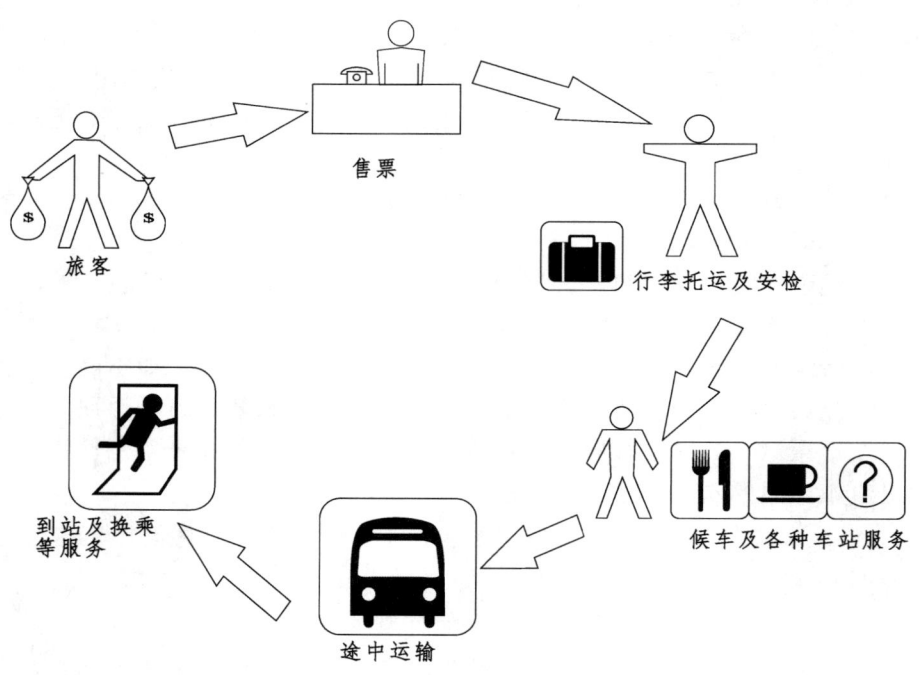

图 4.1 公路旅客运输流程图

在购票方面，为提升公众出行信息服务水平、提高企业运营组织效率、促进道路客运业转型升级，交通运输部于2014年开始了省域道路客运联网售票系统建设。目前全国道路客运联网售票体系基本建立，全国二级以上客运站均实现省域联网售票。此外，2019

年,交通运输部在天津、河北、山东三省率先开展道路客运电子客票试点工作,目前道路旅客电子客票正在全国范围内推广应用。实行电子客票后,旅客可通过互联网平台订票而无须取票,仅凭购票时使用的有效身份证件或电子客票凭证即可乘车。

本章小结

公路运输是我国交通运输的主要方式之一,尤其在中短途运输中发挥着重要作用。我国规划了公路运输的发展方向,地方运输部门也制定了一些规章以加强道路客货运输管理和维护正常的道路运输秩序。本章主要介绍了我国公路运输的发展现状和方向,对公路运输中的货物运输、旅客运输的基本条件进行了叙述,重点介绍了货物运输合同和旅客运输合同,包括合同的订立、履行、变更和解除。

复习与思考

1. 简述公路运输的主要特点。
2. 简述公路运输旅客运输的基本条件。
3. 简述公路运输货物运输的基本条件。
4. 简述公路货物运输合同的订立、履行、变更与解除。
5. 简述运输过程中货物的毁损、灭失的赔偿责任及赔偿额的认定方法。

参考文献

[1] 杨洁,佟立本. 交通运输概论[M]. 北京:中国铁道出版社,2001.
[2] 王晓东. 国际运输与物流[M]. 北京:高等教育出版社,2006.
[3] 刘小卉,陈琳. 运输管理学[M]. 上海:复旦大学出版社,2005.
[4] 刘作义,朗茂祥. 运输商务[M]. 北京:中国铁道出版社,2003.
[5] 李津. 运输商务管理[M]. 北京:国防工业出版社,2005.
[6] 中华人民共和国全国人民代表大会. 中华人民共和国民法典[M]. 北京:中国法制出版社,2020.
[7] 交通运输部,公安部. 道路客运车辆禁止、限制携带和托运物品目录[R]. 交运规〔2021〕2号.
[8] 中华人民共和国交通运输部. 危险货物道路运输规则[S]. JT/T 617—2018.
[9] 中华人民共和国交通运输部. 道路旅客运输及客运站管理规定[R]. 2020.
[10] https://wenshu.court.gov.cn/
[11] http://www.moc.gov.cn

5 航空运输

随着社会经济的快速发展，航空运输业得到长足进步，航空运输因其运输时间短、安全以及舒适的乘坐环境，在长途旅客运输中占据重要地位。同时，大部分高附加值货物对时间要求较高，通常比较青睐于航空运输。为了加强公共航空旅客运输和货物运输的管理，保护航空运输各参与方当事人的合法权益，维护正常的航空运输秩序，对航空旅客乘机条件、旅客携带物品、行李运输、航空货物运输条件以及客货运输合同的订立、履行、变更和解除等明确了规定。

5.1 航空运输概论

航空运输的发展可以追溯至1903年的第一架飞机试飞成功，此后，一些国家开始了用飞机进行航空客货运的尝试。第二次世界大战中，飞机被用于军事物资的输送，这一定程度上促进了航空运输的发展。

5.1.1 航空运输的概念与特点

航空运输是使用航空器运送人员、货物、邮件的一种运输方式。航空运输的特点主要有：

（1）运输速度快。这是由飞机的性能所决定的。第二次世界大战前，活塞式飞机的速度只有240 km/h；第二次世界大战中，涡轮螺旋桨飞机速度提高为460~750 km/h；第二次世界大战后，涡轮喷气式飞机时速进一步提高；20世纪80年代出现巨型宽体喷气机，速度达到了850~950 km/h。

（2）运输路线短。飞机两点间直飞，不受地面条件的限制。

① 路程比：空运/海运为1∶1.2~1∶1.25；空运/铁路为1∶1.25~1∶1.3。

② 周转量（吨公里）：空运每吨公里比其他行业高。

（3）基本建设周期短、投资少、见效快。航空运输的主要技术设备除了飞机外，只需修建飞机场和必要的导航点，不像地面运输要在线路建设上花费大量投资，并且筹备开航所需要的时间也较短。

（4）灵活性大。不受线路的严格制约、空间广阔；可以按班期时刻飞行，也可以作不定期飞行；可以在固定航线上飞行，也可以在非固定航线上飞行；可以在现有机场的基础上，按照不同的连接方式，根据需要组成若干条航线。

（5）用途广。可以适用于客、货、行、邮运输，又可以适用于专业飞行、航空拍摄、喷洒农药、人工降雨、抢险救灾等。

（6）舒适、安全。

航空运输的缺点主要表现为：机舱容积和载运量比较小，国内最大的A380仅有550个客座；成本高，运价也比地面运输高10倍以上；在一定程度上受气候条件的限制，从而影响运输的准确性和经常性；工作程序繁杂，一般需要提前90分钟左右办理登机手续，起飞前30分钟停止办理登机手续。

5.1.2 航空运输联合运输的分类

航空运输有按航空运输对象、航线种类等多种划分方式。

（1）依照运输对象的不同，航空运输分为航空旅客运输和航空货物运输。

（2）按照航线种类的不同，航空运输分为国内运输和国际运输。

国内运输是指在国内航线上从事的航空运输活动。

国际运输是指在国际航线上从事的航空运输活动。国际运输的前提条件是"双边协议"。所谓双边协议，是两国政府或两个航空公司之间签订的某种特殊的排他协议。该协议所规定的条款只在签订双方执行，任何第三方均不可参与此双边协议的活动。最常规的双边协议为"协议运价"，该运价有别于国际航协一般的普通运价和特殊运价。它规定的承运人只是签订双边协议的公司，任何第三方航空公司均无权享有此项特权，即协议运价客票不可被第三方航空公司接受，具有严格的排他性。

5.1.3 我国航空运输的发展现状

截至2020年年底，我国民用运输机场有241个，规模不断扩大，机场设施标准提高，已与民航发达国家相当。从区域分布看，东部54个，占22.40%；中部36个，占14.90%；西部124个，占51.50%；东北27个，占11.20%。近一半干线机场分布在东部地区，80%的支线机场分布在西部、中部和东北地区。

2020年全国机场累计完成旅客吞吐量85 715.942万人次，比去年下降36.6%；完成货邮吞吐量1 607.5万吨，比去年下降6.0%；完成飞机起降架次904.9万架次，比去年下降22.4%。

2020年，受疫情影响，北京首都国际机场实现旅客吞吐量3 451.38万人次，同比下降65.5%；上海浦东国际机场完成货邮吞吐量368.66万吨，全国排名第一名。

5.1.4 国内运输及主要航线

1. 航线的定义

航线是指连接两个或多个地点进行定期或不定期飞行，并且对外经营运输业务的航空交通线。航线是航空公司满足社会需要的形式，是实现企业自我发展的手段。对于航线的选择以及在此基础上形成的航线网络，是航空公司长远发展的战略决策。

2. 航线的要素

航线要素包括起点、经停点、终点、航路、高度、宽度、班期、班次、时刻。

3. 飞行方式

民航的运输飞行主要有两种形式：班期飞行和包机飞行。

4. 航线分类

按照航线要素中起终点及经停点地理位置的不同，将航线分类如下：

（1）国内航线：航线的起点、终点和经停点都在一国国境之内。

（2）国际航线：航线的起点、终点和经停点在两个以上国家国境之内。

（3）地区航线：航线的起点、终点和经停点中出现 HKG（香港国际机场）之类特定城市所组成的特殊航线。值得注意的是，港澳台地区是中国的一部分，其与中国内地的航线亦属于国内航线。但由于历史的原因，这类航线在操作上按照地区航线（即非国内航线）处理，这在香港、澳门和中央政府的有关法律中亦给予了明确规定。

5. 国内航线的分类

（1）国内干线：连接首都和各省（直辖市、自治区）中心大城市以及连接两个省（自治区、直辖市）中心大城市的航线，如 SHA—BJS（上海至北京），NKG—CTU（南京至成都）。

（2）国内支线：大城市向附近中小城市辐射的航线，如 FOC—HAK（福州至海口），HET—BAV（呼和浩特至包头）。

（3）地方航线：在一个省（自治区、直辖市）以内中小城市间的航线，如 SIA—HZG（西安至汉中），NKG—LYG（南京至连云港）。

我国国内主要机场及代码见表 5.1。

表 5.1　国内主要机场及代码表

城市	机场	代码
北京	首都国际机场	PEK/BJS
	大兴国际机场	PKX
香港	香港国际机场	HKG
澳门	澳门国际机场	MFM
台北	台北松山机场	TSA
桃园	台湾桃园国际机场	TPE

续表

城市	机场	代码
天津	天津滨海国际机场	TSN
上海	上海浦东国际机场	PVG
	上海虹桥国际机场	SHA
广州	广州白云国际机场	CAN
深圳	深圳宝安国际机场	SZX
揭阳	揭阳潮汕国际机场	SWA
南京	南京禄口国际机场	NKG
成都	成都双流国际机场	CTU
	成都天府国际机场	TFU
重庆	重庆江北国际机场	CKG
昆明	昆明长水国际机场	KMG
杭州	杭州萧山国际机场	HGH
西安	西安咸阳国际机场	XIY/SIA
武汉	武汉天河国际机场	WUH
郑州	新郑国际机场	CGO
长春	长春龙嘉国际机场	CGQ
长沙	长沙黄花国际机场	CSX
太原	太原武宿国际机场	TYN
济南	济南遥墙国际机场	TNA
大连	大连周水子国际机场	DLC
福州	福州长乐国际机场	FOC
厦门	厦门高崎国际机场	XMN
海口	海口美兰国际机场	HAK
包头	包头二里半机场	BAV
呼和浩特	呼和浩特白塔国际机场	HET
合肥	合肥新桥国际机场	HFE
哈尔滨	哈尔滨太平国际机场	HRB
兰州	兰州中川国际机场	LHW
乌鲁木齐	乌鲁木齐地窝堡国际机场	URC
拉萨	拉萨贡嘎国际机场	LXA

5.1.5 国际运输及主要航线

1. 国际运输

《华沙公约》中关于民航国际运输（International Air Passenger）的定义是：根据有关各方所订契约，不论在运输中有无间断或转运，其出发地和目的地是处在两个缔约国领土内，或处在一个缔约国的领土内而在另一国的主权、宗主权、委任统治权利或权利管辖下的领土内有一个协议的经停地点的运输。

这个定义揭示了国际运输的特征，如果由于天气原因需要在另一国备降的运输就不称为国际运输，因为它不是约定的运输。

2. 国际航协

国际航协全称是国际航空运输协会（International Air Transport Association，简称IATA），成立于1945年，由国际上主要的定期航空公司组成。290多家会员航空公司遍及世界120个国家，承载了83%的国际航空运输，是航空公司组成的最大的国际性组织，其主要活动包括：协调制定国际航空客货运价、统一国际航空运输的规章制度、通过清算所统一结算各会员与非会员之间联运业务的账目、开展技术合作、协助各会员航空公司改善机场布局和程序标准以提高机场营运效率。

3. 国际航协分区

国际航协为了更好地协调世界各国航空运输企业的业务，根据相关国家之间航空运输往来的密切程度，将全球划分为三个区：一区、二区和三区（AREA1/AREA2/AREA/3，或TC1/TC2/TC3）。在每个区里还划分为若干个子区（或称次区）。由于子区的划分标准不统一，这里只介绍最常见的划分方法（见表5.2）。

表 5.2　国际航协主要分区表

	子　区	国家及地区
一区	北大西洋子区（或北美子区）	美国（US）、加拿大（CA）、墨西哥（MX）、圣皮埃乐和密克隆（PM）
	中大西洋子区（或中美子区）	贝利兹（BZ）、哥斯达黎加（CR）、洪都拉斯（HN）、萨尔瓦多（SV）、危地马拉（GT）、尼加拉瓜（NI）等国家及其相邻岛屿
	南大西洋子区（或南美子区）	阿根廷（AR）、巴西（BR）、智利（CL）、巴拿马（PA）、委内瑞拉（VE）、哥伦比亚（CO）等国家及其相邻岛屿
	加勒比海子区	古巴（CU）、牙买加（JM）、海地（HT）、开曼群岛（KY）等国家及其相邻岛屿

续表 5.2

	子 区	国家及地区
二区	欧洲子区	希腊（GR）、俄罗斯（RU）、爱尔兰（IE）、瑞士（CH）、英国（GB）、德国（DE）、法国（FR）等国家及其相邻岛屿
	中东子区	巴林（BH）、伊朗（IR）、伊拉克（IQ）、沙特阿拉伯（SA）、以色列（IL）、埃及（EG）等国家及其相邻岛屿
	非洲子区	赞比亚（ZM）、肯尼亚（KE）、南非（ZA）、几内亚（GN）、刚果（CG）、马里（ML）等国家
三区	南亚次大陆子区	阿富汗（AF）、尼泊尔（NP）、巴基斯坦（PK）、印度（包括安达曼群岛）（IN）等国家
	东南亚子区	中国（CN）、中国香港（HK）、中国澳门（MO）、中国台湾（TW）、哈萨克斯坦（KZ）、新加坡（SG）等国家、地区及其相邻岛屿
	东亚子区	日本（JP）、韩国（KR）、朝鲜（KP）
	西南太平洋子区	澳大利亚（AU）、新西兰（NZ）、汤加（TO）、斐济（FJ）等国家及其相邻岛屿
	半球划分 东半球：包括二区和三区；西半球只包括一区	

4. 国际旅客运输方向代号

由于地球上任意两点之间都可能有若干条航线，所以有必要对航线进行分类。以下方向代号均表示航程始发地与航程目的地之间的全航程的方向代号，并非指航程中某一航线的方向代号。世界部分国家机场及代码见表 5.3。

AT（ATLANTIC）：表示跨越大西洋的航线。

PA（PACIFIC）：表示跨越太平洋的航线。

AP（ATLANTIC&PACIFIC）：表示既跨越大西洋又跨越太平洋的航线。

WH（WESTERN HEMISPHERE）：表示完全在西半球范围内航行的航线。

EH（EASTERN HEMISPHERE）：表示完全在东半球范围内航行的航线。

PN（PACIFIC AND NORTH AMERICA）：表示跨越太平洋和北美的航线。

SA（VIA SOUTH ATLANTIC）：表示跨越南大西洋的航线，专指南大西洋子区和东南亚之间跨越约翰内斯堡的航线。

TS（TRANS SIBERIA）：表示在二区和三区之间存在着欧洲和日本/韩国/中国台湾之间的不经停航段的航线。

FE（FAR EAST）：表示俄罗斯（乌拉尔山以西部分）、乌克兰与三区之间存在着不经停航段的航线。（注意：如果一条航线已经是 TS 航线，则不能再是 FE 航线）

判断下列航线所属方向代号。

① PAR—LON—NYC。　② LON—PAR—BJS。

③ RIO—HKG。　　　④ MOW—IEV—BJS。

表 5.3 世界部分国家机场及代码表

城市	机场	代码
日本东京	成田国际机场	NRT
	羽田机场	HND
日本大阪	大阪伊丹国际机场	ITM
	大阪关西国际机场	KIX
韩国首尔	仁川国际机场	ICN
韩国釜山	釜山金海国际机场	PUS
新加坡	新加坡樟宜国际机场	SIN
马来西亚吉隆坡	吉隆坡国际机场	KUL
越南胡志明	胡志明市新山机场	SGN
泰国曼谷	廊曼国际机场	BKK
印度新德里	新德里国际机场	DEL
伊朗德黑兰	德黑兰梅赫拉巴德国际机场	THR
沙特阿拉伯利雅得	哈利德国王国际机场	RUH
阿联酋阿布扎比	阿布扎比国际机场	AUH
阿联酋迪拜	迪拜国际机场	DXB
卡塔尔多哈	多哈国际机场	DOH
土耳其伊斯坦布尔	伊斯坦布尔国际机场	IST
加拿大渥太华	渥太华国际机场	YOW
加拿大多伦多	多伦多皮尔森国际机场	YYZ
	多伦多市中心机场	YTZ
美国华盛顿	杜勒斯国际机场	IAD
美国纽约	肯尼迪国际机场	JFK
美国芝加哥	芝加哥奥黑尔国际机场	ORD
美国洛杉矶	洛杉矶国际机场	LAX
美国波士顿	波士顿洛根国际机场	BOS
美国休斯敦	休斯顿哈比国际机场	HOU
美国檀香山	檀香山国际机场	HNL
美国西雅图	西雅图塔科马国际机场	SEA
美国旧金山	三番市旧金山国际机场	SFO
美国亚特兰大	亚特兰大国际机场	ATL
美国底特律	底特律都会机场	DTW
墨西哥墨西哥城	墨西哥城机场	MEX

续表

城市	机场	代码
古巴哈瓦那	哈瓦那-何塞马蒂机场	HAV
巴西巴西利亚	巴西利亚国际机场	BSB
巴西里约热内卢	里约热内卢国际机场	RIO/GIG
巴西圣保罗	圣保罗国际机场	SAO
阿根廷布宜诺斯艾利斯	埃塞萨国际机场	EZE
英国伦敦	伦敦希思罗机场	LHR
	盖特威克机场	LGW
	伦敦斯坦斯特德机场	STN
	伦敦卢顿机场	LTN
英国曼彻斯特	曼彻斯特机场	MAN
比利时布鲁塞尔	布鲁塞尔国际机场	BRU
荷兰阿姆斯特丹	阿姆斯特丹-史基浦机场	AMS
德国柏林	泰格尔机场	TXL
德国法兰克福	法兰克福-莱茵-美因国际机场	FRA
法国巴黎	戴高乐机场	CDG
瑞士苏黎世	苏黎世国际机场	ZRH
西班牙马德里	马德里巴拉哈斯机场	MAD
葡萄牙里斯本	里斯本机场	LIS
意大利罗马	罗马菲乌米奇诺机场	FCO
希腊雅典	雅典国际机场	ATH
奥地利维也纳	维也纳施韦夏特机场	VIE
瑞典斯德哥尔摩	斯德哥尔摩阿兰达机场	ARN
俄罗斯莫斯科	谢列梅捷沃机场	SVO
	多莫杰多沃机场	DME
俄罗斯圣彼得堡	圣彼得堡机场	LED
俄罗斯新西伯利亚	新西伯利亚机场	OVB
埃及开罗	开罗国际机场	CAI
澳大利亚堪培拉	堪培拉机场	CBR
新西兰惠灵顿	惠灵顿机场	WLG

5.2 航空运输的基本条件

根据运输对象的性质不同,航空运输可分为旅客运输和货物运输两种。基于两种不同运输对象的性质,运输条件也有不同的要求。

5.2.1 航空旅客运输的基本条件

为了加强对国内航空旅客(或行李)运输的管理,同时也为了规范国内航空运输业务流程,保障旅客运输安全,保护承运人和旅客的合法权益,维护正常的航空运输秩序,对国内民航旅客乘机条件、旅客携带物品、行李运输等方面均有相关规定如下。

1. 国内民航旅客乘机条件

(1)旅客应当在承运人规定的时限内到达机场,凭客票及本人有效身份证件按时办理客票查验、托运行李、领取登机牌等乘机手续。承运人规定的停止办理乘机手续的时间,应以适当方式告知旅客。

【案例分析 5-1】

家住上海市的陈先生及亲友等六人原定于 2011 年 7 月 6 日 11 时乘某公司的航班跟团去昆明 8 日游。7 月 6 日 10 点 17 分左右,陈先生一行到达浦东机场登机口时,经询问机场工作人员被告知要自己去自助机器办理登机手续。但陈先生等人在自助机器上反复几次输入身份证号,均未办理成功,然后请求工作人员办理,工作人员试了几下后,表示要到 8~12 号柜台办理。

后来陈先生等人来到柜台前看到有人在排队,考虑到时间紧迫,便从隔离带下钻进去直奔空闲的 12 号柜台办理登机手续,但工作人员不顾陈先生再三解释时间紧迫,一味地要求其去最后排队。最后当陈先生等人再次来到柜台办理登机手续时,工作人员称国内航班须提前 30 分钟办理登机手续,现已晚 1 分钟(10 点 31 分)故无法办理登机。后陈先生等人与航空公司工作人员交涉,但未果。事后,陈先生等人为了赶上旅游行程想乘坐其他航班飞机,可当天浦东机场与虹桥机场均没有经济舱的航班,唯有虹桥机场有头等舱可乘,在与旅行社协商后,旅行社称如果赶不上当天的航班就视作陈先生等人放弃旅游,最终陈先生等人共花费人民币 23 940 元购买了当天去昆明的东航头等舱机票。

陈先生的律师认为,航空公司在未告知陈先生等人提前登机时间且陈先生等人并未迟到的情况下,不履行航空运输服务,已经违反了合同法的相关规定,且造成陈先生等人较大的经济损失,应该承担相应的违约责任。鉴于此,陈先生等人近日已将航空公司告到上海市某区人民法院,诉请法院判令被告赔偿原告经济损失人民币 23 940 元,判令被告支付精神抚慰金人民币 6 000 元。法院已收下诉讼材料将进行立案审理。

思考分析：

试分析本案的责任如何划分？

（2）乘机前，旅客及其行李必须经过安全检查。

（3）无成人陪伴的儿童、病残旅客、孕妇、盲人、聋人或犯人等特殊旅客，只有在符合承运人规定的条件下，经承运人预先同意并在必要时做出安排后方予载运。传染病患者、精神病患者或健康情况可能危及自身或影响其他旅客安全的旅客，承运人不予承运。根据国家有关规定不能乘机的旅客，承运人有权拒绝其乘机，已购客票按自愿退票处理。

2. 国内航空旅客携带物品的规定和违章处理

在国内航空旅客运输中，自理行李是指经承运人同意由旅客自行负责照管的行李。旅客随身携带物品是指经承运人同意由旅客自行携带乘机的零星小件物品。

（1）旅客不得携带《民航旅客禁止随身携带或托运物品目录》（2016）和《民航旅客限制随身携带或托运物品目录》（2016）中规定禁止随身携带的物品乘机。旅客携带《民航旅客限制随身携带或托运物品目录》（2016）中规定的有限制条件的随身携带的物品，不得违反限制条件的规定。

（2）在收运行李时或者运输过程中，发现行李中装有不得作为行李运输的任何物品，承运人应当拒绝收运或者终止运输，并通知旅客。

（3）旅客托运行李的尺寸、重量以及数量要求，免费行李额以及特殊行李的携带等应符合承运人在运输总条件中的规定。

3. 国内航空行李运送的基本要求

（1）托运行李每件最大重量一般不能超过50千克，体积最大一般不能超过 $40 \times 60 \times 100$（单位：厘米）。

（2）托运行李必须包装完善、锁扣完好、捆扎牢固，能承受一定的压力，能够在正常的操作条件下安全装卸和运输。

（3）旅客的逾重行李在其所乘飞机载量允许的情况下，应与旅客同机运送。旅客应对逾重行李付逾重行李费。

（4）承运人为了运输安全，可以会同旅客对其行李进行检查；必要时，可会同有关部门进行检查。如果旅客拒绝接受检查，承运人对该行李有权拒绝运输。

（5）旅客的托运行李应与旅客同机运送，特殊情况下不能同机运送时，承运人应向旅客说明，并优先安排在后续的航班上运送。

（6）家庭饲养的猫、狗或其他小动物的运输，应按下列规定办理：旅客必须在定座时提出，并提供动物检疫证明，经承运人同意后方可托运。旅客应在乘机的当日，按承运人指定的时间，将小动物自行运到机场办理托运手续。装运小动物的容器应符合安全、卫生要求。旅客携带的小动物，除经承运人特许外，一律不能放在客舱内运输。小动物及其容器的重量应按逾重行李费的标准单独收费。

（7）辅助犬、导听犬、导盲犬在符合承运人运输条件的情况下可以由行走不便的旅客、盲人旅客或聋人旅客本人带入客舱运输。辅助犬、导盲犬、助听犬连同其容器和食物可以免费运输而不计算在免费行李额内。

（8）根据外交信使的要求，承运人也可以按照托运行李办理，但承运人只承担一般托运行李的责任。外交信使携带的外交信袋和行李，可以合并计重或计件，超过免费行李额部分，按照逾重行李的规定办理。外交信袋运输需要占用座位时，必须在定座时提出，并经承运人同意。外交信袋占用每一座位的重量限额不得超过75千克，总体积不得超过40×60×100（单位：厘米）。占用座位的外交信袋没有免费行李额。

（9）旅客的托运行李中，凡夹带国家规定的禁运物品、限制携带物品或危险物品等，其整件行李称为违章行李。

对违章行李的处理规定如下：

① 在始发地发现违章行李，应拒绝收运；如已承运，应取消运输，或将违章夹带物品取出后运输，已收逾重行李费不退。

② 在经停地发现违章行李，应立即停运，已收逾重行李费不退。

③ 对违章行李中夹带的国家规定的禁运物品、限制携带物品或危险物品，交有关部门处理。

5.2.2 国际航空旅客运输基本条件

为了加强对旅客、行李国际航空运输的管理，保障旅客运输安全，保护承运人和旅客的合法权益，维护正常的航空运输秩序，对于国际民航旅客乘机条件、旅客携带物品、行李运输等方面的一般规定如下。

1. 国际民航旅客乘机条件及违章处理

（1）旅客应当在航班始发前充足的时间内到达承运人的乘机登记处，凭机票、有效的护照、签证及旅行证件办理规定的乘机手续。

（2）使用纸质客票乘机的旅客未出示根据承运人规定填开的并包括所乘航班的乘机联和所有其他未使用的乘机联和旅客联的有效客票，或者旅客出示残缺客票或非承运人或者其授权代理人更改的客票，承运人有权拒绝其乘机。

（3）乘机前，旅客及其行李必须经过安全检查。

（4）无成人陪伴儿童、无自理能力人、孕妇或者患病者乘机，应当经承运人同意，并事先做出安排。

（5）旅客可以在约定经停地点中途分程，但必须事先经承运人同意，并符合有关规定。

（6）客票的乘机联必须按照客票所载明的航程，从出发地点开始，顺序使用。客票的第一张乘机联未被使用，而旅客要求在中途分程地点或者约定经停地点开始旅行，承运人可以不接受该旅客客票。

（7）旅客可以在航空器上使用具有飞行模式的智能手机和规定尺寸内的电子书、音/视频播放器、电子游戏机等小型 PED（Portable Electronic Devices）设备，但应开启飞行模式。在飞机滑行、起飞、下降和着陆阶段，这些设备不允许连接耳机、充电线等配件。超过规定尺寸的边界时电脑、Pad 等大型 PED 设备仅可在飞机巡航阶段使用，在飞机滑行、起飞、下降和着陆等飞行关键阶段禁止使用。助听器、心脏起搏器以及其他不影响飞机导航和通信系统的用于维持生命的电子设备和装置可全程使用。

（8）承运人考虑安全原因，或者根据其规定认为属于下列情况之一的，有权拒绝运输旅客及其行李，由此给旅客造成的损失，承运人不承担责任：

① 为遵守始发地、经停地、目的地或者飞越国家的法律及其他有关规定。

② 旅客的行为、年龄、精神或者健康状况不适合旅行，或者可能给其他旅客造成不舒适，或者可能对旅客本人或者其他人员的生命或者财产造成危险或者危害。

③ 旅客未遵守承运人的有关规定。

④ 旅客拒绝接受安全检查。

⑤ 旅客未按规定支付适用的票价及有关费用。

⑥ 旅客未出示有效客票。

⑦ 旅客不能证明本人即是客票上"旅客姓名"栏内载明的人。

⑧ 旅客未能出示有效身份证件，或出具的身份证件与购票时身份证件不一致。

⑨ 旅客的行为、年龄、精神或身体状况不适合航空旅行，或对其自身或其他人员或财产可能造成任何威胁或危害。

⑩ 旅客可能在过境国寻求入境、可能在飞行中销毁其证件或者不按承运人要求将旅行证件交由机组保存。

2. 国际航空旅客携带物品的规定

在国际航空旅客中，非托运行李是指除旅客托运行李以外的由旅客自行照管的行李。

（1）旅客的非托运行李在运输期间由旅客自行照管。旅客带入客舱的非托运行李应当能置于前排座位下或者能放置于客舱的密闭存放部位。超过承运人规定的重量或者尺寸的行李不得置于客舱内。

（2）旅客的自理行李内不得夹带易燃、爆炸、腐蚀、有毒、放射性物品、可聚合物质、磁性物质及其他危险物品。旅客不得携带我国及运输过程中有关国家法律、政府命令和规定禁止出境、入境或过境的物品及其他限制运输的物品。旅客乘坐飞机不得携带武器或随身携带利器和凶器。

（3）外交信袋的运输应符合承运人的规定。

3. 国际航空行李运送的基本要求

（1）托运行李应当符合下列要求：

① 旅客应当在承运人指定的地点和时间内办理行李托运手续。

② 承运人应当对每件托运行李拴挂行李牌，并将行李牌识别联交给旅客，作为旅客认领行李的凭据。

③ 托运行李的重量和体积不得超过承运人规定，超过规定的托运行李应当事先经承运人同意。

④ 旅客的托运行李应当与旅客同机运输。旅客的托运行李确实不能同机运输的，承运人应当向旅客说明，在确保安全的情况下安排在后续航班上运输。

（2）随机交运的行李应有承受一定压力的包装，应封装完整、锁扣完善、捆扎牢固。对包装不符合要求的交运行李，承运人可拒运或不担负损坏、破损责任。

（3）旅客不得在托运行李中夹带易碎或者易腐物品、货币、珠宝、贵重金属、金银制品、流通票证、有价证券和其他贵重物品、商业文件、护照和其他证明文件或者样品。

（4）管制刀具以外的钝器、利器和类似的物品可以作为托运行李运输，但包装要适当，且不得带入客舱。

（5）承运人为了运输安全，可以按规定程序对旅客行李进行检查；必要时，由有关部门进行检查。对拒绝接受行李检查的，承运人有权拒绝运输该旅客的行李。

（6）家庭饲养的狗、猫、鸟或者其他玩赏宠物的运输，应当按照下列规定办理：

① 在定座时提出，并经承运人和有关连续承运人同意；

② 在乘机之日按照承运人指定的时间，将小动物自行运至机场办理托运手续；

③ 必须具备运输过程中有关国家运输小动物出境、入境和过境所需的有效证件；

④ 小动物必须装在适合其特性的坚固容器内，并符合安全和卫生要求；

⑤ 旅客携带的小动物及其容器和食物，应当交承运人托运，并按逾重行李交付运费。除经承运人特许外，不能放在客舱内运输；

⑥ 小动物及其容器和携带的食物的重量，不计入旅客的免费行李额内。

⑦ 旅客应当对托运的小动物承担全部责任。小动物被拒绝入境或者过境而造成的受伤、丢失、延误、患病或者死亡，承运人不承担责任。

（7）辅助犬、导盲犬、助听犬在符合承运人运输条件的情况下可以由行走不便的旅客、盲人旅客或聋人旅客本人带入客舱运输。辅助犬、导盲犬、助听犬连同其容器和食物可以免费运输而不计算在免费行李额内。

【案例分析 5-2】

2016年10月28日，谢女士因需将饲养的一只宠物犬（价值60 000元）送到北京参加宠物展会。杨先生自称专门从事宠物托运业务，谢女士遂委托杨先生将该犬运至北京，杨先生于当日下午4点多到谢女士处提取该犬并收取运费后，将该犬送至揭阳机场并通过被告中国南方航空股份有限公司汕头分公司办理运输手续，托运至北京。但该犬在当晚9点多到达北京时已经死亡。对此，谢女士认为杨先生和南方航空公司未尽到管理义务，多次将杨先生和南方航空公司诉至法庭，要求两被告赔偿原告的经济损失，但两被告均拒不赔偿。

被告杨先生辩称：（1）原告谢女士于2016年10月28日委托被告杨先生帮忙托运一只宠物犬到北京，被告杨先生将该犬带到揭阳国际机场南方航空货运站，并办理航空货物托运手续，在到达南方航空货运站之前，被告杨先生没有收到原告谢女士支付的运费。

（2）当日天气炎热，被告杨先生跟原告谢女士沟通是否需改发晚上的航班和购买保险，原告谢女士均拒绝。后被告杨先生就帮原告谢女士给宠物犬喂完水并放好饮水器，办理好托运手续之后就算完成任务。被告杨先生与宠物犬的死亡没有关系，不应承担赔偿责任。

被告中国南方航空股份有限公司辩称：（1）被告中国南方航空股份有限公司与原告谢女士之间不存在货运代理合同关系，原告谢女士诉求其赔偿损失没有根据，依法应予驳回。（2）被告中国南方航空股份有限公司对承运的宠物犬无需承担赔偿责任。被告中国南方航空股份有限公司与被告杨先生（托运人）在《航空货运单》中特别约定"活体动物，死亡自负"。被告杨先生在《活体动物托运人证明书》中也签字同意接受由于自然原因造成动物死亡承运人不承担责任的条款。因此，被告中国南方航空股份有限公司无需承担该宠物犬死亡的赔偿责任。

思考分析：

被告杨先生与被告中国南方航空有限公司是否应对原告谢女士的宠物犬死亡承担赔偿责任？

5.2.3 航空货物运输基本条件

航空货物运输的基本条件是为了保证货物运输质量和安全、保障承运人与货主双方合法权益而确定的，主要包括普通货物、特殊货物、邮件以及快递货物等的相关运输条件。

1. 航空货物运输服务的种类

航空货物运输服务可分为以下三类：
（1）航空普通货物运输。
（2）航空邮件运输。
（3）航空快递运输。

2. 国内航空货物运输的办理条件

（1）普通货物的办理条件：

① 非宽体飞机载运的货物，每件货物重量一般不超过 80 千克，体积一般不超过 $40 \times 60 \times 100$（单位：厘米）。宽体飞机载运的货物，每件货物重量一般不超过 250 千克，体积一般不超过 $100 \times 100 \times 140$（单位：厘米）。超过以上重量和体积的货物，承运人可依据机型及出发地和目的地机场的装卸设备条件，确定可收运货物的最大重量和体积。

② 每件货物的长、宽、高之和不得小于 40 厘米。

（2）特种货物的办理条件：

① 急件运输条件。托运人要求急运的货物，经承运人同意，可以办理急件运输，并按规定收取急件运费。

② 微生物制品的运输条件。凡对人体、动植物有害的菌种、带菌培养基等微生物制

品，非经中国民航局特殊批准不得承运。凡经人工制造、提炼、进行无菌处理的疫苗、菌苗、抗生素、血清等生物制品，如托运人提供无菌、无毒证明可按普货承运。微生物及有害生物制品的仓储、运输应当远离食品。

③ 植物和植物产品的运输条件。植物和植物产品运输须凭托运人所在地县级（含）以上的植物检疫部门出具的有效"植物检疫证书"。

④ 骨灰和灵柩的运输条件。骨灰应当装在封闭的塑料袋或其他密封容器内，外加木盒，最外层用布包装。

⑤ 危险货物的运输条件。危险货物的运输必须遵守国家民用航空局有关危险货物航空安全运输的管理规定。

⑥ 动物的运输条件。动物运输必须符合国家有关规定，并出具当地县级（含）以上检疫部门的免疫注射证明和检疫证明书；托运属于国家保护的动物，还需出具有关部门准运证明；托运属于市场管理范围的动物要有市场管理部门的证明。托运人托运动物，应当事先与承运人联系并订妥舱位。办理托运手续时，须填写活体动物运输托运申明书。需专门护理和喂养或者批量大的动物，应当派人押运。动物的包装要注意安全和卫生，外包装上应当标明照料和运输的注意事项。有特殊要求的动物装舱，托运人应当向承运人说明注意事项或在现场进行指导。

⑦ 鲜活易腐物品的运输条件。托运人托运鲜活易腐物品，应当提供最长允许运输时限和运输注意事项，定妥舱位，按约定时间送机场办理托运手续。政府规定需要进行检疫的鲜活易腐物品，应当出具有关部门的检疫证明。包装要适合鲜活易腐物品的特性，不致污染、损坏飞机和其他货物。客运班机不得装载有不良气味的鲜活易腐物品。需要特殊照料的鲜活易腐物品，应由托运人自备必要的设施，必要时由托运人派人押运。鲜活易腐物品在运输、仓储过程中，承运人因采取防护措施所发生的费用，由托运人或收货人支付。

⑧ 贵重物品的运输条件。贵重物品包括：黄金、白金、铱、铑、钯等稀贵金属及其制品；各类宝石、玉器、钻石、珍珠及其制品；珍贵文物（包括书、画、古玩等）；现钞、有价证券以及毛重每公斤价值在人民币 2 000 元以上的物品等。贵重物品应当用坚固、严密的包装箱包装，外加"井"字形铁箍，接缝处必须有封志。

⑨ 特种管制物品的运输条件。枪支、警械（简称枪械）是特种管制物品；弹药是特种管制的危险物品。托运时应当出具下列证明：

a. 托运人托运各类枪械、弹药必须出具出发地或运往县、市公安局核发的准运证或国家主管部委出具的许可证明；

b. 进出境各类枪支、弹药的国内运输必须出具边防检查站核发的携运证。

枪械、弹药包装应当是出厂原包装，非出厂的原包装应当保证坚固、严密、有封志。枪械和弹药要分开包装。枪械、弹药运输的全过程要严格交接手续。

⑩ 押运货物的运输条件。根据货物的性质，在运输过程中需要专人照料、监护的货物，托运人应当派人押运，否则，承运人有权不予承运。押运货物需预先订妥舱位。

押运员应当履行承运人对押运货物的要求并对货物的安全运输负责。押运员应当购买客票和办理乘机手续。

承运人应当协助押运员完成押运任务，并在押运货物包装上加贴"押运"标贴。在货运单储运注意事项栏内注明"押运"字样并写明押运的日期和航班号。

（3）航空快递的运输条件：

① 航空快件发件人向航空快递企业交运航空快件时，航空快递企业要求发件人出具单位介绍信或其他有效证件的，发件人应予提供。发运国际航空快件，发件人还应当同时提供商业发票、品质说明、装箱单等报关所需的有关文件。

② 航空快件包装内不得夹带禁止运输或者限制运输的物品、保密文件和资料等。收运航空快件必须经过安全检查。

（4）航空邮件的运输条件：

① 航空邮件应当按种类用完好的航空邮袋分袋封装，加挂"航空"标牌。

② 航空邮件内不得夹带危险品及国家限制运输的物品。

③ 航空邮件应当进行安全检查。

（5）货物包机、包舱运输的条件：

① 申请包机，凭单位介绍信或个人有效身份证件与承运人联系协商包机运输条件，双方同意后签订包机合同。包机人和承运人执行包机合同时，每架次货物包机应当填制托运书和货运单，作为包机的运输凭证。包机人和承运人可视货物的性质确定押运员，押运员凭包机合同办理机票并按规定办理乘机手续。

② 包用飞机的吨位由包机人充分利用，承运人如需利用包机剩余吨位应当与包机人协商。

③ 包机合同签订后，除天气或其他不可抗力的原因外，托运人和承运人均应当承担包机合同规定的经济责任。包机人提出变更包机前，承运人因执行包机任务已发生调机的有关费用应当由包机人承担。

④ 包用飞机，承运人按包机双方协议收取费用。

⑤ 申请包舱或包集装板（箱）的合同签订及双方应当承担的职责和义务参照包机的有关条款办理。

5.3 航空货物运输业务

航空货物运输生产过程大致分为货物收集、进港、运送、到港和交货等阶段。从性质上来看，航空货物运输一般处理程序可以分为两大部分：

（1）出发货：收货—仓储—吨位控制—出港。

（2）到达货：进港—仓储—发货（交付）。

5.3.1 航空货运市场分类

组织航空货运主要有三种方式：

（1）直接办理：航空运输企业通过自己的营业处或收货站，直接进行航空货运业务的办理。

（2）代理办理：航空运输企业进行直接销售可以减少代理费用，但是，直接办理的业务量不足时反而会增加销售成本。因此，航空公司的相当一部分货运吨位通过代理人办理。代理人根据与航空公司之间的协议，代表航空公司办理空余吨位，并按照协议收取代理费用。航空公司可以采取灵活的代理政策，鼓励代理人积极开拓市场，扩大销售业务。代理人可以同时代理多家航空公司的货运办理业务。

（3）联运：由于一个航空公司能够提供服务的航线有限，对于本身不能运达的部分航线，航空公司之间可以采用联运服务。这种服务是有偿的，上一个承运人即为下一个承运人的销售代理人，他们之间通过协议分配销售收入。

5.3.2 国内航空货物运输合同

国内航空货物运输合同就是国内航空运输承运人使用民用航空器将货物从起运点运输到约定地点，托运人或者收货人支付运输费用的合同。合同的主体是指参与航空运输活动的当事人，包括承运人、托运人和收货人。

1. 国内航空货物运输合同的订立

航空运输合同作为合同的一种，它的成立是合同当事人达成合意，并经过要约和承诺程序后订立的。航空运输使用人依照约定支付使用航空运输服务的对价，承运人向航空运输使用人出具运输凭证，合同即告成立，也就是说，托运人填交的货物托运单经承运人接受，并由承运人填发货运单后，航空货物运输合同即告成立。

（1）货物托运。

① 托运人托运货物时，要凭本人居民身份证或者其他有效身份证件，填写货物托运书，向承运人或其代理人办理托运手续。如承运人或其代理人要求出具单位介绍信或其他有效证明时，托运人也应予提供。托运政府规定限制运输的货物以及需向公安、检疫等有关政府部门办理手续的货物时，应当随附有效证明。

② 货物包装应当保证货物在运输过程中不致损坏、散失、渗漏，不致损坏和污染飞机设备或者其他物品。货物包装内不准夹带禁止运输或者限制运输的物品、危险品、贵重物品、保密文件和资料等。

③ 托运人应当在每件货物外包装上标明出发站、到达站和托运人、收货人的单位、姓名及详细地址等。

托运人应当根据货物性质，按国家标准规定的式样，在货物外包装上张贴航空运输指示标贴。托运人使用旧包装时，必须除掉原包装上的残旧标志和标贴。托运人托运每件货物，应当按规定粘贴或者拴挂承运人的货物运输标签。

④ 货物重量按毛重计算，计量单位为公斤。重量不足1千克的尾数四舍五入。每张航空货运单的货物重量不足1千克时，按1千克计算。贵重物品按实际毛重计算，计算单位为0.1千克。

【案例分析 5-3】

2011年8月5日，A委托其弟弟B将两块石头从义乌市运输至乌鲁木齐市，义乌航空运输公司承接了该项货物并向B出具了编号为0008228号"航空货运代理单"一份，该代理单载明：始发站为义乌，目的站为乌鲁木齐，品名为石头，件数为2件，包装为麻袋，重量为113千克，运费为1 365元。2011年8月6日，义乌航空运输公司将上述货物交由南航新疆分公司运往乌鲁木齐，2011年8月7日，货物运达乌鲁木齐，南航新疆分公司将上述货物交给了友合物流公司并向该公司出具了运输事故签证，该签证载明：该货物入库时发现其中一个麻袋外包装受损，经清点发现其中有两块石头，经核查属实。当日，A到友合物流公司处提货时，发现其中一个麻袋外包装受损，麻袋内的一块石头被损坏为两块。A表示该"石头"为"玉石"，和田当地习惯称"玉石"为"石头"，现石头损坏对其造成了巨大的财产损失。随后A将义乌航空运输公司、南航新疆分公司、友合物流公司诉至法庭，要求赔偿。A称按照常理，托运人按照承运人的要求对运输货物进行包装或由承运人提供包装服务托运人支付费用。义乌航空运输公司未提出包装要求，提供了麻袋进行包装，承运人在运输中没有尽到轻拿轻放的义务，导致货物发生损害，南航新疆分公司、义乌航空运输公司应赔偿全部货物损失以及因此给我方造成的其他损失。南航新疆分公司辩称A在庭审中称其从事玉石买卖多年，托运玉石未保价发生损失是其可以预期到的，产生的不利后果应由其自行承担。友合物流公司述称，涉案运输货物目测就是个石头，其代收运费后，因发生货损已将运费退还A。

思考分析：

义乌航空运输公司、南航新疆分公司、友和物流公司是否应承担损害赔偿责任？

（2）货物收运。

① 承运人应当根据运输能力，按货物的性质和急缓程度有计划地收运货物。批量大和有特定条件及时间要求的联程货物，承运人必须事先安排好联程中转舱位后方可收运。遇有特殊情况，如政府法令、自然灾害、停航或者货物严重积压时，承运人可暂停收运货物。凡是国家法律、法规和有关规定禁止运输的物品，严禁收运。凡是限制运输的物品，应符合规定的手续和条件后，方可收运。需经主管部门查验、检疫和办理手续的货物，在手续未办妥之前不得收运。

② 承运人收运货物时，应当查验托运人的有效身份证件。凡国家限制运输的物品，必须查验国家有关部门出具的准许运输的有效凭证。承运人应当检查托运人托运货物的包装，不符合航空运输要求的货物包装，须经托运人改善包装后方可办理收运。承运人对托运人托运货物的内包装是否符合要求，不承担检查责任。承运人对收运的货物应当进行安全检查。对收运后24小时内装机运输的货物，一律实行开箱检查或者通过安检仪器检测。

③ 航空货运单（以下简称货运单）应当由托运人填写，连同货物交给承运人。如承运人依据托运人提供的托运书填写货运单并经托运人签字，则该货运单应当视为代托运人填写。托运人应当对货运单上所填关于货物的说明或声明的正确性负责。

2. 国内航空货物运输合同的履行

合同订立后，合同双方当事人应按照合同规定履行其职责。承运人通过货物承运、运送以及交付等过程，须保证货物安全及时地运送至目的地，并告知收货人在一定期限内领货。收货人应按照承运人的通知，及时到约定地点领取货物，并支付托运人未付或少付的运输费用。

（1）货物运送。

① 急件运输的货物，承运人应当按指定的日期和航班运出。需办理联程急件货物，承运人必须征得联程站同意后方可办理。限定时间运输的货物，承运人应当在约定的期限内尽快将货物运抵目的地。

② 根据货物的性质，承运人应当按下列顺序发运：

a. 抢险、救灾、急救、外交信袋和政府指定急运的物品。

b. 指定日期、航班和按急件收运的货物。

c. 有时限、贵重和零星小件物品。

d. 国际和国内中转联程货物。

e. 一般货物按照收运的先后顺序发运。

③ 承运人应当建立舱位控制制度，根据每天可利用的空运舱位合理配载，避免舱位浪费或者货物积压。承运人应当按照合理或经济的原则选择运输路线，避免货物的迂回运输。

④ 承运人对承运的货物应当精心组织装卸作业，轻拿轻放，严格按照货物包装上的储运指示标志作业，防止货物损坏。

⑤ 承运人应当根据进出港货物运输量及货物特性，分别建立普通货物及贵重物品、鲜活物品、危险物品等货物仓库。

⑥ 货物托运后，托运人或收货人可在出发地或目的地向承运人或其代理人查询货物的运输情况，承运人或其代理人对托运人或收货人的查询应当及时给予答复。

（2）货物的到达和交付。

① 货物运至到站后，除另有约定外，承运人或其代理人应当及时向收货人发出到货通知。通知包括电话和书面两种形式。急件货物应在货物到达后 2 小时内发出，普通货物应当在 24 小时内发出。自发出到货通知的次日起，货物免费保管 3 天。逾期提取，承运人或其代理人按规定核收保管费。动物、鲜活易腐物品及其他指定日期和航班运输的货物，托运人应当负责通知收货人在到达站机场等候提取。

② 收货人凭到货通知单和本人居民身份证或其他有效身份证件提货；委托他人提货时，凭到货通知单和货运单指定的收货人及提货人的居民身份证或其他有效身份证件提货。如承运人或其代理人要求出具单位介绍信或其他有效证明时，收货人应予提供。承运人应当按货运单列明的货物件数清点后交付收货人，发现货物短缺、损坏时，应当会同收货人当场查验，必要时填写货物运输事故记录，并由双方签字或盖章。

③ 托运人托运的货物与货运单上所列品名不符或在货物中夹带政府禁止运输或限制运输的物品和危险物品时，承运人应当按下列规定处理：

a. 在出发站停止发运,通知托运人提取,运费不退。

b. 在中转站停止运送,通知托运人,运费不退,并对品名不符的货件,按照实际运送航段另核收运费。

c. 在到达站,对品名不符的货件,另核收全程运费。

④ 货物自发出到货通知的次日起 14 天无人提取,到达站应当通知始发站,征求托运人对货物的处理意见;满 60 天无人提取又未收到托运人的处理意见时,按无法交付货物处理。凡属国家禁止和限制运输物品、贵重物品及珍贵文史资料等货物应当无价移交国家主管部门处理;凡属一般的生产、生活资料应当作价移交有关物资部门或商业部门;凡属鲜活、易腐或保管有困难的物品可由承运人酌情处理。如作毁弃处理,所产生的费用由托运人承担。经作价处理的货款,应当及时交承运人财务部门保管。从处理之日起 90 天内,如有托运人或收货人认领,扣除该货的保管费和处理费后的余款退给认领人;如 90 天后仍无人认领,应将货款上交国库。对于无法交付货物的处理结果,应通过始发站通知托运人。

3. 国内航空货物运输合同的变更与解除

货物承运后,托运人或持有国内航空货运单的人可以向承运人提出合理的变更和解除合同的要求,按照相应的法律规定,承运人确定托运人的请求,变更和解除才成立。以下是对于国内航空货物运输合同变更与解除的相关规定。

(1)托运人要求运输合同变更时,应当提出书面要求、个人有效证件和货运单托运人联。要求变更运输的货物,应是一张货运单填写的全部货物。

(2)承运人应及时处理托运人的变更要求,更改或重开货运单,重新核收运费。不能按照要求办理时,应当迅速通知托运人。在运送货物前取消托运,承运人可以收取退运手续费。

(3)由于承运人执行特殊任务或天气等不可抗力的原因,需要变更运输时,承运人应当及时通知托运人或收货人,商定处理办法,并按照下列规定处理运输费用:

① 在出发站退运货物,退还全部运费。

② 在中途站变更到达站,退还未使用航段的运费,另核收由变更站至新到达站的运费。

③ 在中途站将货物运至原出发站,退还全部运费。

④ 在中途站改用其他交通工具将货物运至目的站,超额费用由承运人承担。

5.3.4 国内航空货物运输流程

国内航空货物运输的主要流程如图 5.1 所示,另外在收货人提取货物时也有相应的规定。

(1)收货人凭航空公司的货物提取联或到货通知单携本人身份证或其他有效身份证件提取货物,如承运人或其代理人要求出具单位介绍信或其他有效证明时,收货人应予提供。

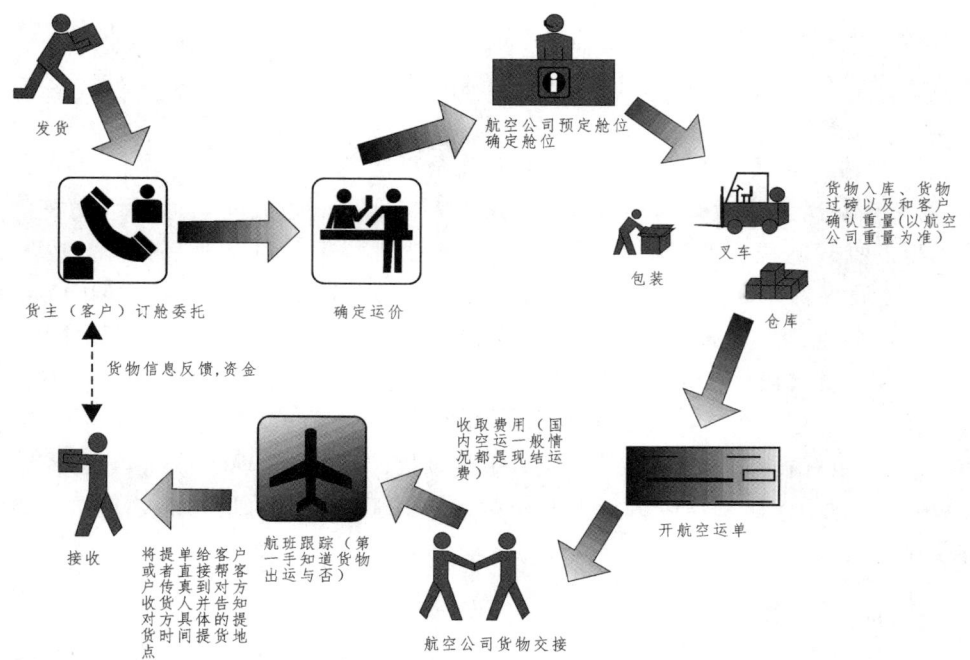

图 5.1 国内航空货物运输流程

（2）收货人委托他人提取货物时，应凭航空货运单上的收货人及被委托人的有效身份证件提取货物。

（3）收货人应到航空货运公司指定的提货处办理提货手续，并付清所有应付费用。

（4）收货人应在航空货运单和货物提取记录上签字后提取货物。

（5）收货人提取货物时，应当面清点，发现货物有丢失、短少、污染、损坏或延误到达等情况，应当面向航空货运有关部门提出异议。

（6）若收货人提取货物并在航空货运单上签字而未提出异议，则视为按运输合同规定货物已完好交付。

5.3.5 航空货物运输单证

航空货物运输单证是托运人或以托运人的名义填制的，承托运双方为在承运人的航线上承运货物所订立的证据，是办理货物运输的依据，也是计收货物运费的财务票证。这里主要介绍航空托运单和航空货运单两种单证。

1. 航空托运单

托运人托运货物，应先填写货物托运书一份，并对所填写事项的真实性与正确性负责，并在托运书上签字或者盖章。承运人在检查货物托运书填写内容符合要求，以及货物符合托运的一般规定后，方可受理。

（1）航空托运单的分类。

航空托运单主要分为两大类：

① 航空主运单（Master Air Way Bill，MAWB）：凡由航空运输公司签发的航空托运

单就称为主运单。它是航空运输公司据以办理货物运输和交付的依据，是航空公司和托运人订立的运输合同，每一批航空运输的货物都有自己相对应的航空主运单。

② 航空分运单（House Air Way Bill，HAWB）：集中托运人在办理集中托运业务时签发的航空托运单被称作航空分运单。在集中托运的情况下，除了航空运输公司签发主运单外，集中托运人还要签发航空分运单。

在这中间，航空分运单作为集中托运人与托运人之间的货物运输合同，合同双方分别为货A、B和集中托运人；而航空主运单作为航空运输公司与集中托运人之间的货物运输合同，当事人则为集中托运人和航空运输公司。货主与航空运输公司没有直接的契约关系。

不仅如此，由于在起运地货物由集中托运人将货物交付航空运输公司，在目的地由集中托运人或其代理从航空运输公司处提取货物，再转交给收货人，因而货主与航空运输公司也没有直接的货物交接关系。

（2）航空托运单的性质和作用。

航空托运单（Air Way Bill）与海运提单有很大不同，却与国际铁路运单相似。它是由承运人或其代理人签发的重要的货物运输单据，是承托双方的运输合同，其内容对双方均具有约束力。航空托运单不可转让，持有航空托运单也并不能说明可以对货物要求所有权。

① 航空托运单是发货人与航空承运人之间的运输合同。与海运提单不同，航空托运单不仅证明航空运输合同的存在，而且航空托运单本身就是发货人与航空运输承运人之间缔结的货物运输合同，在双方共同签署后产生效力，并在货物到达目的地交付给运单上所记载的收货人后失效。

② 航空托运单是承运人签发的已接收货物的证明。航空托运单也是货物收据，在发货人将货物发运后，承运人或其代理人就会将其中一份交给发货人（即发货人联），作为已经接收货物的证明。除非另外注明，它是承运人收到货物并在良好条件下装运的证明。

③ 航空托运单是承运人据以核收运费的账单。航空托运单分别记载着属于收货人负担的费用，属于应支付给承运人的费用和应支付给代理人的费用，并详细列明费用的种类、金额，因此可作为运费账单和发票。承运人往往也将其中的承运人联作为记账凭证。

④ 航空托运单是报关单证之一。出口时航空托运单是报关单证之一。在货物到达目的地机场进行进口报关时，航空托运单也通常是海关查验放行的基本单证。

⑤ 航空托运单同时可作为保险证书。如果承运人承办保险或发货人要求承运人代办保险，则航空托运单也可用来作为保险证书。

⑥ 航空托运单是承运人内部业务的依据。航空托运单随货同行，证明了货物的身份。运单上载有有关该票货物发送、转运、交付的事项，承运人会据此对货物的运输做出相应安排。

航空托运单的正本一式三份，每份都印有背面条款，其中一份交发货人，是承运人或其代理人接收货物的依据；第二份由承运人留存，作为记账凭证；最后一份随货同行，在货物到达目的地，交付给收货人时作为核收货物的依据。

航空托运单的内容与海运提单类似，也有正面、背面条款之分，不同的航空公司也会有自己独特的航空托运单格式。但各航空公司所使用的航空托运单则大多借鉴 IATA 所推荐的标准格式，差别并不大。也称中性运单，见表 5.4。

表 5.4 航空托运单

始发站 Airport of Departure		目的站 Airport of Destination			航空货运单号码 Air Waybill Number		
托运人姓名、地址、邮编、电话号码 Shipper's Name, Address, Postcode & Telephone No.					安全检查 Safety Inspection		
收货人姓名、地址、邮编、电话号码 Consignee's Name, Address, Postcode & Telephone No.					填开代理人名称 Issuing Carrier's Agent Name		
航线 Routing	到达站 To	第一承运人 By First Carrier		到达站 To	承运人 By	到达站 To	承运人 By
航班/日期 Flight/Date		航班/日期 Flight/Date		运输声明价值 Declared Value for Carriage		运输保险价值 Amount of Insurance	
储运注意事项及其他 Handing Information and Others							
件数 No.Of Pcs. 运价点 RCP	毛重（公斤） Gross Weight（KG）	运价种类 Rate Class	商品代号 Comm.Item NO.	计费重量（公斤） Chargeable Weight	费率 Rate/kg	航空运费 Weight Charge	货物品名（包括包装、尺寸或体积） Description of Goods（incl.Packa-ging, Dimensions or Volume）
□ 预付 Prepaid		□ 到付 Collect			其他费用 Other Charge		
航空运费 Weight Charge				本人郑重声明：……			
声明价值附加费 Valuation Charge							
地面运费 Surface Charge				托运人或代理人签字、盖章 Signature of Shipper or His Agent			
其他费用 Other Charge							
总额（人民币） Total（CNY）				填开日期 填开地点 填开人或代理人签字、盖章 Executed on（Date）At（Place）Signature of Issuing Carrier of Its Agent			
付款方式 Form of Payment							

2. 航空货运单

航空货运单是航空货物运输合同订立和运输条件以及承运人接收货物的初步证据。航空货运单上关于货物的重量、尺寸、包装和包装件数的说明具有初步证据的效力。除经过承运人和托运人当面查对并在航空货运单上注明经过查对或者书写关于货物的外表情况的说明外，航空货运单上关于货物的数量、体积和情况的说明不能构成不利于承运人的证据。

《中华人民共和国民用航空法》（2021）规定：托运人在履行航空货物运输合同规定的义务的条件下，有权在出发地机场或者目的地机场将货物提回，或者在途中经停时中止运输，或者在目的地点或者途中要求将货物交给非航空货运单上指定的收货人，或者要求将货物运回出发地机场；但是，托运人不得因行使此种权利而使承运人或者其他托运人遭受损失，并应当偿付由此产生的费用。托运人的指示不能执行的，承运人应当立即通知托运人。承运人按照托运人的指示处理货物，没有要求托运人出示其所收执的航空货运单，给该航空货运单的合法持有人造成损失的，承运人应当承担责任，但是不妨碍承运人向托运人追偿。收货人的权利依法开始时，托运人的权利即告终止；但是，收货人拒绝接受航空货运单或者货物，或者承运人无法同收货人联系的，托运人恢复其对货物的处置权。收货人于货物到达目的地点，并在缴付应付款项和履行航空货运单上所列运输条件后，有权要求承运人移交航空货运单并交付货物。除另有约定外，承运人应当在货物到达后立即通知收货人。承运人承认货物已经遗失，或者货物在应当到达之日起七日后仍未到达的，收货人有权向承运人行使航空货物运输合同所赋予的权利。

航空货运单（见表5.5）的一些规定如下：

① 货运单应当由托运人填写，连同货物交给承运人。承运人根据托运人的请求填写航空货运单的，在没有相反证据的情况下，应当视为代托运人填写。

② 货运单应按编号顺序使用，不得越号。

③ 货运单必须填写正确、清楚。托运人应当对货运单上所填关于货物的声明或说明的正确性负责。如填写错误涉及收货人名称、运费合计等栏的内容，而又无法在旁边书写清楚时，应当重新填制新的货运单。需要修改的内容，不得在原字上描改，而应将错误处划去，在旁边空白处书写正确的文字或数字，并在修改处加盖戳印。货运单只修改一次，如再发生填写错误，应另填制新的货运单。填错作废的货运单，应加盖"作废"的戳印，除出票人联留存外，其余各联随同销售日报送财务部门注销。

④ 每张货运单的声明价值一般不超过人民币50万元。

⑤ 货运单正本一式三份，第一份交承运人，由托运人签字或盖章；第二份交收货人，由托运人和承运人签字或盖章；第三份交托运人，由承运人接收货物后签字盖章。三份正本具有同等效力。承运人可根据需要增加副本。货运单的承运人联应当自填开货运单次日起保存两年。

表 5.5 航空货运单

始发站 Airport of Departure		目的站 Airport of Destination			不得转让 NOT NEGOTIABLE 航空货运单　　　航空公司中文名称 AIR WAYBILL　　航徽　英文名称 印发人 ISSUED BY　　　地址、邮编		
托运人姓名、地址、邮编、电话号码 Shipper's Name, Address, Postcode & Telephone No.					航空货运单一、二、三联为正本，并具有同等法律效力 Copies 1, 2and 3 of this Air Waybill are originals and Have the same validity		
收货人姓名、地址、邮编、电话号码 Consignee's Name, Address, Postcode & Telephone No.					结算注意事项及其他 Accounting Information		
					填开代理人名称 Issuing Carrier's Agent Name		
航线 Routing	到达站 To	第一承运人 By First Carrier		到达站 To	承运人 By	到达站 To	承运人 By
航班/日期 Flight/Date		航班/日期 Flight/Date		运输声明价值 Declared Value for Carriage		运输保险价值 Amount of Insurance	
储运注意事项及其他 Handing Information and Others							
件数 No.Of Pcs. 运价点 RCP	毛重（公斤） Gross Weight（KG）	运价种类 Rate Class	商品代号 Comm.Item NO.	计费重量（公斤） Chargeable Weight	费率 Rate/kg	航空运费 Weight Charge	货物品名（包括包装、尺寸或体积） Description of Goods（incl.Packaging, Dimensions or Volume）
☐ 预付 Prepaid			☐ 到付 Collect			其他费用 Other Charge	
航空运费 Weight Charge				本人郑重声明：……			
声明价值附加费 Valuation Charge							
地面运费 Surface Charge				托运人或代理人签字、盖章 Signature of Shipper or His Agent			
其他费用 Other Charge							
总额（人民币） Total（CNY）				填开日期 填开地点 填开人或代理人签字、盖章 Executed on（Date）At（Place）Signature of Issuing Carrier of Its Agent			
付款方式 Form of Payment							

5.4 航空旅客运输业务

旅客运输作为航空运输业务的重要组成部分，也是最具潜力、发展最快的部分之一，是世界各国航空公司的主要业务。

5.4.1 航空旅客分类

1. 按照年龄划分

（1）婴儿（INF）：指在旅行开始日尚未达到2周岁生日的旅客。
（2）儿童（CHD）：指在旅行开始日尚未达到12周岁生日，但已达到或超过2周岁生日的旅客。
（3）成人（ADT）：指在旅行开始日已经达到或超过12周岁生日的旅客。

上述年龄限制适用于旅行开始之日，且应用于整个航程，不必考虑婴儿或儿童旅客在旅行中超过了2周岁或12周岁等问题。

2. 按照其他标准划分

按照其他标准划分旅客身份：学生旅客（SD）、青年旅客（ZZ）、军人旅客（MM）等。

5.4.2 国内航空旅客运输合同

国内航空旅客运输合同就是国内航空运输承运人使用民用航空器将旅客从起运点运输到约定地点，旅客支付票款的合同。合同主体是指参与航空运输活动的当事人，包括承运人和旅客。

1. 国内航空旅客运输合同的订立

在航空旅客运输合同订立前，承运人或者其航空销售代理人有义务告知旅客所选航班的主要服务信息以及运输的总条件等信息。基本要求有：

① 承运人或者其航空销售代理人通过网络途径销售客票的，应当以显著方式告知购票人所选航班的主要服务信息。承运人或者其航空销售代理人通过售票处或者电话等其他方式销售客票的，应当告知购票人所选航班的主要服务信息或者获取所选航班的主要服务信息的途径。主要服务信息至少应当包括：

（a）承运人名称，包括缔约承运人和实际承运人。
（b）航班始发地、经停地、目的地的机场及其航站楼。
（c）航班号、航班日期、舱位等级、计划出港和到港时间。
（d）同时预订两个及以上航班时，应当明确是否为联程航班。
（e）该航班适用的票价以及客票使用条件，包括客票变更规则和退票规则等。
（f）该航班是否提供餐食。
（g）按照国家规定收取的税、费。
（h）该航班适用的行李运输规定，包括行李尺寸、重量、免费行李额等。

② 承运人或者其航空销售代理人通过网络途径销售客票的，应当将运输总条件的全

部内容纳入旅客购票时的必读内容，以必选项的形式确保购票人在购票环节阅知。承运人或者其航空销售代理人通过售票处或者电话等其他方式销售客票的，应当提示购票人阅读运输总条件并告知阅读运输总条件的途径。

国内航空客票是国内航空旅客运输合同订立和运输合同条件的初步证据。旅客通过订座、购票等环节即与承运人形成合同关系。此外，为满足广大旅客的出行需求，减少因部分旅客临时取消出行计划而造成航班座位虚耗，航空公司可以在容易出现座位虚耗的航班上进行适当的超售，以保证更多旅客能够搭乘理想的航班。

（1）订座：是指旅客向承运人预订座位、座位等级，承运人对旅客所预订的座位、座位等级，以及行李的重量、体积予以预留。

① 旅客乘坐国内航班，可根据有关规定向承运人的售票处或其销售代理人预订座位，旅客订座可以通过网站或采用来人、电话等方式。

② 对于旅客已经订妥的座位，承运人应在规定或预先约定的时限内予以保留。

③ 旅客应在承运人规定或预先约定的时限内购买客票，如旅客未在规定或预先约定的时限内购票，所订座位即被取消。

④ 旅客在订妥座位后，凭该订妥座位的客票乘机。

（2）购票：

① 旅客可在承运人或其销售代理人的网站、移动客户端（App）、微信小程序、售票处购票或通过承运人的服务热线购票。

② 线下购票旅客购票凭本人有效身份证件或公安机关出具的其他身份证件，并填写"旅客订座单"。每一旅客均应单独填开一本客票。线上购票旅客通过航空销售网络平台找到所需航班，填写相关个人信息并支付费用。

③ 革命伤残军人和因公致残的人民警察凭"中华人民共和国革命伤残军人证"和"中华人民共和国人民警察伤残抚恤证"，按照同一航班成人普通票价的50%购票。

④ 不满12周岁的儿童按成人普通票价的50%购买儿童票，提供座位。不满2周岁的婴儿按成人普通票价的10%购买婴儿票，不提供座位；如需单独占座位时，应购买儿童票。旅客购买儿童票、婴儿票，应提供儿童、婴儿出生年月的有效证明。

⑤ 儿童、婴儿以及革命伤残军人、因公致残的人民警察乘坐国内航班，也可以自愿选择购买航空运输企业在政府规定政策范围内确定并公布的其他种类票价，并执行相应的限制条件。

（3）超售：

① 承运人超售客票的，应当在超售前充分考虑航线、航班班次、时间、机型以及衔接航班等情况，最大程度避免旅客因超售被拒绝登机。

② 承运人应当在运输总条件中明确超售处置相关规定，至少包括下列内容：

（a）超售信息告知规定。

（b）征集自愿者程序。

（c）优先登机规则。

（d）被拒绝登机旅客赔偿标准、方式和相关服务标准。

③ 因承运人超售导致实际乘机旅客人数超过座位数时，承运人或者其地面服务代理

人应当根据征集自愿者程序，寻找自愿放弃行程的旅客。未经征集自愿者程序，不得使用优先登机规则确定被拒绝登机的旅客。

④ 在征集自愿者时，承运人或者其地面服务代理人应当与旅客协商自愿放弃行程的条件。

⑤ 承运人的优先登机规则应当符合公序良俗原则，考虑的因素至少应当包括老幼病残孕等特殊旅客的需求、后续航班衔接等。承运人或者其地面服务代理人应当在经征集自愿者程序未能寻找到足够的自愿者后，方可根据优先登机规则确定被拒绝登机的旅客。

⑥ 承运人或者其地面服务代理人应当按照超售处置规定向被拒绝登机旅客给予赔偿，并提供相关服务。

⑦ 旅客因超售自愿放弃行程或者被拒绝登机时，承运人或者其地面服务代理人应当根据旅客的要求，出具因超售而放弃行程或者被拒绝登机的证明。

2. 国内航空旅客运输合同的履行

为安全、舒适、准时地运送旅客至目的地，航空公司也即承运人应为旅客提供良好的乘车环境，履行其告知义务（前面提及的旅客乘机时间的问题），并能针对特殊问题（如客票遗失、误机、错乘、漏乘）严格按照相关管理办法及时有效地处理。同时，旅客乘机需遵守乘机的基本条件要求，由于旅客自身原因造成其损失，承运人可不承担责任；若给承运方造成损失，承运人有权要求旅客赔偿。

（1）验票和换票。

旅客使用纸质客票时，应交验有效客票，包括乘机航段的乘机联和全部未使用并保留在客票上的其他乘机联和旅客联，缺少上述任何一联，客票即为无效。国际和国内联程客票，其国内联程段的乘机联可在国内联程航段使用，不需换开成国内客票；旅客在我国境外购买的用国际客票填开的国内航空运输客票，应换开成我国国内客票后才能使用。

（2）纸质客票遗失或残损的处理。

如果旅客的客票全部或部分遗失或残损，旅客应以书面形式向承运人或其销售代理人申请挂失。旅客申请客票挂失，应出示其有效身份证件，如果旅客委托他人办理，需出示旅客本人和被委托人的有效身份证件，并提供原购票的时期、地点、原客票出票人联或其复印件、遗失地公安部门的证明以及足以证实该客票遗失的其他资料或证明。在旅客申请挂失前，客票如已被冒用或冒退，承运人不承担责任。

（3）旅客误机的处理。

① 旅客如发生误机，应到乘机机场或原购票地点办理改乘航班、退票手续。

② 旅客误机后，如要求改乘后续航班，在后续航班有空余座位的情况下，承运人应积极予以安排，并根据规定收取相应费用。

③ 旅客误机后，如要求退票，承运人可按该客票的适用条件收取退票费。

（4）旅客漏乘的处理。

① 由于旅客原因发生漏乘的，旅客要求退票，按误机的有关规定办理。

② 由于承运人原因旅客漏乘的，承运人应尽早安排旅客乘坐后续航班成行。如旅

客要求退票，始发站应退还全部票款，经停地应退还未使用航段的全部票款，均不收取退票费。

（5）旅客错乘的处理。

① 旅客错乘飞机，承运人应安排错乘旅客搭乘最早的航班飞往旅客客票上的目的地，票款不补不退。

② 由于承运人原因旅客错乘，承运人应尽早安排旅客乘坐后续航班成行。如旅客要求退票，始发站应退还全部票款，经停地应退还未使用航段的全部票款，均不收取退票费。

3. 国内航空旅客运输合同的变更和解除

因特殊情况发生，旅客和承运人都可以要求变更或者解除旅客运输合同。变更和解除运输合同的标志是客票的改签或办理退票。

（1）客票变更。

旅客购票后，要求变更客票列明的乘机日期、航班、航程、票价级别等，均属客票变更，分为自愿变更和非自愿变更两种。

旅客自愿变更客票的，承运人或者其航空销售代理人应当按照所适用的运输总条件（客票变更实施细则）、客票使用条件办理。

由于承运人原因导致旅客非自愿变更客票的，承运人或者其航空销售代理人应当在有可利用座位或者被签转承运人同意的情况下，为旅客办理改期或者签转，不得向旅客收取客票变更费。

由于非承运人原因导致旅客非自愿变更客票的，承运人或者其航空销售代理人应当按照所适用的运输总条件（客票变更实施细则）、客票使用条件办理。

（2）退票。

由于承运人或旅客原因，旅客不能在客票有效期内完成部分或全部航程，可以在客票有效期内要求退票。旅客要求退票，应凭客票未使用部分的"乘机联"和"旅客联"办理。电子客票未使用航段的乘机联客票状态应为"OPEN FOR USE"。已打印了电子客票行程单的旅客，退票时必须提供已打印的行程单。

旅客申请退票，应在原出票地点或承运人的直属售票处办理退票手续。通过官方网站、服务热线购买客票的旅客，须在原购票平台提交退票申请。旅客非自愿退票，可在原购票地、航班始发地、经停地、终止旅行地的承运人直属售票处或引起非自愿退票事件发生地的承运人售票处或授权销售代理人办理。

旅客非自愿退票的，承运人或者其航空销售代理人不得收取退票费。旅客自愿退票的，承运人或者其航空销售代理人应当按照所适用的运输总条件（客票变更实施细则）、客票使用条件办理。

特殊票价旅客的退票处理：

① 革命伤残军人和因公致残人民警察自愿变更及办理退票时，免收手续费。

② 不占座婴儿自愿变更及办理退票时，免收手续费。

③ 不同航空公司对儿童票自愿变更及退票的规定不尽相同。

【案例分析 5-4】

2016年7月10日,杜先生从北京趣拿信息技术有限公司经营的"去哪儿网"平台上购买了四张机票,分别为杜先生与其孩子杜某2016年8月3日从德国慕尼黑飞往中国白云国际机场的机票两张,9月1日从广州白云国际机场飞往德国慕尼黑的机票两张,并当日支付了全部费用。北京趣拿信息技术有限公司向杜先生出具了电子机票,杜先生的联程机票号为 10510036×××××。上述机票合同成立后,杜先生因业务需要提前回国,遂于2016年7月13日通过网络平台提出解除其2016年8月3日从德国慕尼黑飞往中国白云国际机场的单张机票合同,保留9月1日返程的机票合同,北京趣拿信息技术有限公司不同意解除。杜先生于2016年7月19日又通过"去哪儿网"花费5 121元认购了2016年7月22日从德国慕尼黑飞往中国白云国际机场的单张机票。2016年9月1日,杜先生去广州白云国际机场办理登机手续,发现其名下机票号 10510036×××××下的座位被另行出售给他人,而且该航班当班次满员,造成其无法出行。杜先生遂将北京趣拿信息技术有限公司诉至法庭。杜先生认为,机票合同是双方当事人真实的意思表示,一经成立即受法律保护,其依法享有乘坐当日当次航班的权利。北京趣拿信息技术有限公司无权擅自取消其座位。

思考分析:

法院应如何判决?

(3) 不正常航班的服务。

① 由于机务维护、航班调配、商务、机组等原因,造成航班在始发地延误或取消,承运人应当向旅客提供餐食或住宿等服务。

② 由于天气、突发事件、空中交通管制、安检以及旅客等非承运人原因,造成航班在始发地延误或取消,承运人应协助旅客安排餐食和住宿,费用可由旅客自理。

③ 航班在发生备降或经停地延误或取消,无论何种原因,承运人均应负责向经停旅客提供膳宿服务。

④ 航班延误或取消时,承运人应迅速及时将航班延误或取消等信息通知旅客,做好解释工作。

【案例分析 5-5】

2004年7月,原告谢某等乘客购买了被告东方航空公司从上海虹桥机场到内蒙古呼和浩特的MU5195航班机票,票价为1 350元。航班原定起飞时间为7月30日14:35,但直到20:07才起飞。该班机到达上海虹桥机场之前,执行的是温州—香港—温州的航班。飞机计划到达虹桥机场的时间为13:50,由于当时雷雨无法着陆,于是飞机备降浦东机场,再从浦东机场起飞,于18:00落地虹桥机场。虹桥机场值班签派员在18:17再次修改飞机起飞时间为18:30,谢某等乘客于18:15方开始登机。由于华东空中交通管制部门实施虹桥起飞经 PIKAS 点的离港航班 5 分钟间隔的流量控制，加上先前时段延误的大量航班排队等待离港，造成该机实际离港时间再次延误，于 20:07 终于从虹桥机场起飞。

航班延误期间，被告东航公司未向原告谢某等乘客提供退票或改乘其他航班的服务。在等待起飞阶段，谢某等数十名乘客集体签名，表示将通过法律途径解决航班纠纷。事后，原告谢某等乘客以被告东航公司未采取有效措施向乘客提供帮助，在延误期间未做任何告知或说明，事后也未赔礼道歉并做出补偿，应当承担违约责任为由，向法院提起诉讼，要求被告给予精神赔偿 500 元并降低机票价格 500 元予以返还等。法院于同年 12 月 1 日受理后，对此案公开开庭进行了审理。浦东法院一审判决东航赔偿每位乘客十分之一的机票款额。对此，东航提起上诉。东航辩称，航班延误是天气原因所致，而非调度不当，延误后已履行了告知义务，并提供了晚餐和饮料。

思考分析：

分析案件整个过程，各方责任应如何划分？

5.4.3　航空旅客运输流程

航空旅客运输大体流程如图 5.2 所示，图中各数字代表的具体业务流程见表 5.6。

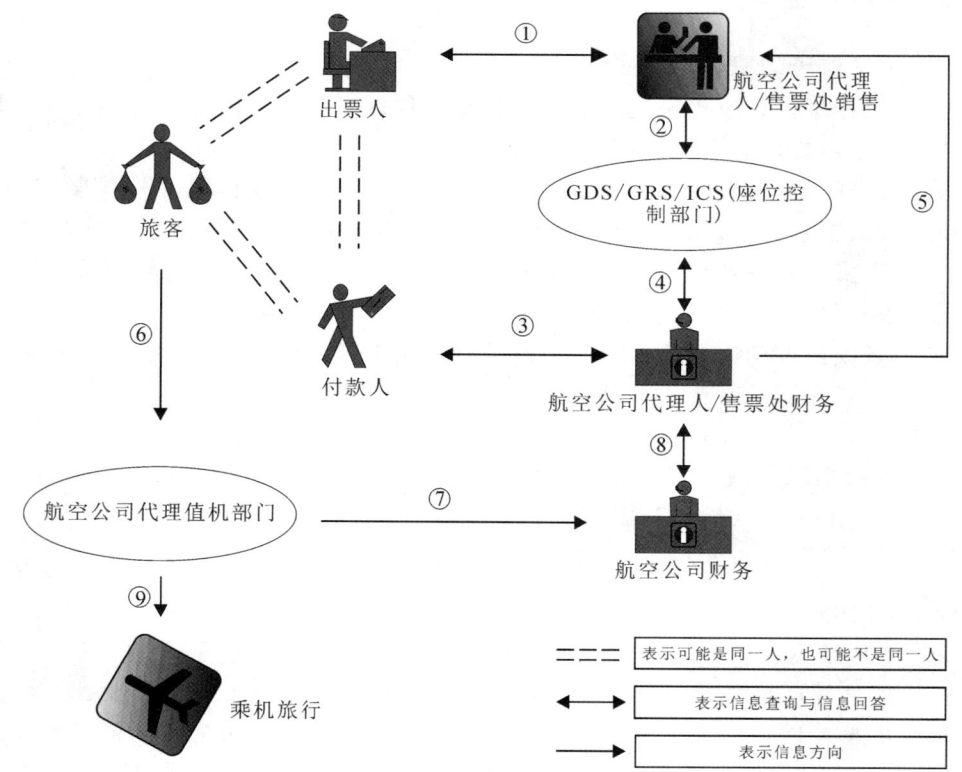

图 5.2　航空旅客运输流程简图

表 5.6 业务流程表

序号	业　务
①	出票人向航空公司代理人/售票处销售部门查询有关旅行座位信息。在销售部门完成有关业务操作（包括审查付款人已付款）后出票人可从销售部门拿到机票信息（包括有形的纸质机票上的信息或无形的电子机票上的信息）
②	航空公司代理人/售票处销售部门通过 GDS（全球分销系统）/GRS（代理人订座系统）/ICS（航空公司订座系统）查询座位信息；航空公司座位控制部门通过 GDS 系统/GRS 系统/ICS 系统控制不同级别的座位开放
③	付款人向航空公司代理人/售票处财务查询有关旅行票价信息。在财务部门完成有关业务操作后支付票款，并得到付款凭证（包括有形凭证或无形凭证的信息）
④	航空公司代理人/售票处财务部门可以通过 GDS 系统/GRS 系统/ICS 系统查询票价，航空公司票价控制人员可利用收益管理系统确定票价后在以上系统发布
⑤	航空公司代理人/售票处财务部门在得到付款人付款后通知销售部门可以出票
⑥	旅客在航空公司/代理值机部门办理值机手续，包括领取登机牌、交运行李等
⑦	航空公司/代理值机部门办理值机手续后将旅客登机信息（包括有形机票或无形电子客票信息）手工或自动传递给航空公司的财务部门
⑧	航空公司财务部门内部对来自销售部门的财务信息和来自值机部门的财务信息进行检查和配比
⑨	旅客在办理完值机手续后，再经过"三检一关"（即边防检查、卫生检疫、动植物检疫、海关）的有关检查后可以登机旅行

5.4.4 航空旅客运输票证

1. 国内客票的概念及作用

"客票"是指承运人或其授权代理人销售或认可并赋予运输权利的有效文件，是运输凭证的一种，包括纸质客票和电子客票。纸质客票指由承运人或代表承运人所填开的被称为"客票及行李票"的凭证，包括运输合同条件、声明、通知以及乘机联和旅客联等内容。电子客票是指由承运人或其授权代理人销售并赋予运输权利的以电子数据形式体现的有效运输凭证。

客票的作用包括：

（1）客票是旅客和航空公司之间签署的运输契约，是承运人和旅客订立航空运输合同条件的初步证据，是旅客乘坐飞机、托运行李的凭证。

（2）客票是航空公司之间及航空公司与代理人之间进行结算的依据。

（3）客票是旅客退票时的凭证。

（4）客票是一种有价凭证。

BSP电子客票（ET-electronic ticket）是国际航协（IATA）规定的中性电子客票的英文缩写，它是一种流程化的电子数据，是普通纸质机票的电子形式。电子票将票面信息存储在订座系统中，可以像纸票一样执行出票、作废、退票、换、改转签等操作。目前，它作为世界上最先进的客票形式，依托现代信息技术，实现无纸化、电子化的订票、结账和办理乘机手续等全过程，给旅客带来了诸多便利并为航空公司降低了成本。

2. 客票的组成

国内航空公司客票由会计联、出票人联、乘机联（一或二联）、旅客联组成。

（1）会计联：内部审核和记账。

（2）出票人联：用于业务量统计或完成销售日报。

（3）乘机联：用于旅客换发登机牌或交运行李，根据旅客航程的不同，乘机联数目有所不同。

（4）旅客联：由旅客持有，旅客在使用客票、退票和报销时必须持有旅客联。

3. 客票的分类

（1）客票根据航程不同可分为单程客票、联程客票和来回程客票。单程客票指列明一个航班的点到点的客票；联程客票指列明有两个及以上航班的客票；来回程客票指从出发地至目的地并按原航程返回原出发地的客票。

（2）客票根据使用日期不同可分为定期和不定期客票。不定期客票上没有指定乘机日期，也称OPEN票。

（3）客票根据乘机联数不同可分为一联客票、两联客票、四联客票三种。目前国内客票只印制了一联和两联客票。一联客票供只有一个航段运输使用，两联客票供两个或两个以上航段使用。

4. 客票号码

客票号码由航空公司票证代号、乘机联数、序号、检验位共计十四位数字组成。

5. 有效期

（1）客票的有效期：

① 正常票价的客票有效期自旅行开始之日起，一般一年内运输有效；如果客票全部未使用，则从填开客票之日起，一年内运输有效。

② 特种票价的客票有效期，按照承运人规定的该特种票价的有效期计算。

③ 客票有效期的计算，从旅行开始或填开客票之日的次日零时算起，至有效期满之日的次日零时为止。

（2）客票有效期的延长：

由于下列原因之一造成旅客未能在客票有效期内旅行，客票有效期将延长至承运人能够提供座位的第一个航班为止。

① 承运人未能提供旅客事先定妥的座位。

② 承运人未能合理地按照航班飞行。

③ 由于承运人原因造成旅客已经订妥座位的航班衔接错失。

④ 承运人取消航班约定经停地，而该约定经停地是旅客的出发地点、目的地点或是中途分程地点。

【案例分析 5-6】

2005 年 7 月至 8 月间，案外人吴某、何某（均已判刑）经密谋在深圳市某区以虚假的深圳市某公司的名义，与化学试剂厂商谈银粉的购销事宜，意图骗取银粉。其中，吴某充当公司采购员苏某，负责业务洽谈；何某充当公司业务员，负责接发传真。经吴某与试剂厂法定代表人陈某商谈后，2005 年 8 月 8 日，吴某将拟订的合同传真给试剂厂，约定以 2 390 元/千克的价格购银粉 120 千克，发货的同时汇款。第二天，吴某和何某又将一份伪造的汇票传真给试剂厂，并催促试剂厂发货。试剂厂将一份假的发货单传真给吴某，吴某看出发货单是假的，就打电话给陈某说要取消生意，试剂厂表示马上发货。

2005 年 8 月 10 日 16 时 19 分，试剂厂员工王某接受指派，以个人名义到机场公司办理空运银粉事宜。王某按普通货物向机场公司缴纳了航空运费 370 元，燃油附加费 26 元，合计 396 元。机场公司开出了机场航空运输服务有限公司货运、快递发票，并将其中的发票联、抵扣联、收货人联交给试剂厂。发票上注明的始发站是"长沙"，目的站是"深圳"，托运人是"王某"，收货人是试剂厂法定代表人"陈某"，提货方式为"机场自提"，货物毛重 132 千克，费率为 2.8，货物品名是"银粉"，并留下了王某和陈某的联系电话。收货人联上有"提货注意事项"，其中第 1 条明确记载"收货人凭本收货人联或其复印件和本人居民身份证或其他有效身份证件提货；委托他人提货时，凭本货运单所指定的收货人及提货人的居民身份证或其他有效身份证件提货。如承运人或其代理人要求出具单位介绍信或其他有效证明时，收货人应予提供"。办理托运手续时王某没有声明货物的价值。16 时 20 分，机场公司将该笔业务以 132 元的价格交给深圳航空公司实际承运。货物运到目的地深圳宝安国际机场后，深圳航空公司将货物交给深圳某公司代为交货。

在此期间，吴某利用试剂厂传真过来的假发货单，推测出货物运输方式和始发站，打电话给机场公司的机场发货处，冒充试剂厂工作人员说自己忘记了货单号，骗得发货处工作人员的信任，取得了涉案银粉的航班号、提货单号，并得知提货单上指定的收货人为陈某。吴某和何某立即找人伪造了陈某的身份证、驾驶证。2005 年 8 月 11 日上午 8 时许，吴某与何某前往深圳某公司提货处以伪造的陈某的身份证提取了 120 千克银粉。当日晚，由何某将银粉卖至番禺，得赃款 219 600 元。事发后，吴某、何某已被深圳市某区人民法院依法分别判处有期徒刑。经鉴定，涉案银粉价值 286 800 元，但没有追回任何赃物赃款。后试剂厂向机场公司发函要求该公司全额赔偿未果，于是诉至法院。

思考分析：

1. 航空运输中，承运人具体指代的是谁？在本案中，你认为原告、被告的身份是否合理，为什么？

2. 你认为本案的责任应如何划分？

5.5 热点连线

一、航空超售

为满足旅客的出行需求，减少因部分旅客临时取消出行计划而造成航班座位虚耗，航空公司一般会在容易出现座位虚耗的航班上进行适当的超售，以保证更多旅客能够搭乘理想的航班。这种做法对旅客和航空公司都有益，也是也是国际航空界的通行做法。

【热点案例 5-1】

2017年4月9日，美国联合航空一班由芝加哥飞往路易斯威尔的航班在起飞前一刻机上广播说，航班超售4席，需要有4名乘客下飞机，原因是他们忘记给原本要搭乘本航班的4名美联航的员工留座。他们抛出一个补偿方案，谁愿意下机将得到400美元补偿、一晚免费酒店和免费改签。没有乘客响应，毕竟下一个航班要等到第二天下午3点。美联航加码将补偿金额提高到800美元，可还是没有人响应。因为必须腾出4个座位，一名美联航的地面经理来到飞机上说，如果没人主动下机，他们将根据票价高低、乘客年龄、是否是航空公司会员，挑选出4位乘客离开飞机。挑选出的第一对情侣经过协商后同意下机，选择的第三名乘客拒绝离开座位，他说自己是一名医生，明天早上有一名病患的预约。美联航的地面经理没有理睬他的理由，要求他立即离开，否则将请保安将他带走。这名男子非常气愤，并要给自己的律师打电话，而此时两名保安已经登上飞机，将他强行拖走，还造成他面部受伤流血。

思考分析：
1. 美联航空公司的做法是否合理？
2. 根据此案例，请说说你认为航空公司超售应该注意哪些问题？

二、航空公司"霸王条款"

为了推动航空运输业的发展，航空公司可以自行设置本公司的运输票价和运输总条件。但是近来常出现航空公司的运输条款引起争议的情况，如收取高额退票费等。

【热点案例 5-2】

2021年3月3日12时左右，纪女士在同程旅行平台上订购了一张国航CA1428航班3月9日从成都飞往天津的经济舱机票，并通过微信支付平台支付机票款项820元。同日18时，因其出差被取消而需退订机票，故查看同程公司平台仅退其127元，将收取693元退票费。3月4日，纪女士拨打国航公司咨询热线95583进行投诉，被告知国航公司收取机票 9 折退票费系国航公司内部规定。双方对于退票费金额未能达成一致，纪春玲当日未提交退票。2021 年 3 月 8 日，纪春玲发起退票，收到退款 127 元，其中包含 50 元机场建设费。

注：国航公司在其官网公布的《国内客票运价规则》（20200623 版）中经济舱退票手续费收费标准在航班起飞前 14 天至 4 小时时段为 90%，《国内客票运价规则》（20210401 版）中经济舱退票手续费收费标准在航班起飞前 14 天至 48 小时时段为 60%，航班起飞前 48 小时至 4 小时时段为 90%。中国南方航空股份有限公司的《国内运输旅客票价使用条件总则》（2020 年 10 月 25 日）最低舱位等级的退票费在起飞前 168 小时至 48 小时时段为 40%，48 小时至 4 小时时段为 70%；中国东方航空股份有限公司的《国内客票使用条件》（2019 年 10 月 27 日开始执行）中最低舱位等级的退票费在起飞前早于 7 天为 40%，7 天至 48 小时时段为 60%，48 小时至 4 小时时段为 90%；四川航空股份有限公司在其官网公布的《川航国内散客运输公布运价使用条件》（2020 年 11 月 28 日开始执行）中最低舱位等级的退票费在起飞前早于 7 天为 20%，168 小时至 4 小时时段为 40%，48 小时至 4 小时时段为 70%。

思考分析：

1. 在此案例中，你认为国航收取的高额退票费是否合理？
2. 请列举航空公司过去存在或现在仍存在的"霸王条款"，若是过去存在的霸王条款，请说说航空公司是如何改进的。

本章小结

航空运输的运输时间短，在长途旅客运输和高附加值货物运输中发挥了重要作用。我国民用航空局和各航空公司对航空运输各流程有明确的规定。为阐述航空运输的规定，本章介绍了航空运输的基本概念、特点、种类和国内外航空运输的基本内容，包括航线的要素、分类等；阐述了航空货物（旅客）的相关运输条件和航空货物（旅客）运输合同的订立、履行、变更及解除规定；总结了航空货物（旅客）运输的基本流程；说明了航空货物运输单证和客票等相关内容；根据实际案例探讨了航空运输的热点问题。

复习与思考

1. 简述航空运输的特点。
2. 简述航空旅客运输乘机条件。
3. 旅客购票的票价规定是什么？
4. 因承运人超售导致实际乘机旅客人数超过座位数时，承运人在确定被拒绝登机的旅客时应遵循怎样的规定？
5. 简述航空货物运输的种类与运输的基本条件。
6. 简述国内与国际航空货物运输合同的异同点。
7. 简述航空货物运输的流程。

8. 航空货物运输单证有哪几种？能否当作领货凭证？为什么？
9. 简述航空旅客运输的流程。
10. 简述航空客票的分类。
11. 国内航空客票的组成是什么？

参考文献

[1] 徐月芳，石丽娜. 航空客货运输[M]. 北京：国防工业出版社. 2004.
[2] 中华人民共和国民用航空局. 2020年民航行业发展统计公报[R]. 2020.
[3] 李晓津，孔令宇，张晓民. 航旅客运输学[M]. 北京：兵器工业出版社. 2005.
[4] 戴彤焱，孙学琴，姜华. 运输组织学[M]. 北京：机械工业出版社. 2006.
[5] 公共航空运输旅客服务管理规定[R]. 中华人民共和国交通运输部令（2021年第3号）.
[6] 中国民用航空货物国内运输规则[R]. 中国民用航空总局令（第50号）.
[7] 全国人民代表大会常务委员会. 中华人民共和国民用航空法[R]. 2021.
[8] http：//www.iata.org/
[9] http：//www.cwqlawyer.com/
[10] http：//news.carnoc.com/
[11] http：//www.hicourt.gov.cn/
[12] https：//wenshu.court.gov.cn

6 水路运输

水路运输方式作为一种应用广泛、历史悠久的运输方式，在现代综合运输系统中发挥着重要作用。随着公路、铁路、航空运输的发展，水路运输在旅客运输中的重要性降低，以为游客提供观光旅游服务为主。由于运量大、运价低，水路运输仍是内河和沿海港口城市货物运输的重要方式，海上货物运输更是在国际货物运输中起着无可替代的重要作用。

为了加强水路旅客运输和货物运输的管理，保障水路运输各参与方当事人的合法权益，维护水路客货运输市场秩序，对国内和海上货物、旅客运输的运输条件，以及国内和海上客货运输合同的订立、履行、变更和解除明确了规定。

6.1 水路运输概论

水路运输，是铁路、公路、水路、航空和管道等现代五种运输方式中兴起最早、历史最长的运输方式之一。它最早产生于人类的原始社会，将人类从运输货物时的手提手搬、肩挑背扛和头顶等方式中解放出来，形成借助于其他运输工具来实现人或货物位移的运输，从而就有了最原始的航线，这就是人类运输史上的第一次革命。水路运输在其发展过程中，与其他运输方式相互促进、相互影响，随着人类对河流和海洋认识的加深、新航道的开辟、人工运河的开凿、造船技术的进步、运输设备的改善，使得水路运输技术快速发展。

6.1.1 水路运输特点

水路运输（也叫船舶运输）是以船舶为主要运输工具、以港口或港站为运输基地、以水域（海洋、河流、湖泊等）为运输活动范围的一种客货运输方式。水路运输主要承担大数量、长距离的运输，是干线运输中起主力作用的运输形式。其技术经济特征是载重量大、成本低、投资省，但灵活性小，连续性也差。所以水路运输较适于担负大宗、低值、笨重和各种散装货物的中长距离运输，其中特别是海运，更适于承担各种外贸货物的进出口运输。水路运输的基础设施包括有船舶、港口和航道。

水路运输的主要特点有：

（1）运输量大。随着造船技术的日益发展和精益求精，船舶向着大型化发展。巨型客轮已经达到 8 万吨，巨型油轮超过 50 万吨，就是一般的杂货轮也多在五六万吨以上，远超出其他几种运输方式的单位运量。

（2）运输成本低。水路运输的航道多为天然形成或为一些廉价开凿的人工运河，港口一般多为政府建设，不像公路或铁路那样需要大量投资建设公路或铁路的线路和场站；船舶运载量大，使用时间长，运输里程长，与其他运输方式相比，水运单位运输成本较低。

（3）速度低。商船体积大，水流阻力高，风力影响大，因此速度较低，一般航速在10~20节（1节＝1海里/小时＝1.852公里/小时）之间，如要提高航速，燃料消耗会大大增加。

（4）受自然条件的限制与影响大。受海洋与河流的地理分布及其地质、地貌、水文与气象等条件和因素的明显制约与影响。如有些内河航道和海港由于冬季结冰而只能停航，有些内河航道的走向往往与运输的经济要求不一致，有些内河航道水位洪枯变化大，影响了航运利益发挥的连续性。

（5）开发利用涉及面较广。天然河流涉及通航、灌溉、防洪排涝、水力发电、水产养殖以及生产与生活用水的来源等；海岸线与海湾涉及建港、农业围垦、海产养殖、临海工业和海洋捕捞等。

（6）对综合运输的依赖性较大。河流与海洋的地理分布有相当大的局限性，水运航线无法在广大陆地上任意延伸，故水运的充分开发利用，要与铁路、公路和管道等运输方式配合，并实行联运。

6.1.2 水路运输分类

水路运输有多种分类方法，以下是几种比较常用的分类方法：

（1）按贸易种类，水路运输可分为外贸运输和内贸运输。

外贸运输是指本国同其他国家和地区之间的贸易运输。

内贸运输是指本国内部各地区之间的贸易运输。

（2）按航行区域，水路运输一般主要分为内河运输和国际海上运输（也称国际海洋运输，简称海上运输或国际海运，本书统一采用海上运输这种说法），这也是最常用的一种分类方法。海上运输根据运输活动范围又可细分为远洋运输和沿海运输。

内河运输是指用船舶和其他水运工具，在国内的江、河、湖泊、水库等天然或人工水道运送货物和旅客的一种运输方式。

海上运输是指以船舶为运输工具，以海洋为运输通道，将货物或旅客从一国的港口运输至另一国的港口的运输方式。

远洋运输是指以船舶为运输工具，跨越海洋将货物或旅客从一国的港口运输至另一国的港口的运输方式。

沿海运输是指在沿海的各国港口之间，利用船舶等运输工具，将货物或旅客从一国的港口运输至另一国的港口的运输方式。

（3）按运输对象，水路运输可分为旅客运输和货物运输。

旅客运输有单一客运（包括旅游）和客货兼运之分。

货物运输按货类分有散货运输和杂货运输两类，前者是指无包装的大宗货物如石油、煤炭、矿砂等的运输（有时散货运输是专指干散货如煤炭、矿砂等的运输）；后者是指批量小、件数多或较零星的货物运输。

（4）按运输工具，水路运输可分为船舶运输和排筏运输（包括木排和竹排）。

（5）按船舶营运组织形式，水路运输可分为定期船运输和不定期船运输。

定期船运输是选配适合具体营运条件的船舶，在规定航线上，定期停靠若干固定港口的运输；

不定期船运输是指船舶的运行没有固定的航线，而是按照运输任务或按租船合同所组织的运输。

定期船运输和不定期船运输两种营运组织形式是相辅相成的。

6.1.3 我国水路运输发展现状

我国水运资源十分丰富，位居世界第一。我国东部毗邻渤海、黄海、东海、南海，大陆有 1.8 万公里的海岸线；岛屿 5 000 多个，有 1.4 万公里的岛屿岸线；在漫长的海岸线上，分布有众多的海湾、海峡和河口。我国有 5 万多条河流，多呈东西走向，南北走向的为少。其中航运发达的有通称"三江两河"的内河水系——长江、珠江、黑龙江、京杭运河、淮河。我国湖泊分布甚广，大小湖泊 900 多个。

在如此丰富的水运资源支撑以及现在的航运技术促进下，我国现代水路运输经过多年的发展，取得了长足的进步。其特点是沿海港口和远洋运输发展较快，内河运输发展较缓慢。截至 2020 年年底，全国内河航道通航里程 12.77 万公里，等级航道里程 6.73 万公里，三级及以上航道里程 1.44 万公里；拥有内河运输船舶 11.5 万艘、净载重量 13 673.02 万吨、载客量 60.07 万客位、集装箱箱位 51.31 万 TEU；内河港口生产用码头泊位 16 681 个、内河港口万吨级及以上泊位 454 个。

在水路客运方面，主要由内河客运、沿海客运和远洋客运组成。水路客运量从 1978 年的 23 042 万人增长至 2019 年的 27 267 万人，总体呈增长趋势，但增长速度缓慢。2020 年，水路客运量仅为 14 987 万人，仅占各种运输方式总客运量的 1.56%，而铁路、公路、民航客运量分别占各种运输方式总客运量的 22.80%、71.32%、4.32%，所以水路运输在客运方面处于明显的弱势。

水路货运由海洋运输和内河运输组成，海洋运输在实际运输工作中分为远洋运输和沿海运输，主要承担外贸进出口货物运输。除远洋运输因具有其他运输方式所不可替代的作用而稳步发展外，沿海及内河水运都发展较为缓慢，除了煤炭等大宗货物运输外，在件杂货及农副产品等时效要求较高的物资运输上，与其他方式相比已无优势可言。

值得一提的是货运方面，集装箱货物运输是一种先进的现代化运输方式，是件杂货运输的发展方向，是现代交通运输现代化的产物和重要标志，是运输领域的重要变革。我国集装箱运输从 20 世纪 50 年代开始起步，水运部门在 1956 年、1960 年和 1972 年三次借用铁路集装箱短期试运。我国集装箱运输发展很快，截至 2020 年年底，全国港口货物吞吐量到达 145.50 亿吨，港口集装箱吞吐量达到 2.64 亿 TEU，建成了一批集装箱专用深水泊位，培养了一批集装箱运输经营管理队伍，集装箱运输迅猛发展。

6.1.4 内河运输及国内主要航道

内河运输简称"河运"，是水路运输的一个重要组成部分，是使用船舶和其他水运工具，在国内的江、河、湖泊、水库等天然或人工水道运送货物和旅客的一种运输方式。它具有运量大、成本低、耗能少、投资省、少占或不占农田等优点，但其受自然条件限制较大，速度较慢，连续性差。内河运输是连接内陆腹地和沿海地区的纽带，对一个国家的国民经济和工业布局起着重要作用。

世界发达国家内河运输一般都很发达，世界几条著名的通航河流如密西西比河、莱茵河、伏尔加河、多瑙河即分别代表了美国、西欧、俄罗斯（欧洲部分）和东欧等国家及地区内河航运所达到的水平。我国也有着丰富的内河航运资源，有 5 000 多条大小河流和众多湖泊，拥有着发展内河运输的优良的自然条件。截至 2020 年年底，内河航道达到 12.77 万千米，约为新中国成立时的 2.7 万千米的 4.7 倍，中国当前已基本形成一个具有相当规模的内河航运水运体系。

我国的主要内河航运资源分布如下：

（1）长江水系。长江是我国通航的最大河流，整个水系有通航支流 3 500 多条，航道里程约 64 736 千米，占全国内河航道总里程的 50.7%。长江干线从宜宾至长江口全长 2 813 千米，分为上、中、下游三段，四川省宜宾市和湖北省宜昌市之间为上游，宜昌至江西省湖口之间为中游，湖口至长江口之间为下游。2005 年，长江干线货运量达 7.95 亿吨，超过欧洲的莱茵河和美国的密西西比河，成为世界上运量最大、航运最繁忙的通航河流。2006 年，长江干线货运量增至 9.9 亿吨，2007 年高达 11.23 亿吨，是密西西比河货运量的 2 倍和莱茵河货运量的 3 倍，2015 年长江干线货运量增至 21.8 亿吨，2018 年长江干线年货物通过量达到 26.9 亿吨，2020 年货物通过量突破 30 亿吨。南京以下可通航 5 万吨级海轮、武汉以下可通航 5 000 吨级船舶、重庆以下可通航 3 000 吨级船舶、宜宾以下可通航 2 000 吨级船舶。

（2）珠江水系。珠江为我国仅次于长江的第二大通航河流。2020 年，珠江水系通航里程达到 16 775 公里，其中三级及以上航道里程达到 2 620 公里；珠江水系四省（自治区）完成水路货运量 13.8 亿吨、珠江水系港口完成货物吞吐量 18.2 亿吨，其中，珠江水系内河货运量 8.6 亿吨、珠江水系内河港口货物吞吐量 7.3 亿吨；"十三五"期间，建成了西江界首至肇庆 3 000 吨级航道、西伶通道 3 000 吨级航道、磨刀门水道出海航道和贵港航运枢纽二线船闸。

（3）京杭运河。京杭运河是我国广阔疆域上唯一的一条南北走向的河流，通航里程为 1 438 公里，经北京、天津两市及河北、山东、江苏、浙江四省，由北向南纵向贯通海河、黄河、淮河、长江、钱塘江五大水系，京杭大运河是我国仅次于长江的第二条"黄金水道"。

（4）黑龙江水系。黑龙江水系由黑龙江、松花江、嫩江、乌苏里江、石勒喀河等组成，黑龙江是主流。黑龙江通航里程 8 211 公里，每年封冻期长约 180～200 天。

6.1.5 海上运输及世界主要航道

海上运输简称"海运"，是指使用船舶或其他水运工具通过海上航道运送货物和旅客的一种运输方式。海上运输的发展取决于航海国生产力发展水平、经济基础、科学技术成就。现代海上运输是19世纪资本主义发展、运输工具改进的基础上发展起来的。由于地球表面水面积约占地球表面积的71%，目前国际贸易总量中2/3的货物运输是利用海上运输完成的，从而使海上运输成为国际贸易中最重要的运输方式。

世界上公认的主要的海运航线，有如下几条：

（1）太平洋航线。

① 远东—北美西海岸航线：该航线包括从中国、朝鲜、日本、俄罗斯远东海港到加拿大、美国、墨西哥等北美西海岸各港的贸易运输线。

② 远东—加勒比、北美东海岸航线：该航线常经夏威夷群岛南北至巴拿马运河后到达。

③ 远东—南美西海岸航线：从我国北方沿海各港出发的船只多经琉球庵美大岛、硫磺列岛、威克岛、夏威夷群岛之南的莱恩群岛穿越赤道进入南太平洋，至南美西海岸各港。

④ 远东—东南亚航线：该航线是中、朝、日货船去东南亚各港，以及经过马六甲海峡去印度洋，大西洋沿岸各港的主要航线。

⑤ 远东—澳大利亚、新西兰航线：东至澳大利亚东南海岸分两条航线，中国北方能够沿海港口经朝、日到澳大利亚东海岸和新西兰港口的船只，需走琉球久米岛，加罗林群岛的雅浦岛进入所罗门海、珊瑚湖；中澳之间的集装箱船需在香港加载或转船后经南海、苏拉威西海、班达海、阿拉弗拉海，后经托雷斯海峡进入珊瑚海。

⑥ 澳新—北美东西海岸航线：有澳新至北美海岸多经苏瓦、火奴鲁鲁等太平洋重要航站。

（2）大西洋航线。

① 西北欧—北美东海岸航线：该航线是西欧，北美两个世界工业发达地区之间的原燃料和产品交换的运输线，两岸拥有世界1/5的重要港口，运输极为繁忙。

② 西北欧、北美东海岸—加勒比航线：该航线是多半出英吉利海峡后横渡北大西洋。

③ 西北欧、北美东海岸—地中海、苏伊士运河—亚太航线：该航线属世界上最繁忙的航线，它是北美、西北欧与亚太海湾地区间贸易往来的捷径。

④ 西北欧、地中海—南美东海岸航线：该航线一般经西非大西洋岛屿——加纳利、佛得角群岛上的航站。

⑤ 西北欧、北美东海—好望角、远东航线：该航线一般是巨型油轮的油航线。

⑥ 南美东海—好望角—远东航线：这是一条以石油、矿石为主的运输线。

（3）印度洋航线。

① 波斯湾—好望角—西欧、北美航线：该航线主要由超级油船经营，是世界上最主要的海上石油运输线。

② 波斯湾—东南亚—日本航线：该航线东经马六甲海峡或者龙目、望加锡海峡至日本。

③ 波斯湾—苏伊士运河—地中海—西欧、北美运输线：该航线目前可通行载重30万吨级超级油轮。

（4）世界集装箱航海运干线。

① 远东—北美航线。

② 北美—欧洲、地中海航线。

③ 欧洲、地中海—远东航线。

④ 远东—澳大利亚航线。
⑤ 澳新—北美航线。
⑥ 欧洲、地中海—西非、南非航线。

6.2 水路运输的基本条件

水路运输从运输对象的性质上可分为旅客运输和货物运输两种，目前水路运输以货物运输为主，本节将主要针对水路货物运输的基本条件进行探讨。

6.2.1 水路货物运输的基本条件

1. 水路运输货物分类

运输实践中所涉及的货物，种类繁多，形态和性质各异，对运输、装卸及保管的要求也各不相同。货物的种类可以从不同的角度进行分类，其中主要的分类方法有以下几种：

（1）按形态分类：

件杂货：包括包装货物、裸装货物、成组装货物和集装箱货物。

散装货：包括干制散装货和液体散装货，散装货在交接时按一批货物有多少吨来计。

（2）按货物的性质分类：

普通杂货：包括清洁杂货、液体杂货、粗劣货物。

特殊货物：危险货物、易腐性冷藏货物、贵重货物、活的动植物、长大笨重货物和邮件货物。

（3）按装载场所分类：

甲板货：装载在船舶露天甲板上的货物。

舱内货：装载在船舱内的货物。

舱底货：装载在船舱内底部的货物。

衬垫货：装载于舱内可用作衬垫的货物。

填空货：可用作填补舱内空位的小件货物。

2. 水路货物运输办理条件

（1）国内水路货物运输办理条件。

① 需要包装的货物在办理运输前需由托运人按规定进行包装，并制作货物的运输标志和指示标志。

② 对于需要凭证才能运输的货物，托运人还需向承运人提供有关证件。

③ 需要押运的货物，托运人需派人押运。

（2）海上货物运输办理条件。

海上运输对货物包装和运输凭证的规定与国内水路货物运输相同。此外，托运人在办理海上货物运输时还需及时向港口、海关、检疫、检验和其他主管机关办理货物运输所需要的各项手续，并将已办理各项手续的单证送交承运人；托运危险货物时，托运人应当依照有关海上危险货物运输的规定,妥善包装,做出危险品标志和标签,并将其正式名称和性质以及应当采取的预防危害措施书面通知承运人。

(3)水路货物运输的船舶开航条件。

水路货物运输的船舶开航条件,是为了保证货物运输安全和质量而确定的,这些条件通常包括船舶适航条件和货舱适货条件及货舱的通风管理条件,船舶航行中的摇摆对货物的影响,港口作业及保管货物的条件。具体说来,主要有以下三个条件:

① 船舶适航条件:船舶抵御风险的能力,船体的设计、性能、构造、状态方面能抵御合同约定中航次中通常出现的或者合理预见的风险;船舶应配备船员,主要体现在船员的数量和胜任职责两方面;船舶还要装备船舶和配备供应品,船舶在各方面都应准备完善。

② 船舶货舱适货条件:应使货舱、冷藏舱、冷气舱和其他载货处适于并能安全收受、载运和保管货物;为了适应大多数货种的装载,货船应具备清洁、干燥、无异味、无虫害和结构紧密等条件,不同状态、性质的货物的具体要求也不相同;为确保货舱具备装载条件,必要时船方应向公正性检验部门申请验舱,并获得船舱符合装载条件的证书。

③ 保证货运质量的条件:保证库场、船舱机器设备符合所装货物的要求;正确选配货位和堆装货物,其中包括正确隔离忌装货、正确配置货物、正确地进行货物装卸作业和运输中做好管货工作。

6.2.2 水路旅客乘船条件

1. 国内水路旅客乘船条件及违反规定的处理

2014年1月16日起施行的《水路旅客运输规则》(下文的《水路旅客运输规则》均为该规则,该规则于2014年3月1日废止。)对国内水路旅客乘船条件及违反乘船条件的处理有明确的规定。

国内水路旅客乘船一般条件规定如下:

(1)旅客应按所持船票指定的船名、航次、日期和席位乘船。重病人或精神病患者,应有人护送。

(2)购票时,部分旅客可享受优待服务。自2020年6月10日起,满足以下优待条件的旅客可以购买半价票:

① 对年龄超过6周岁但不超过14周岁或者身高超过1.2米但不超过1.5米的未成年人,可购买半价票。对有成年人陪伴的年龄不超过6周岁或者身高不超过1.2米,且不占用座(铺)位的未成年人免费并出具免费票(1周岁以下未成年人不计入乘客定额);如未成年人需要单独占用座(铺)位的,应购买半价票。每位成年旅客可带两名持免费票的未成年人,超过两名未成年人时,应按超过人数购买半价票。

② 残疾军人、因公致残的人民警察和残疾消防救援人员,凭其有效证件可购半价票。

③ 对寒假和暑假期间乘坐往返于学校和家庭居住地之间水路旅客班轮运输船舶,且在教育主管部门批准有学历教育资格的学校就读的学生,凭其有效证件可购买往返半价票各一次。

（3）旅客漏船，如能赶到另一中途港乘上原船，而原等级席位又未售出时，可乘坐原等级席位，否则，逐级降等乘坐，票价差额款不退。

如违反乘船条件，则处理如下：

（1）无票乘船人在船上主动要求补票，承运人应向其补收自乘船港（不能证实时，自客船始发港）至到达港的全部票价款，并核收补票手续费。

（2）在途中，承运人查出无票或持用失效船票或伪造、涂改船票者，除向乘船人补收自乘船港（不能证实时，自客船始发港）至到达港的全部票价款外，应另加收相同区段最低等级票价的100%的票款，并核收补票手续费。

（3）在到达港，承运人查出无票或持用失效船票或伪造、涂改船票者，应向乘船人补收自客船始发港至到达港最低等级票价的400%的票款，并核收补票手续费。

（4）在乘船港，承运人查出应购买全价票而购买半价票的儿童，应另售给全价票，原半价票给予退票，免收退票费。

（5）在途中或到达港，承运人查出儿童未按规定购买船票的，应按下列规定处理：

① 应购半价票而未购票的，补收半价票款，并核收补票手续费。

② 应购全价票而购半价票的，补收全价票与半价票的票价差额款，并核收补票手续费。

③ 应购全价票而未购票的，按无票处理。

（6）在途中或到达港，承运人查出持用优待票乘船的旅客不符合优待条件时，应向旅客补收自乘船港至到达港的全部票价款，并核收补票手续费。原船票作废。

（7）对超程乘船的旅客（误乘者除外），承运人应向旅客补收超程区段最低等级票价的200%的票款，并核收补票手续费。

《水路旅客运输规则》对旅客乘船条件和违反乘船条件的规定十分详细，而为了适应水路运输的市场运营，《水路旅客运输规则》被废止了，旅客乘船仅需遵守相应航运公司的规定。目前不同航运公司对水路旅客乘船条件的一般规定为：

（1）一名成人旅客携带的免票儿童应在承运人的规定范围内，超过规定的人数时，应按超过的人数购买儿童票。

（2）每一名乘客可以免费携带总重量20千克（免费儿童减半），总体积0.3立方米的行李。每一件自带行李，重量不得超过20千克，体积不得超过0.2立方米，长度不得超过1.5米（杆形物品2米），超过免费规定的应购买行李票。

（3）旅客不得携带《国内水路运输旅客禁止携带和禁止托运物品目录》《国内水路运输旅客限制携带和限制托运物品目录》规定的物品或国家规定的危险物品。

航运公司无针对旅客违反乘船条件的明确规定。

2. 海上旅客乘船条件及违反乘船条件的处理

海上旅客也应持有效客票乘船。旅客无票乘船、越级乘船或者超程乘船时，应当按照规定补足票款，承运人可以按照规定加收票款；拒不交付的，船长有权在适当地点令其离船，且承运人有权向其追偿。

6.3 水路货物运输业务

国际贸易中海上货物运输按照船舶的经营方式主要分为：班轮运输和租船运输两种。本节将以这两种运输方式为基础，分别重点介绍了水路货物运输业务的相关知识，并详细阐明水路货物运输业务中合同订立、履行、变更和解除的具体要求。

6.3.1 班轮货物运输业务

6.3.1.1 班轮运输特点

班轮运输又称定期船运输，是指船舶在固定的航线上和港口间按照公布的船期表进行的有规律反复地航行、按照事先公布的费率收取运费的运输业务的一种船舶营运方式。它的服务对象是非特定的、分散的众多货主。

班轮货物运输在其业务内容与形式上有着明显的特点，主要有以下四点：

（1）"四固定"的特点，即固定开航日期、固定航线和港口、固定的运价费率、固定的责任。

（2）班轮运输的批量多，货量少，其运价与租船运输方式相比相对较高。

（3）班轮公司是公共承运人，货主多，班轮运输的服务对象是众多的货主。

（4）班轮运输中船货双方不规定货物的装卸时间，也不计算滞期速遣费。

班轮运输由于其运输业务的特点，它的主要作用体现在以下四点：

（1）特别有利于一般的杂货和小额贸易货物运输。在国际贸易中，除大宗商品利用租船运输外，零星成交、批次多、到港分散的货物，只要班轮有航班和舱位，不论数量多少，也不论直达或转船，班轮公司一般愿意接受承运。

（2）有利于国际贸易的发展。班轮运输的"四固定"特点，为买卖双方洽谈运输条件提供必要依据，使买卖双方有可能根据班轮船期表，商定交货期、装运期以及装运港口，并且根据班轮费率事先核算运费和附加费用，从而能比较准确地计算比价和核算货物价格。

（3）提供较好的运输质量。班轮运输公司所追求的目标是，保证船期，吸引货载。班轮公司派出的船舶一般技术性能好，设备较全，质量较好，船员技术水平也较高。此外在班轮停靠的港口，一般都有自己专用的码头、仓库和装卸设备，有良好的管理制度，所以货运质量比较有保证。

（4）手续简便，方便货主。班轮承运人一般采取码头仓库交接货物的做法，并负责办理货物的装卸作业和全部费用。通常班轮承运人还负责货物的转口工作，并定期公布船期表，为货主提供方便。

6.3.1.2 班轮运输运价

班轮货物运输过程中会产生各种成本费用开支，班轮公司为了补偿成本并获取合理利润，向托运人收取一定的费用，这种费用叫作班轮运费，其单位价格叫作运价。班轮运价按照班轮运价表的规定计算，为垄断性价格。不同的班轮公司有不同的班轮运价表，但都是按照各种商品的不同积载系数、不同性质和不同价值结合不同的航线加以确定的。

  班轮运价由基本费率和多种附加费用组成。基本费率即班轮航线内基本港之间对每种货物规定的必须收取的费率，包括各航线等级费率、从价费率、冷藏费率、活畜费率、议价费率等。附加费是对一些需要特殊处理的货物或由于客观情况的变化等使运输费用大幅度增加，班轮公司为弥补损失而额外加收的费用。附加费用有很多种，常见的有超重附加费、超长附加费、燃油附加费、港口附加费、港口拥挤附加费、货币贬值附加费、绕航附加费、转船附加费、直航附加费、选港附加费、洗舱附加费、变更卸货港附加费、旺季附加费、超额责任附加费等。

  班轮运价表又称为运价本或费率本，它不仅包括商品、单位费率、计费标准、收费的币种、计算运费和附加费的方法，还包括适用范围、基本港口、港口规则、船货双方的权利义务，以及直航、转船、回运、选择或变更卸货港口的方法等内容。它的分类方法主要有两种：

  ① 按照运价制订者不同分为：班轮公会运价表、班轮公司运价表、货方运价表、双边运价表。

  ② 按照运价制定形式不同分为：等级费率运价表、单项费率运价表。

6.3.1.3 班轮货运单证

  班轮货物运输是海洋货物运输中一种多环节、各生产环节先后有序、紧密衔接的生产过程，出于安全、效率和管理的需要考虑，为使运输中各个作业环节能够承前启后、井然有序地不间断运行，并能清晰地界定相邻环节货物交接的责任，多年来已形成了多种货运单证。货运单证既是航运中各个相关的业务部门间联系某项业务或通知某些事项而缮制的单证，也是各个作业环节证明货物交接并区分交接责任的证据，同时还是海关等监管部门对进出口船舶和货物进行监督管理的单证。

  现在国际上通用的以及我国航行于国际航线船舶所使用的主要单证可以大致分为装船单证、卸货单证、交付单证三类，具体各个类别单证详述如下。

1. 装船单证

（1）托运单。

  托运单是指由托运人根据买卖合同和信用证的有关内容向承运人或其代理人办理货物运输申请的书面凭证。承运人或其代理人对该单的签认，即表示已接受这一托运申请，承运人与托运人之间对货物运输的合同关系即告建立。在班轮运输的情况下，托运人只要以口头形式或通过函电向船公司或其代理人预定舱位，船公司对这种预约表示承诺，运输关系即告建立，并不需要什么特定形式。

  托运单格式见表 6.1。

表 6.1 海运出口托运单

SHIPPING LETTER OF INSTRUCTION

托运人
Shipper _____

编号　　　　　　　　　　　　　　　船名
No _____ S/S _____

目的港
For _____

标记及号码 Marks & Nos	件数 Quantity	货名 Description of Goods	重量公斤 Weight Kilos	
			净 Net	毛 Gross
		运费付款方式 Method of Freight Payment		
共计件数（大写） Total Number of Packages in Writing				
运费计算 Freight		尺码 Measurement		
备注 Remarks				
抬头 ORDER OF		可否转船 Whether transshipment allowed		可否分批 Whether partial shipment allowed
通知 Notice		装期 Period of shipment	效期 Period of validity	提单张数 No. of B/L
收货人 Receiver		银行编号 Bank No.		信用证号 L/C No.

（2）装货单。

装货单俗称下货纸，是由托运人按照托运单的内容填制，交船公司或其代理人审核并签章后，据以要求船长将货物装船的承运凭证。

在托运人凭船公司或其代理人签章后的装货单要求船长将货物装船之前，还必须先到海关办理货物装船出口的报关手续，经海关查验后在装货单上加盖海关放行图章，表示该票货物已允许装船出口，才能要求船长将货物装船，故此时的装货单习惯上称为"关单"。船长或大副只能依据"关单"接受货物装船承运。由此可见，在船公司或其代理和海关签章的装货单，既是托运人办妥货物托运和出口手续的证明，又是船公司下达给船长接受货物承运装船的命令。

装货单格式见表 6.2。

表 6.2 装货单
SHIPPING ORDER

托运人
Shipper_____

编号   船名
No._____   S/S_____

目的港
For_____

兹将下列完好状况之货物装船后希签署收货单
Receive on board the under mentioned goods apparent in good order and condition and sign the accompanying receipt for the same.

标记及号码 Maks & Nos.	件数 Quantity	货名 Description of goods	重量公斤 Weight Kilos	
			净重 Net	毛重 Gross
共计件数（大写） The Number of Packing in Writing				

日期   时间
Date_____   Time_____

装入何舱
Stowed_____

实收
Received_____

理货员签名   经办人
Tallied by_____   Approved by_____

（3）收货单。

收货单又称大副收据，是指某一票货物装上船舶后，由船上大副代表船方签署给托运人的作为证明船方已收到该票货物并已装上船的凭证。托运取得了大副签署的收货单后，即可凭以向船公司或其代理人换取正本已装船提单。

在传统的班轮运输中，船公司对货物承运责任是在货物装船时开始的。因此在货物装船时，大副必须认真核对装船货物的实际情况是否与装货单上记载的情况相符合，货物的外表状况是否良好，有无标识不清、水渍、油渍或污渍情况，数量（件数）是否短缺，货物损坏情况与程度，以及应急修理的事实等。如有上述情况发生，大副要在签署收货单时应将货物的实际状况明确、具体、如实地记载在收货单上。这种在收货单上标注的货物的外表状况不良或缺损情况的说明就是"批注"，习惯上称为"大副批注"。收货单有了大幅的批注，这张收货单便称为"不清洁收货单"，反之称为"清洁收货单"。

收货单格式见表6.3。

表6.3 收货单
MATE'S RECEIPT

船名　　　　　　　　　　　　航次　　　　　　　目的港
Vessel Name _____ Voy. _____ For _____

托运人
Shipper _____

受货人
Consignee _____

通知
Notify _____

下列完好状况之货物业已收妥无损
Received on board the following goods apparent in good order and condition:

标记及号码 Maks & Nos.	件数 Quantity	货名 Description of goods	重量公斤 Weight Kilos	
			净重 Net	毛重 Gross

共计件数（大写）
The Number of Packing in Writing:

日期　　　　　　　　　　　　时间
Date _____ Time _____

装入何舱
Stowed _____

实收
Received _____

理货员签名　　　　　　　　　　大副
Tallied by _____ Chief Officer _____

（4）提单。

提单是船公司或其代理人签发给托运人，证明货物已经装上船舶并保证在目的港凭以交付货物且可以转让的证券。提单是班轮运输中一种非常重要的单证，它既有规定船公司作为承运人的权利、义务、责任和免责的运输合同的作用，又是表明承运人收到货物的货物收据，也是提单持有人转让货物所有权或凭以提取货物的物权凭证。

提单可以按照不同的分类方法分为很多种。

① 按照收货人抬头分：

a. 记名提单：是指提单正面收货人一栏内载明特定的人或者公司的提单。记名提单的承运人在目的港应向该特定的人或者公司交付货物，并且该提单一般不能流通转让。

b. 指示提单：是指提单收货人一栏内载明"由某人指示"或者"凭指示"字样的提单。前者称为记名指示，通常载明由托运人指示或者银行指示，承运人应按记名的指示人的指示交付货物。后者称为不记名指示，视为由托运人指示。需要背书才能转让（记名、空白背书）。

c. 不记名提单：是指提单正面收货人一栏内，不载明具体的收货人或者"由某人指示"或凭指示。不需背书就可转让。

② 按货物是否已装船分：

a. 已装船提单：是指在货物装船后签发的提单。注有船名，装船日期，正面载有"……上述货物已装于上列船上……"

b. 收货待运提单：是指承运人、船长或者承运人的代理人在接收货物后，但在装船之前，因托运人的要求签发的提单。

③ 按提单有无不良批注分：

a. 清洁提单：是指没有任何表明货物和包装的外表状态不良的批注的提单，表明货物的外表状态良好。

b. 不清洁提单：是指具有表明货物或包装的外表不良批注的提单，如"内装货物外露""包破""锈蚀""污损"等。

④ 按运输方式分：

a. 直达提单：是指货物从装货港装船，中途不经转船，直达运至目的港卸船交予收货人的提单。

b. 转船提单：是指起运港装载货物的船舶不直接驶往目的港，需要在中途港口换装其他船舶转运至目的港的提单。

c. 联运提单：是指货物运输需经联运完成、过去是为海上联运而签发的提单，现在发展为多式联运提单。

提单的形式见表6.4。

（5）装货清单。

装货清单是船公司或其代理人根据装货单留底联，将全船待装货物分卸货港按货物性质归类，依挂靠港顺序排列编制装货单的汇总单。装货清单是船舶大副编制船舶积载图的主要依据，又是供现场理货人进行理货、港方安排驳运、进出库以及掌握托运人备货及货物集中情况等的业务单据。

（6）载货清单。

载货清单又称舱单，是一份按卸货港顺序逐票列明全船实际载运货物的明细表。它是在货物装船完毕后，邮船公司的代理人根据大副收据或提单编制的，编妥后再送交船长签认。载货清单是国际通用的一份十分重要的单证，它是海关对出口或进口船舶所载货物出或进国境实施监督管理的单证，也可以作为船舶载运所列货物的证明，是随船单证之一。

表 6.4 海运提单（样本）

1. SHIPPER （托运人） 一般为出口商		B/L NO.	
2. CONSIGNEE （收货人）"order" 或 "order of shipper" 或 "order of ×××Bank"		××远洋运输公司	
3. NOTIFY PARTY （通知人）通常为进口方或其代理人			
4. PR-CARRIAGE BY （前程运输）填 feeder ship 名即驳船名	5. PLACE OF RECEIPT （收货地）填 Huangpu		
6. OCEAN VESSEL VOY. NO. （船名及航次）填大船名	7. PORT OF LOADING （装货港）填 HKG	ORIGINAL Combined Transport Bill of Lading	
8. PORT OF DISCHARGE （卸货港） 填 LAX	9. PLACE OF DELIVERY （交货地）若大船公司负责至 NYC 则填 NYC；若负责至 LAX 则填 LAX	10. FINAL DESTINATION FOR THE MERCHANT'S REFERENCE（目的地）仅当该 B/L 被用作全程转运时才填此栏（填 NYC）	
11. MARKS （唛头）	12. NOS. & KINDS OF PKGS （包装种类和数量）	13. DESCRIPTION OF GOODS （货物名称）	14. G.W. (kg) （毛重）	15. MEAS(m³) （体积）
16. TOTAL NUMBER OF CONTAINERS OR PACKAGES(IN WORDS)　（总件数）				
17. FREIGHT & CHARGES(运费) PREPAID(运费预付)或 COLLECT (运费到付)	REVENUE TONS （运费吨）	RATE （运费率）	PER （计费单位）	PREPAID （运费预付）	COLLECT （运费到付）
PREPAID AT （预付地点）	PAYABLE AT （到付地点）	18. PLACE AND DATE OF ISSUE （出单地点和时间） 一般与装船日一致			
TOTAL PREPAID （预付总金额）	19. NUMBER OF ORIGINAL B(S)L （正本提单的份数）一般为 3 份	22. SIGNED FOR THE CARRIER （承运人签章） ××远洋运输公司 ×× OCEAN SHIPPING CO. ×××			
20. DATE （装船日期）	21. LOADING ON BOARD THE VESSEL BY （船名）				

（7）载货运费清单。

载货运费清单简称运费清单或运费舱单，是船公司在装货港的代理人按卸货港及提单顺序号逐票列明的所载货物应收运费的明细表。它是船舶代理人向船公司结算代收运费明细情况的单证，是船公司营运业务的主要资料之一。该单也可以直接寄往卸货港船公司的代理人处供收取到付运费或处理有关业务之用。由于载货运费清单上包括了载货清单上所应记载的内容，故也可以代理载货清单作为船舶出口、进口报关及在卸货港安排卸货应急之用，还可以作为查对全船有关航次装载货物情况之用。当前不少国家港口为了简化制单工作，常将"载货清单"和"载货运费清单"两单合并使用。

（8）危险货物清单。

危险货物清单是专门列出船舶所载运全部危险货物的明细表。该单是为了确保船舶、货物、港口及装卸、运输的安全而要求制定，以提醒有关部门及人员在装卸作业和运输保管中特别注意。危险货物清单不仅是船舶、货物进出口报关和船舶配积载所必需的单证，也是向装货或卸货港的海关部门申报、申请监装或监卸所必需的单证，更是载运危险货物的船舶在指定地点和泊位进行装卸作业前，船港双方据以按照危险货物的性能和要求，认真做好准备工作所必需的单证。

（9）货物积载图。

货物积载图是以图示的形式来表示货物在船舱内的装载情况，使每一票货物都能形象、具体地显示其在船舱内的位置。该单可分为计划积载图和实际积载图。实际积载图不仅是船方运送、保管货物的必备资料，也是卸货港安排卸货作业和现场理货的重要依据。

（10）剩余舱位报告。

为了使船舱位得到充分使用，在各挂靠港口装船完毕后，船上看舱人员应实地测量舱位的利用及剩余情况。之后，船长应将计算得出的各货舱的剩余舱位电告船公司在下一挂靠港口设置的分支机构或揽货机构或货船公司的代理人，使其能够做好补充货载的揽货及装船准备。

2. 卸货单证

（1）货物残损单。

货物残损单是在卸货过程中发现受损货物时使用的，作为卸货交接证明的单证。货物残损单是理货组长汇总全船的现场记录编制而成的，而现场记录则是记载进出口货物原残、混装及货物装卸作业过程中出现的各种现场情况的原始记录。在卸货过程中，用现场记录对随时发现的货物残损或可能形成的残损情况的随时记录、随时签认，既可以及时地解决对货损情况认识的分歧，避免待卸货完毕最后一起签认产生争执，也保证了货物残损单的正确无误。

（2）货物溢短单。

货物溢短单是我国港口在卸货过程中发现货物多于（溢余）或少于载货清单所记载的数量时使用的，作为卸货交接证明和区分交接责任的单证。货物溢短单是理货组长在全船卸货完毕时，按每单货物汇总该票货物的全部理货计数单，得出该票货物的实际卸货数量，逐票与载货清单核对无误后，以理货计数单位原始记录编制而成。货物残损单和货物溢短单都是日后收货人向船公司提出损害赔偿要求的证明材料之一，也是船公司处理收货人索赔要求的原始资料和依据之一，但是必须经船方的签认才有效。

3. 交付单证

提货单收货人及其代理人据以向现场（码头、仓库或船边）提取货物的凭证。提货单的性质与提单完全不同，它只不过是船公司或其代理人指令码头仓库或装卸公司向收货人交付货物的凭证而已，不具备流通及其他作用。

提货单的格式见表6.5。

表 6.5 提货单
DELIVERY ORDER

船名		航次		起运港	
提单号		交付条款		目的港	
卸货地点		入库时间		货物到港状态	抵港日期
托运人					
收货人					
通知人					
标记及号码	件数		货名	毛重量（kg）	尺码(m³)
请核对放货。 中海运输集团公司 年 月 日					
凡属法定检验、检疫的进口商品，必须向有关监督机关申报。					
海关章			收货人章		

4. 班轮货运流程

班轮货物运输流程（见图 6.1）的具体内容：

（1）托运人根据贸易合同或信用证编制出口货运代理委托书，委托代理公司（货代）办理货物出口事宜。

（2）货代向船务代理公司（船代）递交托运单，提出货物装运申请。船代根据托运单的内容，考虑船舶航线、挂靠港、船期和舱位等条件，认为合适后，将装货联单交货代填制。船代审核无误，在装货联单上注明船名、目的港及顺次编号，签章后将底联留下，其余各联还给货代。

（3）船代根据装货单留底联，编制装货清单和出口载货清单送交载货船舶。船方根据装货清单和出口载货清单编制货物积载图送交船代。

（4）船代将出口载货清单送交海关办理船舶出口报关手续。

（5）船代同时将货物积载图、装货清单和出口载货清单送交理货公司。

（6）船代同时将货物积载图送交港口作业区。

（7）港口作业区根据货物积载图做出货物进仓计划并通知货代。

（8）对于法定检验检疫的商品，货代应在规定的时限和地点向检验检疫机构报检，经检验检疫合格后，由检验检疫机构签发出境货物通关单凭以报关。

（9）货代根据港方通知安排货物进仓，并从港区得到缴纳出口货物港杂费申请书后，连同装货单、收货单及出口货物报关单、发票、装箱单、出口收汇核销单、出口货物退税单、出境货物通关单等有关单证一并送交海关办理报关手续。海关验收后，在装货单上加盖海关放行章，并将装货单、收货单和缴纳出口货物港杂费申请书退还。

（10）货代将装货单、收货单和缴纳出口货物港杂费申请书送交理货公司，便于理货人员在装船现场开展理货工作。

（11）理货公司根据货代送交的上述三种单证以及船代送交的货物积载图、装货清单和出口货物清单载货清单编制装船计划，并缴纳出口货物港杂费申请书，向仓库管理员要求房贷。

（12）仓库管理员根据理货公司提交的缴纳出口货物港杂费申请书发货后，将该申请书交港口作业区作为托运人收取出口货物港杂费的依据。

（13）理货人员在装船时船边理货，货物装船后，理货人员将装货单和收货单一并送交船方。

（14）船方将装货单收存作为随船货运资料，并根据装船时货物的实际情况签发收货单退还货代方。

（15）对于以CIF贸易条件成交的商品，托运人应及时向保险公司办理货物保险；而对于以CFR、FOB贸易条件成交的商品，托运人应及时通知进口方货已装船，以使其尽快办理货物保险。

（16）货代凭船方签发的收货单，向船代换取已装船的正本提单。

（17）理货公司在装船完毕后，根据货物的实际装载情况制作实际出口载货清单送交船代。

（18）船代将实际出口载货清单和所签发的提单核对无误后，留存出口载货清单，并根据提单副本打印出口载货运费清单送船方作为随船货运资料，送沿途各港及目的港代理凭此收取到付运费或办理船舶进口报关手续。

（19）托运人凭船代签发的已装船正本提单，连同信用证规定的其他有关单证，到议付银行办理结汇。

（20）议付银行核对无误后，将贸易贷款垫付给托运人，同时将提单及有关单证寄付款银行。

（21）付款银行收到单证，经核对无误后，付款给议付银行，并通知收货人付款赎单。

（22）船舶到港后，理货人员在斜传时船边理货，并发现货损货差，应编制货物残损单或货物溢短单，并取得船长或大幅的签认。

（23）收货人从卸货港船代处获得有关船舶到港信息后，编制进口货运代理委托书，并将正本提单及报关单证交货代，委托货代办理货物进口事宜。

（24）货代凭正本提单到船代换取提货单。

（25）收货人对于法定检验检疫的商品，应在规定的时限和地点，向检验检疫机构报检。凭检验检疫机构签发的入境货物通关单和提货单等报关单证到海关办理货物进口报关手续，经海关检验征税后放行。

（26）货代凭加盖海关放行章的提货单到港口作业区提货交收货人。

（27）提货时，若发现货损货差等情况，可向检验检疫机构申请公证检验，作为日后提起索赔的一项依据。

（28）对于货损货差，收货人既可以直接向承运人提出索赔，也可以凭保险单等有关单证向保险人索取保险赔款。

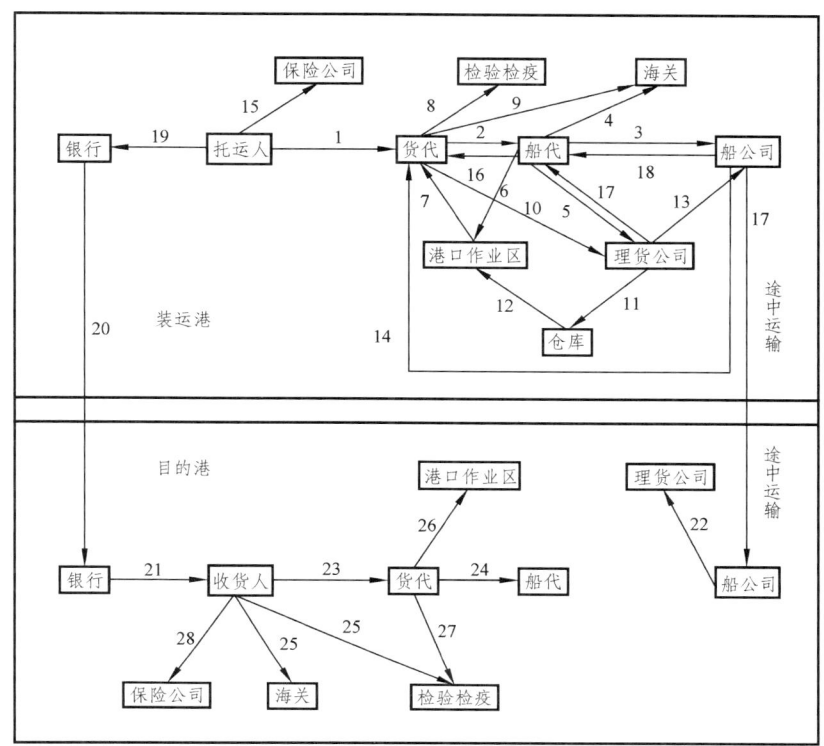

图 6.1 班轮货物运输流程图

6.3.2 租船货物运输业务

1. 租船运输的概念与特点

租船运输又称为不定期船运输。与班轮运输不同的是，租船运输没有固定的航线、港口、船期和运价。租船运输是指根据双方协商的条件，船舶所有人船东将船舶的全部或一部分出租给租船人使用，以完成特定的货物运输任务，租船人按预定的运价或租金支付运费的商业行为。

从最终的形式上讲，班轮运输和租船运输都是为了货物运输而采取的营运方式，但是区别于班轮运输。租船运输具有以下几个特点：

（1）没有既定的船期表，也没有固定的航线和装卸港口。它是根据租船人的需要和船东的可能，由双方洽商租船运输条件，并以租船合同形式加以肯定，作为双方权利与义务的依据。

（2）没有固定运价。租船运输运价受到租船市场的供求关系影响，船多货少时运价低，反之则高。

（3）特别适合于大宗散货整船运输。这类货物的特点是批量大、价格低廉、不需要或需要比较简单的包装。

（4）船舶营运中相关费用及其风险由谁负责或担负，视租船的合同类别及合同条款而定。

6 水路运输 145

租船运输由于其运输业务的独有特点，主要作用体现在以下四点：

（1）租船运输一般是通过租船市场，由船、租双方根据自己的需要选择适当的船舶，满足不同的需要，为开展国际贸易提供便利。

（2）国际的大宗货物主要是租船运输，由于运量大、单位运输成本较低。租船运价是竞争运价，所以租船运输一般比班轮运输运价低，有利于低值大宗货物的运输。

（3）只要是船舶能安全出入的港口，租船都可以进行直达运输。

（4）一方面，当贸易增加、船位不足，而造船、买船又难以应急时，租船运输可起到弥补需要的作用。另一方面，如一时舱位有余，为避免停船损失，可借租船揽货或转租。

2．租船运输种类

租船运输的基本运营方式包括航次租船、定期租船和光船租船。以下将分别予以说明。

（1）航次租船。

航次租船又称航程租船、程租船，是出租人租出、承租人租进整艘船舶或部分船舱，在约定的港口之间运送约定的货物，进行一个航次或数个航次的租船方式。它的特点主要体现在以下几点：

① 出租人负责配备船长、船员，担负船长、船员工资、航行补贴、伙食费等。

② 出租人负责营运安排和调度工作，并担负船舶的燃料费、修理费、港口费用、淡水费、物料费、船舶折旧费、维修费、船舶保险费等营运费用。

③ 按照装载货物的数量或船舶吨位的总和以及合同约定的运价计算运费。

④ 合同中需明确有关装卸货物的费用由出租人还是承租人负担。

⑤ 需定明可用于装卸的时间、计算方法并规定速遣费、滞期费的计算标准。

航次租船分为很多形式，它主要包括单航次租船、往返航次租船、连续单航次租船和连续往返航次租船四种。

（2）定期租船。

定期租船又称期租船，是出租人把船舶出租给承租人使用一定时期，并由承租人支付租金的租船方式。承租人可以将租来的船舶用于班轮运输，还可以将船舶转租出去，另做其他用途，但应符合合同约定的用途。它的特点有如下几点：

① 由船舶出租人负责提供一艘船舶，并负责配备船长、船员，同时担负船长的工资、航行补贴、伙食费用等。

② 承租人负责船舶的调度安排及营运工作，除了船舶修理费、物料费、润滑油费、船舶折旧费、船舶保险费等由船舶出租人负担外，其他有关营运费用，如燃料费、港口费用均由承租人负担。

③ 租金率按船舶装载能力、租期长短以及航运市场价格等多方面因素，由出租人和承租人在合同中明确约定。

④ 合同中需订明淡水费的负担，因为通常锅炉用水的费用由承租人承担，而船长、船员的生活用水由出租人负担。

⑤ 合同中常订有关于交、还船的规定。

（3）光船租船。

光船租船又称船壳租船、光租、光船租赁，是指船舶出租人提供一艘不包括船员在内的空船给承租人使用一定时期，并由承租人支付租金的一种租船方式。这种租船运输的方式的特点有如下几点：

① 出租人只提供一艘空船。

② 承租人负责配备船员、任命船长，并担负船长、船员的工资、奖金、补贴及伙食费等。

③ 承租人负责船舶调度和营运安排，并担负船舶保险费以外的一切营运费用。

④ 合同中通常订明光船租赁前存在的船舶担保物权及光船租赁期内产生的船舶担保物权的问题。

⑤ 合同中需订明超出一定数额的设备或一起变更的费用如何分担。

（4）包运租船。

包运租船是指出租人向承租人提供一定的运力，在约定的港口之间，按约定的时间、航次周期，每航次以较均等的运量完成全部货运量的租船方式。以包运租船方式签订的租船合同称为包运租船合同，又称运量合同。包运租船主要有以下几个特点：

① 运量合同中只规定船舶的等级、船龄、技术规范。不对船舶的船名及国籍有明确规定。

② 包运租船有约定的期限和约定的港口。

③ 承运的货物主要是大量的干散货或液体散装货物。

④ 运费按照运输货物的实际数量和约定的运费率计算。

（5）航次期租。

航次期租又称日租船，是一种以完成一个航次运输为目的，但租金按完成航次所使用的日数和约定的租金率计算的租船方式。航次期租具有以下几个特点：

① 租期的计算以传播完成的本航次任务为基础。

② 航次期租收取的不是运费，而是租金，租金按船舶的使用时间和租金率计算

3．租船运输合同

租船运输合同，又称为租约，是承租人以一定的条件向出租人租用一定的船舶或舱位，以运输货物或旅客，就相互间的权利、义务做出明确规定的合同。一般认为，租船合同包括航次租船合同、定期租船合同、光船租船合同、包运租船合同、航次期租合同。

（1）航次租船合同，是指船舶出租人向承租人提供船舶或者船舶的部分舱位，装运约定的货物，从一港运至另一港，由承租人支付约定运费的合同。

（2）定期租船合同，是指船舶出租人向承租人提供约定的由出租人配备船员的船舶，由承租人在约定的期间按照约定的用途使用，并支付租金的合同。

（3）光船租船合同，是指船舶出租人向承租人提供不配备船员的船舶，在约定的期间内由承租人占有、使用和营运，并向出租人支付租金的合同。

（4）包运租船合同，是指船舶出租人向承租人提供一定的运力，在约定的时间内将约定的货物从一港运送至另一港，由承租人支付运费的合同。

（5）航次期租合同，是指船舶所有人向承租人提供约定的由出租人配备船员的船舶，由承租人在约定的航次条件下，按照约定的用途使用，并支付租金的合同。

4. 租船运输市场

租船市场又称海运交易市场，是需要船舶的承租人和提供船舶运力的出租人协商、洽谈租船业务，订立有关的租船合同的场所，通常设在世界范围内货主和船舶所有人汇集、外贸和运输繁荣发达的地方。世界范围内主要的租船市场有伦敦市场、纽约市场、汉堡市场、鹿特丹市场、奥斯陆市场、东京市场和香港市场。租船市场的主要作用主要有以下四点：

① 专门为船舶所有人和承租人提供各种租船业务的机会，他们无须亲自谈判，只要通过租船经纪人接触、协商和办理租船事宜并最终签约。

② 租船市场能使出租人和承租人快速有效地成交业务。

③ 调节全球航运市场。因为整个世界的货物贸易量要与船舶运力协调，世界上各个地区的船货供求又不平衡，因此通过租船市场的"微调"作用，使整个市场达到平衡状态。

④ 为船东和承租人提供大量的租船市场的信息资料，如通过航运报纸杂志、市场报告等方式发布行情动态及发展趋势。

6.3.3 国内水路货物运输合同

水路运输按照航行的区域分类可分为内河运输和海上运输，在此基础上，可将水路货物运输合同分为国内水路货物运输合同和海上货物运输合同。

国内水路货物运输合同是指国内沿海港口之间、沿海与内河港口之间，以及内河港口之间由承运人收取运费，负责将托运人托运的货物经水路由一港运至另一港的合同（本节所说的水路货物运输合同均指国内水路货物运输合同）。

1. 国内水路货物运输合同的订立

除短途驳运、摆渡零星货物，双方当事人可以即时清结者外，水路货物运输合同应当采用书面的形式。大宗物资运输，可按月签订货物运输合同。对其他按规定必须提送月度托运计划的货物，经托运人和承运人协商同意，可以按月签订货物运输合同或以货物运单作为运输合同。零星货物运输和计划外的整批货物运输，以货物运单作为运输合同。

按月度签订的货物运输合同，经双方在合同上签认后，合同即告成立。如承、托运双方当事人无须商定特约事项的，可以用月度托运计划表代替运输合同，经双方在计划表上签认后，合同即告成立。在实际办理货物承托运手续时，托运人还应向承运人按批提出货物运单，作为运输合同的组成部分。按月度签订的货物运输合同应具备下列基本内容：

① 货物名称。

② 托运人和收货人名称。

③ 起运港和到达港，海江河联运货物应载明换装港。

④ 货物重量，按体积计费的货物应载明体积。

⑤ 违约责任。

⑥ 特约条款。

以货物运单作为运输合同的，经承、托运双方商定货物的集中时间、地点，由双方认真验收、交接，并经承运人在托运人提出的货物运单上加盖承运日期戳后，合同即告成立。货物运单的格式，江海干线和跨省运输的由交通运输部统一规定；省（自治区、直辖市）内运输的由省（自治区、直辖市）交通主管部门统一规定。货物运单应具备下列内容：

① 货物名称。
② 重量、件数，按体积计费的货物应载明体积。
③ 包装。
④ 运输标志。
⑤ 起运港和到达港，海江河联运货物应载明换装港。
⑥ 托运人、收货人名称及其详细地址。
⑦ 运费、港口费和有关的其他费用及其结算方式。
⑧ 承运日期和运到期限（规定期限或商定期限）。
⑨ 货物价值。
⑩ 双方商定的其他事项。

2. 国内水路货物运输合同的履行

（1）托运人的履行。

托运人进行货物的托运时，除向承运人支付合同约定的运输费用外，必须保证托运的货物与货物运单上的内容一致，并在货物运单上准确填写货物的重量与体积，对于长大笨重货物，除重量和体积外，还需说明货物的长、宽、高。

托运人可选择对货物进行保价运输，实行保价运输的个人生活用品，应提出货物清单，逐项声明价格，并按声明价格支付规定的保价费；国家规定必须保险的货物，托运人应在托运时投保货物运输险。

（2）承运人的履行。

承运人应按商定的时间和地点调派适航、适载条件的船舶装运，并备妥相应的护货垫隔物料。

承运人应按照规定的航线运输货物，组织好安全、及时运输，保证运到期限，货物到达后，由到达港发出到货通知，并将货物交付给指定的收货人。

在运输过程中，承运人应按照规定对货物的配积载、运输、装卸、驳运、保管、交接工作进行处理。

对经由其他运输工具集中到港的散装运输、不计件数的货物，具备计量手段的，承运人应对托运人确定的重量进行抽查或复查；不具备计量手段的，应在保证质量的前提下，负责原来、原转、原交。对按体积计收运输费用的货物，承运人应对托运人确定的体积进行抽查或复查，准确计费；对扫集的地脚货物，应做到物归原主；对不能分清货主的地脚货物，应按无法交付货物的规定处理。

（3）收货人的履行。

收货人接到达港到货通知后，应在规定时间内办理货物交接验收手续提取货物，并支付合同约定的相关费用。由收货人自理卸船的货物，应在商定的时间内完成卸船作业，将船舱、甲板清扫干净；对装运污秽货物、有毒害性货物的，应负责洗刷、消毒，使船舱恢复正常清洁状态。

3. 国内水路货物运输合同的变更与解除

以货物运单作为运输合同的，允许按下列规定变更或解除运输合同：

（1）货物发运前，承运人或托运人征得对方同意，可以解除运输合同。承运人提出解除合同的，应退还已收的运输费用，并付给托运人已发生的货物进港短途搬运费用；托运人提出解除合同的，应付给承运人已发生的港口费用和船舶待时费用。

（2）货物发运后，承运人或托运人征得对方同意，可以变更货物的到达港和收货人。同一运单的货物不得变更其中的一部分，并只能整体变更一次。对指令性运输计划内的货物要求变更时，除必须征得对方同意外，还必须报下达该计划的主管部门核准。

（3）由于航道、船闸障碍、海损事故、自然灾害、执行政府命令或军事行动，货物不能运抵到达港时，承运人可以到就近港口卸货，并及时通知托运人或收货人提出处理意见。

（4）合同中订有特约变更条款的，应按双方商定的变更条款办理。

6.3.4 海上货物运输合同

《海商法》第 2 条规定："本法所称海上运输，是指海上货物运输和海上旅客运输，包括海江之间、江海之间的直达运输。本法第四章海上货物运输合同的规定，不适用于中华人民共和国港口之间的海上货物运输。"《海商法》第 41 条规定："海上货物运输合同，是指承运人收取运费，负责将托运人托运的货物经海路由一港运至另一港的合同。"

1. 海上货物运输合同的订立

海上货物运输合同是指承运人收取运费，负责将托运人托运的货物经海路由一港运至另一港的合同。海上货物运输合同有多种形式，承运人或者托运人可以要求书面确认海上货物运输合同的成立，但是航次租船合同应当书面订立。电报、电传和传真具有书面效力。

提单是海上货物运输合同成立的证明，是用以证明海上货物运输合同和货物已经由承运人接收或者装船，以及承运人保证据以交付货物的单证。提单中载明的向记名人交付货物，或者按照指示人的指示交付货物，或者向提单持有人交付货物的条款，构成承运人据以交付货物的保证。货物由承运人接收或者装船后，应托运人的要求，承运人应当签发提单。可以由承运人授权的人签发，提单由载货船舶的船长签发的，视为代表承运人签发。提单的内容应该包含下列事项：

① 货物的品名、标志、包数或者件数、重量或者体积，以及运输危险货物时对危险性质的说明。

② 承运人的名称和主营业所。

③ 船舶名称。

④ 托运人和收货人的名称。

⑤ 装货港和在装货港接收货物的日期。

⑥ 卸货港。

⑦ 多式联运提单增列接收货物地点和交付货物地点。
⑧ 提单的签发日期、地点和份数。
⑨ 运费的支付。
⑩ 承运人或者其代表的签字。

2. 海上货物运输合同的履行

（1）托运人的履行。

与国内水路货物运输合同的履行相比，海上货物运输合同履行的托运人同样需要按规定对货物进行包装并制作相关标志（若托运的是危险货物，还需将其正式名称和性质以及应当采取的预防危害措施书面通知承运人）、保证货物与货物运单上的内容一致、交付托运的相关手续文件及单证给承运人、支付运费。由托运人的原因造成承运人遭受损失或船舶遭受损坏，托运人需对其进行赔偿。

（2）承运人的履行。

承运人在船舶开航前和开航当时，应当谨慎处理，使船舶处于适航状态，妥善配备船员、装备船舶和配备供应品，并使货舱、冷藏舱、冷气舱和其他载货处所适于并能安全收受、载运和保管货物。

承运人应妥善、谨慎地装载、搬移、积载、运输、保管、照料和卸载所运货物。承运人对装运货物的责任期间，因承运人的过失导致货物发生灭失或毁坏，应负赔偿责任，也应按照约定的或者习惯的或者地理上的航线将货物运往卸货港。承运人在舱面上装载货物，应当同托运人达成协议，或者符合航运惯例，或者符合有关法律、行政法规的规定。

由于承运人的过失致使货物迟延交付而使货物灭失或者损坏的，承运人应当负赔偿责任；即使货物没有灭失或者损坏但导致遭受经济损失，承运人仍然应当负赔偿责任。因运输活动物的固有的特殊风险造成活动物灭失或者损害的除外。

货物的灭失、损坏或者迟延交付是由于承运人或者承运人的受雇人、代理人的不能免除赔偿责任的原因和其他原因共同造成的，承运人仅在其不能免除赔偿责任的范围内负赔偿责任；但是，承运人对其他原因造成的灭失、损坏或者迟延交付应当负举证责任。

承运人将货物运输或者部分运输委托给实际承运人履行的，承运人仍然应当依照本章规定对全部运输负责。对实际承运人承担的运输，承运人应当对实际承运人的行为或者实际承运人的受雇人、代理人在受雇或者受委托的范围内的行为负责。虽有前款规定，在海上运输合同中明确约定合同所包括的特定的部分运输由承运人以外的指定的实际承运人履行的，合同可以同时约定，货物在指定的实际承运人掌管期间发生的灭失、损坏或者迟延交付，承运人不负赔偿责任。

（3）收货人的履行。

收货人在目的港提取货物前，可以要求检验机构对货物状况进行检验。要求检验的一方应当支付检验费用，但是有权向造成货物损失的责任方追偿。

收货人应当向承运人支付的运费、共同海损分摊、滞期费和承运人为货物垫付的必要费用以及应当向承运人支付的其他费用没有付清，又没有提供适当担保的，承运人可以在合理的限度内留置其货物。

收货人应当持有收货凭据,并在合同规定的时间内检验和提取货物。

在卸货港无人提取货物或者收货人迟延、拒绝提取货物的,船长可以将货物卸在仓库或者其他适当场所,收货人还应承担由此产生的费用和风险。

3. 海上货物运输合同的变更和解除

(1)船舶在装货港开航前,托运人可以要求解除合同。但除另有约定外,托运人应向承运人支付一半运费;货物已经装船的,还应负担装货、卸货和其他有关的费用。

(2)船舶在装货港开船前,因不可抗力或其他不属于承运人和托运人的原因致使合同不能履行的,双方均可以解除合同,并互相不负赔偿责任。

(3)因不可抗力或者其他不属于承运人和托运人的原因致使船舶不能在合同约定的目的港卸货的,除另有约定外,船长有权将货物在目的港邻近的安全港口或者地点卸载,并及时通知托运人或者收货人,视为已经履行合同。

【案例分析6-1】

英国某航运公司所属 A 轮在上海装载甲公司托运的 10 万袋白糖时,因发现有 10%的脏包,便在收货单上做了批注,并按规定在提单上做同样批注。但甲公司为能迅速出口货物与及时结汇,请求船东接受其做出的担保,并签发清洁提单。考虑到甲公司一时难以换货,在甲公司提供保函承诺承担由此而产生的责任的情况下,A 轮签发了清洁提单。当 A 轮抵达科伦坡卸货完毕后,收货人以脏包造成其损失为由,向斯里兰卡高等法院申请扣船并提起诉讼。A 轮被迫向收货人赔偿了损失,并将上述情况及时告知甲公司,要求甲公司按保函所言赔偿 A 轮损失。甲公司拒绝赔偿 A 轮损失,A 轮诉至上海海事法院。

思考分析:

(1)提单具有哪些法律作用?

(2)甲公司向 A 轮出具的保函效力如何,是否有效?

(3)甲公司是否应赔偿 A 轮的损失,为什么?

【案例分析6-2】

2014 年 6 月,隆达公司由中国宁波港出口一批不锈钢产品至斯里兰卡科伦坡港。隆达公司通过货运代理人向马士基公司订舱,涉案货物于同年 6 月 28 日出运。2014 年 7 月 9 日,隆达公司通过货运代理人向马士基公司发邮件称,发现货物运错目的地要求改港或者退运。马士基公司于同日回复,因距货物抵达目的港不足 2 天,无法安排改港,如需退运则需与目的港确认后回复。次日,隆达公司的货运代理人询问货物是否可以原船带回。马士基公司当日回复"原船退回不具有操作性,货物在目的港卸货后,需要由现在的收货人在目的港清关后,再向当地海关申请退运。海关批准后,才可以安排退运事宜"。涉案货物于 2014 年 7 月 12 日左右到达目的港。2015 年 5 月 19 日,隆达公司向马士基公司发邮件表示已按马士基公司要求申请退运,马士基公司随后告知隆达公司涉案货物已被拍卖，隆达公司向宁波海事法院提起诉讼，请求判令马士基公司赔偿其货物损失及相应利息。

【裁判结果】

宁波海事法院一审判决驳回隆达公司的诉讼请求，隆达公司提起上诉，浙江省高级人民法院二审判决撤销一审判决，改判马士基公司赔偿隆达公司50%的货物损失及利息。马士基公司不服二审判决，向最高人民法院申请再审。

最高人民法院再审认为：依据合同法第三百零八条的规定，海上货物运输合同的托运人享有请求变更合同的权利，同时也应遵循公平原则确定各方的权利和义务。如果变更运输合同难以实现或者将严重影响承运人正常营运，承运人可以拒绝托运人改港或者退运的请求，但应当及时通知托运人不能执行的原因。涉案运输方式为国际班轮运输，货物于2014年7月12日左右到达目的港，隆达公司于7月9日要求马士基公司改港或者退运，在距离船舶到达目的港只有两三天时间的情形下，马士基公司主张由于航程等原因无法安排改港、原船退回不具有操作性，客观合理。一审判决支持马士基公司的上述主张，符合公平原则，予以维持。隆达公司明知目的港无人提货而未采取措施处理，致使货物被海关拍卖，其举证也不足以证明马士基公司未尽到谨慎管货义务，二审法院判决马士基公司承担涉案货物一半的损失，缺乏事实依据，适用法律不当，应予纠正。

【案例分析6-3】

美国纽约的高拉德兹公司和伊朗的沙尼科-利昂达公司签订一份食糖销售合同，由前者向后者出售12 000～13 000吨袋装混合精炼白糖，价格条件是CFR. Free out，装运期为1975年3～4月，装运港为印度的凯斯特拉港，卸货港为伊朗的伯思达·夏帕港。上述合同是参照"精炼糖公会"规定的基础上制订的，其中特地写道：

（1）一旦货物到达装运船船边，买方就得开始承担风险。

（2）买方一被提示载有"运费已付"字样的全套两份清洁提单，便须立即现付货款。

（3）仲裁在伦敦进行。

1975年3月20日，卖方开始食糖装船工作，4天后突发大火，致使200袋重约200.8吨的食糖遭受损害，其受害程度已排除其商业价值的可能性，于是这批受损的糖被重新卸岸，其余一万多吨食糖则在后来安全地运到目的港。

1975年4月6日，船方签发两张提单，第一张写明装运的重量为12 999.2吨，第二张写明装运的重量是200.8吨，它是以"Congen bill"的格式签发的，上面载明："重量、尺码、数量、状态、内容和价值不详。鉴于遭到了火灾或灭火用之水的损害，本船宣布了共同海损，本提单上所列之货物业已全部卸于凯斯特拉港"。这两张提单交由银行议付结汇时，买方只接受第一张提单，买方和其开户银行以第二张提单是一张不清洁提单为由拒绝接受，同时卖方的银行也拒收第二张提单。

案件的处理结果：关于本提单纠纷首先交由精炼糖公会属下的法律委员会仲裁，仲裁员们认为本提单确实是一张不清洁提单，从而做出了有利于买方、不利于卖方和船方的裁决。卖方和船方对裁决不服，于1978年11月将这一诉讼交地方法院的康纳尔顿法官处理，康纳尔顿法官认为仲裁结果是不适当的，买方应该付款，银行应该结汇。买方对法院的裁决不服，向上级法院提出上诉，上级法院的法官赞同康纳尔顿法官的判决，因此，本案就以上级法院维持地方法院康纳尔顿法官的原则而告结束，买方败诉，买方或其银行最终还得按照本提单的规定向卖方支付约200吨的糖款，而卖方银行则应向船方支付这批食糖的运费。

思考分析：

（1）指出本案例所涉及的水路运输中的基本理论。

（2）应用基本理论对本案例进行分析。

案例解析：

（1）提单是指在班轮运输中，由承运人收到托运人交运的货物或将其装船后签发的国际海上货运提单，它是国际海上货物运输中最广泛使用的一种合同形式。根据提单信用证的一般规定，提单必须是已装船提单。收货待运提单经承运人在提单正面加注"已装船"字样和装船日期并签字也可以成为装船提单。在提单正面上，承运人必须对货物的名称、数量、表面状况加以记载，承运人在提单上关于货物表面状况的描述是唯一能证明货物或其包装在装船时有缺陷的法律依据，从而在卸货时发现货物残损，承运人可以据此负责。提单内一般都印有"上列表面状况良好的货物已装船"字样，所以承运人如果确认货物表面状况良好，就不需在提单上另加批注了，这种提单就是清洁提单，反之则为不清洁提单。

（2）在国际货物买卖中，提单清洁与否与当事人有重要的利害关系：

① 买方一般不愿接受不清洁提单，因为一旦这种提单项下的货物因批注的事项在运输途中遭到天灾或损害时，买方就不能要求承运人赔偿损失。

② 银行一般也不愿接受不清洁提单，不清洁提单不能作为议付货款的依据，根据《提单信用证统一惯例》的规定，在以信用证方式付款时，除非信用证另有规定，银行将拒绝接受不清洁提单。

③ 实践中，不清洁提单很难作为物权凭证进行自由转让。

提单清洁与否完全是由承运人是否在提单上加注不良批注决定的，本案中，承运人签发的两张提单上均无不良批注，对货物表面状况的描述是"货物表面状况良好"，据此足以认定本案中承运人签发的两张提单均应是清洁提单，因此买方银行不能拒付货款，卖方也有义务向承运人支付运费，法院的裁决是公正的。

6.4 水路旅客运输业务

6.4.1 水路旅客运输分类

水路旅客运输是以旅客及其行李为运输对象、以船舶为主要运输工具、以港口或港站为运输基地、以水域（海洋、河、湖等）为运输活动范围的一种运输过程。

水路客运根据旅客运输跨及的地域，可分为国内水路旅客运输和国际海上旅客运输，国内水路旅客运输又包括内河旅客运输和沿海旅客运输。按照运输对象又可以细分为旅客运输和行李运输。

6.4.2 水路旅客运输合同

水路旅客运输合同是指承运人以适合运送旅客的船舶经水路将旅客及其自带行李从一港运送至另一港，由旅客支付票款的合同。水路旅客运输合同成立的证明是船票，它属于一种有价证券，具备旅客运输合同的各种性质。

1．国内水路旅客运输合同

（1）国内水路旅客运输合同的订立。

水路客运合同的订立是通过旅客购票实现的。旅客可以在承运人或其代理人所设的售票处或网络平台购票或通过电话购票。自 2017 年 1 月 10 日起，我国水路旅客运输开始施行实名制管理，水路旅客运输实施实名制管理的实施范围为：

① 水上运输距离 60 公里以上的省际水路旅客运输（含载货汽车滚装船运输）船舶和相关客运码头。

② 水上运输距离不足 60 公里但是客流量较大、交通安全风险高的琼州海峡省际水路旅客运输和相关客运码头。

③ 省级交通运输主管部门根据实际需要确定的①②项规定以外的范围。

实施实名售票的，购票人购票时应当提供乘船人的有效身份证件原件；通过互联网、电话等方式购票的，购票人应当提供真实准确的乘船人有效身份证件信息。

（2）国内水路旅客运输合同的履行。

① 旅客运送期间。旅客运输的运送期间自旅客登船时起，至旅客离船时止。船票票价含接送费用的，运送期间还包括承运人经水路将旅客从岸上接到船上和从船上送到岸上的期间。

② 验票。在实施实名制管理的船舶及客运码头，乘船人应当出示船票和本人有效身份证件原件，配合工作人员查验。港口经营人应当在乘船人登船前，对乘船人进行实名查验并记录有关信息。对拒不提供本人有效身份证件原件或者票、人、证不一致的，不得允许其登船。

③ 旅客遗失船票的处理。实名制购票的旅客遗失船票，经核实其身份信息后，水路旅客运输经营者或者其委托的船票销售单位应当免费为其补办船票。

④ 对危险品和违禁品的处理。承运人可以在任何时间、任何地点将旅客违章随身携带的违禁品、危险品卸下、销毁或者使之不能为害，或者送交有关部门，而不负赔偿责任。

（3）国内水路旅客运输合同的变更和解除。

国内水路旅客运输合同的变更和解除的规定经历了由繁到简的变化。《水路旅客运输规则》对国内水路旅客运输合同的变更和解除的各种情形均有明确的规定。而在《水路旅客运输规则》废止后，航运公司仅针对旅客退票做了规定。

① 退票与退包。
a. 在乘船港，旅客应在下列规定时限内退票，但应支付退票费：
- 内河航线在客船开航以前；沿海航线在客船规定开航时间 2 小时以前。
- 团体票在客船规定开航时间 24 小时以前。

b. 除另有规定外，旅客在中途港、到达港和船上不能退票。
c. 包房、包舱、包船的包用人应在下列规定的时限内要求退包，但应支付退包费：
- 包房、包舱退包，在客船规定开航时间 24 小时以前。
- 包船退包，在客船计划开航时间 24 小时以前。

d. 下列原因造成的退票或退包，承运人不得向旅客收取退票费或退包费：
- 不可抗力。
- 承运人或其代理人的责任。

e. 在春运等客运繁忙季节，承运人可以暂停办理退票。

② 中途离船。

旅客可以中途离船，但一般情况下不能退票。旅客因病或临产必须在中途下船的，由承运人填写客运记录，交旅客至下船港办理退票手续，将旅客所持船票票价与旅客已乘区段票价的差额退还旅客，并向旅客核收退票费。患病或临产旅客的护送人，也可按此规定办理。

③ 延程乘船与超程乘船。

a. 旅客在旅行途中要求延程时，承运人应向旅客补收从原到达港至新到达港的票价款，并核收补票手续费。客船满员时，不予延程。

b. 对超程乘船的旅客（误乘者除外），承运人应向旅客补收超程区段最低等级票价的 200%的票款，并核收补票手续费。

④ 升级乘船与降级乘船。

a. 旅客在船上要求升换舱位等级时，承运人应向旅客补收升换区段所升等级同原等级票价的差额款，并核收补票手续费。

b. 持低等级半价票的儿童可与持高等级船票的成人共用一个铺位。如持低等级船票的成人与持高等级半价票的儿童共用一个铺位，由承运人对成人补收高等级与低等级票价的差额款，并核收补票手续费，儿童的半价票差额款不退，且不另供铺位。

c. 由于承运人或其代理人的责任使旅客升等级乘船时，承运人不应向旅客收取票价差额款。

d. 在乘船港，由于承运人或其代理人的责任使旅客降等级乘船时，承运人应将旅客的原船票收回，另换新票，退还票价差额款，免收退票费。在途中，由于承运人或其代理人的责任使旅客降等级乘船时，承运人应填写客运记录，交旅客至到达港办理退还票价差额款的手续。

⑤ 误乘。

旅客误乘客船时，承运人应向其补收自乘船港（不能证实时，自客船始发港）至到达港的全部票价款，并核收补票手续费；旅客可凭客船填写的客运记录，到下船港办理原船票的退票手续，并支付退票费。

⑥ 签证改乘。

在乘船港不办理船票的签证改乘手续。旅客要求变更乘船的班次、舱位等级或行程时，应先行退票并支付退票费，再另行购票。

⑦ 漏乘。

旅客漏船，如能赶到另一中途港乘上原船，而原船等级席位又未售出时，可乘坐原等级席位，否则，逐级降等乘坐，票价差额款不退。

⑧ 客船停止航行的处理。

a. 由于不可抗力或承运人的责任造成客船停止航行时，承运人对旅客和行李的安排应按下列规定办理：

- 在乘船（起运）港，退还全部船票票款和行李的运费。
- 在中途停止航行，旅客要求中止旅行或提取行李时，退还未乘（运）区段的票款或运费。
- 旅客要求从中途停止航行地点返回原乘船港或将行李运回原起运港，应免费运回，退还全部船票票款或行李运费。如在返回途中旅客要求下船或提取行李时，应将旅客所持船票票价或行李运单运价与自原乘船（起运）港至下船（卸船）港的船票票价或行李运价的差额款退还旅客。

b. 由于不可抗力或承运人的责任造成客船停止航行，承运人安排旅客改乘其他客船时所发生的票价差额款，按多退少不补的原则办理。

国内不同航运公司对旅客退票时间和退票费的规定不同，部分航运公司允许旅客在客船开航后退票。旅客应在承运人规定的时间内退票，并按规定支付相应的退票费。

2．海上旅客运输合同

（1）海上旅客运输合同的订立。

2019年8月29日，交通运输部联合其他多个部门发布了关于推广实施邮轮船票管理制度的通知，通知明确从事我国境内港口始发国际邮轮航线、内地与港澳间海上邮轮航线、大陆与台湾间海上邮轮航线经营的邮轮运输企业和境内港口经营人需推广实施邮轮船票管理制度，包括邮轮旅客购票、登船和行李托运的相关内容。

① 购票人可以直接向邮轮运输企业及其代理，或通过有资质的旅行社购买邮轮船票，购票时应提供真实准确的乘船人有效出境入境证件等信息。

② 邮轮登船凭证是邮轮乘客进出港及登船的通行凭证。乘客出示邮轮登船凭证和有效出境入境证件，依法配合查验。邮轮运输企业应按照规定的版式和内容，通过互联网等便捷方式向邮轮乘客出具中英文邮轮登船凭证。

③ 邮轮开航前72小时停止船票销售。

④ 乘客托运的行李应当使用信息齐全的行李条。行李条上应当记载船舶名称、乘船人姓名、房间号码和乘船日期等基本信息以及关联乘客的条码（或二维码）。

（2）海上旅客运输合同的履行。

海上旅客运输的运送期间，自旅客登船时起至旅客离船时止。如果票价含接送费用的，运送期间还包括承运人经水路将旅客从岸上接到船上和从船上送到岸上的时间，但是不包括旅客在港站内、码头上或者在港口其他设施内的时间。

旅客的自带行李，运送期间同前款规定。旅客自带行李以外的其他行李，运送期间自旅客将行李交付承运人或者承运人的受雇人、代理人时起至承运人或者承运人的受雇人、代理人交还旅客时止。

运送期间也是承运人的责任期间，承运人应当对运输全过程负责。在海上旅客运输合同中，承运人的根本任务（责任）就是将旅客及其所带行李及时、安全地运送到目的地。

在运送期间，旅客的人身伤亡或行李的灭失、损害的责任确定遵循以下规定：

① 旅客及其行李的运送期间，因承运人或者承运人的受雇人、代理人在受雇或者受委托的范围内的过失引起事故，造成旅客人身伤亡或者行李灭失、损坏的，承运人应当负赔偿责任。

② 旅客的人身伤亡或者自带行李的灭失、损坏，是由于船舶的沉没、碰撞、搁浅、爆炸、火灾所引起或者是由于船舶的缺陷所引起的，承运人或者承运人的受雇人、代理人除非提出反证，应当视为其有过失。

③ 旅客自带行李以外的其他行李的灭失或者损坏，不论由于何种事故所引起，承运人或者承运人的受雇人、代理人除非提出反证，应当视为其有过失。

④ 经承运人证明，旅客的人身伤亡或者行李的灭失、损坏，是由于旅客本人的过失或者旅客和承运人的共同过失造成的，可以免除或者相应减轻承运人的赔偿责任。

⑤ 经承运人证明，旅客的人身伤亡或者行李的灭失、损坏，是由于旅客本人的故意造成的，或者旅客的人身伤亡是由于旅客本人健康状况造成的，承运人不负赔偿责任。

⑥ 承运人对旅客的货币、金银、珠宝、有价证券或者其他贵重物品所发生的灭失、损坏，不负赔偿责任。

（3）海上旅客运输合同的变更和解除。

《海商法》中无针对旅客运输合同变更和解除的规定，我国海上旅客运输合同的变更和解除可遵循《民法典》的相关规定。

本章小结

水路运输作为一种发展历史悠久的运输方式，在世界经济、文化发展和对外贸易交流起着十分重要的作用。本章引出了水路运输特点以及分类方法，从国内的内河运输和国际的海上运输以及主要航道介绍了水路运输现状；讨论了水路运输的货物分类以及水路客、货运输的基本条件；重点从班轮货物运输的特点、运价、单证和流程以及租船货物运输的特点、种类、合同和市场介绍了水路货物运输业务；详细阐明了水路货物运输合同和旅客运输合同的订立、履行、变更和解除的具体要求。

复习与思考

1．简述水路运输的特点。
2．水路运输常用的分类方法是什么？
3．简述班轮运输、租船运输特点以及两种运输的异同点。
4．班轮货物运输过程中所涉及的各单证分别具有什么样的作用？
5．简述班轮货物运输流程与内容。
6．租船运输分为哪几种，简述其异同点。
7．简述水路运输旅客购买半价票的条件。

参考文献

[1] 徐大振,刘红,沈志江.水运概论[M].北京:人民交通出版社,2005.
[2] 周江雄,庞燕.国际货物运输与保险[M].长沙:国防科技大学出版社,2006.
[3] 严启明,韩艺萌.国际货物运输[M].北京:对外经济贸易大学出版社,2000.
[4] 胡骥.对外贸易运输与保险[M].成都:西南交通大学出版社.2007.
[5] 陈学文,傅宝双.国际航运及外贸运输实务[M].北京:人民交通出版社,1994.
[6] 郭萍,司玉琢.租船实务与法律[M].大连:大连海事大学出版社,2006.
[7] 胡美芬,王义源.远洋运输业务[M].北京:人民交通出版社,2007.
[8] 张晓.海上货物运输[M].大连:大连海事大学出版社,2005.
[9] 张良卫.国际海上运输[M].北京:北京大学出版社,2014.
[10] 中华人民共和国交通运输部.2020年交通运输行业发展统计公报[R].2021.
[11] 全国人大常委会.中华人民共和国海商法[R].1992.
[12] 中华人民共和国交通运输部.水路货物运输合同实施细则[R].2011.
[13] http://www.stats.gov.cn/

7 运输费用

运输中的各参与方除进行业务往来以外,同时必须进行财务往来以保证运输生产的顺利进行。运输费用的计算和核收工作是运输商务工作的一项重要内容,本章将在介绍运价的特点、功能、种类、形式和制定方法的基础上,引入案例分析论述铁路、公路、水路、航空运输方式运价的种类和运输费用的具体构成,并重点阐明各种运输方式货物运输费用的计算方法。

7.1 运价的基本原理

7.1.1 运价的特点

运输业的生产活动是使旅客或货物发生空间位移,生产过程与消费过程同时发生。运输产品的社会劳动消耗量或社会生产费用构成了运输产品的价值,简称运输价值。

1. 运价与运费

运价就是运输价值的货币体现,表现为运输单位运输产品的价格。各种运输方式都有其特定的运价。

运费是指支付货运或全部或部分使用船只、火车、飞机或其他类似运输手段的费用。

2. 运价的特点

运输产品价值的构成和实现,与工农业生产相比有以下几个特点:一是运输产品不具有实物形态,只是货物和人在空间位置上的转移,构成运输产品价值(运输价值)的材料,不是用于制造产品本身,而是用于设备的维修和养护;二是运输生产的特点决定了对运输设备的投资比较大,固定资产耗损的价值补偿对运输价值影响较大;三是运输产品的生产过程同时也是消费过程,运输价值的创造过程也就是运输价值的实现过程。

相应地,运价也表现出以下几个特点:

(1)按距离计算价格。

货物运输产品的计量单位是吨公里或吨海里,其价格构成中也包含距离这个因素。运价以每吨公里(或海里)若干元表示,同种货物的每吨公里或吨海里的运价因不同的运输距离而有所差别,甚至差别显著。运价的这种特性,通常用不同的运价率表示。

一般来说,运价率随运距延长而不断降低,在近距离降低得很快,远距离降低得慢,超过一定距离就不再降低，这是由运输成本递远递减的趋势所决定的。但是，在差别运价率的制定中，递远递减的程度、递远递减的终止里程，除了根据所不同运距的运输成本外，还要考虑国家的运价政策、市场的竞争战略，促进对外贸易的发展和运输生产力的扩大。此外，运价率的变化因运输方式的不同而不同。通常，铁路、水运的运价率变化明显，汽车运输的运价率变化较小。

（2）销售价格一种形式。

这是由运输的生产过程同时又是销售过程这一特点所决定的。工业产品有出厂价格和销售价格之分；农业产品有收购价格和销售价格之分；商品在不同的流通环节有批发价格与零售价格；而运价呈现的形式即销售价格。

虽然运价只有销售价格一种形式，但它却是形成商品各种价格形式的重要因素。这是因为产品的运输费用将追加到成本中去，所有商品经过运输以后，运费必须在商品销售时收回。可见，运价直接参与商品价格的构成。

（3）随所运货物种类及所选择的运输方式的不同而变化。

首先，运输对象繁多的种类决定了运价的种类也是繁多的。其次，各种运输方式都有自己特定的运价，即运输方式不同，运价也不同。运输方式是一个广义的概念，既有因采用不同的运输工具而体现的区别，又有因运送周期、批量甚至运价条款所反映的不同方式。

7.1.2 运价的结构和种类

1. 运价的结构

运价结构是指运价体系各部分构成及其相互关系，主要可以分为以下两种形式：

（1）按距离的差别运价结构（里程运价结构）。

运输费用是随着运输距离的延长而增加的，按距离远近制定运价是最基本的运价结构形式之一。但实际中并不是完全按距离远近成正比例地制定运价，绝大多数距离运价是按递远递减原则制定的，即运价随着距离增加而增加，但不如距离增加得快。换言之，虽然运价总额长距离比短距离多，但每公里运价则是短距离比长距离高，这是因为运输成本的变化是递远递减的，即单位运输成本是随着运输距离的延长而逐渐降低的。运输支出按三项作业过程可分为发到作业支出、与运行作业有关的支出和中转作业支出。运输距离增加，运输总支出会随着增加，但是其中成比例增加的只是与运行作业有关的支出和中转作业支出，而始发和终到作业支出是不变的。因此，运输距离长时，分摊到单位运输成本中的始发和终到作业费用较少，因而运输成本低。相反，如果运输距离短，分摊到单位运输成本中的始发和终到作业费用较多，成本就高。运输成本结构的这种变化是实行递远递减运价的基础。

按运输距离别制定的差别运价，衡量单位运价水平的运价率与运输距离的关系主要有以下四种情况：

① 运价率的递远递减变化与运输成本的变化基本上一致。

② 运价率在一定距离范围内递远递减，超出该范围后运价率就保持不变。这主要是为了计算运费的简便，而且运输成本的递远递减在一定距离以上也已经不明显。

③ 运价率在一定距离范围内先递远递减，超出该范围后运价率反而递增。这种运价结构可能是为了限制某种过远的运输。

④ 运价率始终保持一定水平，不随运输距离的变动而变化，这也被称为纯里程运价。

总运价是根据运价率和运价距离共同确定的，有些运价的计算还要加上另外的发到作业费用。

国外的距离运价结构中还有成组运价结构和基点运价结构。成组运价结构是将某一区域内的所有发送站或到达站集合成组，所有在一个组内的各点都适用同一运价，也被称为区域共同运价。基点运价是把某一到达站作为基点，并制定基点运价，运费总额是从发站到基点的运费加上从基点到终点站的运费。这两种运价结构显然也是以距离运价为基础的。

（2）按货种（或客运类别）差别运价结构。

按货种别的差别运价结构是指不同的货物适用不同的运价。实行按货种别的差别运价的依据在于各种货物的运输价值或运输成本客观上存在着差异，同时按照运价政策和运输供求的需要，个别货物的运价和运输价值可以有不同程度的背离。

影响各种货物运输成本的主要因素有：

① 由于各种货物的性质和状态不同，需要使用不同类型的车辆或货舱装载，如散堆装货物需要使用敞车或砂石车，贵重品、怕湿货物和危险品需要使用棚车，石油、液体货物需要使用罐车，易腐货物需要使用冷藏车，某些货物还需要使用专用车。而各种车辆的自重、造价、修理费和折旧费不同，车辆的耐用程度也不同，从而对运输成本有不同的影响。

② 各种货物的比重和包装状态不同，对货车载重力的利用程度也不同。重质货物在整车运送时可达到货物标记载重量；而轻质货物单位体积的重量低，占有车辆容积大，不能充分利用车辆载重力，而且同种轻质货物对车辆载重力的利用程度不同，还因包装状态和包装方法的不同而有所差别。因此，完成同样周转量的不同货物所占用的运输能力和所花费的支出可能是不同的。

③ 由于货物性质和所使用的车辆类型不同，装卸作业的难易程度也不同。车辆停留时间长短不一，货流的集中程度对运输成本也有影响，例如煤炭、矿砂、砂石等大宗货物，发送和到达比较集中，便于组织运输。有些货物则不仅需要使用特殊的车辆，而且需要提供特殊的设施，这些都会使运输成本提高。

④ 各种货物的产销地理分布状况决定了其运输距离是不同的，而不同运输距离的货物其运输成本是有差别的。

因此，在制定运价时要根据不同类别的货物制定相应的运价。按货种别的差别运价是通过货物分类和确定级差来体现的。在我国现行运价制度中，铁路采用分号制，水运和公路采用分级制，将货物运价分成若干号或若干级别，每个运价号或级别都规定一个基本运价率，各种货物根据其运输成本和国家政策的要求，分别纳入适当的运价号或运价级别。

在旅客运输中，同一种运输方式内不同客运类别所需要的设备、设施、占用的运输能力及消耗的运输成本也是有很大差别的，例如，客船上的一、二等舱与四、五等舱之间，飞机上的头等舱与经济舱之间，火车上的软卧包厢与硬座车厢之间，就有很大差别。客运运价也应该根据客运类别的不同而采用差别运价。

2. 运价的种类

按照不同的标准，运价有以下几种分类方法：

（1）根据运输对象的不同，运价可以分为客运运价（或票价）、货物运价和行李包裹运价。

（2）根据运输方式的不同，运价可以分为铁路运价、公路运价、水运运价（包括长江运价、地方内河运价、沿海海运运价和远洋运价）、航空运价以及当货物或旅客运输是由几种运输方式联合完成时在各种运输方式运价基础上形成的联运运价。

（3）根据运价适用的地区不同，运价可以分为适用于国际运输线路、航线的国际运价，适用于国内旅客和货物运输的国内运价和适用于某一地区的地方运价。

（4）根据运价适用的范围不同，运价可以分为普通运价、特定运价和优待运价。普通运价是运价的基本形式，如铁路有适用于全国正式营业线路的全国统一运价，其他运输方式也有普通运价这种形式。特定运价是普通运价的补充形式，适用于一定的货物、一定的车型、一定的地区、一定的线路和航线等。优待运价属于优待减价性质，例如，客票中有减价的小孩票、学生票，也有季节性的优惠票。货运优待运价适用于某些部门或专门用途的货物以及回空方向运输的货物等。

（5）按货物运载方式和要求的目的不同，运价可以分为整车运价、零担运价和集装箱运价。整车运价适用于一批重量、体积或形状需要以一辆货车或卡车装载，按整车托运的货物，通常有两种计费形式：一种是按吨计费，另一种是按车计费。大多数国家采用按吨计费。零担运价适用于每批不够整车运输条件而按零担托运的货物，它也是铁路和公路运输中普遍采用的运价形式。一般来说，由于零担货物批量小、到站分散、货物种类繁多，在运输中需要比整车货物花费较多的支出，所以同一品名货物的零担运价要比整车运价高很多。集装箱运价适用于适用集装箱运送的货物。目前我国集装箱运输发展很快，各种运输方式对于集装箱运价都有不同的规定。集装箱运价一般有两种形式：一种是单独制定的集装箱运价，另一种是以整车或零担为基础计算的。一般来说，集装箱运价按低于零担运价、高于整车运价的原则制定。

（6）按运输距离远近的不同，运价可以分为长途运价和短途运价。

（7）依据运输特点和条件的不同，还可分为联运运价、专程运价、特种货物运价，以及区域运价等。

7.1.3 运价的形式

1. 铁路运价的形式

（1）统一运价，这是铁路运价的主要形式，适用于全国各个地区，实行按距离别、客货种别的差别运价。

（2）特定运价，除上述统一运价外，根据运价政策对按特定运输条件办理，或在特定的地区、线路运输的货物规定特定运价，对于需要提高服务水平和改善服务质量的列车，如客运空调列车、快运货物列车等实行优质优价。特定运价一般按普通运价减成或加成计算，也可另定，它是统一运价的补充，可以因时因地因货制定。

（3）浮动运价，对于在不同季节忙闲不均的线路，在不同的季节可实行不同的运价。

（4）地方铁路运价，为了提高地方修建铁路的积极性，允许地方铁路采用单独的运价。

（5）新路新价，对于新建的铁路或进行复线或电气化改造的铁路，可实行新路新价，其运价水平一般高于统一运价。

（6）合同运价，合同运价也称协议运价，其运价水平由货主和承运人根据运输市场供求关系及各自的利益协商协定，国外运输企业多采取这种运价形式。

2. 公路运价形式

（1）计程运价，又按整车运输和零担运输分别计算。整车运输以 t·km、零担运输以 kg·km 为单位计价。

（2）计时运价，以 t·h 为单位计价，适用于特大型汽车或挂车以及计时包车运输的货物。

（3）长途运价，适用于长途运输的货物，实行递远递减的运价结构。

（4）短途运价，适用于短途运输的货物，按递进递增原则采取里程分段或基本运价加吨次费的办法计算。

（5）加成运价，对于一些专项物资、非营运线路单程运输的货物、特殊条件下运输的货物、特种货物等可实行加成运价。

3. 水运运价形式

（1）里程运价，又称航区运价，是对同一航区各港间不同货种、不同运距而规定的差别运价。

（2）航线运价，适用于某两个港口之间的直达货物运价。

（3）联运运价，适用于水陆联运、水水联运等的货物运输，一般分别按铁路、公路和水路各区段的运价并以统一规定的减免率进行计价。

国际水运运价有以下几种形式：

（1）班轮运价。

远洋运输的班轮采取级差运价和航线运价相结合的运价。班轮运输是按照班轮公司或班轮公会制定并事先公布的运价和计费规则计收费用的。

（2）航次租船运价。

航次租船运输是按照船舶所有人和承租人之间在租船合同中约定的运价和装运货物数量计算运费的，有时也以一个运费总额包干。航次租船运价取决于租船市场的供求关系，其升降幅度受货物对运费的负担能力和运输成本的限制。

（3）国际油船运价。

在油船航次合同中，运价通常都是以船舶所有人和承租人同意的，由某一国际航运组织或经纪人组织制定的油船费率表所规定的费率为基准，并按租船市场行情确定增减的比例。

4. 航空运价形式

航空货物运价分为国内和国际货物运价，国际货物运价又分为普通货物运价、特种货物运价、专门货物运价、集装箱运价等几种形式。

5. 地铁常见定价形式

城市轨道交通作为一种城市公共交通设施，它不能按照营利性市场的产品进行定价，其产品在定价时往往站在社会的角度，考虑社会效益的最大化。政府对公共产品的价格管制使企业无法以企业利润最大化作为定价方法，常见以下几种定价方式：

（1）运输成本加平均利润。票价以运输成本为基础，再考虑运输市场平均盈利水平来制定。其出发点是能保证盈利，缺点是当运输成本不合理时，会导致票价背离客运服务的价值。

（2）低票价加政府补贴。票价以较低水平来制定，以吸引客流转向有利于节约能源、保护环境、减轻道路拥挤和减少事故的轨道交通系统。政府则对轨道交通运营的亏损进行财政补贴。

（3）福利票价。票价以较低水平来制定，或对退休人员、残疾人员和学生等予以票价减免，一般在比较强调社会福利的情况下使用。轨道交通运营企业的亏损由政府财政补贴。

7.1.4 运价制定方法

运输业是国民经济的基础产业，运输价格的制定一般要受国家宏观运价政策的指导和监督。随着我国经济体制改革的不断深化，运输市场竞争机制已经基本形成，运价的形成机制得到了进一步的理顺与调整，政府放松了对运价的管制，由对运价的直接管理变为依靠经济和法律手段实现对运价的宏观监控，运价形式正向多元化、多层次化方向发展。运价的制定是在价格理论的基础上，根据运输市场的供需状况和主客观条件，因地制宜，灵活决策。通常采用的定价方法概括起来可分成三大类，即成本定向型定价方法、需求定向型定价方法和竞争定向型定价方法。

1. 成本定向型定价方法

成本定向型定价方法是根据成本定价原理进行定价的，也称为成本加成定价方法，其基本模型是：

$$\text{运价} = \text{单位成本} + \text{加成额} \tag{7-1}$$

式中的单位成本,既包括平均变动成本,也包括分摊的固定成本;加成额主要是利润,还包括税金等。加成部分既可以用绝对数直接加到价格上,也可以按一定的相对数(百分率)计入运价。这种方法首先要计算出运输总成本及总运量,求出单位运输成本后,再加上一定比例的利润和税金,就得出单位运输价格——运价,可用公式表示为:

$$P = \frac{C(1+i)}{1-r} \tag{7-2}$$

式中　P——单位运输价格;
　　　C——单位运输成本;
　　　i——成本利润率;
　　　r——税率。

这种定价方法是目前最流行的方法之一,它具有以下优点:

① 能保证企业补偿全部费用、收回投资,取得合理利润,完全符合企业定价的目标,保证了定价的科学性。

② 计算简便,误差较小。

③ 货主和承运人都认可。

④ 若各个企业都采用这种定价方法,则价格竞争相对公平。

由于这种定价方法只按成本定价,可能不符合市场的实际情况,而且计算成本的基本数据只能是过去的统计数据,难以反映未来的成本状况,从而使成本定向型定价方法的应用有一定的局限性。

2. 需求定向型定价方法

需求定向型定价方法是根据负担能力定价原理和运输价格原理进行定价的。主要是从需求者角度对运输服务质量(安全、速度等)的要求,考虑货物对运价的承受能力进行定价。

这种定价方法的基本模型是:

$$\text{运价} = \text{货物价值} \times \text{承受能力系数} \tag{7-3}$$

式中的货物价值是指投入运输的单位货物(通常以重量吨或容积吨计算)的市场价格;承受能力系数通常根据市场调查或经验确定。一般来说,商品价值较高的贵重货物具有较大的承受能力,运价可以定得高一些;商品价值较低的大宗货物对运价承受能力较低,运价不能定得过高。

运输企业在进行货源调查的同时,应注意调查货主对运价水平的反映及各种货物对运价的承受力,注意收集货主对货物销售价格与货物价值之间关系的反映,从而准确把握货主对运价的负担能力和所承认的运输价值。这种定价方法被认为是成本定向型定价的补充。

3. 竞争定向型定价方法

竞争定向型定价方法是以对付竞争对手、确保市场占有率或者为了渗入市场而针对市场的形势进行定价的。

由于运输市场竞争的激烈性，在定价决策时，不能只从企业利益、货主的承受能力考虑，还要根据市场供求状态和竞争对手的运价水平。在运用竞争定向型定价方法时，可以根据企业的内部条件与外部环境、企业与货主的关系、企业的长期目标与短期目标等具体情况，决定选择下列哪种情况：

（1）运价与竞争对手的运价水平完全一致。

（2）运价比竞争对手的运价水平略高。

（3）运价低于竞争对手的运价水平。

【例 7-1】 春秋航空有限公司（以下简称春秋航空）是首个中国民营资本独资经营的低成本航空公司（廉价航空公司）。春秋航空有限公司经中国民用航空总局批准成立于 2004 年 5 月 26 日，由春秋旅行社创办，注册资本 1 亿元人民币，经营国内航空客货运输业务和旅游客运包机运输业务，2005 年 7 月 18 日开航。春秋航空的目标是要做以商务旅客为主的低成本航空公司。春秋航空公司是国内唯一不参加中国民航联网销售系统（CRS）的航空公司。2006 年，春秋航空的平均票价比市场上平均价格低约 36%。并在安全运行第一周年即实现赢利。春秋航空平均上座率达到 95.4%，成为国内民航最高客座率的航空公司。

春秋航空是中国第一家真正意义上的低成本航空公司，奉行"省之于旅客，让利于旅客"的经营理念，向旅客提供"安全、低价、准点、便捷、温馨"的空中旅行服务。提供的低票价目标是让"旅游客和对票价比较敏感的商务旅客"有机会感受"安全、低价、准点、便捷和温馨"的服务，春秋航空奉行"低成本、高质量服务"的观念。

国内传统航空公司飞机的平均飞行时间约 10 小时，而春秋航空保证在 13 小时，春秋航空充分提高了飞机的利用率。春秋航空着重发展机票的网上销售和电子客票的机场服务方面，欧美以及亚洲的低成本航空公司无一不在电子客票方面颇有建树，电子客票可以为航空公司节约成本。

春秋航空公司的班机不提供机上免费餐食，春秋航空将机上餐食的费用从旅客支付的票价中剥离出来还给旅客，作为廉价航空公司，不提供食物是省钱的一方面，同时也在飞机内贩售食物和自己公司的飞机模型等特色产品。

春秋航空提出"让人人坐得起飞机"的口号，通过低成本运行模式，降低票价，推出了"1 元""99 元""199 元""299 元"等特价机票，让利于消费者。春秋航空的机票可以在门市支付，也可以在网上支付。门店支付机票费比网上支付贵 30 元。春秋的特价票不得退票、不得变更、不得转签，属于过期不候类型，如果旅客迟到而飞机飞走了，机票就作废了。在机票改签方面，普通航空公司的较低价格的打折票也不能改签和退票。廉价航空公司与普通航空公司的区别在乘客看来只存在于：没有免费食物供应，座椅不能调整。（注：普通航空公司的座椅靠背实际是可以调整的）

春秋航空的低成本运作不是低于成本运作；春秋航空有价格超低的特价机票，但并不是全部的机票，只是部分舱位。春秋航空在定价过程中既考虑到了乘客需求，又将市场竞争纳入考虑，属于需求定向型和竞争定向型结合的定价方法。

7.2 铁路运费计算

7.2.1 铁路旅客票价

旅客票价是以每人每千米的票价率为基础，按照旅客旅行的距离和不同的列车设备条件，采取递远递减的办法确定。具体票价以国务院铁路主管部门公布的票价表为准。

1. 铁路旅客票价的分类

铁路旅客票价分为普通票价、加快票价、卧铺票价和市郊票价四种。

普通票价适用于普通旅客列车，分硬座和软座的全价和半价；加快票价是旅客乘坐普通快车、特别快车，在普通票价之外补加的票价；卧铺票价也是一种补加票价，按卧铺车设备条件规定了不同的收费标准，普通硬卧分为上、中、下铺，软卧分为普通和高级软卧的上、下铺；市郊票价是在普通硬座票价基础上的减成票价。我国现行的铁路客运票价体系见表 7.1。

表 7.1 我国现行的铁路客运票价体系

总类别	细分类别
按列车席	硬座
	软座
	硬卧
	软卧
	高级软卧包房
按列车速度等级	普通旅客列车（慢车）
	普通旅客列车（普快车）
	快速旅客列车（K 字头）
	特快旅客列车（T 字头）

续表

总类别	细分类别
按列车速度等级	直通特快旅客列车（Z字头，直达不停）
	局管内快速列车（N字头）
	旅游列车（Y字头）
	城际列车（C字头）
	动车组列车（D字头）
	高速动车组列车（G字头）
按列车车型	普通车型（无空调）
	普通车型（有空调）
按距离	1~200公里
	200公里以上

2. 铁路旅客票价的构成

旅客票价包括两部分：一是客票票价，包括硬座、软座、票价，其中硬座票价是基础票价，软座等票价均以硬座票价为基础，按一定比率换算；二是附加票票价，包括加快、卧铺、空调票价，附加票票价也以硬座票价为基础。旅客票价是以每人每千米的票价率为基础，按照旅客旅行的距离和不同的列车设备条件，采取递远递减的办法确定。具体票价以国务院铁路主管部门公布的票价表为准。

旅客票价构成要素有以下几个方面。

（1）基础票价率与各种票价率。

旅客票价以硬座客票票价率为基础，其他各种票价率均以其为基准制定。当硬座客票基础票价率确定后，其他各种票价率就按其加成或减成比例计算。现行各种票价率的比例关系见表7.2。

表 7.2 各种票价率和比例关系

票种		票价率/[元/（人公里）]	比例
硬座客票		0.058 61	100%
软座客票		0.117 22	200%
市郊客票		单程 0.049 82	85%
月票		按市郊单程票价率18回计算	
季票		按市郊单程票价率40回计算	
加快票	普快	0.011 72	20%
	快速	按普快票价2倍计算	

续表

票种			票价率/[元/（人公里）]	比例
硬卧票	开放式	上铺	0.064 47	110%
		中铺	0.070 33	120%
		下铺	0.076 19	130%
	包房式	上铺	按开放式硬卧中铺票价另加30%计算	
		下铺	按开放式硬卧下铺票价另加30%计算	
软卧票		上铺	0.102 57	175%
		下铺	0.114 29	195%
高级软卧票		上铺	0.123 08	210%
		下铺	0.134 80	230%
空调票			0.014 65	25%

（2）旅客票价旅程区段（见表7.3）。

表7.3 旅客票价里程区段

里程区段/公里	每区段里程/公里	区段数
1～200	10	20
201～400	20	10
401～700	30	10
701～1 100	40	10
1 101～1 600	50	10
1 601～2 200	60	10
2 201～2 900	70	10
2 901～3 700	80	10
3 701～4 600	90	10
4 601及以上	100	10

（3）递远递减率。

旅客票价采取递远递减率的办法进行计算，旅客票价从 201 公里起实行递远递减。现行各里程区段的递远递减率和递减票价率（以硬座票价为例）见表 7.4。

表 7.4 旅客票价递远递减率和递减票价率（以硬座票价为例）

区段/公里	递减率	票价率/[元/（人公里）]	各区段全程票价/元	区段累计票价/元
1～200	0%	0.058 61	11.722	11.722
201～500	10%	0.052 749	15.824 7	27.546 7
501～1 000	20%	0.046 888	23.444	50.990 7
1 001～1 500	30%	0.041 027	20.513 5	71.504 2
1 501～2 500	40%	0.035 166	35.166	106.670 2
2 501 及以上	50%	0.029 305		

3. 铁路旅客票价的计算

（1）基本票价的计算。

除初始区段不足起码里程按起码里程和最后一个区段按中间里程计算外，其余各区段均分别按其区段里程计算，根据各区段的递减票价率求出该区段的全程票价和最后一个区段按中间里程求出的票价加总，即为基础票价。起码里程：客票为 20 公里，加快票为 100 公里，卧铺票为 400 公里。

联合票价（即票面价格）为旅客票价加附加费。附加费的种类有：客票发展金、候车室空调费、卧铺票订票费。客票发展金在 1997 年以前叫"软票费"，旅客票价不大于 5 元时为 0.5 元，大于 5 元时为 1 元；候车室空调费向乘车超过 200 km 的硬席旅客收取，金额为 1 元，软席旅客不收候车室空调费；卧铺票订票费向购买卧铺票（包括各种等级的软卧、硬卧）的旅客收取，金额为 10 元。

旅客列车根据车体的不同分为普通车和新型空调车，以上票价为普通车票价，新型空调车票价在普通车的基础上上浮 50%，有些列车根据客流情况和车体折旧等因素会上浮 40%和 30%的票价，即通常所说的新型空调车一档折扣票价和新型空调车二档折扣票价。当然还有一些特殊浮动的列车，例如，北京—大连 T81 次执行 75%的上浮率，各地方铁路公司也有不同的上浮率。在进行票价浮动时，客票、加快票、空调票和卧铺票根据四舍五入后的普通票价表分别上浮并四舍五入到元，作为新型空调车的分票种票价，然后再加和。附加费不会上浮。关于新型空调车的高级软卧票价，有关文件规定的指导价为普通列车软卧票价的基础上上浮 180%，各路局可根据情况自行浮动。从目前的执行情况看，除沈局、哈局的列车高包按 208%上浮以外，其他各局的高包都是按 180%的上浮率执行。

（2）票价计算举例。

【例 7-2】 鞍山—北京，707 公里，2550 次，新空调硬座普快卧（下铺）707 公里普通票价；707 公里位于 701～740 公里区段内，按 720 公里计算票价

硬座客票：考虑递远递减，查表 7.4 可得：

$$27.5467+（720-500）\times 0.046888=37.86206（元）$$

加快票：硬座客票 20%，即

$$37.86206\times 20\%=7.572412（元），四舍五入得 8 元$$

空调票：硬座客票 25%，即

$$37.86206\times 25\%=9.465515（元），四舍五入得 9 元$$

卧铺票（下）：硬座客票 130%，即

$$37.86206\times 130\%=49.220678（元），四舍五入得 49 元$$

新型空调车票价上浮 50%：
硬座客票：$39\times 150\%=58.5$（元），四舍五入得 59 元
加快票：$8\times 150\%=12$（元）
空调票：$9\times 150\%=13.5$（元），四舍五入得 14 元
卧铺票：$49\times 150\%=73.5$（元），四舍五入得 74 元
附加费：客票发展金 1 元，候车室空调费 1 元，卧铺订票费 10 元

【例 7-3】 沈阳北—北京，732 公里，K54 次，新空调高级软卧快速（下铺）732 公里和 707 公里票价在一个区段，因此普通票价和上例相同，以下直接从新空调上浮票价开始计算。

软座客票：$(37.86206\times 200\%+0.8)\times 308\%=77\times 308\%=237.16$（元），四舍五入得 237 元
加快票：$8\times 308\%=24.64$（元），四舍五入得 25 元，快速 = 普快 $\times 2=50$（元）
空调票：$9\times 308\%=27.72$（元），四舍五入得 28 元
卧铺票：$(37.86206\times 195\%)\times 308\%=74\times 308\%=227.92$（元），四舍五入得 228 元
附加费：客票发展金 1 元，卧铺订票费 10 元
联合票价：$237+50+28+228+1+10=554$（元）

7.2.2 铁路货物运价的分类

铁路货物运价可分别按使用范围和货物运输种类进行分类。

1. 按使用范围分类

铁路货物运价按其使用范围可以分为普通运价、特殊运价、军运运价等。
（1）普通运价。
① 普通运价是货物运价的基本形式，是全国正式营业铁路适用的统一运价。我国现行的整车、零担、集装箱各号运价都属于普通运价。无论是普通货物还是特殊条件运送

的货物，都是以此作为计算运费的基本依据。特殊条件运送的货物有特殊规定。例如，超限货物的运价是按照超限货物的超限等级的不同分别在普通货物运价的运价率上加成50%、100%、150%计算运费。又如，自备集装箱空箱的回送是属于特殊条件运送的货物，在2015年《中国铁路总公司关于大力发展自备箱运输提高集装箱铁路运量的通知》中提出，自备箱回空特别是海铁联运自备箱回空和铁路货车排空基本规律一致，因而有必要按照市场规律合理明确自备箱回空价格。先空后重：自备重箱到达后50日以内，该箱以空箱在该站发运时（国际联运除外），空箱运价率按照重箱运价率的10%计算，建设基金、电气化附加费同比例核收。货票记事栏注明"重空联运"，并转记原重箱货票票号。

先重后空：自备空箱启运时一并提出空重联运需求（国际联运除外），空箱运价率按照重箱运价率的10%计算，建设基金、电气化附加费同比例核收。货票记事栏注明"空重联运"。

② 优待运价是对某些发送或到达的货物规定的低于普通运价的一种运价。例如，托运人自备货车或租用铁路货车装运货物用铁路机车牵引，或铁路货车装运货物用该托运人的自备机车牵引运输时，按所装货物的运价率减成20%计费。

③ 国际铁路联运运价是指为国际铁路间联运货物所规定的运价，它包括过境运输和国内段运输两部分运价。国际铁路联运货物过境路货物运费、杂费按《国际货协统一过境运价规程》的规定办理；国内段的运费、杂费按现行《铁路货物运价规则》的规定办理。

④ 水陆联运运价是指水陆联运货物在铁路区段运输的运价。《铁路和水路货物联运规则》是计算铁水联运货物运杂费的依据。水运段的运费、杂费、包干费按《铁路和水路货物联运规则》办理。铁路段的运费、杂费按《铁路和水路货物联运规则》和《铁路货物运价规则》办理。

（2）特殊运价。

特殊运价是指地方铁路、临时营业线和特殊线路的运价，如集通线（地方铁路）、宣杭线（临时营业线）、广九线（特殊线路）的运价等。

（3）军运运价。

军运运价是对军用物资运输所规定的运价。按军运办理时必须提出铁路军运运费后付凭证或军运现付计费凭证。《铁路军事运输计费付费办法》是计算军运运费的重要依据。未规定的按《铁路货物运价规则》办理。

2. 按货物运输种类分

（1）整车货物运费。
（2）零担货物和集装箱货物运费。
（3）托运人自备或租用铁路机车车辆运输货物的运费。
（4）货物快运费、冷藏车运费。
（5）自备货车装备物品及集装用具的回送费。

7.2.3 铁路货物运输费用的构成

铁路货物运输费用是对铁路运输企业所提供的各项生产服务消耗的补偿，包括运行费用、车站费用、服务费用和额外占用铁路设备的费用等。

铁路货物运输费用具体由货物运费、杂费以及一些专项和代收费用构成。其中，货物运费由发到运费和运行运费构成；杂费又包括：营运杂费，延期使用运输设备、违约及委托服务费用以及租、占用运输设备费用；专项和代收费用包括铁路建设基金、新路新价均摊运费、电气化附加费、印花税等。

$$铁路货物运输费用 = 货物运费 + 杂费 + 专项和代收费用 \quad (7-4)$$

但是，在2013年货运改革后，铁路货运收费也进行了相应的变革，删除了"过秤费"这一项标准，并实行"一口价"策略，包括：

① 装卸费，对应环节是上门取货装车和送货到门卸车。

② 接取送达费，对货物从托运人约定交货地点至铁路车站公共装卸场所或货物从铁路车站公共装卸场所至收货人约定接货地点的短途运输，核收接取送达费。

计费里程：起码里程10公里，之后里程按0、5取整，1、2去，8、9进，3、7、4、6作5。

起码里程10公里的费率：整车货物15元/吨、零担货物1.5元/100千克、20英尺箱450元/箱、40英尺箱675元/箱。超过起码里程后每公里费率：整车货物0.8元/吨公里、零担货物0.08元/100千克公里、20英尺箱24元/箱公里、40英尺箱36元/箱公里。

$$每单位重量货物接取送达费 = 每单位重量货物起码里程费率 +$$
$$（计费里程 - 起码里程）\times 超过起码里程后每公里费率$$

门到门运输过程中，货物因装车、换装等原因，按规定需要加固、包装、防冻、防护等处理时使用的材料，核收装载加固材料费，装载加固材料费可按所用材料成本价加30%计算，具体加成幅度由铁路局在不超过30%的幅度内自主确定。

③ 铁路杂费，对应环节是发站、到站。

④ 铁路运费、铁路建设基金等，对应环节是铁路线上运输。

$$铁路货物运输费用 = 货物运费 + 杂费 + 装卸费 + 接取送达费 \quad (7-5)$$

其中，上门装卸货物、门到站、站到门的接取送达等服务及收费，托运人可自愿选择。

7.2.4 铁路货物运输费用的计算

1. 铁路货物运费的计算程序及公式

（1）铁路货物运输费用的计算程序。

① 根据货物运单上填写的发、到站，按《货物运价里程表》计算出发站至到站的运价里程。

② 根据货物运单上填写的货物名称，查《铁路货物运输品名分类与代码表》《铁路货物运输品名检查表》，确定适用的运价号。

③ 整车、零担货物按货物适用的运价号，集装箱货物根据箱型、冷藏车货物根据车种分别在《铁路货物运价率表》（见表7.5）中查出适用的运价率（即基价1和基价2）。

在2015年铁路货运价格调整中，将磷矿石整车运输调整为执行2号运价，农用化肥调整为执行4号运价。

④ 根据《铁路货物运价规则》确定货物的计费重量（自轮运转货物为轴数、集装箱为箱数）。

⑤ 货物适用的发到基价加上运行基价与货物的运价里程的相乘之积后，再与货物的计费重量（自轮运转货物为轴数、集装箱为箱数）相乘，计算出运费。

⑥ 根据《铁路货物运价规则》及有关规定计算货物的杂费以及专项和代收费用等。

表7.5 铁路货物运价率表

办理类别	运价号	基价1		基价2	
		单位	标准	单位	标准
整车	2	元/t	9.50	元/（吨·公里）	0.086
	3	元/t	12.80	元/（吨·公里）	0.091
	4	元/t	16.30	元/（吨·公里）	0.098
	5	元/t	18.60	元/（吨·公里）	0.103
	6	元/t	26.00	元/（吨·公里）	0.138
	7			元/（吨·公里）	0.525
	机械冷藏车	元/t	20.00	元/（吨·公里）	0.140
零担	21	元/10千克	0.220	元/（10千克·公里）	0.00111
	22	元/10千克	0.280	元/（10千克·公里）	0.00155
集装箱	20英尺箱	元/箱	500.00	元/（箱·公里）	2.025
	40英尺箱	元/箱	680.00	元/（箱·公里）	2.754

（2）铁路货物运费的计算公式。

根据现行《铁路货物运价规则》，不同运输种类的货物运费的计算公式如下：

① 整车货物。

一般整车货物按重量计费时，运费计算公式为：

$$运费 = [基价1（元/吨）+ 基价2（元/吨·公里）\times 运价里程（公里）]\times 计费重量（吨） \quad (7\text{-}6)$$

自轮运转货物按轴计费时，运费计算公式为：

$$运费 = 基价2（元/轴·公里）\times 运价里程（公里）\times 轴数 \quad (7\text{-}7)$$

② 零担货物。

零担货物的运费计算公式为：

$$运费 = [基价1（元/10千克） + 基价2（元/10千克·公里） \times 运价里程（公里）] \times 计费重量（公里）/10 \quad (7-8)$$

③ 集装箱。

集装箱的运费计算公式为：

$$运费 = [基价1（元/箱） + 基价2（元/箱·公里） \times 运价里程（公里）] \times 箱数 \quad (7-9)$$

2. 铁路货物运费的计算因素

（1）运价里程。

一般根据《货物运价里程表》按照发站至到站间国铁正式营业线最短径路计算，但《货物运价里程表》内或国家铁路局规定有计费经路的，按规定的计费经路计算运价里程。运价里程不包括专用线、货物支线的里程。通过轮渡时，应将规定的轮渡里程加入运价里程内计算。水陆联运的货物，应将换装站至码头线的里程，加入运价里程内计算。

下列情况发站在货物运单内注明，运价里程按实际经由计算：

① 因货物性质（如鲜活货物、超限货物等）必须绕路运输时。

② 因自然灾害或其他非铁路责任，托运人要求绕路运输时。

承运后的货物发生绕路运输时，仍按货物运单内记载的经路计算运费。

实行统一运价的营业铁路与特价营业铁路直通运输，运价里程分别计算。

（2）运价号。

我国现行的铁路货物运价实行分号运价制。运价号是指将不同运输种类的货物划分为不同的号，并根据该号制定相应的运价率。整车货物运价号分为8个（2~9号），冷藏车货物运价按冰保车和机保车两类来计算，相当于2个运价号；零担货物运价号分为4个（21~24号）；集装箱货物按箱型不同进行计算，相当于5个运价号。

计算货物运费时，应按照货物运单上填写的货物品名，查《铁路货物运输品名分类与代码表》和《铁路货物运输品名检查表》，确定该批货物适用的运价号。

（3）运价率。

铁路货物运价是根据运价号制定出的对应于每一运价号的基价1和基价2。基价1是货物在发站及到站进行发到作业时单位重量（箱数）的运价，它只与计费重量（箱数）有关，与运价里程无关。基价2是指货物在途期间单位重量（箱数）每一运价公里的运价，它既与计费重量（箱数）有关，又与运价里程有关。

① 整车货物的运价号为2~7号，冷藏车货物分为加冰冷藏车和机械冷藏车。基价1的单位为元/吨，基价2的单位为元/（吨·公里）；整车货物的运价号7号，基价1元，基价2的单位为元/（轴·公里）。

② 零担货物的运价号为21~22号。基价1的单位为元/10千克，基价2的单位为元/（10千克·公里）。

③ 集装箱货物，分别按 20 英尺箱、40 英尺箱制定基价 1 和基价 2。基价 1 的单位为元/箱，基价 2 的单位为元/（箱·公里）。

（4）计费重量。

用来计算运输费用的货物重量称为计费重量。计费重量是根据货物实际重量、轴数、箱数按有关规定确定的。整车货物计费重量单位为吨（吨以下四舍五入）、轴；零担货物计费重量单位为 10 千克（不足 10 千克进整为 10 千克）；集装箱计费以箱为单位。

（5）尾数处理。

计算出的每项运费、杂费均以元为单位，尾数不足 1 角时，按四舍五入处理。

各项杂费凡不满一个计算单位，均按一个计算单位计算（另定者除外）。

零担货物的起码运费每批 2.00 元。

3. 整车货物运费

（1）计费重量。

整车货物除下列情况外，均按货车标记载重量（简称标重，以下同。标重尾数不足 1 吨时四舍五入）计费。货物重量超过标重时，按货物重量计费。

① 使用矿石车、平车、砂石车，经铁路局批准装运"铁路货物运输品名分类与代码表""01""0310""04""06""081"和"14"类货物按 40 吨计费，超过时按货物重量计费。

② 表 7.6 所列货车装运货物时，计费重量按表中规定计算，货物重量超过规定计费重量的，按货物重量计费。

③ 使用自备冷板冷藏车装运货物时按 50 吨计费；使用自备机械冷藏车装运货物时按 60 吨计费；使用标量不足 30 吨的家畜车，计费重量按 30 吨计算；使用标量低于 50 吨、车辆换长小于 1.5 的自备罐车装运货物时按 50 吨计费（表 7.6 中明确的车种车型按第 2 项办理）。

④ 始发、中途均不加冰运输的加冰冷藏车和代替其他货车装运非易腐货物的铁路冷藏车，均按冷藏车标重计费。

⑤ 车辆换长超过 1.5 的货车（D 型长大货车除外）本条未明定计费重量的，按其超过部分以每米（不足 1 m 的部分不计）折合 5 吨与 60 吨相加之和计费。

⑥ 米、准轨间换装运输的货物，均按发站的原计费重量计费。

承运人提供的 D 型长大货物车的车辆标重大于托运人要求的货车吨位时，经铁路局批准可根据实际使用车辆的标重减少计费重量，但减吨量最多不得超过 60 吨。

（2）几种情况下运费的计算。

按一批办理的整车货物，运价率不同时按其中高的运价率计费。

需要限速运行（不包括仅通过桥梁、隧道、出入站线限速运行）的货物，按运价率加 150%计费。

站界内搬运的货物，按实际运输里程和该货物适用的运价率计算运费，不另收取送车费（不足 1 公里的尾数进整为 1 公里）。

途中装卸货物，不论托运人、收货人要求在途中装卸地点的前方或后方货运站办理托运或领取手续，途中装车按后方货运站计算运价里程；途中卸车按前方货运站计算运价里程，不另收取送车费。

表 7.6 整车货物规定计费重量表

车种车型	计费重量/吨
B_6 B_{6N} B_{6A} B_7（加冰冷藏车）	38
BSY（冷板冷藏车）	40
B_{18}（机械冷藏车）	32
B_{19}（机械冷藏车）	38
B_{20} B_{21}（机械冷藏车）	42
B_{10}（机械冷藏车）	44
B_{22} B_{23}（机械冷藏车）	48
B_{15E}（冷藏车改造车）	56
SQ_1（小汽车专用平车）	80
SQ_4（小汽车专用平车）	60
QD_3（凹底平车）	70
GY_{95S} GY_{95} GH_{40} GY_{40} $GY_{95/22}$ $GY_{95/22}$（石油液化气罐车）	65
GY_{100S} GY_{100} $GY_{100\text{-}I}$ $GY_{100\text{-}II}$（石油液化气罐车）	70

整车分卸的货物，按照发站至最终到站的运价里程计算全车运费和押运人乘车费；途中每分卸一次，另行核收分卸作业费 80 元（不包括卸车费）。

（3）超长、超限货物运费。

① 超长、超限货物运费计算。

运输超限货物，发站应将超限货物的等级在货物运单内注明，按下列规定计费：

- 一级超限货物：按运价率加 50%。
- 二级超限货物：按运价率加 100%。
- 超级超限货物：按运价率加 150%。

对安装超限货物检查架的车辆、不另收运费。

需要限速运行的超限货物，只核收本条规定的加成运费，不另核收超限货物加成运费。

② 使用游车时的运费计算。

超长、超限货物使用游车时，游车运费按主车货物的运价率和游车标重计费。利用游车装运货物，所装货物运价率高于主车货物时，按所装货物的运价率核收游车运费。

运输超限货物或需要限速运行的货物使用游车时，游车运费不加成。

两批货物共同使用游车时，游车运费各按主车货物的运价率及游车标重的 1/2 计费。

D 型长大货物车运输货物需用隔离车时，隔离车不另核收运费。隔离车加装货物时，按所加装货物适用的运价率核收运费。

自轮运转的轨道机械，以自备货车或租用铁路货车作游车时，按整车 7 号运价率核收游车运费；以铁路货车作游车时，按整车 6 号运价率和游车标重核收游车运费。

③ 危险货物运费计算。

运输危险货物，根据危险货物的性质、等级按下列规定计费：

- 一级毒害品（剧毒品）按运价率加 100%。
- 爆炸品、压缩气体和液化气体，一级易燃液体（代码表 02 石油类除外）、一级易燃固体、一级自燃物品、一级遇湿易燃物品、一级氧化剂和过氧化物、二级毒害品、感染性物品、放射性物品按运价率加 50%。

4. 零担货物和集装箱货物运费

（1）计费重量。

零担货物按货物重量或货物体积折合重量择大计算运费，即每立方米重量不足 300 千克的轻浮货物，按每 1 立方米折合重量 300 千克计算，但下列货物除外：

① 规定计费重量的货物（指裸装货物）按规定计费重量计费。

② "铁路货物运输品名分类与代码表"列"童车""室内健身车""209 其他鲜活货物""9914 搬家货物、行李""9960 特定集装化运输用具"等裸装运输时按货物重量计费。

表 7.7 零担货物规定计费重量表

顺 号	货物名称	计费单位	规定计费重量/千克
1	组成的摩托车： 双轮； 三轮（包括正、侧带斗的，不包括三轮汽车）	每辆 每辆	750 1 500
2	组成的机动车辆、拖斗车（单轴的拖斗车除外）： 车身长度不满 3 米； 车身长度 3 米以上，不满 5 米； 车身长度 5 米以上，不满 7 米； 车身长度 7 米及以上	每辆 每辆 每辆 每辆	4 500 15 000 20 000 25 000
3	组成的自行车	每辆	100
4	轮椅、折叠式疗养车	每（辆）件	60
5	牛、马、骡、驴、骆驼	每头	500
6	未装容器的猪、羊、狗	每头	100
7	灵柩、尸体	每具（个）	1 000

(2)运费计算。

集装箱货物的运费按照使用的箱数和"铁路货物运价率表"中规定的集装箱运价率计算。

罐式集装箱、其他铁路专用集装箱按"铁路货物运价率表"中规定的运价率分别加30%、20%计算;标记总重为30.480吨的通用20英尺集装箱按"铁路货物运价率表"中规定的运价率加20%计算,按规定对集装箱总重限制在24吨以下的除外。

装运一级毒害品(剧毒品)的集装箱按"铁路货物运价率表"中规定的运价率加100%计算;装运爆炸品、压缩气体和液化气体,一级易燃液体(代码表02石油类除外)、一级易燃固体、一级自燃物品、一级遇湿易燃物品、一级氧化剂和过氧化物、二级毒害品、感染性物品、放射性物品的集装箱按"铁路货物运价率表"中规定的运价率加50%计算。

装运危险货物的集装箱按上述两款规定适用两种加成率时,只适用其中较大的一种加成率。

自备集装箱空箱运价率按"铁路货物运价率表"规定重箱运价率的40%计算。

承运人利用自备集装箱回空捎运货物,按集装箱适用的运价率计费,在货物运单铁路记载事项栏内注明,免收回空运费。

运价率不同的货物在一个包装内或按总重量托运时,按该批或该项货物中高的运价率计费。

在货物运单内分项填记重量的货物,应分项计费,但运价率相同时,应合并计算。

5. 托运人自备或租用铁路机车车辆运输货物的运费

托运人自备货车或租用铁路货车(不论空重)用自备机车或租用铁路机车牵引时,按照全部列车(包括机车、守车)的轴数与整车7号运价率计费。

托运人自备货车或租用铁路货车装运货物用铁路机车牵引,或铁路货车装运货物用该托运人机车牵引运输时,按所装货物运价率减20%计费。

托运人的自备货车或租用铁路货车空车挂运时,按7号运价率计费。

自备或租用铁路的客车、餐车、行李车、邮政车、专用工作车挂运于货物列车时,空车按7号运价率加100%计费;装运货物时按其适用的运价率加100%和标重计费。但换长1.5以下的专用工作车不装货物时不加成。

随车人员按押运人乘车费收费。

6. 货物快运费、冷藏车运费

货物快运运费暂比照铁路零担22号运价率执行,铁路局可比照快运货物加收最高不超过30%的快运费,下浮不限,并可根据市场实际情况随时调整。货物快运铁路门到门、门到站、站到门和站到站等各种服务方式的价格,以一口价的形式对外公布,明码标价。使用铁路加冰、机械冷藏车运输的货物按"铁路货物运价率表"中规定的冷藏车运价率计费。使用铁路冷板冷藏车运输的货物按加冰冷藏车运价率加20%计费。

使用铁路机械冷藏车运输,要求途中保持温度-12℃(不含)以下的货物,按机械冷藏车运价率加20%计算。

加冰冷藏车始发或途中不加冰运输的，仍按冷藏车运价率计费。

自备冷藏车，隔热车（即无冷源车）和代替其他货车装运非易腐货物的铁路冷藏车，均按所装货物适用的运价率计费。

7. 自备货车装备物品及集装用具的回送费

托运人自备的货车装备物品（禽畜架、篷布支架、饲养用具、防寒棉被、粮谷挡板）、支柱等加固材料和运输长大货物用的货物转向架、活动式滑枕或滑台、货物支架、座架及车钩缓冲停止器，凭收货人提出的特价运输证明书回送时，不核收运费。

托运人自备的可折叠（拆解）的专用集装箱、集装笼、托盘、网络、货车篷布，装运卷钢、带钢、钢丝绳的座架、玻璃集装架和爆炸品保险箱及货车围挡用具，凭收货人提出的特价运输证明书回送时，整车按2号、零担按22号运价率计费。

8. 运输变更及运输阻碍运费

（1）货物运输变更运费。

① 货物发送前取消托运时，由发站处理，运输合同即终止，相应运单、货票作废。其费用清算办法如下：由发站退还全部运费和按里程计算的杂费，如货物运费低于变更手续费时，收变更手续费，但不退还运费。

② 货物发送后，托运人或收货人要求变更到站（包括同时变更收货人）时，变更处理站在承运人记载事项栏内记载有关变更事宜，并将变更事项记入货票内。其费用清算办法如下：运费与押运人乘车费应按发站至处理站，处理站至新到站分别计算，由到站向收货人清算，运输费用多退少补。

③ 货物发送后，托运人或收货人要求变更收货人，变更处理站在承运人记载事项栏记载有关变更事宜，并记入货票内。其费用清算办法如下：由到站核收变更手续费。

（2）运输阻碍运费。

对已承运的货物，因自然灾害发生运输阻碍变更到站时，处理站应在货物运单和货票上记明有关变更事项。新到站按如下原则处理运费：

① 运费按发站至处理站与自处理站至新到站的实际经由里程合并计算。若新到站经由发站至处理站的原径路时，计算时应扣除原径路的回程里程，杂费按实际发生核收。

② 运输阻碍免收变更手续费。

9. 特殊线路运费

根据国家有关政策规定，对临管铁路和部分新线实行特殊运价，按每吨公里计费。如大秦、京秦、京原、丰沙大等铁路的煤炭分流运价，京九、京广等铁路的分流加价等。

10. 铁路货物的其他运输费用

铁路货物运输费用中除了货物运费外，还包括杂费以及一些专项和代收费用。其中，杂费包括：货运营运杂费，延期使用运输设备、违约及委托服务费用以及租、占用运输设备费用。专项和代收费用包括铁路建设基金、新路新价均摊运费、电气化附加费、印花税等。

（1）货运杂费。

① 铁路货物运输营运杂费（2013年货改前）。包括：过秤费、表格材料费、冷却费、长大货物车使用费、长大货物车空车回送费、取送车费、机车作业费、货车中转技术作业费、押运人乘车费、货车篷布使用费、集装箱使用费、自备集装箱管理费、货物作业装卸费、货物保价费等14项。

在2013年货运改革之后，删除了"过秤费"成为13项，对于协议运输相关收费项目，则仅设综合物流服务费一项，其收费条件为：应客户要求，按照有利于企业生产和铁路运力配置的原则，双方签订协议，铁路通过提供实质性服务落实协议事项，适用于按协议运输的大宗稳定物资，零散白货不得收取。

② 延期使用运输设备、违约及委托服务费用。包括：货物暂存费、专用线、专用铁路货车使用费、长大货物车延期使用费、货车篷布延期使用费、集装箱延期使用费、冷藏车（取消托运时）空车回送费、机械冷藏车制冷费、货物运输变更手续费、清扫除污费等。

在2013年货运改革之后，"货物暂存费"更名为"仓储费"，其具体收费标准由双方依法规协商确定，在协议中明确；对于货物承运前和交付后仍在车站仓储时，按1元/（吨日）核收仓储费，满足额外提供的仓储服务。门到门运输时，货物仓储费在应收该费时间段的前三日，按下表规定费率的50%计费，自第四日起，允许铁路局根据各地的不同情况适当浮动，上浮幅度最大不得超过规定费率的100%，下浮不限，并报总公司备案。

货物承运前和交付后仍在车站仓储，或货物仅在车站仓储时，按实际仓储期间核收仓储费。货物仓储费在应收该费时间段，按下表规定的费率计费，允许铁路局根据各地的不同情况适当浮动，上浮幅度最大不得超过规定费率的100%，下浮不限，并报铁路总公司备案。

危险货物和易燃货物的仓储费率按普通货物费率加100%计算。货物仓储计费表见表7.8。

表7.8 货物仓储计费表

	时间段	货物类别	计费单位	费率
仓储费	承运后交付前	整车货物	元/车日	150.00
		零担货物	元/百千克日	1.50
		20英尺箱	元/箱日	75.00
		40英尺箱	元/箱日	150.00
	仓储服务时	20英尺箱	元/箱日	75.00
		40英尺箱	元/箱日	150.00
		其他货物	元/吨日	2.50

③ 租用或占用铁路运输设备费用。包括：地方铁路及在建线货车使用费、地方铁路货车篷布和集装箱使用费、自备车或租用铁路货车停放费、车辆租用费、铁路码头使用费、路产专用线租用费等6项杂费。

杂费的计算公式为：

$$杂费 = 杂费费率 \times 杂费计费单位 \qquad (7\text{-}10)$$

（2）电气化附加费、新路新价均摊运费和铁路建设基金。

$$电气化附加费 = 费率 \times 计费重量（箱数或轴数）\times 电化里程 \qquad (7\text{-}11)$$

$$新路新价均摊运费 = 均摊运价率 \times 计费重量（箱数或轴数）\times 运价里程 \qquad (7\text{-}12)$$

$$铁路建设基金 = 费率 \times 计费重量（箱数或轴数）\times 运价里程 \qquad (7\text{-}13)$$

（3）印花税。

印花税属于铁路代收费用，按运费的万分之五核收。

7.2.5 国际铁路联运货物运输费用的计算

国际铁路货联运的货物运输费用包括货物运费、杂费（押运人乘车费、装卸费、口岸换装费等）及自承运货物至交付收货人期间发生的其他费用。

进口货物国内段运费、国际铁路联运进出口货物在国境站上发生的杂费和国际铁路联运过境货物在国境站的换装费，均在国境站向收货人（托运人）或其在国境站的代理人核收。

1. 计算和核收运输费用的依据及规定

国际铁路货物联运的运输费用按运输合同缔结当日有效的下列运价规程计算：

相邻国家铁路间运送时——发送国和到达国铁路的运输费用，应按各国铁路国内运价规程计算，如这些国家铁路间签订有直通运价规程，可按该运价规程计算。

过境运送时——发送国和到达国铁路的运输费用，应按各该国铁路现行的国内运价规程计算；而过境路的运输费用，按各有关路采用的用于该种国际运送的过境运价规程计算。

我国在办理国际铁路货物联运时，进出口货物在国内段的运输费用按我国的《铁路货物运价规则》计算，《统一货价》参加国过境我国铁路或我国过境其他《统一货价》参加国铁路的货物运送的运输费用按《统一货价》计算。

参加《国际货协》和《统一货价》的各国铁路间运送货物时运输费用的核收规定如下：

① 发送路运输费用，以发送国货币在发站向发货人核收。

② 到达路运输费用，以到达国货币在到站或按到达路国内规定向收货人核收。我铁路规定，对进口货物，国内段运费由进口国境站向收货人核收。

③ 过境路运输费用，按承运当日统一货价计费，以瑞士法郎算出的款额，按支付当日规定的兑换率折成核收运输费用国家的货币，在发站向发货人或在到站向收货人核收。

核收过境路的运输费用：在参加《统一货价》的各国铁路之间运送货物时，在发站向发货人或在到站向收货人核收；从参加《统一货价》的国家向未参加《统一货价》的国家运送货物时,在发站向发货人核收,相反方向运送时,则在最终到站向收货人核收。

通过几个过境铁路运送时,准许由发货人支付一个或几个过境铁路的运输费用,而其余铁路的运输费用由收货人支付。

自20世纪90年代初起,过境货物运输费用的清算正逐渐由《国际货协》和《统一货价》参加国铁路间相互清算,改变为各国指定的国际货物运输代理公司之间清算。目前,过境俄罗斯、蒙古、哈萨克斯坦铁路外贸货物的运送,必须通过与上述国家铁路签有协议的运输代理公司来办理,由这些代理公司向铁路支付过境运费。

我国铁路规定,自2000年7月1日起,过境我国铁路的外贸货物运送,一律由经国家主管部门批准、认可具有国际货物运输代理权并拥有过境货物运输代理业务经营范围的企业(简称代理人)办理。过境运费以《统一货价》规定的费率为基础,提供了相应的减成,在接入国境站或港口站(由港口站接入时)向代理人核收。

2. 我国国内段铁路运输费用的计算

国际铁路联运货物国内段的运输费用,除了一些特殊规定外均适用《铁路货物运价规则》的一般规定。对运输费用的特殊规定有:

(1)运价里程。

应按国内发(到)站至出(进)口国境站的最短径路确定(但《铁路货物运价规则》的《货物运价里程表》内有计费经路的,应按规定计费经路计算运价里程),并将出(进)口国境站至我国与邻国国境线的运价里程计算在内;进口货物在国境站应收货人的代理人要求受理货物运输变更时,运费按进口国境线至新到站的里程计算。

(2)计费重量。

进口整车货物,按下列规定确定计费重量:

① 以一辆车或数辆车接运一批货物以及数辆车套装接运数批货物(包括换装剩余的整车补送货物),按接运车辆标重计费。货物重量超过标重时,按货物重量计费。

② 以一辆车接运数批货物,每批按30吨计费,超过30吨按货物重量计费。

③ 原车过轨不换装货物,按车辆标重计费,货物重量超过标重时,按货物重量计费。

④ 汽车按接运车辆标重计费。发送路用双层平车装运的小轿车,换轮直达到站时,每车计费重量为90吨。

(3)杂费。

除《铁路货物运价规则》列出的杂费项目外,国际铁路货物联运国内段杂费还包括:验关手续费、货物声明价格费、换装费(换装需要加固时,加收装载加固材料费)、变更手续费、货车滞留费等。

3. 过境运输费用的计算

(1)计算过境运输费用的程序。

国际铁路联运货物过境运输费用按照《统一货价》计算,计算程序如下:

① 在《统一货价》第8条"过境里程表"中分别查找货物所通过各个国家的过境里程。

② 在《统一货价》附件《国际铁路货物联运通用货物品名表》中，确定所运货物适用的运价等级和计费重量标准。

③ 在《统一货价》第 9 条"过境统一货价参加路慢运货物运费计算表"中，根据运价等级和各过境运送里程，找出相应的运价率。

④ 货物计费重量除以 100 后，再乘以其适用的运价率，即得该批货物的基本运费。

⑤ 根据货物运送的办理种别，确定其适用的加成率。《统一货价》对过境货物运费的计算，是以整车慢运货物为基础，对其他办理种别的货物，在基本运费的基础上，再加上基本运费与其适用的加成率的乘积，即可得该批货物的过境运费。

⑥ 按规定的项目和标准，计算出发生的杂费和其他费用。

（2）运费的计算。

① 整车货物运费的计算。

a. 慢运整车货物运费的计算。

• 过境里程的确定。一国的过境里程系指从进口的国境站（国境线）到出口的国境站（国境线）或以港口站为起讫的里程。

• 过境运价等级的确定。根据货物名称及其顺序号或所属类、项确定。

• 计费重量的确定。整车货物按照货物的实际重量计算，但不得低于车辆装载最低计费重量标准。四轴车装载最低计费重量标准为：一等货物 20 吨，二等货物 30 吨。

对于 1 435 毫米轨距铁路的货物运费，不应超过该批货物按规定轴重所可能装载重量计算出的运费。在个别情况下，所承运货物重量超过其按容许轴重可能装载的重量时，其运费应根据货物实际重量计算。

运送自轮运转的货物时，运费按照计算表中所列的每轴运费乘以按自轮运转货物运送的机车车辆轴数计算。

在办理按一张运单用直达列车或成组车辆运送的货物时，将每辆车作为一批整车货物分别计算。

• 运价率的确定。根据货物的运价等级和过境运送里程在《统一货价》的"过境统一货价参加路慢运货物运费计算表"中查出。

• 运费的计算公式：

$$运费 = 货物运价率 \times 计费重量/100 \qquad (7\text{-}14)$$

b. 快运及随旅客列车挂运整车货物运费的计算。

$$快运整车货物运费 = 货物运价率 \times 计费重量 \div 100 \times (1+100\%) \qquad (7\text{-}15)$$

$$随旅客列车挂运整车货物运费 = 货物运价率 \times 计费重量 \div 100 \times (1+200\%) \qquad (7\text{-}16)$$

② 零担货物运费的计算。

零担货物按照货物的实际重量计费。

$$慢运零担货物运费 = 货物运价率 \times 计费重量 \div 100 \times (1+50\%) \qquad (7\text{-}17)$$

$$快运零担货物运费 = 货物运价率 \times 计费重量 \div 100 \times$$
$$(1+50\%) \times (1+100\%) \qquad (7\text{-}18)$$

③ 集装箱货物运费的计算。

按零担和整车办理的小吨位、中吨位集装箱货物和托盘货物的运费，按零担和整车的计费方法计算，但箱盘自重不予计费。运送属于铁路的小吨位、中吨位空集装箱和空托盘，免收运送费用。大吨位集装箱装运的货物和大吨位空集装箱只按大吨位集装箱货物办理运送。发货人应对每一个重或空大吨位集装箱填写单独运单。每一个大吨位集装箱的运费均应单独计算。

计算集装箱货物运费时应根据以下资料：

a. 集装箱种类：20英尺、30英尺或40英尺。

b. 过境运价里程。

慢运20英尺大吨位重集装箱的运费，按一等15吨核收，不按箱内货物的实际重量。30吨和40英尺集装箱的运费，按20英尺集装箱的费率计算后，再分别加收50%和100%。

20英尺、30英尺和40英尺大吨位空集装箱的运费，按相应种类重集装箱运费的50%核收。

快运大吨位集装箱的运费，按慢运费率计算后，再加收50%；若随旅客列车运送时，则加收100%。

（3）杂费的计算。

① 货物换装费：包装货物和成件货物，每100千克按1.2瑞士法郎核收；散装和堆装货物，每100千克按1.0瑞士法郎核收；罐装货物（包括冬季加温），每100千克按0.8瑞士法郎核收。

集装箱换装费按以下规定核收：

a. 总重2.5吨及2.5吨以下的小吨位重集装箱：8.8瑞士法郎/箱。

b. 总重超过2.5吨至10吨以下（含10吨）的中吨位重集装箱：17.6瑞士法郎/箱。

c. 大吨位重集装箱：68.0瑞士法郎/箱。

d. 大吨位空集装箱：34.0瑞士法郎/箱。

② 更换轮对费。每轴核收70.0瑞士法郎。

③ 验关费。

a. 整车货物：每批4.0瑞士法郎。

b. 大吨位集装箱货物：每箱4.0瑞士法郎。

c. 零担货物：每批2.2瑞士法郎。

④ 固定材料费。在国境站换装货物时，由铁路供给的设备、用具和装载用的加固材料，不论车辆载重量如何，每车核收35.1瑞士法郎。

⑤ 声明价格费。不论快运或慢运，每一过境路的声明价格费，按每150瑞士法郎核收2瑞士法郎，不满150瑞士法郎的按150瑞士法郎计算。

7.2.6 铁路运价调整现状

1. 铁路运价调整政策

为适应市场发展，进一步推动铁路货运价格市场化，同时为了满足企业货主降低物流成本的需求，确保铁路在综合交通运输体系中的市场份额，从 2013 年起，中国铁路货运价格调整进入了快速发展时期，国家先后多次对国铁货运统一运价进行调整，铁路总公司制定相应的运价策略，铁路运价水平逐步提高。在我国市场经济体制逐步建立和完善的背景之下，中国铁路货运价格政策的总体趋势是由严格规制向放松规制的方向发展，由政府定价向市场决定价格的方向发展，由铁路总公司向各铁路局下放权力的方向发展。

2014 年 12 月，国家发展改革委发布《关于放开部分铁路运输产品价格的通知》明确放开 4 项铁路运输价格：放开铁路散货快运、铁路包裹运输价格，以及社会资本投资控股新建铁路的货物运价、社会资本投资控股新建铁路客运专线旅客票价，对这 4 项"具备竞争条件的铁路运输价格"实行市场调节价，铁路运输企业可以根据生产经营成本、市场供求和竞争状况、社会承受能力等，自主确定具体运输价格。

2015 年 1 月，国家发展改革委发布《关于调整铁路货运价格进一步完善价格形成机制的通知》，适当调整了铁路货物运输价格，理顺价格水平，同时进一步完善了价格形成机制。按照铁路与公路货运保持合理比价关系的原则，该文件明确，适当提高国家铁路货物统一运价，由平均每吨公里 14.51 分钱提高到 15.51 分钱，并作为基准价，允许适当上浮，上浮幅度最高不超过 10%，下浮仍不限，在上述浮动范围内，铁路运输企业可以根据市场供求状况自主确定具体运价水平。理顺化肥、磷矿石运价水平，取消优惠运价。规范价外收费行为，取消铁路运输企业收取的"大宗货物综合物流服务费"。2015 年 10 月，中共中央、国务院发布《关于推进价格机制改革的若干意见》（以下简称《意见》），《意见》指出，价格机制是市场机制的核心，市场决定价格是市场在资源配置中起决定性作用的关键。《意见》强调，深化重点领域价格改革，充分发挥市场决定价格作用。其中指出：健全交通运输价格机制。逐步放开铁路运输竞争性领域价格，扩大由经营者自主定价的范围；完善铁路货运与公路挂钩的价格动态调整机制，简化运价结构。

2016 年 3 月，中国铁路总公司下发《中国铁路总公司关于推进铁路供给侧改革 深化现代物流建设若干措施的通知》，该文件指出，扩大铁路局运价调整自主权。以煤炭、冶炼物资为重点，通过扩大铁路局运价调整自主权限，坚决实现货运量止跌回升。一是直通运输运价自主下浮幅度由现在的 15% 调整为 30%，下浮幅度不超过 30% 时由始发局自主确定，超过 30% 报总公司审批；管内和邻局运价仍执行既有政策。二是煤炭运价下浮不超过 20%，由铁路局自主确定（包括管内和直通），已经实行管内下浮的铁路局仍执行原管内政策。三是石油仍执行既有运价政策。四是对焦炭（03）实行实重计费，并执行统一的运价下浮政策。五是对钢铁及有色金属产成品（钢锭钢坯 0520、钢材 0530、有色金属及其加工材 0571、半导体材料 0573、石油套管油管 0574），实行实重计费，严格执行装载加固方案，并执行统一的运价下浮政策。六是原联动区域内高于可变成本且运价下浮超过 30% 的项目仍可延续。2017 年 12 月，国家发展改革委发布《关于深化铁路货运价格市场化改革等有关问题的通知》表示，为深化铁路货运价格市场化改革，充分发挥市场在资源配置中的决定性作用，促进铁路运输行业持续健康发展，决定扩大铁路货运价格市场调节范围,简化运价结构、完善运价体系。根据通知,自2018年1月1日起,铁路集装箱、零担各类货物运输价格,以及整车运输的矿物性建筑材料、金属制品、工业机械等12个货物品类运输价格实行市场调节,由铁路运输企业依法自主制定。

2. 铁路局运价调整策略

在铁路货运改革的大背景下,为了将国务院以及中国铁路总公司的各项政策落到实处,各铁路局陆续出台了相应的运价调整策略,下面以A局为例:

(1)A局铁路批量零散货物运价调整政策。

为满足社会零散白货运输需求,扩大零散白货铁路运输份额,根据中国铁路总公司铁总运电〔2014〕182号《关于批量零散货物快运实施议价管理的暂行规定》,2014年A局对批量零散货物快运实施议价管理。

货物快运议价管理工作由中国铁路总公司(以下简称总公司)统一管理,总公司与铁路局实行分级负责。铁路局对管内货物快运议价项目实施统一归口管理。议价管理的实施主体为铁路局。铁路局可在价格权限及运量权限范围内实施议价,超出权限时,需上报总公司批准。

① 价格权限。议定价格在符合国家价格政策的前提下,扣除发、到站接取送达费后,应覆盖铁路运输成本。

a. 不高于国家有关价格政策规定的铁路最高运价。

b. 不低于铁路货运单位变动成本价格。

② 运量权限。按实重计费的快运货物单一托运人达到以下运量时,可实施议价。

a. 一批运量60吨或体积120立方米以上的货物。

b. 同一生产制造加工企业同一发站单月累计运量100吨或体积200立方米以上。同一生产制造加工企业的认定暂可以货物包装标识为准(达不到批量零散货物快运条件的,通过零散货物快运方式运输)。

各货运中心(站段)可根据客户需求制定个性化议价方案,议价方式有以下七种:

① 固定价格。按照铁路与客户议定价格,协议期内执行固定的议定价格。发、到站接取送达费执行签订协议当日所在铁路局费率标准。

② 固定浮动比例。按照市场价格给予浮动比例,协议期内执行浮动的议定价格。

③ 量价捆绑。按照不同运量给予价格优惠比例,月度运量越大,优惠比例越高。

④ 运量梯次优惠。设定月度梯次优惠比例,按照运量完成情况给予梯次优惠。

⑤ 运程梯次优惠。按照运输距离给予优惠比例,根据运价里程确定梯次优惠幅度,距离越长,优惠比例越高。

⑥ 部分方向优惠。仅对发往回空方向地区及运输能力不紧张地区的货物给予优惠。

⑦ 淡旺季差别优惠。对于运输淡季发运的货物可针对旺季运输价格给予优惠。

(2)A局铁路大宗运价调整政策。

A铁路局为规范竞争性一口价(以下简称一口价)管理,提升铁路货运市场竞争力,根据中国铁路总公司《关于铁路货运竞争性一口价有关事项的通知》(铁总价电〔2015〕

95号）有关精神，结合 A 局实际情况，于 2015 年发布《关于规范竞争性一口价有关事项的通知》（以下简称《通知》）。

《通知》规定，一口价项目建议方案内容中"价格测算和预期收益"，一要详细计算全程各项费用，与公路或其他主要运输方式费用进行对比，填写一口价基础数据调查表。二要对项目实施后达到的效果和收益进行分析预测，包括铁路增运增收情况，成本测算和收益情况。同时规定，一口价项目实施条件：

① 一口价必须针对因价格因素影响铁路运量和收入的情况实施，采用一口价必须能够从公路等其他方式争取到货源，必须能够提升铁路在运输市场中的份额和效益。

② 一口价项目原则针对新开发市场及新增货源，增量部分收益必须高于价差。

③ 涉及两个以上货运中心竞争性货源时，以铁路局整体效益最大化作为决策的主要依据；同等或相近条件下，按价格较高的水平执行。

一口价项目实施方式采取直接浮动、包量浮动、阶梯浮动三种方式。直接浮动主要适用于新增货源；包量浮动、阶梯浮动主要适用于既有货源增量项目。一口价项目均须与客户签订铁路货物运输量价互保协议。

① 直接浮动。路局根据市场竞争需求，采用直接浮动方式，不限定考核运量。

② 包量浮动。在协议考核期设置考核运量。客户完成考核运量时，运价执行约定的价差系数；未完成考核运量时，补收一口价与全价费用差额。

③ 阶梯浮动。在协议考核期内，按累计运量分档次（原则上不超过 2 个档次）设置阶梯考核运量和阶梯价差系数，阶梯运量部分，运价直接执行对应的阶梯价差系数。

7.3 公路运费计算

随着社会的进步和经济的发展，公路基础设施、车辆等运输条件不断改善，以汽车为代表的公路运输逐渐受到世界各国的重视。在发达国家高速公路建设较早，公路旅客运输在综合客运体系占有绝对的优势，已基本形成了以私人小汽车为代表的自用性旅客运输为主体的公路客运体系。

7.3.1 公路旅客票价的分类及构成

公路旅客运价按不同客运种类、不同客车类型、不同营运方式和不同道路条件实行差别运价。客运车型计费等级分为普通客车、中级客车、高级客车三类。每类按其座位总数分大型、中型、小型三种。

（1）普通客车票价。指普通大型客车的客运班车票价，按旅客运输基本运价计价。普通中型客车的票价，在旅客基本运价的基础上加价 30%～40%。

（2）中级客车票价。中级大型客车票价可高于基本运价 20%～40%。中级中型客车票价可高于基本运价 60%～100%。

（3）高级客车票价。高级大型客车票价，可高于基本运价80%~100%。高级中型客车票价可高于基本运价170%~210%。

7.3.2 公路货物运价的分类和构成

根据不同的标准，公路货物运价可以分为以下几类：

（1）按车辆类别分：普通车辆运价和特种车辆运价。

（2）按货物类别分：普通货物运价和特种货物运价。

特种货物运价又有大型特型笨重货物运价、危险货物运价、贵重货物运价以及鲜活货物运价之分。

（3）按营运类别分：整批货物运价、零担货物运价和集装箱运价。

集装箱运价也有标准集装箱运价、非标准箱运价和特种箱运价之分。

（4）按公路类别分：等级公路货物运价和非等级公路货物运价。

（5）按运输区域分：国内汽车货物运价和出入境汽车货物运价。

（6）按货物运输速度分：普通货物运价和快速货运运价。

（7）按计价依据分：计程运价和计时运价。

（8）按运输距离分：长途运价和短途运价。

整批货物及集装箱的运输费用一般由吨（箱）次费用、运价费用和货物运输其他费用构成。零担货物和计时包车运输货物的公路运输费用一般由运价费用和货物运输其他费用构成。

其中，公路货物运输其他费用主要包括调车费、延滞费、装货（箱）落空损失费、排障费、车辆处置费、检验费、装卸费、车辆通行费、保管费、道路阻塞停车费、运输变更手续费等。

7.3.3 公路货物运输费用的计算

1. 公路货物运费的计算公式

（1）整批货物运费的计算公式。

整批货物运费（元）= 吨次费（元/吨）× 计费重量（吨）+
整批货物运价（元/吨·公里）× 计费重量（吨）×
计费里程（公里）+ 货物运输其他费用（元） （7-19）

其中，整批货物运价按货物运价价目计算。

（2）零担货物运费的计算公式。

零担货物运费（元）= 计费重量（千克）× 计费里程（公里）× 零担货物运价（元/千克·公里）+
货物运输其他费用（元） （7-20）

其中，零担货物运价按货物运价价目计算。

（3）集装箱运费的计算公式。

重（空）集装箱运费（元）= 重（空）箱运价（元/箱·公里）×
计费箱数（箱）×计费里程（公里）+ 箱次费（元/箱）×
计费箱数（箱）+ 货物运输其他费用（元） （7-21）

其中，集装箱运价按计价类别和货物运价费目计算。

（4）计时包车运费的计算公式。

包车运费（元）= 包车运价（元/吨·小时）× 包用车辆吨位（吨）×
计费时间（小时）+ 货物运输其他费用（元） （7-22）

其中，包车运价按照包用车辆的不同类别分别制定。

由以上公路货物运费的计算公式可以看出，计算公路货物运费，关键在于明确公路货物运输的运价价目、计费重量（箱数）、计费里程（时间）以及货物运输的其他费用。下面分别介绍上述运费计算因素的确定方法。

2. 公路货物运价价目

（1）基本运价。

① 整批货物基本运价：指一等整批普通货物在等级公路上运输的每吨公里运价。

② 零担货物基本运价：指零担普通货物在等级公路上运输的每千克公里运价。

③ 集装箱基本运价：指各类标准集装箱重箱在等级公路上运输的每箱公里运价。

（2）吨（箱）次费。

① 吨次费：对整批货物运输，在计算运价费用的同时按货物重量加收吨次费。

② 箱次费：对汽车集装箱运输，在计算运价费用的同时按不同箱型加收箱次费。

（3）普通货物运价。

普通货物实行分等计价，以一等货物为基础，二等货物加成15%，三等货物加成30%。

（4）特种货物运价。

① 大型特型笨重货物运价：

a. 一级大型特型笨重货物在整批货物基本运价的基础上加成40%~60%。

b. 二级大型特型笨重货物在整批货物基本运价的基础上加成60%~80%。

② 危险货物运价：

a. 一级危险货物在整批（零担）货物基本运价的基础上加成60%~80%。

b. 二级危险货物在整批（零担）货物基本运价的基础上加成40%~60%。

③ 贵重、鲜活货物运价。在整批（零担）货物基本运价的基础上加成40%~60%。

（5）特种车辆运价。

按车辆的不同用途，在基本运价的基础上加成计算。特种车辆运价和特种货物运价两个价目不准同时加成使用。

（6）非等级公路货运运价。

在整批（零担）货物基本运价的基础上加成10%~20%。

（7）快速货运运价。

按计价类别在相应运价的基础上加成计算。

（8）集装箱运价。

① 标准集装箱运价。

重箱运价按照不同规格箱型的基本运价执行，空箱运价在标准集装箱重箱运价的基础上减成计算。

② 非标准箱运价。

重箱运价按照不同规格的箱型，在标准集装箱基本运价的基础上加成计算，空箱运价在非标准集装箱重箱运价的基础上减成计算。

③ 特种箱运价。

在箱型基本运价的基础上，按装载不同特种货物的加成幅度来进行加成计算。

（9）出入境汽车货物运价。

按双边或多边出入境汽车运输协定，由两国或多国政府主管机关协商确定。

3. 公路货物运费的计价标准

（1）计费重量（箱数）。

① 计量单位。

a. 整批货物运输以吨为单位。

b. 零担货物运输以千克为单位。

c. 集装箱运输以箱为单位。

② 计费重量（箱数）的确定。

a. 一般货物：无论整批、零担货物，计费重量均按毛重计算。

整批货物吨以下计至100千克，尾数不足100千克的，四舍五入。

零担货物起码计费重量为1千克。重量在1千克以上，尾数不足1千克的，四舍五入。

b. 轻泡货物：指每立方米重量不足333千克的货物。

装运整批轻泡货物的高度、长度、宽度，以不超过有关道路交通安全规定为限度，按车辆标记吨位计算重量。

零担运输轻泡货物以货物包装最长、最宽、最高部位尺寸计算体积，按每立方米折合333千克计算重量。

c. 包车运输按车辆的标记吨位计算。

d. 货物重量一般以起运地过磅为准。起运地不能或不便过磅的货物，由承托运双方协商确定计费重量。

e. 散装货物，如砖、瓦、砂、石、土、矿石、木材等，按体积由各省、自治区、直辖市统一规定重量换算标准计算重量。

f. 托运人自理装车的货物，按车辆额定吨位计算其计费重量。

g. 统一规格的成包成件货物，根据某一标准件的重量计算全部货物的计费重量。

h. 接运其他运输方式的货物，无过磅条件的，按前程运输方式运单上记载的重量计算。

i. 拼装分卸的货物，按最重装载量计算。

（2）计费里程。

① 计费里程的单位。

公路货物运输计费里程以公里为单位，尾数不足1公里的，进整为1公里。

② 计费里程的确定。

　a. 货物运输的计费里程，按装货地点至卸货地点的实际载货的营运里程计算；营运里程以《中国公路营运里程图集》核定的营运里程为准，未经核定的里程，由承、托双方商定。

　b. 同一运输区间有两条（含两条）以上营运路线可供行驶时，应按最短的路线计算计费里程或按承、托双方商定的路线计算计费里程。

　c. 拼装分卸的货物，其计费里程为从第一装货地点起至最后一个卸货地点止的载重里程。

　d. 出入境汽车货物运输的境内计费里程以交通主管部门核定的里程为准；境外里程按毗邻国（地区）交通主管部门或有权认定部门核定的里程为准。未核定里程的，由承、托双方协商或按车辆实际运行里程计算。

　e. 因自然灾害造成道路中断，车辆需绕道而驶的，按实际行驶里程计算。

　f. 城市市区里程按当地交通主管部门确定的市区平均营运里程计算；当地交通主管部门未确定的，由承、托双方协商确定。

（3）计时包车货运计费时间。

① 计时包车货运计费时间以小时为单位，起码计费时间为4小时；使用时间超过4小时，按实际包用时间计算。

② 整日包车，每日按8小时计算；使用时间超过8小时，按实际使用时间计算。

③ 时间尾数不足半小时的舍去，达到半小时的进整为1小时。

（4）运价的单位。

各种公路货物运输的运价单位分别为：

① 整批运输：元/（吨·公里）。

② 零担运输：元/（千克·公里）。

③ 集装箱运输：元/（箱·公里）。

④ 包车运输：元/（吨位·小时）。

⑤ 出入境运输，涉及其他货币时，在无法按统一汇率折算的情况下，可使用其他自由货币为运价单位。

4. 公路货物运输的其他费用

（1）调车费。

应托运人要求，车辆调出所在地而产生的车辆往返空驶，应计收调车费。

（2）延滞费。

车辆按约定时间到达约定的装货或卸货地点，因托运人或收货人责任造成车辆和装卸延滞，应计收延滞费。

（3）装货（箱）落空损失费。

应托运人要求，车辆开至约定地点装货（箱）落空造成的往返空驶里程，按其运价的50%计收装货（箱）落空损失费。

（4）排障费。

运输大型特型笨重物件时，因对运输路线的桥涵、道路及其他设施进行必要的加固或改造所发生的费用，称为排障费。排障费由托运人负担。

（5）车辆处置费。

应托运人要求，运输特种货物、非标准箱等需要对车辆改装、拆卸和清理所发生的工料费用，称为车辆处置费。车辆处置费由托运人负担。

（6）检验费。

在运输过程中国家有关检疫部门对车辆的检验费以及因检验造成的车辆停运损失，由托运人负担。

（7）装卸费。

由托运人负担。

（8）通行费。

货物运输需支付的过渡、过路、过桥、过隧道等通行费由托运人负担，承运人代收代付。

（9）保管费。

货物运达后，明确由收货人自取的，从承运人向收货人发出提货通知书的次日（以邮戳或电话记录为准）起计，第4天开始核收货物保管费；应托运人的要求或托运人的责任造成的需要保管的货物，计收货物保管费。货保管费由托运人负担。

（10）道路阻塞停车费。

汽车货物运输过程中，如发生自然灾害等不可抗力造成的道路阻滞，无法完成全程运输，需要就近卸存、接运时，卸存、接运费用由托运人负担。

（11）运输变更手续费。

托运人要求取消或变更货物托运手续，变更手续费由托运人负担。

5. 公路货物运费的结算

结算公路货物运费时，应遵守如下规定：

（1）货物运费在货物托运、起运时一次结清，也可按合同采用预付费用的方式，随运随结或运后结清。托运人或者收货人不支付运费、保管费以及其他运输费用的，承运人对相应的运输货物享有留置权，但当事人另有约定的除外。

（2）运费尾数以元为单位，不足1元时四舍五入。

（3）货物在运输过程中因不可抗力灭失，未收取运费的，承运人不得要求托运人支付运费；已收取运费的，托运人可以要求返还。

7.4 航空运费计算

民航运输业是国民经济基础性、先导性产业，具有资金、技术密集的特点。民航业的持续、健康发展，不仅与旅游等相关产业存在直接的互动关系，而且对改善投资环境、促进整个国民经济和社会发展发挥着重要的保障作用。机票价格一直是消费者、经营者所关心的问题，关乎消费者利益，也关系到企业的收益。

7.4.1 航空旅客票价的分类及构成

航空旅客票价指旅客由出发地机场至目的地机场的航空运输价格，不包括机场与市区之间的地面运输费用。航空旅客票价为旅客开始乘机之日适用的票价。客票出售后，如票价调整，票款不做变动。运价表中公布的票价，适用于直达航班运输。如旅客要求经停或转乘其他航班时，应按实际航段相加计算票价。

航空客票按使用范围分为国际客票和国内客票；按旅客的航程要求分为单程客票、来回程客票和回程客票；按客舱等级主要分为一等舱客票和普通舱（也称经济舱）客票；按客票的票价分全价客票、折扣价客票（如季节性折扣客票等）、儿童客票、婴孩客票等。航空运输电子客票如图 7.1 所示。

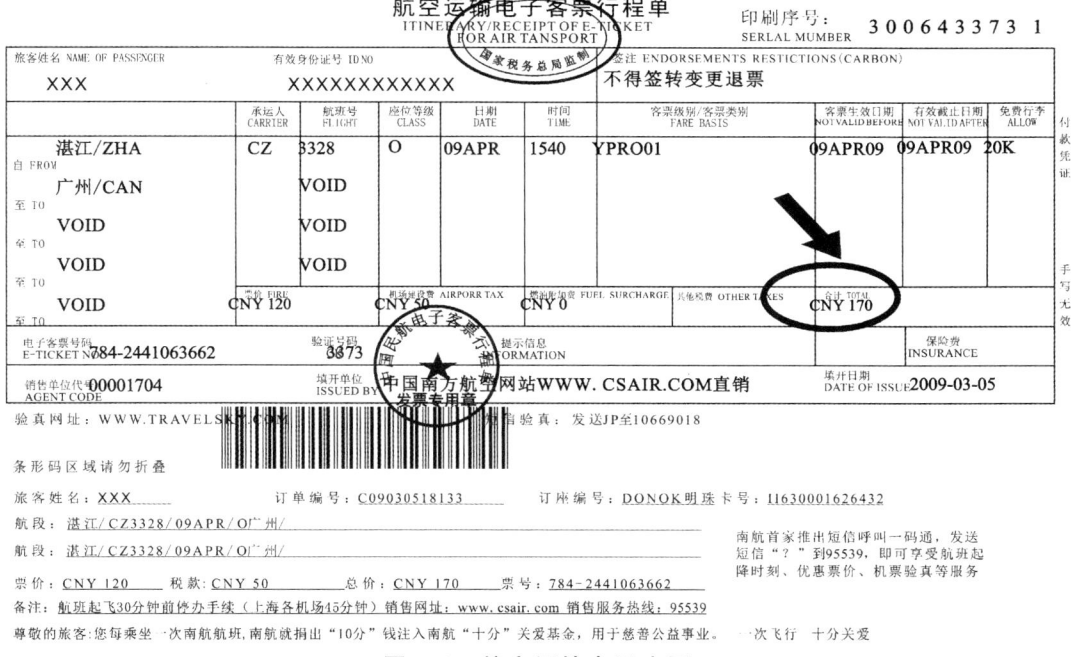

图 7.1 航空运输电子客票

航空客票通常同旅客免费交运行李的行李票合在一起，故也称客票及行李票。

航空旅客票价有以下几种：

（1）普通票价，指按距离别制定的基本票价。

（2）浮动票价，指根据不同季节而在普通票价的基础上加减成的票价。

（3）包机票价，按满员计算的票价。

（4）其他票价，同一航线上，为了鼓励旅客乘坐飞机，规定有各种不同类别的票价，如头等票价、公务票价、特种经济票价、预购旅游旺季往返票价、预购旅游淡季往返票价、优待折扣票价等。

7.4.2 航空货物运价的分类和构成

航空货物运价应当采用填开航空货运单当日承运人公布的货物运价。货物运价的使用，必须按照货物运输的正方向，而不能按反方向使用。使用货物运价时，还必须符合货物运价规则中提出的要求和规定的条件。

按运价的制定方法，航空货物运价可分为协议运价和公布运价。

按运价的组成，航空货物运价可分为公布直达运价和非公布直达运价，其中，公布直达运价可按货物的性质进一步分为普通货物运价、指定商品运价、等级货物运价和集装货物运价；非公布直达运价包括比例运价和分段相加运价。

航空货物运价的优先使用顺序为：协议运价，公布直达运价，非公布直达运价。使用协议运价时，优先顺序为：双边协议运价，多边协议运价。使用公布直达运价时，优先顺序为：指定商品运价，等级运价，普通货物运价。使用非公布直达运价时，优先顺序为：比例运价，使用分段相加运价。

航空货物运输费用是在货物运输过程中产生的，承运人应当向托运人或者收货人收取的费用，一般包括航空运费、货物声明价值附加费和其他费用。

（1）航空运费。

航空运费是指根据货物的计费重量和适用的货物运价计算得出的货物始发站机场至目的站机场之间的货物运输费用，不包括机场与市区之间、同一城市两个机场之间的地面运输费以及其他费用。

（2）货物声明价值附加费。

托运人办理货物声明价值时，应当在航空货运单上注明货物声明价值。如果国际货物每千克价值超过 20 美元或者国内货物每千克价值超过人民币 20 元，托运人应当按照规定向承运人支付货物声明价值附加费。

（3）其他费用。

其他费用是指承运人可以收取的除航空运费、货物声明价值附加费以外的费用，包括货物地面运输费、退运手续费、航空货运单费、到付运费手续费、特种货物处理费、保管费等。

在使用航空货物运价时，应当按照"从低原则"计算航空运费，即当货物重量（货物毛重或者货物体积重量）接近某一个重量分界点的重量时，需要将根据该货物重量和对应的货物运价计算得出的航空运费与根据该重量分界点的重量和对应的货物运价计算得出的航空运费相比较，然后取其低者。

7.4.3 航空货物运输费用的计算

国内航空货物运输计费规则：
（1）货物运费计费以"元"为单位，元以下四舍五入。
（2）最低运费，按重量计得的运费与最低费相比取其高者。
（3）按实际重量计得的运费与按较高重量分界点运价计得的运费比较取其低者。
（4）分段相加组成运价时，不考虑实际运输路线，不同运价组成点组成的运价相比取其低者。

1. 指定商品运价

指定商品运价是指承运人根据在某一航线上经常运输某一种类货物的托运人的请求或为促进某地区间某一种货物的运输，经国际航空运输协会同意所提供的优惠运价。其运价种类代号为"C"。

（1）运价计算方法。

① 指定商品编号与分组。根据货物种类，按照数字顺序将其分为 10 大组，每大组又分为若干小组。

0001～0999：食用肉类和植物类产品。

1000～1999：活体动物及非食用动物和植物类产品。

2000～2999：纺织品，纤维及其制品。

3000～3999：金属及其制品，但不包括机械、车辆和电气设备。

4000～4999：机械、车辆和电气设备。

5000～5999：非金属矿和产品。

6000～6999：化工产品及其有关制品。

7000～7999：纸张、芦苇、橡胶和木材制品。

8000～8999：科学、专业精密仪器、机械和配件。

9000～9999：其他货物。

② 运价查找方法。

第一步，查找两点间所有的指定商品运价。

第二步，记下指定商品品名编号。

第三步，选择适用的品名编号。

第四步，检查最低计费重量限制。

（2）运价计算有关规定与要求。
① 两地间既有SCR（指定商品运价）又有GCR（普通商品运价）时，优先使用SCR。
② 如果使用SCR计得的运费高于GCR计得的运费，可以使用GCR计得的运费。
③ 两地间既有"确指品名"运价，又有"泛指品名"运价，优先使用"确指品名"运价；如果"泛指品名"运价高于"确指品名"运价，而重量分界点较低，两种计费方法可以比较，取低者作为货物的运费。

2. 等级货物运价

等级货物运价是指规定地区范围内，在普通货物运价的基础上附加或附减一定百分比作为某些特定货物的运价。只有当某种货物没有指定商品运价可适用时，方可选择适合的等级货物运价，其起码质量规定为5千克。

（1）等级货物运价分类。
① 附减等级货物运价。
附减等级货物运价主要适用于书报、杂志及无人押运行李等价值不高的货物。其运价种类代号为"R"。
② 附加等级货物运价。
附加等级货物运价主要适用于一些较贵重的或对运输条件要求较高的物品，如贵重物品、灵柩、骨灰及活体动物等。其运价种类代号为"S"。

（2）等级货物运价计算程序。
第一步，根据货物品名判断其是否适用于等级货物运价；
第二步，用适用的公布运价乘以附加（或附减）百分比，得到等级货物运价，并将计得的等级货物运价进位；
第三步，用适用的等级货物运价乘以计费重量，得到货物运费。

3. 普通货物运价

普通货物运价又称一般货物运价，适用于各种货物，以货物重量计算运费。当一批货物不能使用等级货物运价，也不属于指定商品时，就应该选择普通货物运价。航空公司通常根据不同的货物重量等级采用不同的运输价格。重量越大，运价越优惠。目前最为普遍的重量等级是45千克、100千克、100千克以上。普通货物运价分类如下：45千克（100磅）以下，运价类别代号为N；45千克（含45千克以上），运价类别代号为Q；45千克以上可分为100、300、500、1 000、2 000千克等多个计费质量分界点，但运价类别代号仍以Q表示。

（1）运费的计算方法：

$$运费 = 适用的运价 \times 计费重量 \tag{7-23}$$

（2）运费的收取方法：根据货物重量和适用的运价计得的运费，与其较高重量分界点的重量和适用的运价计得的运费相比较，取低者作为货物的运费。

【例7-4】 北京到巴黎的运价分类如下：N：21元/千克，Q：14.8元/千克，300千克：13.54元/千克，500千克：11.95元/千克。现有一件普通货物重35千克，要从北京运往巴黎，计算其运费。

N级运费：35千克×21元/千克＝735（元）

Q级运费：45千克×14.8元/千克＝666（元）

二者比较取其低者，故该件货物应按45千克以上运价计得的运费666元收取运费。

（3）运费限额：按计费重量和适用的运价计得一票货物的运费不得低于一个限额，该限额称为最低运费。

（4）计算实例。

【例7-5】 现有一箱机器零件，毛重180千克，体积1立方米，从攀枝花运往达州，试计算其运费。

解： 对三种运费的计算如下：

GCR（普通商品运价）：1.30元×180＝234（元）

CCR（等级商品运价）：不属等级商品

SCR（指定商品运价）：4787类（起码质量为250千克）1.00元×250＝250（元）

根据以上计算，该箱机器零件的运费应按普通货物运价计算的运费收取。

4. 比例运价

比例运价是指货物的始发站至目的站无公布直达运价时，可采用有关国际运价规则中公布的比例运价与已知的公布运价相加，构成非公布直达运价。

比例运价分为3种，即GCR、SCR和ULD（集装器）运价，并且以USD（美元）和Local Currency（当地货币）两种货币形式公布，托运人应当使用已公布的货币形式支付运费和其他费用。

（1）使用要求。

① 比例运价是一种不可单独使用的附加数，只能和公布运价相加后方可使用。

② 两段比例运价不能连续使用。

③ 比例运价的种类必须和公布运价的种类一致。

④ 只有国际运输时才可使用比例运价。

⑤ 采用不同的运价构成点组成的公布直达运价，应取其较低者作为货物的运价。

⑥ 采用比例运价构成的公布直达运价可作为等级货物运价的基础。

（2）区域性最低运价。

货物的始发站至目的站无公布最低运费时，可使用区域性最低运费。在国际航协规定的运价手册中公布了各国至某一区域或国家的最低运费。

5. 分段相加运价

分段相加运价指货物的始发站至目的站无公布直达运价，同时也不能使用比例

运价时,选择适当的运价构成点,按分段相加的方式组成全程最低运价。该运价的使用要求有:

(1)在采用分段相加的方式组成全程运价时,要选择几个不同的运价构成点,将组成的全程运价比较,取其低者作为货物的非公布直达运价。

(2)当国内运价与国际运价相加时,国际运价的规定同样适用于相加后的全程运价。

(3)如果各段运价适用的计费重量不同,计算运费时应在货运单运价栏内分别填写。

(4)采用分段相加的方式组成的非公布直达运价可作为等级货物运价的基础。

6. 集装货物运价

集装货物运价适用于采用集装器运输的货物,低于普通货物运价。

(1)集装货物运价的内容。

一般情况下,计算集装货物运费时应考虑以下因素:

① 集装器运价种类代号。

② Pivot WT.(集装器最低计费重量)。

③ Pivot Charge(集装器最低运费)。

(2)集装货物运价的适用范围。

除特别公布的指定商品运价外,国际航协运价手册中公布的 ULD 运价适用于所有货物。

7. 起码运费

起码运费代号为 M,是航空公司办理一批货物所能接受的最低运费。

8. 附加费及运价使用说明

(1)声明价值附加费。

① 在国际货物运输中,货物声明价值附加费的计算公式如下:

$$货物声明价值附加费 = [货物声明价值 - (货物毛重 \times 20 \times 美元换算成人民币的汇率)] \times 0.5\% \quad (7-24)$$

② 在国内货物运输中,货物声明价值附加费的计算公式如下:

$$货物声明价值附加费 = [货物声明价值 - (货物毛重 \times 20)] \times 0.5\% \quad (7-25)$$

(2)其他附加费。

① 货物地面运输费。计算公式为:

$$货物地面运输费 = 货物重量 \times 货物地面运输费率 \quad (7-26)$$

货物重量要在货物毛重、货物体积重量之间取其高者。货物体积重量是指将一份航空货运单的货物总体积,按照每 6 000 立方厘米折合 1 千克计算所得的重量。

② 到付运费手续费。计算公式为：

到付运费手续费 =（航空运费 + 货物声明价值附加费）×
计价货币在货物到达目的站当地当日银行卖出价 × 5%　　（7-27）

（3）运价说明。

① 计算航空运费时，首先适用指定商品运价，其次是等级货物运价，最后是普通货物运价。

② 无论适用何种运价，当最后计算的运费总额低于所规定的起码运费时，按起码运费计收。

③ 公布的直达运价是指一个机场到另一个机场的基本运费，不包含其他附加费，而且该运价仅适用于单一方向。

④ 起码运费外，公布的直达运价一般是以千克或磅为计算单位。

⑤ 运价的货币单位一般以起运地的货币单位为准，汇率以承运人签发运单的时间为准。

7.5　水运运费计算

水运以其容量大、成本低和污染少等独有的特征，适合于大宗商品的远距离运输；而集装箱的出现，又使得小件适箱的轻工业产品也可通过水运大批量的远距离的集中运输，达到节约成本的目的。随着我国国民经济的快速发展，贸易范围不断扩大，我国水运货物周转量在各种运输方式完成量中的比重越来越高。矿建材料、金属矿石、煤炭及制品和石油天然气及制品等大宗散货成为我国水运主要货种。

7.5.1　水运旅客票价的分类及构成

水路旅客运输工作应贯彻"安全第一，正点运行，以客为主，便利旅客"的方针。旅客应照章购买船票（见图 7.2），按船票票面指定的船名、航次、日期乘船。

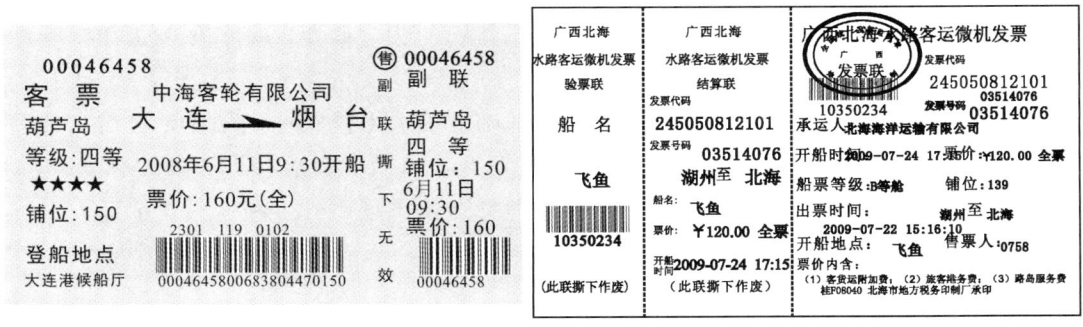

图 7.2　水路旅客运输客票

船票是水路旅客运输合同成立的证明，是旅客乘船的凭证。

船票分全价票和半价票：

（1）儿童身高超过 1.2 米但不超过 1.5 米者，应购买半价票；超过 1.5 米者，应购买全价票。

（2）革命伤残军人凭中华人民共和国民政部制发的革命伤残军人证，应给予优待购买半价票。

（3）没有工资收入的大、中专学生和研究生，家庭居住地和院校不在同一城市，自费回家或返校时，凭附有加盖院校公章的减价优待证的学生证每年可购买往返 2 次院校与家庭所在地港口间的学生减价票（以下简称"学生票"）。学生票只限该航线的最低等级。

（4）学生回家或返校，途中有一段乘坐其他交通工具的，经确认后，也可购买学生票。

（5）应届毕业生从院校回家，凭院校的书面证明可购买一次学生票。新生入学凭院校的录取通知书，可购买一次从接到录取通知书的地点至院校所在地港口的学生票。

船票应具备下列基本内容：

（1）承运人名称。

（2）船名、航次。

（3）起运港（站、点）（以下简称"起运港"）和到达港（站、点）（以下简称"到达港"）。

（4）舱室等级、票价。

（5）乘船日期、开船时间。

（6）上船地点（码头）。

旅客运输的运送期间自旅客登船时起，至旅客离船时止。船票票价含接送费用的，运送期间并包括承运人经水路将旅客从岸上接到船上和从船上送到岸上的期间，但是不包括旅客在港站内、码头上或者在港口其他设施内的时间。

7.5.2 水运货物运价的分类

（1）按运价的基本形式分。

① 国家定价，这是由国家或水运主管部门制定并统一颁布，要求有关企业必须严格执行的运价。

② 国家指导价，这种运价是在中准价的基础上可上下浮动一定幅度（目前交通运输部规定可上下浮动 20%），故又称为浮动运价。

③ 市场运价，这种运价是在统一的水路货物运输市场中，由托运人、承运人双方自由商定的船舶货物运价，故又称为自由运价。

（2）按适用范围分。

① 国际海运运价，国际海运运输的全部是国际贸易货物，采用的运价称为国际海运运价。由于国际海运运价受国际航运市场的制约，所以又称为国际航运市场运价。

② 国内水运运价，分为沿海运输价格，长江、黑龙江干线运输价格，地方内河运输价格，海、江直达运输价格等。目前国内水运运价受国内水运市场价值规律的调节，绝大部分实行市场运价。

（3）按运输形式分。

① 直达运价，指适用于同一航区（航段）内两港间直达的货物运价。

② 联运运价，指适用于水陆联运、水水联运等的货物运价。

③ 集装箱运价，指适用于集装箱货物运输的价格。

（4）按运价制定方式分。

① 单一运价，指对同一货种而言，不论其运输距离长短都采用相同的每货运吨运价。这种运价形式仅适用于短途航线、轮渡或某些海峡间的货物运输。

② 均衡里程运价，指对同一货种而言，货物的运价率随运输距离的增加而成正比例地增加。亦即吨公里运价为不变值。

③ 递远递减运价，指对同一货种而言，每吨公里运价随运输距离的增加而逐步降低。目前，我国沿海、长江等主要航区均采用此种形式的运价。

④ 航线运价，指适用于某两个港口之间直达货物的运价。两港口可以跨越航区，即只要是两港间的直达货物运输，都可以采用这种形式的运价。

⑤ 季节性运价。

此外，在某些内河运输中，还有上水运价、下水运价、枯水期运价、洪水期运价之分。在国际海上运输中，还有不定期船舶运价、定期船舶运价之分。

7.5.3 班轮运价的种类及运输费用的构成

班轮运价是按照班轮运价表的规定计算的，为垄断性价格。不同的班轮公司或不同的轮船公司有不同的运价表，但它都是按照各种商品的不同积载系数、不同的性质和不同的价值结合不同的航线加以确定的。

1. 班轮运价的种类

（1）根据运价的制定者分类。

① 班轮公会运价是指由班轮公会制定，供参加该公会的班轮公司使用的运价，运价的调整或修改都由班轮公会决定。这种运价水平较高，是一种具有垄断性质的运价。

② 班轮公司运价是指由班轮公司自行制定并负责调整的运价。虽然货方可以对班轮公司制定的运价提出意见，但解释权和决定权仍在船公司。

③ 双边运价是指由船、货双方共同商议制定，共同遵守的运价。对运价的调整或修改，须经双方协商，任何一方都无权单方面改变。

④ 货方运价是指由货方制定，船方接受采用的运价。对运价的调整或修改要在与船

方协商的基础上进行，但货方有较大的决定权。一般来说，能够制定运价的货方都是掌握有相当大数量货源的货主，能够常年向船公司提供货源。

（2）根据运价的形式分类。

① 单项费率运价指对各种不同的货物在不同的航线上分别制定一个基本运价，只需根据货物的名称及所运输的航线，即可直接查出该货物的运价来计收运费的运价。

② 等级运价指将全部货物划分为若干等级，按照不同的航线分别为每一个等级制定一个基本运价的运价。

③ 航线运价指不分距离远近，只按航线、货物等级制定的运价，即只要起运港和目的港属于航线上规定的基本港口，不论距离远近，都按照"航线费率表"上为各等级货物规定的运价计算运费。这种运价是按照各航线上各挂靠港的平均距离规定平均运价的，只要航线相同，不论远近，都按该航线分货类的平均运价计算运费。

2. 班轮运费的构成

班轮运费是由基本费率和附加费（如果有规定的话）两个部分构成的。所以，一些港口只查到基本费率，不一定是实际计算运费的完整单价。

（1）基本运费，是指每一计费单位（如一运费吨）货物收取的基本运费（Freight Unitprice）。即航线内基本港之间对每种货物规定的必须收取的费率，也是其他一些百分比收取附加费的计算基础。基本费率有等级费率、货种费率、从价费率、特殊费率和均一费率之分。

（2）附加费，是指为了保持一定时期内基本费率的稳定，又能正确反映出各港的各种货物的航运成本，班轮公司在基本费率之外，为了弥补损失又规定了各种额外加收的费用，主要有：

① 燃油附加费（Bunker Surcharge or Bunker Adjustment Factor，B.A.F.），在燃油价格突然上涨时加收。

② 货币贬值附加费（Devaluation Surcharge or Currency Adjustment Factor，C.A.F.），在货币贬值时，船方为实际收入不致减少，按基本运价的一定百分比加收的附加费。

③ 转船附加费（Transhipment Surcharge），凡运往非基本港的货物，需转船运往目的港，船方收取的附加费，其中包括转船费和二程运费。

④ 直航附加费（Direct Additional），当运往非基本港的货物达到一定的货量，船公司可安排直航该港而不转船时所加收的附加费。

⑤ 超重附加费（Heavy Lift Additional）、超长附加费（Long Length Additional）和超大附加费（Surcharge of Bulky Cargo），当一件货物的毛重或长度或体积超过或达到运价本规定的数值时加收的附加费。

⑥ 港口附加费（Port Additional or Port Surcharge），有些港口由于设备条件差或装卸效率低，以及其他原因，船公司加收的附加费。

⑦ 港口拥挤附加费（Port Congestion Surcharge），有些港口由于拥挤，船舶停泊时间增加而加收的附加费。

⑧ 选港附加费（Optional Surcharge），货方托运时尚不能确定具体卸港，要求在预先提出的两个或两个以上港口中选择一港卸货，船方加收的附加费。

⑨ 变更卸货港附加费（Alternational of Destination Charge），货主要求改变货物原来规定的港，在有关当局（如海关）准许，船方又同意的情况下所加收的附加费。

⑩ 绕航附加费（Deviation Surcharge），由于正常航道受阻不能通行，船舶必须绕道才能将货物运至目的港时，船方所加收的附加费。

7.5.4 集装箱海运运费的构成

（1）海运运费。海运运费是集装箱班轮公司为完成集装箱货物海上运输而从货方取得的报酬。

（2）堆场服务费。堆场服务费也称码头搬运费，是指在装船港堆场接收出口的整箱货以及堆存和搬运至船边的费用；在卸船港船边接收进口集装箱以及将集装箱搬运至堆场和堆存的费用。

（3）拼箱服务费。拼箱服务费是指对出口货装箱、进口货拆箱所收取的费用。

（4）集散运输费。集散运输又称支线运输，是指由内河、沿海的集散港至集装箱进出口港之间的集装箱运输。

（5）内陆运输费。包括：

① 区域运费。区域运费是指承运人按货方的要求，在货方指定的地点之间进行重箱和空箱运输时所收取的费用。

② 无效拖运费。当承运人将集装箱按货方要求运至指定地点，而货方却没有发货，且要求将集装箱运回时，承运人将收取全部区域费用以及货方宣布运输无效后可能产生的任何延迟费用。

③ 变更装箱地点费。当承运人应货方要求同意改变原定集装箱交付地点时，货方应对承运人因变更装箱地点而引起的全部费用给予补偿。

④ 装箱时间与延迟费。承运人免费允许货方装货的装箱时间长短以及超过允许装箱时间后收取的延迟费的多少，主要视各港口的条件、习惯、费用支出等情况而定。例如，在发货人工厂、仓库装箱时，免费允许货方装货的装箱时限为：20 英尺箱 2 h，40 英尺箱 3 h。上述时间均从集卡司机将空集装箱交货方时起算，即使是雨天或恶劣气候也不能超出规定的时限，否则对超出时间应计收延迟费。

⑤ 清扫费。当货方提取重箱、拆箱、掏出货物后，还应负责清扫箱子，将清洁无味的集装箱归还给承运人。

集装箱运输中不同交接方式下承运人收取运费的结构见表 7.9。

表 7.9 集装箱运输中不同交接方式下承运人收取运费的结构

交接方式	发货地				海上运输	收货地				运费结构
	A	B	C	D	E	D	C	B	A	
门到门	√		√		√		√		√	A+C+E+C+A
门到站	√		√		√		√	√		A+C+E+C+B
门到场	√		√		√	√	√			A+C+E+D+C
站到门		√	√		√		√		√	B+C+E+C+A
站到站		√	√		√		√	√		B+C+E+C+B
站到场		√	√		√	√	√			B+C+E+D+C
场到门			√	√	√		√		√	C+D+E+C+A
场到站			√	√	√		√	√		C+D+E+C+B
场到场			√	√	√	√	√			C+D+E+D+C

表中：A——内陆运输费；B——装/卸港集装箱货运站装/拆箱费；C——装/卸港集装箱作业区码头搬运费；D——装/卸车费（换装费，即需要使用港区机械将集装箱从货主接运车上卸下或装上时发生的费用）；E——海运运费。

7.5.5 港口使费的分类及构成

1. 港口使费概述

港口使费是指港口为船舶、货主提供各种必要的服务（如航道、泊位、码头、浮筒及锚泊地，为船舶安全航行提供灯塔、引航、拖轮、消防船等各种设施，提供货物装卸机械与仓库场地，提供燃油、淡水、物料、物品等补给，为船舶在港的各种业务提供有关的行政服务和劳务），而向船方或货方征收的费用。

港口使费包含港口费目及港口费率两个内容。港口费目是收取港口费用的项目，港口费率是收取每项港口费用的费用标准或单价。

2. 港口使费的类型和构成

船舶港口使费是船舶进出港口和在港停留、作业期间所发生的各项费用的总称。按费用分摊的对象主要分为：与船舶有关的费用、与货物有关的费用和其他相关费用三大类。

（1）与船舶有关的费用。

这类费用是指船舶进出港或在港停泊，按规定交纳的税金、手续费和补偿港口各种开支而向船方征收的费用,统称港口费,主要包括:引航费、拖轮费、系解缆费、船舶港务费、船舶吨税、停泊费、代理费、船舶检疫费、熏舱费、灯塔费和通信费等。

(2)与货物有关的费用。

与货物的装卸、保管和管理有关的费用统称货物费,主要有:装卸费、理货费、驳运费、开关舱费、堆存费、货物监管费、困难作业费、特殊平舱费、待时费、加班费、货物检疫费、看守费和港口机械设备使用费等。

(3)其他相关费用。

其他相关费用主要包括:船员交通费、垫舱物料费、清除垃圾费、供油服务费、伙食或医疗服务费等。

7.5.6 水运货物运输费用的计算

1. 国际海上货物运输费用的计算

航运企业在海上运输货物过程中,要利用船舶载货而发生诸如船员工资、伙食、燃油、润滑油、物料、港口使费、修理、保险、管理费等营运支出,为了维持生产和扩大再生产而提取折旧费和一定的利润以及营业税等。航运企业(承运人)向托运人(货主)收取的运输劳务费叫作"运费",而计算运费的单位价格叫作运价。这种运价有叫作远洋运价的,也有叫作国际航运价格。

(1)班轮运费的计算。

① 计费标准的概念及表示方法。

计费标准也称计算标准,是指计算运费时使用的单位。最基本的计费标准是以货物的容积和重量作为单位,即将货物分为容积货物和重量货物,并且为货物的容积和重量规定一个比例关系,按照这种比例关系换算。如果某种货物按照其体积计算的容积吨与它的实际重量相比,不足一个按重量计算的重量吨时,则这种货物属于容积货物,应按容积计算运费;相反,如果超过一个重量吨时,则这种货物属于重量货物,应按重量计算运费。这种按货物容积(体积或尺码)或重量计算运费的单位称为运费吨或计费吨。

在班轮运输中,主要使用的计费标准是容积和重量;对于贵重货物,则按货价的一定百分比计算运费;对某些特定货物也会按其实体的个数或件数计算运费。在船公司制定的运价本中,对运价的计算标准一般有以下几种规定:

a. 按货物的毛重计收:在运价本中以"W"表示。一般以每一公吨(1 公吨=1 000 千克)为计费单位,也有按长吨(1 长吨 = 1.02 公吨)或短吨(1 短吨 = 0.91 公吨)计算的。

b. 按货物的体积计收:在运价本中以"M"表示。一般以立方米为计费单位,也有以立方英尺计算的。

c. 按货物的毛重或体积计收:在运价本中以"W/M"表示,指该种货物应按其毛重和体积计算运费,并选择其中运费较高者收取运费。

d. 按货物的价格计收:在运价本中以"AD.VAL"表示,指该种货物应按其 FOB 价格的一定百分比计算运费。这种运费称为从价运费。

e. 按货物重量或体积或价格三者中最高的一种计收：在运价本中以"W/M or AD.VAL"表示，指该种货物应分别按其毛重、体积和其FOB价格的一定百分比计算运费，并选择其中运费高者收取运费。

f. 按货物的件数计收：在运价本中以"Per Unit，Head，Piece Etc."表示，指车辆按"每辆"，活牲畜按"每头"计算运费。

g. 按议价费率计收：在运价本中以"Open Rate"表示，指该种货物应按承运人与托运人双方临时议定的费率计收运费。这种费率适用于大宗低值货物如粮食、煤炭等，议价费率一般比等级费率低。

h. 起码运费率：指按每一提单上所列的货物重量或体积所计算出的运费尚不足运价本中规定的最低费率时，则按起码运费率计收，即对每一提单应计收的最低运费不低于起码运费。班轮公司大多以其等级费率的第一级费率作为起码运费率。

在集装箱运输中，又有按每一个集装箱计算收取运费的规定。

② 班轮运费的计算公式。

班轮运费是由基本运费和附加运费组成的，其计算公式如下：

a. 如果附加运费为绝对数值，则运费计算公式为：

$$运费总额 = 货运数量（重量或体积）\times 基本费率 + 附加运费 \quad (7-28)$$

b. 如果附加运费按百分比计算，则运费计算公式为：

$$运费总额 = 货运数量（重量或体积）\times 基本费率 \times (1+附加运费百分比) \quad (7-29)$$

③ 运费计算的步骤。

a. 根据装货单留底联（或托运单证中的运费计算联）查明货物的装货港和目的港所在的航线，注意它们是否属于航线上的基本港口；所运货物是否需要转船或要求直达；对于选港货，还应注意选卸港名及选卸港口数。

b. 了解货物品名、特性、包装，是否属于超重、超长货物或冷藏货物。如果托运人提供的货物重量、尺码所使用的计量单位与运价表规定的计量单位不相符时，还必须首先对计量单位按规定的换算率进行换算。

c. 根据货物品名，从货物分级表中找出该货物的等级和计算标准。如属于未列名货物，则参照性质相近货物的等级和计算标准计算。

d. 查找所属航线等级费率表，找出等级货物的基本费率。

e. 查出各项应收附加费的计算方法及费率。

f. 列式进行计算。

④ 计算实例见例7-6。

【例7-6】 某班轮从上海港装运10吨共11立方米的蛋制品去英国普利茅斯港，要求直航，求全部运费。

解：（1）该票货物的运输航线属中国/欧洲地中海航线，目的港普利茅斯港是航线上的非基本港。

（2）查货物分级表知蛋制品为 12 级，计算标准为 W/M。

（3）查中国/欧洲地中海航线等级费率表知 12 级货物的基本费率为 116 元/吨。

（4）查中国/欧洲地中海航线附加费率表知普利茅斯港直航附加费为 18 元/吨，燃油附加费为 35%。

（5）因该批货物容积吨大于重量吨，所以运费吨为 11 吨，代入运费计算公式，得：

$$运费总额 = 11 \times [116 \times (1 + 35\%) + 18] = 1\,920.60（元）$$

（2）集装箱海运运费的计算。

国际集装箱海运运费的计算办法与普通班轮运费的计算办法一样，也是根据运价本规定的费率和计费办法计算运费，同样也有基本运费和附加费之分。不过，由于集装箱货物既可以交集装箱货运站（CFS）装箱，也可以由货主自行装箱整箱托运，因而在运费计算方式上也有所不同，主要表现在当集装箱货物是整箱托运，并且使用的是承运人的集装箱时，集装箱海运运费计收有"最低计费吨"和"最高计费吨"的规定。此外，对于特种货物运费的计算以及附加费的计算也有其规定。

① 拼箱货海运运费的计算。

目前，各船公司对集装箱运输的拼箱货运费的计算，基本上是依据件杂货运费的计算标准，按所托运货物的实际运费吨计费，即尺码大的按尺码吨计费，重量大的按重量吨计费；另外，在拼箱货海运运费中还要加收与集装箱有关的费用，如拼箱服务费等。由于拼箱货涉及不同的收货人，因而拼箱货不能接受货主提出的有关选港或变更目的港的要求，所以，在拼箱货海运运费中没有选港附加费和变更目的港附加费。

② 整箱货海运运费的计算。

对于整箱托运的集装箱货物运费的计收：一种方法是同拼箱货一样，按实际运费吨计费；另一种方法，也是目前采用较为普遍的方法，根据集装箱的类型按箱计收运费。

在整箱托运集装箱货物且所使用的集装箱为船公司所有的情况下，承运人则有按"集装箱最低利用率"（Container Minimum Utilization）和"集装箱最高利用率"（Container Maximum Utilization）支付海运运费的规定。

a. 按集装箱最低利用率计费。

一般说来，班轮公会在收取集装箱海运运费时通常只计算箱内所装货物的吨数，而不对集装箱自身的重量或体积进行收费，但是对集装箱的装载利用率有一个最低要求，即"最低利用率"。对有些承运人或班轮公会来说，只是当采用专用集装箱船运输集装箱时，才不收取集装箱自身的运费，而当采用常规船运输集装箱时则按集装箱的总重（含箱内货物重量）或总体积收取海运运费。

规定集装箱最低利用率的主要目的是确保承运人的利益，如果所装货物的吨数（重量或体积）没有达到规定的要求，则仍按该最低利用率时相应的计费吨计算运费。在确定集装箱的最低利用率时，通常要包括货板的重量或体积。最低利用率的大小主要取决于集装箱的类型、尺寸和集装箱班轮公司所遵循的经营策略。当然，在有些班轮公会的费率表中，集装箱的最低利用率通常仅与箱子的尺寸有关，而不考虑集装箱的类型。目前，按集装箱最低利用率计收运费的形式主要有三种：最低装载吨、最低运费额以及上述两种形式的混合形式。

最低装载吨可以是重量吨或体积吨，也可以是占集装箱装载能力（载重或容积）的一个百分比。以重量吨或体积吨表示的最低装载吨数通常是依集装箱的类型和尺寸的不同而不同，但在有些情况下也可以是相同的。而当以集装箱装载能力的一定比例确定最低装载吨时，该比例对于集装箱的载重能力和容积能力通常都是一样的，当然也有不一样的。

最低运费额则是按每吨或每个集装箱规定一个最低运费数额，其中后者又被称为"最低包箱运费"。

至于上述两种形式的混合形式则是根据下列方法确定集装箱最低利用率：

• 集装箱载重能力或容积能力的一定百分比加上按集装箱单位容积或每集装箱规定的最低运费额。

• 最低重量吨或体积吨加上集装箱容积能力的一定百分比。

b. 亏箱运费（Short Fall Freight）的计算。

当集装箱内所装载的货物总重或体积没能达到规定的最低重量吨或体积吨，而导致集装箱装载能力未被充分利用时，货主将支付亏箱运费。亏箱运费实际上就是对不足计费吨所计收的运费，即所规定的最低计费吨与实际装载货物数量之间的差额。在计算亏箱运费时，通常是以箱内所载货物中费率最高者为计算标准。此外，当集装箱最低利用率是以"最低包箱运费"形式表示时，如果根据箱内所载货物吨数与基本费率相乘所得运费数额，再加上有关附加费之后仍低于最低包箱运费，则按后者计收运费。

c. 按集装箱最高利用率计收运费。

集装箱最高利用率的含义是，当集装箱内所载货物的体积吨超过集装箱规定的容积装载能力（集装箱内容积）时，运费按规定的集装箱内容积计收，也就是说超出部分免收运费。至于计收的费率标准，如果箱内货物的费率等级只有一种，则按该费率计收；如果箱内装有不同等级的货物，计收运费时通常采用下列两种做法：一种做法是箱内所有货物均按箱内最高费率等级货物所适用的费率计算运费；另一种做法是按费率高低，从高费率起往低费率计算，直至货物的总体积吨与规定的集装箱内容积相等为止。

需指出的是，如果货主没有按照承运人的要求，详细申报箱内所装货物的情况，运费则按集装箱内容积计收，而且，费率按箱内装货物所适用的最高费率计。如果箱内货物只有部分没有申报数量，那么，未申报部分运费按箱子内容积与已申报货物运费吨之差计收。

规定集装箱最高利用率的目的主要是鼓励货主使用集装箱装运货物，并能最大限度地利用集装箱的内容积。为此，在集装箱海运运费的计算中，船公司通常都为各种规格和类型的集装箱规定了一个按集装箱内容积计算的最高利用率，例如，20英尺集装箱的最高利用率为31立方米，而40英尺集装箱的最高利用率为67立方米。最高利用率之所以用体积吨而不用重量吨为计算单位，是因为每一集装箱都有其最大载重量，在运输中超重是不允许的。因此，在正常情况下，不应出现超重的集装箱，更谈不上鼓励超重的做法。

③ 特殊货物海运运费的计算。

一些特殊货物如成组货物、家具、行李及服装等在使用集装箱进行装运时，在运费的计算上有一些特别的规定。

a. 成组货物。

班轮公司通常对符合运价本中有关规定与要求，并按拼箱货托运的成组货物，在运费上给予一定的优惠，在计算运费时，应扣除货板本身的重量或体积，但这种扣除不能超过成组货物（货物加货板）重量或体积的 10%，超出部分仍按货板上货物所适用的费率计收运费。但是，对于整箱托运的成组货物，则不能享受优惠运价，并且，整箱货的货板在计算运费时一般不扣除其重量或体积。

b. 家具和行李。

对装载在集装箱内的家具或行李，除组装成箱子再装入集装箱外，应按集装箱内容积的 100%计收运费及其他有关费用。该规定一般适用于搬家的物件。

c. 服装。

当服装以挂载方式装载在集装箱内进行运输时，承运人通常仅接受整箱货"堆场—堆场"（CY/CY）运输交接方式，并由货主提供必要的服装装箱物料如衣架等。运费按集装箱内容积的 85%计算。如果箱内除挂载的服装外，还装有其他货物时，服装仍按箱容的 85%计收运费，其他货物则按实际体积计收运费。但当两者的总计费体积超过箱容的 100%时，其超出部分免收运费。在这种情况下，货主应提供经承运人同意的公证机构出具的货物计量证书。

d. 回运货物。

回运货物是指在卸货港或交货地卸货后的一定时间以后由原承运人运往原装货港或发货地的货物。对于这种回运货物，承运人一般给予一定的运费优惠，比如，当货物在卸货港或交货地卸货后六个月由原承运人运回原装货港或发货地，对整箱货（原箱）的回程运费按原运费的 85%计收，拼箱货则按原运费的 90%计收回程运费。但货物在卸货港或交货地滞留期间发生的一切费用均由申请方负担。

e. 货物滞期费。

在集装箱运输中，货物运抵目的地后，承运人通常给予箱内货物一定的免费堆存期（Free Time），但如果货主未在规定的免费期内前往承运人的堆场提取货箱，或去货运站提取货物，承运人则对超出的时间向货主收取滞期费（Demurrage）。货物的免费堆存期通常系从货箱卸下船时起算，其中不包括星期六、星期天和节假日。但一旦进入滞期时间，便连续计算，即在滞期时间内若有星期六、星期天或节假日，该星期六、星期天及节假日也应计入滞期时间，免费堆存期的长短以及滞期费的计收标准与集装箱箱型、尺寸以及港口的条件等有关，同时也依班轮公司而异，有时对于同一港口，不同的船公司有不同的计算方法。

根据班轮公司的规定，在货物超过免费堆存期后，承运人有权将箱货另行处理。对于使用承运人的集装箱装运的货物，承运人有权将货物从箱内卸出，存放于仓储公司仓库，由此产生的转运费、仓储费以及搬运过程中造成的事故损失费与责任均由货主承担。

f. 集装箱超期使用费。

如货主所使用的集装箱和有关设备为承运人所有，而货主未能在免费使用期届满后将集装箱或有关设备归还给承运人，或送交承运人指定地点，承运人则按规定对超出时间向货主收取集装箱超期使用费。

④ 附加费的计算。

与普通班轮一样，国际集装箱海运运费除计收基本运费外，也要加收各种附加费。附加费的标准与项目，根据航线和货种的不同而有不同的规定。集装箱海运附加费通常包括以下几种形式：

a. 货物附加费（Cargo Additional）。

某些货物，如钢管之类的超长货物、超重货物、需洗舱（箱）的液体货等，由于它们的运输难度较大或运输费用增高，因而对此类货物要增收货物附加费。当然，对于集装箱运输来讲，计收对象、方法和标准有所不同。例如，对超长、超重货物加收的超长、超重、超大件附加费（Heavylift and Over-length Additional）只对由集装箱货运站装箱的拼箱货收取，其费率标准与计收办法与普通班轮相同。如果采用 CFS/CY 条款，则对超长、超重、超大件附加费减半计收。

b. 变更目的港附加费。

变更目的港仅适用于整箱货，并按箱计收变更目的港附加费。提出变更目的港的全套正本提单持有人，必须在船舶抵达提单上所指定的卸货港 48 小时前以书面形式提出申请，经船方同意变更。如变更目的港的运费超出原目的港的运费时，申请人应补交运费差额，反之，承运人不予退还。由于变更目的港所引起的翻舱及其他费用也应由申请人负担。

c. 选卸港附加费（Optional Additional）。

选择卸货港或交货地点仅适用于整箱托运整箱交付的货物，而且一张提单的货物只能选定在一个交货地点交货，并按箱收取选卸港附加费。

选港货应在订舱时提出，经承运人同意后，托运人可指定承运人经营范围内直航的或经转运的三个交货地点内选择直走卸货港，其选卸范围必须按照船舶挂靠顺序排列。此外，提单持有人还必须在船舶抵达选卸范围内第一个卸货港 96 小时前向船舶代理人宣布交货地点，否则船长有权在第一个或任何一个选卸港将选卸货卸下，即应认为承运人已终止其责任。

d. 服务附加费（Service Additional）。

当承运人为货主提供了诸如货物仓储对已关或转船运输以及内陆运输等附加服务时，承运人将加收服务附加费。对于集装箱货物的转船运输，包括支线运输转干线运输，都应收取转船附加费（Trans-shipment Additional）。

除上述各项附加费外，其他有关的附加费计收规定与普通班轮运输的附加费计收规定相同。这些附加费包括：因港口情况复杂或出现特殊情况所产生的港口附加费（Port Additional）；因国际市场上燃油价格上涨而增收燃油附加费（Bunke Adjustment Factor，BAF）；为防止货币贬值造成运费收入上的损失而收取货币贬值附加费（Currency Adjustment Factor，CAF）；因战争、运河关闭等原因迫使船舶绕道航行而增收绕航附加费（Deviation Surcharge）；因港口拥挤致使船舶抵港后不能很快靠卸而需长时间待泊所增收的港口拥挤附加费（Port Congestion Surcharge）等。此外，对于贵重货物，如果托运人要求船方承担超过提单上规定的责任限额时，船方要增收超额责任附加费（Additional for Excess of Liability）。

需指出的是，随着世界集装箱船队运力供给大于运量需求的矛盾越来越突出，集装箱航运市场上削价竞争的趋势日益蔓延，因此，目前各船公司大多减少了附加费的增收种类，将许多附加费并入运价当中，给货主提供一个较低的包干运价。这一方面起到了吸引货源的目的，同时也简化了运费结算手续。

2. 国内水路货物运输费用的计算

国内水路货物运输实行的是市场运价，所以在确定水路货物运价时，应以运输价值为基础，并考虑运输市场的供求关系、竞争导向因素、不同运输方式之间的比价关系以及货物的运费负担能力。水路货物运价的制定包括货运基本价格的制定，货类分级及级差率的确定，运价里程与计算里程的确定，运价率表的制定等。

（1）货运基本价格的制定。

货运基本价格，简称"基价"，亦称基本价率，是指基准的运价率。基价确定方法有两种，即综合基价和组合基价。

① 综合基价。

综合基价是指以综合运输成本为基础进行测算的货运基本价格。其理论公式为：

$$综合基价 = （运输成本 + 利润 + 税金）/计划期换算货物周转量[元/（吨·公里）] \quad (7\text{-}30)$$

式中　运输成本——计划期部门或航区预计货运成本；

　　　利润——按规定利润率计算办法所得的利润额；

　　　税金——计划期按国家规定的工商税率计算出来的税金；

　　　计划期换算货物周转量——以基本货类、基本船型为基础，各货类、船型按运输生产效率的一定比例换算而得的货物周转量。

综合基价确定后，不同货种、不同运距的货物运价率可按下式确定：

$$运价率 = 综合基价 \times 里程 \times 级差系数（元/吨） \quad (7\text{-}31)$$

以综合基价为基础而确定的货物运价，是一种均衡里程运价。它既能反映货物运价的总体水平，也能反映不同运距、不同货种的运价差别，测算也比较方便。但是此法不能较好地体现运输成本随运距变化的情况，不能反映运距的变化对停泊成本和航行成本的不同影响。

② 组合基价。

组合基价是指由航行基价和停泊基价组合而成的货运基本价格。它是递远递减运价的基础。比综合基价（均衡里程运价）合理。其理论计算公式为：

$$组合基价 = 航行基价 \times 里程 + 停泊基价（元/吨） \quad (7\text{-}32)$$

$$航行基价 = （航行成本 + 利润 + 税金）/计划期换算周转量[元/（吨·公里）] \quad (7\text{-}33)$$

$$停泊基价 = （停泊成本 + 利润 + 税金）/计划期换算货运量（元/吨） \quad (7\text{-}34)$$

式中　航行成本、停泊成本——分别指与船舶航行、停泊有关的成本；

　　　航行基价、停泊基价中的利润、税金——船舶在航行、停泊期间应分摊的利润和税金；

　　　计划期换算周转量、货运量——以基本货类、基本船型为基础，各货类、船型按运输生产效率进行换算而得的货物周转量、货运量。

组合基价确定后，不同货种、不同运距的货物运价率按下式计算：
$$运价率 = 组合基价 \times 级差系数（元/吨） \tag{7-35}$$

以组合基价为基础而确定的货物运价，是一种递远递减运价。随着运距的增加，每吨公里停泊基价在逐步减少，而航行基价为不变值，从而每吨公里运价随运距的增加也逐渐减少。采用递远递减运价能较好地体现运输成本随运距变化的情况，比均衡里程运价更为合理。

③ 我国北方沿海、长江航区的航行基价与停泊基价。

a. 航行基价。

从理论上说，由于航行成本基本上随运输距离的增加而同步增加，故每吨公里（或每吨海里）的航行成本可视为不变值。但运距的变化与单位航行成本并不绝对相等，一般是运距短的单位航行成本高，运距长的单位航行成本低。自然条件和地理位置不同的某些航区，各航行区段的单位航行成本有显著差别，所以沿海以运距的长短分别规定不同的航行基价，长江则以上游区段、中游区段、下游区段分别规定有差别的航行基价。

b. 停泊基价。

停泊基价的制定主要依据单位停泊成本。由于行驶在各航区的船舶的结构、装备等有较大差异，分摊到每货运吨的停泊成本也不同，沿海航区的船舶停泊基价一般小于内河航区。

（2）货类分级及级差率的确定。

① 货物分级和分级数的确定。

a. 货物分级。

对货物分级应主要从运输效率和运输成本上来分析确定，通常要考虑货物的积载因数、货物运输及装卸的难易程度、货物的理化性质、货物的运费承担能力及与其他运输方式的比价等。不同级别的货类在运价上是有差别的，贵重货物高于普通货物，危险货物高于一般货物，成品货物高于原材料，轻质货物高于重质货物。

b. 货物分级数的确定。

货物分级数的多少要能合理体现各种货类在运价上的差别和便于计算核收。我国沿海（包括北方沿海、华南沿海）、长江、黑龙江及部分地方航区采用10级分类制。

② 级差率的确定。

级差率是指同一航线不同级别货物运价率之间的递增（或递减）率。其计算公式为：
$$级差率 = （后级运价率 - 前级运价率）/前级运价率 \times 100\% \tag{7-36}$$
$$后级运价率 = 前级运价率 \times （1 + 级差率）（元/吨） \tag{7-37}$$

级差率的数值可以是正数，也可以是负数。若为正数，则说明后一级的运价率高于前一级；反之，后一级的运价率低于前一级。

级差系数是指各级货物的运价率对基级货物运价率（即基价）的比例关系，可根据各级级差率推算。如果已知级差系数和基价，则其他级别的运价率可按下式确定：
$$各级运价率 = 基价 \times 相应的级差系数 \tag{7-38}$$

（3）运价里程与计算里程的确定。

运价里程是指由水运主管部门统一颁布的为测定两港间运价率而特设的里程。它不同于实际里程和航行里程，比较稳定，不得任意更改，只有在航道或港区发生永久性变化时，才由水运主管部门统一修订。

在制定运价率表时，为便于运作和简化，往往把运价里程划分为若干区段。每一区段适合从某一里程起至下一里程止的特定范围。若两港间的运价里程落在某一里程区段内，则按统一规定的里程计算，这一里程称为计算里程。

我国对沿海航区和长江航区里程区段的划分以及相应采用的计算里程均有不同规定。

① 沿海航区（包括北方、华南沿海）。

a. 里程区段的划分。

我国沿海航区里程区段的划分见表 7.10。

表 7.10 我国沿海航区里程区段划分表

里程区段/海里	区段数	每段里程/海里	里程区段/海里	区段数	每段里程/海里
1～50	1	50	201～400	5	40
51～100	5	10	401～1 000	10	30
101～200	5	20	1 000 以上		100

b. 各区段计算里程的确定。

各里程区段又划分为若干小区段。如表 7.10 中 51～100 海里区段中，以每 10 海里划分为 5 个小区段，即 51～60、61～70 直至 91～100，其计算里程以各区段的中间值为准，并仅保留整数。例如，大连—天津运价里程为 247 海里，属 241～280 海里区段，其计算里程为 260 海里；天津—青岛运价里程为 461 海里，属 451～520 海里区段，其计算里程为 490 海里。

② 长江航区。

a. 里程区段的划分。

长江航区里程区段的划分，是以每 10 公里为一里程区段，即 1～10 公里、11～20 公里、21～30 公里……依此类推。

b. 各里程区段计算里程的确定。

按各区段的终值为准，即将运价里程的个位逢十进整。例如，上海—张家港运价里程为 170 公里，计算里程即为 170 公里；南京—南通运价里程为 264 公里，计算里程即为 270 公里。

（4）运价率表的制定。

确定了基价、级差率及运价里程之后，就可以计算出任何两港间的各级运价率，将所得数据汇列成表即可得运价率表。

货物运价率表有两种形式，即分航区运价率表和主要航线运价率表。前者是按北方沿海、华南沿海、长江和黑龙江 4 大航区分别制定货物运价。后者的制定步骤为：

① 列出主要航线起讫港并确定其所在航区。
② 查运价里程并确定计算里程。
③ 确定航行基价、停泊基价和级差系数。
④ 算各级货物的运价率。

【例 7-7】 确定上海—青岛三级货物的运价率。

解：上海—青岛为北方沿海航线，其运价里程为 404 海里，属 401～460 海里区段，则计算里程为 430 海里。其航行基价在 200 海里区间为 0.007 5 元/吨·海里，201～400 海里区段为 0.007 0 元/吨·海里，400 海里以上为 0.006 5 元/吨·海里。三级货物的级差系数为 110.25%，停泊基价为 2.6 元/吨。于是，

运价率 =（0.007 5×200 + 0.007 0×200 + 0.006 5×30 + 2.6）×110.25% = 6.28（元/吨）

【例 7-8】 确定九江—宜昌木材的运价率。

解：九江—宜昌为长江航线。其中九江—武汉为下游区段，运价里程为 269 公里，以 270 公里计算；武汉—宜昌为中游区段，运价里程为 626 公里，以 630 公里计算。木材为四级货物，级差系数为 115.76%，停泊基价为 1.5 元/吨。于是，

运价率 =（0.007 0×270 + 0.013 6×630 + 1.5）×115.76% = 13.84（元/吨）

3. 港口费用的计算

各国港口的费收项目、计费方法和费率水平都不尽相同，但基本费收项目较为一致。

（1）与船舶有关的费用。约占船舶港口使费总额的 36%，而引航费、拖轮费、系解缆费、船舶港务费、船舶吨税、停泊费、代理费等费用之和约占这类费用的 90%。

① 引航费：大多数国家都规定外籍船舶进出本国港口实行强制引航，绝大部分港口按船舶的净吨（或总纯）和次数计费。如安特卫普港按船舶总纯计收；少数港口，如鹿特丹港则按船舶吃水和引航的距离收费。

② 拖轮费：船舶进出港口或移泊都需拖轮协助，该费用的计费方法较多，如我国是按拖轮的马力小时计费；汉堡港按船舶吨位计算；鹿特丹港则按船舶长度计算，还要考虑拖轮使用的区域。

③ 系解缆费：多数港口按船舶的净吨（或总吨）计收；少数港口如马赛港按船舶长度计收。

④ 船舶港务费：是港口当局向船方征收的费用，通常按船舶的净吨或总吨计费，多数港口，如马来西亚的港口规定进出港各计费一次；少数港口规定进出港只计费一次。

⑤ 船舶吨税：是船舶出入国境的关税，由海关向船东征收，但各国吨税征收办法有很大差异，例如波兰港口按船船的净吨计收，按年缴纳，但对不定期船和班轮规定不同的税率；而温哥华、科伦坡等港口是按船舶在港装卸的货量计收，具体税率也各有规定。

⑥ 停泊费：绝大多数港口按净吨（或总吨）和停泊时间计费，以 24 小时为一天，超 1 小时按一天计算。

⑦ 代理费：是船方向委托代理人支付的劳务费用。代理费一般按代理协议每船包干，少数按运费计收。其中，引航费、拖轮费、系解缆费在节假日和夜间要加收附加费。

（2）与货物有关的费用。约占船舶港口使费总额的 59%，最主要的是装卸费，约占这类费用的 86%，其次是理货费。

① 装卸费：一般是按装卸货物的重量吨计收的，对于体积大的轻泡货则按体积计收。关于货物的装卸费由谁负担，应按运输合同规定的条款。FAS 条款：船方负担装卸费；

FIO 条款：船方不负担装卸费；FILO 条款：船方只负担卸货费；LIFO 条款：船方只负担装货费；FIOST 条款：船方不负担装卸费、积载费和平舱费。

大多数港口规定节假日和夜间装卸货物要支付加班费。其计费办法一般有两种：一种是按规定加班的费率，如多哈港，凡加班时间卸货费由原来的基本费率的 5.1 美元/吨，增加到 15 美元/吨。另一种是按时间段收费，如日本港口规定上半夜增加 50%，下半夜增加 130%。

② 理货费，一般以装卸货物的吨数计费，节假日、夜间也要加收加班费，一般是按规定加班的费率，如也门的港口节假日、夜间的理货费要加收 130%。

（3）其他相关费用约占船舶港口使费总额的 5%。这类费用主要是日常的服务费，是根据实际支出结算的。

本章小结

本章主要就各种运输方式的运价种类及结构形式、旅客及货物运输费用的构成、运输费用的计算方法与程序等做了介绍和说明。

1. 运价的基本原理

运价是运输价值的货币体现，表现为运输单位产品的价格。各种运输方式都有其特定的运价。运费是托运人根据运输契约向承运人支付的运输费用，或者是承运人根据运输契约向托运人收取的运输报酬，运费应是单位运价与运量之积。

2. 铁路运输费用的计算

铁路货物运输费用是对铁路运输企业所提供的各项生产服务消耗的补偿，包括运行费用、车站费用、服务费用和额外占用铁路设备的费用等。

铁路货物运输费用具体由货物运费、杂费以及一些专项和代收费用构成。其中，货物运费由发到运费和运行运费构成；杂费又包括：营运杂费，延期使用运输设备、违约及委托服务费用以及租、占用运输设备费用；专项和代收费用包括铁路建设基金、新路新价均摊运费、电气化附加费、印花税等。

3. 公路运输费用的计算

整批货物及集装箱的运输费用一般由吨（箱）次费用、运价费用和货物运输其他费用构成。零担货物和计时包车运输货物的公路运输费用一般由运价费用和货物运输其他费用。其中，公路货物运输其他费用主要包括调车费、延滞费、装货（箱）落空损失费、排障费、车辆处置费、检验费、装卸费、车辆通行费、保管费、道路阻塞停车费、运输变更手续费等。

4. 航空运输费用的计算

航空货物运输费用是在货物运输过程中产生的，承运人应当向托运人或者收货人收取的费用，一般包括航空运费、货物声明价值附加费，以及货物地面运输费、退运手续费、航空货运单费、到付运费手续费、特种货物处理费、保管费等。

航空运费是指根据货物的计费重量和适用的货物运价计算得出的货物始发站机场至目的站机场之间的货物运输费用，不包括机场与市区之间、同一城市两个机场之间的地面运输费以及其他费用。

5. 水运运输费用的计算

（1）班轮运费。

班轮运费通常由基本运费和附加运费两部分组成。基本运费是任何一种货物都要计收的运费，附加运费是视不同情况而加收的运费，附加运费可以按每一计费吨加收若干计收，也可按基本运费的一定比例计收。

（2）集装箱海运运费。

集装箱海运运费包括：① 海运运费；② 堆场服务费；③ 拼箱服务费；④ 集散运输费；⑤ 内陆运输费。

（3）港口使费。

港口使费包含港口费目及港口费率两个内容。港口费目是收取港口费用的项目，港口费率是收取每项港口费用的费用标准或单价。港口征收的港口使费有船舶吨税、港务费、装卸费、理货费、货物保管费、转口费、驳运费、代理费、检验费、节假日及夜班附加费、租用设备和杂项作业费以及与集装箱有关的港口费用等。

复习与思考

1. 简述运价的结构形式。
2. 简述铁路旅客票价的分类及构成。
3. 简述铁路货物运价的分类及运输费用的构成。
4. 简述铁路货物运费的计算程序和计算公式。
5. 铁路整车货物和集装箱货物的计费重量分别是如何确定的？
6. 铁路冷藏车货物、快运货物以及超长、超限和限速货物在运费计算上有何特殊性？
7. 公路货物运价有哪些种类？
8. 什么是班轮运价？班轮运费是怎样构成的？
9. 简述航空货物运价的种类及其适用条件。
10. 某轮船公司班轮运价表规定的货物分级见表 7.11，班轮运价表中规定，由中国口岸至东非主要港口的费率见表 7.12。现有工具 100 箱，每箱 0.45 立方米，每箱毛重 580 千克，试计算该批货物运往东非某主要港口的运费（燃料附加费 40%，港口拥挤费 10%）。

表 7.11 某轮船公司班轮运价表货物分级

货　名	计算标准	等　级
农机（包括拖拉机）	W/M	9
钟及零件	M	10
五金及工具	W/M	10
人　参	AV/M	20
玩　具	M	11

表 7.12 中国口岸至东非主要港口费率

等 级	运费（HKD）
1	243
2	254
…	…
9	404
10	443
11	477
…	…
AV	2.9%

参考文献

[1] 唐秋生. 刘玲丽. 交通运输商务管理[M]. 北京：人民交通出版社，2006.

[2] 刘作义. 郎茂祥. 运输商务[M]. 北京：中国铁道出版社，2003.

[3] 李津. 金俊武. 运输商务管理[M]. 北京：国防工业出版社，2005.

[4] 王学锋. 国际物流运输[M]. 北京：化学工业出版社，2004.

[5] 中华人民共和国铁道部. 铁路客运运价规则[S]. 北京：中国铁道出版社，1997.

[6] 中华人民共和国铁道部. 铁路货物运价规则[S]. 北京：中国铁道出版社，2005.

[7] 中国民用航空总局. 中国民用航空旅客、行李国内运输规则[S]. 北京：中国民航出版社，1996.

[8] 中华人民共和国交通运输部. 水路旅客运输规则[S]. 2014.

[9] http：//www.huochepiao.com/

[10] http：//bbs.hasea.com/

[11] http：//info.jctrans.com/

[12] http：//www.zgsyb.com/

[13] http：//www.12306.cn/

8 运输保险与保价

在运输过程中,常常会因为不可抗力或承运人的过失而使货主的货物或者旅客的财产受到损失,甚至会威胁到旅客的生命安全。为了在损害发生后得到必要的赔偿,使损失减小到最少,旅客或货主可以选择参加运输保险或保价运输。

8.1 运输保险

运输保险是以处于流动状态下的财产作为保险标的的一种保险,包括运输货物保险和运输工具保险。这两种保险的共同特点是:保险标处于运输状态或经常处于运行状态,与火灾保险的保险标要求存放在固定场所和处于相对静止状态有区别,因此而不能被火灾保险包容。

运输保险业务的内容包括运输货物保险、机动车辆保险、船舶保险、航空保险、摩托车保险等,在整个财产保险业中占有十分重要的地位。

8.1.1 保险概述

1. 保险的定义

"保险"一词具有"稳妥可靠""保证安全"等多种含义。但"保险"作为一个专用的术语,迄今还没有统一的定义,一般认为是一种经济补偿手段,是对危险造成的损失进行补偿的制度。可以从广义和狭义两个角度来认识。

广义的保险是指保险人向投保人收取保险费,建立专门用途的保险基金,并对投保人负有法律或合同规定范围内的赔偿或给付责任的一种经济保障制度;狭义的保险特指商业保险,即通过合同形式,运用商业手段,由专门机构向投保人收取保险费,建立保险基金,用作对被保险人在合同范围内的财产损失、人身伤亡以及年老丧失劳动能力者给付保险金的一种经济保障制度。

可见,保险既是一种经济制度,同时也是一种法律关系。从经济角度讲,保险是以概率和大数法则为数理基础,集合多数单位和个人共同建立保险基金,用来在发生自然灾害和意外事故时,对保险人的财产损失给予经济补偿或人身伤亡给付保险金的一项制度。它是人们为了保障日常生产和生活的稳定,对同类危险事故发生所造成的损失或经济需要,运用多数单位的力量建立保险基金并根据合理的数学计算建立的经济补偿制度或金钱给付的安排。

从法律角度讲，保险的含义是由相关法律给予明确的。我国《中华人民共和国保险法》第 2 条（2015 年 4 月 24 日正式实施，以下简称《保险法》）对保险的定义是："本法所称保险，是指投保人根据合同约定，向保险人支付保险费，保险人对于合同约定的可能发生的事故因其发生所造成的财产损失承担赔偿保险金责任，或者当被保险人死亡、伤残、疾病或者达到合同约定的年龄、期限时承担给付保险金责任的商业保险行为"。

2. 保险的分类

迄今为止，世界各国对保险的分类尚无统一标准，只能从不同的角度进行大体上的分类。比较常见的分类标准有按保险性质、按保险标的、按实施形式和按风险转移层次分类。

（1）按保险性质分类。

按保险性质的不同，可分商业保险、社会保险和政策保险三类。

① 商业保险（Commercial Insurance），是指投保人与被保险人订立保险合同，根据合同约定，投保人向保险人支付保险费、保险人对可能发生的事故因其发生所造成的损失承担赔偿责任，或者当被保险人死亡、疾病、伤残或者达到约定的年龄期限时给付保险金责任的保险。目前，一般保险公司经营的财产保险、人身保险、责任保险、保证保险均属商业保险。

② 社会保险（Social Insurance），是指国家通过立法对社会劳动者暂时或永久丧失劳动能力或失业时提供一定的物质帮助以保障其基本生活的一种社会保障制度。当劳动者遇到生育、疾病、死亡、伤残和失业等危险时，国家以法律的形式由政府指定的专门机构为其提供基本的生活保障，将某些社会危险损失转移给政府或某个社会组织。

③ 政策保险（Policy Insurance），是指政府由于某项特定政策的目的，以商业保险的一般做法而举办的一种保险。例如，为扶助农牧、渔业增产增收的种植业保险与养殖业保险；为促进出口贸易的出口信用保险。政策保险通常由国家设立专门机构或委托官方或半官方的保险公司具体承办。

（2）按保险标的分类。

所谓保险标的，或称"保险对象"，是指保险合同中所载明的投保对象。在商业保险中，按不同的标的，广义上可分为财产保险和人身保险两大类；狭义上可细分为财产保险、责任保险、信用保证保险和人身保险四类。

① 财产保险（Property Insurance），是指以财产及其有关利益为保险标的的保险，保险人承担对各种保险财产及相关利益因遭受保险合同承保责任范围内的自然灾害、意外事故等风险所造成的损失负赔偿责任。财产保险的种类繁多，主要有以下几种：海上保险、运输货物保险、运输工具保险、火灾保险、工程保险、盗窃保险、农业保险等。

② 责任保险（Liability Insurance），其标的是被保险人依法应对第三者承担的民事损害赔偿责任或经过特别约定的合同责任。在责任保险中，凡根据法律或合同规定，由于被保险人的疏忽或过失造成他人的财产损失或人身伤害所应负的经济赔偿责任，由保险人负责赔偿。常见的责任保险有以下几种：公众责任保险、雇主责任保险、产品责任保险、职业责任保险等。

③ 信用保证保险（Credit & Surely Insurance），其标的是合同的权利人和义务人约定的经济信用。信用保证保险是一种担保性质的保险。按照投保人的不同，信用保证保险又可分为信用保险和保证保险两种类型。信用保险的投保人和被保险人都是权利人，所承保的是契约的一方因另一方不履约而遭受的损失；保证保险的投保人是义务人，被保险人是权利人，保证当投保人不履行合同义务或有不法行为使权利人蒙受经济损失时，由保险人承担赔偿责任。目前，信用保证保险的主要险种有：雇员忠诚保证保险、履约保证保险、信用保险等。

④ 人身保险（Personal Insurance），是以人的寿命和身体为标的的一种保险。人身保险以伤残、疾病、死亡等人身风险为保险事故，被保险人在保险期间因保险事故的发生或生存到保险期满，保险人依照合同规定对被保险人给付保险金。由于人的价值无法用货币衡量，具体的保险金额是根据被保险人的生活需要和投保人所支付的保险费由投保人与保险人协商确定。人身保险主要包括：人寿保险、健康保险、人身意外伤害保险等。

（3）按保险的实施形式分类。

按保险的实施形式，保险可分为强制保险与自愿保险。

① 强制保险（Compulsory Insurance），又称法定保险，是指国家或政府根据法律或行政法规的规定在投保人和保险人之间强制建立起来的保险关系。这种保险依据法律或行政法规的效力，而不是投保人和保险人之间的合同行为而产生。

② 自愿保险（Voluntary Insurance），又称任意保险，是由投保人和保险人双方在平等自愿的基础上，通过协商订立保险合同并建立起保险关系的。在自愿保险中，投保人对于是否参加保险，向哪家保险公司投保，投保何种险别，以及保险金额、保险期限等均有自由选择的权利。在订立保险合同后，投保人还可以中途退保，终止保险合同。至于保险人也有权选择投保人，自由决定是否接受承保和承保金额。在决定接受承保时，对保险合同中的具体条款，如承保的责任范围、保险费率等也均可通过与投保人协商决定。自愿保险是商业保险的基本形式。

（4）按风险转移层次分类。

按风险转移的层次，保险可分为原保险和再保险。

① 原保险（Original Insurance），是指投保人与保险人直接订立保险合同，建立保险关系，投保人将风险损失转嫁给保险人。原保险的投保人不能是保险机构。

在原保险中，一般每笔保险业务只有一个投保人与一个保险人。根据不同需要，还可能出现共同保险与重复保险。共同保险简称"共险"，是指由两个或两个以上保险人共同承保同一标的的同一风险，而且保险金额不超过标的的保险价值的保险业务。在发生赔偿责任时，其赔款按保险人各自承保的金额比例分摊。重复保险是指投保人对同一标的、同一保险利益、同一期限内就同一标的的同一保险事故分别向两个或两个以上保险人投保，而保险金额之和不超过保险标的实际保险价值。我国《保险法》第56条对重复保险的定义做了如下规定："重复保险是指投保人对同一保险标的，同一保险利益、同一保险事故分别向两个以上保险人订立保险合同的保险。"我国《保险法》第56条同时又明确规定：各保险人的赔偿金额的总和不得超过保险价值。除合同另有约定外，各保险人按照其保险金额与保险金额总和的比例承担赔偿责任。投保人在投保时应根据保险价值向保险人申报保险金额。由于保险标的本身损失不可能超过其保险价值，所以保险金额不得超过标的本身的保险价值。我国《海商法》第220条明确规定:"保险金额由保险人与被保险人约定。保险金额不得超过保险价值;超过保险价值的,超过部分无效"。

② 再保险（Reinsurance），又称"分保"，是原保险的保险人为了分散本身承担的风险，在支付事先商定的保险费条件下，将所承保的风险责任的一部分转让给其他的一个或几个保险人承担。我国《保险法》第28条给再保险作了如下定义:"保险人将其承担的保险业务，以分保式部分转移给其他保险人的，为再保险。"凡经再保险的业务，当发生保险责任范围内的损失时，原保险人在向投保人理赔时，可向再保险人取得相应部分的赔款补偿。

再保险的投保人本身就是保险人，即原保险人（Original Insurer），又称保险分出公司（Ceding Company）；再保险业务中接受原保险人转让保险责任的人，为再保险人或称保险分入公司（Ceded Company）。按照我国《保险法》第28条规定：再保险分出人应当将其自负责任及原保险的有关情况书面告知再保险接受人；再保险接受人不得向原保险的投保人要求支付保险费，原保险的被保险人或者受益人，不得向再保险接受人提出赔偿或者给付保险金的请求，再保险分出人不得以再保险接受人未履行再保险责任为由，拒绝履行或者迟延履行其原保险责任。

3. 保险单

（1）保险单概述。

保险单简称为保单，是保险人与被保险人订立保险合同的正式书面证明。保险单必须完整地记载保险合同双方当事人的权利义务及责任。保险单记载的内容是合同双方履行的依据。保险单是保险合同成立的证明。但根据中国《保险法》规定，保险合同成立与否并不取决于保险单的签发，只要投保人和保险人就合同的条款协商一致遵循公平原则确定各方的权利和义务，除法律、行政法规规定必须保险的外，保险合同就成立，即使尚未签发保险单，保险人也应负赔偿责任。保险合同双方当事人在合同中约定以出立保险单为合同生效条件的除外。在实践中，一般是投保人交纳保费后，保险公司才签发保险单，但在特殊情况下，保险公司也愿意事先签发保险单，允许投保人在事后一段时间内交纳保险费（如保险公司为了挽留住大客户，允许其在保险单签发之日起多少天内交纳保险费）。

（2）保险单的内容。

保险单必须明确、完整地记载有关保险双方的权利义务，保单上主要载有保险人和被保险人的名称、保险标的、保险金额、保险费、保险期限、赔偿或给付的责任范围以及其他规定事项。保险单根据投保人的申请，由保险人签署，交由被保险人收执，保险单是被保险人在保险标的遭受意外事故而发生损失时，向保险人索赔的主要凭证，同时也是保险人收取保险费的依据。

（3）保险单的法律效力。

在保险单中对投保人的交费情况与保险单的效力也做了相应的说明。就目前了解的情况而言，保险公司在保险单中就上述事项的说明有以下几种不同的表述，虽然字词相差不大，但对保险单会产生不同的法律效力，继而影响保险公司是否应该承担赔偿责任。

① 保险费交清之前发生的事故，保险人不承担赔偿责任。

该特别约定为免责条款，投保人交清保费之前，保险合同已经成立并合法有效，保险费交清之前发生的事故属于保险合同中约定的赔偿范围，但是由于有以上规定，保险公司享有免责事由，保险公司可以此免责事由拒绝赔偿。而且，保险公司可以根据已生效保险合同的约定，向投保人继续索要保险费。投保人补交保险费后，对之后还在保险期间内发生的保险事故，保险公司则应该承担赔偿责任。需要注意的是，上述免责条款应该向投保人明确说明，否则不产生法律效力。

② 保险费交清之前，保险单不生效。

该特别约定为附生效条件的条款，保险费交清之前，保险单已经成立，但是并没有生效。也就是说，只有投保人交清了保险费，保险单才生效，保险单生效的条件就是投保人向保险公司交纳保险费。对保险费交清之前发生的事故，由于保险单并没有生效，保险公司无须承担赔偿责任。当然，保险公司也不能以没有生效的保险合同向投保人索要保险费。

③ 特别约定，保险单无效。

该特别约定是当事人意思表示错误的结果，保险单是否无效，只能看保险单约定的内容是否违反了法律、行政法规的强制性规定，如果是，则保险单无效，否则保险单不会产生无效的法律后果。也就是说，保险单的无效不是当事人所能约定的，其只能根据相应的法律、行政法规来判断。在实践中，应根据案件的具体情况来解释当事人的真实意思表示，如当事人的真实意思表示为保险费交清之前，保险单不生效的，则当事人的真实意思表示为保险合同附生效条件的条款。

④ 投保人自起保之日起五日内交清保险费，否则保险单失效。

该特别约定为合同终止条款，保险合同自保险公司签发保险单之时生效。投保人在起保之日起（保险单签发之日）五日内没有交清保险费的，保险合同还是生效的，在此期间发生的保险事故的，保险公司依然要承担赔偿责任。但是，从起保之日第六日起，投保人还没有交纳保险费的，保险合同的效力就终止了，在此期间发生的保险事故，保险公司无须承担赔偿责任，也无权向投保人索要保险费。

8.1.2 运输保险概述

运输保险是指在运输生产过程中，由于意外事故、自然灾害而给承运人的货物、旅客、运输工具、乘务人员、第三人造成的损失给予补偿的各种保险的总称，包括货物运输保险、运输工具保险、旅客人身意外伤害保险等。

1. 运输保险的分类

（1）运输货物保险分为海上、内河、航空、陆上和多式联运等多种方式。据此，运输货物保险亦可以被划分为水路运输货物保险、陆上运输货物保险和航空运输货物保险及联运险等。联运险是指运输货物需要经过两种或两种以上的主要运输工具联运，才能将其从起点地运送到目的地的保险。

根据运输货物保险的承保范围，它又可以分为国内运输货物保险和涉外运输货物保险。前者系货物运输在国内进行，后者则是货物运输超越了一国国境。

（2）运输工具保险是以各类运输工具，如汽车、飞机、船舶、火车等为保险标的的保险。因此，运输工具保险的适用范围亦相当广泛，包括客运公司、货运公司、航空公司、航运公司以及拥有上述运输工具和摩托车、拖拉机等机动运输工具的家庭或个人，均可以投保运输工具保险类的不同险种，并通过相应的保险获得风险保障。

2. 运输保险的意义

（1）有利于交通运输事业的发展。

保险具有积累资金的功能，通过开展保险业务，可把分散的少量资金集中起来，组成雄厚的资金，对难以预料的意外的财产损失用长期积累的保险基金来补偿，这样就可以使遭受灾害的个别投保人的损失，变成由全体投保人共担。可见，通过开展运输保险，可使受灾的个别单位能够迅速恢复生产，从而保证运输事业的健康发展。

（2）有利于保障交通运输事故中受害者的合法权益。

交通运输安全管理无论如何周密，仅能减少事故发生，但事故发生必然会引起人民生命财产的损失。如何使受害者的损失得以赔偿，根据《民法典》的有关规定，货物在运输过程中因不可抗力灭失，未收取运费的，承运人不得请求支付运费；已经收取运费的，托运人可以请求返还。为了解决上述矛盾，并将运输中的风险向社会转移，各国普遍都规定了货物运输保险制度，即货主通过参加货物运输保险，在发生交通运输事故后，由保险公司负责赔偿，从而保证了受害者的合法利益。在道路交通中实行的强制责任保险制度，也是为了切实保护交通事故受害人的合法权益。

（3）有利于安定人民生活。

保险被人们称为"精巧的社会稳定器"，建立保险制度的目的就在于为人民生活的安定提供经济保障。保险之所以具有安定社会的作用，是因为在社会生活的运转中，自然灾害和意外事故是普遍存在的，这种危险的存在与发生必然会给国家、企业、家庭及个人带来不安定的后果。运输生产是一种高度危险的作业，在运输生产过程中存在着大量的危险。交通事故被认为是人类的一大公害，旅客在旅行途中发生的意外伤害会给旅客及其家庭带来灾难，运输工具的损毁会给运输企业带来重大损失，运输中货物的毁损对货主和承运人都将造成损失。通过开展运输保险，这些经济损失就可以通过保险公司给予补偿，这就在很大程度上安定了人心、稳定了社会。

8.1.3 货物运输保险概述

货物运输保险是以运输过程中的多种货物作为保险标的保险。不论国内贸易还是国际贸易，一笔交易从成交到兑现，货物都要经过运输这个环节，在货物运输过程中，遇到自然灾害或意外事故而使货物受到损失是难以避免的。对这种损失给予补偿的经济行为就是货物运输保险。

1. 货物运输保险的种类

根据使用的运输工具不同，货物运输保险可分为海洋货物运输保险、内河货物运输保险、陆路（铁路、公路）货物运输保险、航空货物运输保险、邮包保险以及联运保险等。

根据适用范围的不同，货物运输保险还可以分为以国内运输过程中的货物作为保险标的的国内货物运输保险和以进出口贸易中的运输货物为保险标的的国际（涉外）货物运输保险。

2. 货物运输保险的特征

货物运输保险属于损害保险范畴，是有形财产险的一种。货物运输保险的特征主要体现在其保障对象、承保标的、承保风险、保险合同变更、保险期限和保险关系六个方面。

（1）货物运输保险的保障对象具有多变性。

货物运输保险的保障对象的多变性主要指的是被保险人的多变性。贸易活动中货物买卖的目的不仅是实现其使用价值，更重要的是实现货物的价值或货物的增值，这就决定了货物在运输过程中频繁易手，不断变换其所有人，从而必然会引起货物运输保险被保险人的不断变化。

（2）货物运输保险的承保标的具有流动性。

货物运输保险承保的是流动中或运动状态下的货物，它不受固定地点的限制。

（3）货物运输保险承保的风险具有综合性。

与一般财产保险相比，货物运输保险承保的风险范围远远超过一般财产保险承保的风险范围。从性质上看，既有财产和利益上的风险，又有责任上的风险；从范围上看，既有海上风险，又有陆上和空中风险；从风险种类上看，既有自然灾害和意外事故引起的客观风险，又有外来原因引起的主观风险；从形式上看，既有静止状态中的风险，又有流动状态中的风险。

（4）货物运输保险的保险合同变更具有自由性。

由于运输中的货物面临的风险大小及出险概率的高低主要取决于承运人而非被保险人，所以货物运输保险的保险合同可以随着货物所有权的转移而自由转移，而无须事先征得保险人的同意。因而，在实践中货物运输保险的保险合同往往被视同提货单的附属物，随着提货单的转移而转移。

（5）货物运输保险的保险期限具有空间性。

由于采取不同运输工具的货物运输途程具有不固定性，所以货物运输保险的保险期限通常不是采取1年期的定期制，而是以约定的运输途程为准，即将从起运地仓库至到达目的地仓库的整个运输过程作为一个保险责任期限。这一特征使得货物运输保险的保险期限具有空间性特征，因而，"仓至仓条款"是确定货物运输保险的保险责任期限的主要依据。

（6）货物运输保险的国际性。

货物运输保险的国际性主要表现在其所涉及的地理范围超越了国家和区域界限。国际运输货物保险所涉及的保险关系人，不仅是本国的公民，而且包括不同国家和地区的贸易商、承运人、金融机构与货主等,因此由保险可能产生的纠纷的预防和解决,必须依赖于国际性法规和国际惯例。

8.1.4 国内水路、陆路货物运输保险

国内水路、陆路货物运输保险的有关规定适用于国内的内河货物运输、沿海货物运输、铁路货物运输、公路货物运输和水路陆路联合货物运输。

1. 国内水路、陆路货物运输保险中被保险人的义务

货物运输保险的被保险人是指在投保时对所保货物享有保险利益的人,包括托运人、收货人及其货运代理人、承运人等,他们要么是所运货物的所有人、共有人,要么是对所运货物的安全有利益关系的人,但都对所运货物享有保险利益,都是被保险人。

在国内水路、陆路货物运输保险中,被保险人负有下列义务:

(1) 除合同另有约定外,被保险人应当在合同订立后立即缴纳保险费;被保险人支付保险费前,保险人可以拒绝签发保险单证。

(2) 如实告知义务。被保险人应如实回答保险人就保险标的或者投保人、被保险人的有关情况提出的询问。

(3) 保证货物包装符合国家和主管部门规定的标准,笨重货物还应在每件货物包装上标明货物重量。

(4) 遵守国家及交通运输部门关于安全运输的各种规章制度,接受并协助保险人对保险货物进行的查验防损工作,以消除货物在运输途中的不安全因素。

(5) 通知和救助义务。货物如果发生保险责任范围内的损失时,被保险人获悉后,应立即通知当地保险机构并应迅速采取施救和保护措施防止或减少货物损失。被保险人收到保险人发出的有关采取防止或者减少损失的合理措施的特别通知的,应当按照保险人通知的要求处理。

(6) 货物按保价运输办理时,须提出货物声明价格清单,支付货物保价费。

(7) 国家规定必须保险的货物,托运人应在托运时投保货物运输险,对于每件价值在 700 元以上的货物或每吨价值在 500 元以上的非成件货物,实行保险与负责运输相结合的补偿制度,托运人可在托运时投保货物运输险,具体办法另行规定。

被保险人如果不履行上述义务,保险人有权终止保险责任或拒绝赔偿一部分或全部经济损失。

2. 国内水路、陆路货物运输保险中承运人的义务

在货物运输保险中,承运人经常作为保险人的代理人接受保险人的委托,代为办理货物运输保险业务。此时,承运人应当承担以下义务:

(1) 出险通知义务。被保险人遭受保险合同规定责任范围内的损失后,承运人应当通知保险人,使保险人在出险时能够立即展开对于损失的调查。

(2) 调查协助义务。承运人有义务协助保险人对被保险人所遭受的损失进行调查。

（3）限额赔偿义务。对于因承运人责任所造成的被保险人的损失，承运人应当就与保险人约定的限额以内的部分向被保险人赔偿。

3. 国内水路、陆路货物运输保险所承担的责任

（1）保险责任。

① 基本险的责任范围：

a. 因火灾、爆炸、雷电、冰雹、暴风、暴雨、洪水、地震、海啸、地陷、崖崩、滑坡、泥石流所造成的损失。（不可抗力）

b. 由于运输工具发生碰撞、搁浅、触礁、倾覆、沉没、出轨或隧道、码头坍塌所造成的损失。（意外事故）

c. 在装货、卸货或转载时因遭受不属于包装质量不善或装卸人员违反操作规程所造成的损失。

d. 按国家规定或一般惯例应分摊的共同海损的费用。

e. 在发生上述灾害、事故时，因纷乱而造成货物的散失及因施救或保护货物所支付的直接合理的费用。

② 综合险的责任范围，综合险在基本险责任的基础上扩展了以下责任：

a. 因受震动、碰撞、挤压而造成货物破碎、弯曲、凹瘪、折断、开裂或包装破裂致使货物散失的损失。

b. 液体货物因受震动、碰撞或挤压致使所用容器（包括封口）损坏而渗漏的损失，或用液体保藏的货物因液体渗漏而造成保藏货物腐烂变质的损失。

c. 遭受盗窃或整件提货不着的损失。

d. 符合安全运输规定而遭受雨淋所致的损失。

（2）除外责任。

由于下列原因造成保险货物的损失，保险人不负赔偿责任：

① 战争或军事行动。

② 核事件或核爆炸。

③ 保险货物本身的缺陷或自然损耗，以及由于包装不善。

④ 被保险人的故意行为或过失。

⑤ 全程是公路货物运输的，盗窃和整件提货不着的损失。

⑥ 其他不属于保险责任范围内的损失。

（3）保险责任起讫时间。

自签发保险凭证和保险货物运离起运地发货人的最后一个仓库或储运处所时起，至该保险凭证上注明的目的地的收货人在当地的第一个仓库或储存处所时终止。但保险货物运抵目的地后，如果收货人未及时提货，则保险责任的终止期最多延长至以收货人接到"到货通知单"后的15天为限（以邮戳日期为准）。

4. 国内水路、陆路货物运输保险的保险金额和保险费率

在货物运输保险中，保险金额是保险人根据运输保单对保险标的所受损失给予补偿的最高金额。国内水路、陆路货物运输保险的保险金额可以按货价确定，也可按货价加

运杂费确定。责任免赔 2 000 元或者 20%，最低收费 100 元，费用收取：保险金额的千分之一以上，一般货物按照千分之一收取，如果含有易碎物品按照千分之一点五收取保费。

保险费率是保险人向投保人收取保险费的计算依据，通常用占保险金额的千分比计算。保险金额与保险费率的乘积即为保险人应向投保人收取的保险费。

$$保险费 = 保险金额 \times 保险费率 \tag{8-1}$$

5. 国内水路、陆路货物运输保险的赔偿处理

当保险货物发生保险责任范围内的损失时，货物运抵保险凭证及载明的目的地的收货人在当地的第一个仓库或储存处所时起，收货人应在 10 天内向当地保险机构申请并会同检验受损的货物，否则保险人不予受理。

（1）索赔时效。

当事人要求索赔的时效为 180 天。

（2）申请索赔时应提供的单证。

被保险人向保险人申请索赔时，必须提供下列有关单证：

① 保险凭证、运单（货票）、提货单、发货票。

② 承运部门签发的货运记录、普通记录、交接验收记录、鉴定书。

③ 收货单位的入库记录、检验报告、损失清单及救护货物所支付的直接费用的单据。

（3）赔偿金额的确定。

保险方对于因保险责任造成的损失和费用，在保险金额的范围内按实际损失赔偿，对被保险方为避免和减少保险财产的损失而进行的施救、保护、整理和诉讼费用也应负责偿付。计算货物运输保险的赔偿金额时，要区分足额保险和不足额保险两种情况。

① 足额保险时，保险人按实际损失赔偿，但最高赔偿额以保险金额为限。

a. 按货价确定保险金额的，保险人根据实际损失按起运地货价计算赔偿。

b. 按货价加运杂费确定保险金额的，保险人根据实际损失按起运地货价加运杂费计算。

② 不足额保险。保险金额低于货价的，属不足额保险。不足额保险的货物，只能根据实际损失按比例赔偿，所发生的施救费用也按比例赔偿。其计算公式为：

$$赔偿金额 = 损失金额 \times 保险金额 / 起运地货物实际价值 \tag{8-2}$$

$$赔偿金额 = 损失金额 \times 损失程度 \tag{8-3}$$

$$应赔偿施救费用 = 施救费用 \times 保险金额 / 起运地货物实际价值 \tag{8-4}$$

货物发生保险责任范围内的损失，如果根据法律规定或者有关规定，应当由承运人或其他第三者负责赔偿一部分或全部损失的，被保险人应首先向承运人或其他第三者索赔。如被保险人提出要求，保险人也可以先予赔偿，但被保险人应签发权益转让书给保险人，并协助保险人向责任方追偿。

保险货物遭受损失后的残值，应充分利用，经双方协商，可作价折旧归被保险人，并在赔款时扣除。

（4）赔偿时效。

保险人在接到索赔单证后，应当根据保险责任范围迅速核定应否赔偿，赔偿金额一经保险人与被保险人达成协议后，应在10天内赔付。

被保险人与保险人发生争议时，应当实事求是，协商解决，双方不能达成协议时，可以提交仲裁机关或法院处理。

8.1.5 海上货物运输保险

在海上运输中，常常会受到不可抗力的作用使货物受到损失，海上保险的标的通常与海上航行有关，如船舶和船上的货物等；海上保险承保的风险除了一般陆上也存在的风险（如雷电、恶劣气候、火灾、爆炸等）之外，还有大量的海上所特有的风险（如触礁、搁浅、海水进舱等）。海上保险一般属于国际商务活动，因为通常情况下，或者海上保险的当事人属于不同的国家，或者保险事故发生在异国他乡，总之大多牵涉国际关系。

1. 海上货物运输保险保障的风险

海上风险一般是指船舶或货物在海上航行中发生的或随附海上运输所发生的风险。在现代海上保险业务中，保险人所承担的海上风险是有特定范围的，一方面它并不包括一切在海上发生的风险，另一方面它又不局限于航海中所发生的风险，也就是说，海上风险是一个广义的概念，它既指海上航行中特有的风险，也包括一些与海上运输货物有关的风险。

根据我国现行的海运货物条款（《中国人民保险公司海洋运输货物保险条款》1981年1月1日正式实施）及英国伦敦保险协会货物新条款所承保的海上风险从性质上划分，海上货物运输保险承保的风险主要有三类：

（1）自然灾害。自然灾害是指恶劣气候、雷电、海啸、洪水、地震等人力不可抗拒的灾害，是保险人承保的主要风险。

（2）意外事故。意外事故是指运输工具遭受搁浅、触礁、沉没、互撞、与流冰或其他物体碰撞，货物起火爆炸等由于偶然原因所造成的事故。

（3）外来风险。外来风险是指除上述风险以外的其他风险、包括一般外来风险和特殊外来风险。前者为偷窃、提货不着、短量、碰损、雨淋等，后者则主要指由于军事、政治、国家政策、法令及行政措施等造成的风险。常见的外来风险有战争、罢工、交货不到、拒收等。

2. 海上货物运输保险保障的损失

在海上货物保险中，保险人承保的货物由于上述风险所造成的损失，又称海损，指货物在海运过程中由于海上风险而造成的损失，海损也包括与海运相连的陆运和内河运输过程中的货物损失。按照损失程度划分，可分为全部损失与部分损失两大类。

（1）全部损失。全部损失简称"全损"，是指被保险货物由于承保风险造成的全部灭失或可视同全部灭失的损害。在海上保险业务中全部损失可分为实际全损和推定全损两种。

实际全损也称为绝对全损，我国《中华人民共和国海商法》（1993年7月1日正式实施，以下简称《海商法》），第245条规定，保险标的发生保险事故后灭失，或者受到严重损坏完全失去原有形体、效用，或者已不能再归保险人所有。保险货物的实际全损有保险标的完全毁损和灭失、保险标的失去原有的性质和用途、保险标的不能再归被保险人所有、船舶失踪，到一定时期仍无音讯四种情况。

推定全损是指船舶发生保险事故后，认为实际全损已经不可避免，或者为避免发生实际全损所需支付的费用与继续将货物运抵目的地的费用之和将超过保险价值。货物发生保险事故后，认为实际全损已经不可避免，或者为避免发生实际全损所需支付的费用与继续将货物运抵目的地的费用之和超过保险价值的，为推定全损。

实际全损与推定全损的区别如下：

① 实际全损强调的是保险标的遭受保险事故后，确实已经完全毁损或失去原有的性质和用途，并且不能再恢复原样或收回；推定全损则是指保险标的已经受损，但并未完全灭失，可以修复或收回，不过因此需要支出的费用将超过该保险标的复原或获救或收回后的价值。可见，实际全损是一种物质上的灭失，而推定全损是一种经济上的损失。

② 发生实际损失后，被保险人无须办理任何手续即可向保险人要求赔偿全部损失，但在推定全损的条件下，被保险人可以按部分损失向保险人索赔，也可以按全部损失要求保险人赔偿。如果采取后一种方式，即要求按全损赔偿，被保险人还必须向保险人办理"托付"手续。

（2）部分损失。部分损失是指保险货物的损失没有达到全部损失的程度。我国《海商法》第247条规定，不属于实际全损和推定全损的损失，为部分损失。按照损失的性质，部分损失可分为单独海损和共同海损。

① 单独海损是指在海上运输中，由于保单承保风险直接导致的船舶或货物本身的部分损失。构成单独海损必须具备以下两个条件：

a. 单独海损必须是故意的、偶然的海上风险直接导致的损失。

b. 单独海损由受损货物的货主或船方自行承担，并不影响他人利益。

② 共同海损是指（我国《海商法》第193条规定）在同一海上航程中，船舶、货物和其他财产遭遇共同危险，为了共同安全，有意、合理地采取措施所直接造成的特殊牺牲、支出的特殊费用。

共同海损必须具备以下条件：

a. 必须是确实遭遇危及船舶、货物的共同危险。

b. 所做出的特殊牺牲和支出的特殊费用，必须具有非常性质。

c. 做出特殊牺牲或支出的特殊费用，必须是有意的和合理的。

d. 牺牲或支出的费用必须是为挽救处在共同危险中的船舶和货物，并须使船、货取得救助的实际效果。

【案例分析 8-1】

某载货船舶在航行过程中突然触礁，致使部分货物遭到损失，船体个别船板产生裂缝，急需补漏。为了船货的共同安全，船长决定修船，为此将部分货物卸到岸上并存舱，卸货过程中部分货物受损，事后统计：这次事件造成的损失有：① 部分货物因船触礁而损失；② 卸货费、存舱费及货物损失。

思考分析：

从以上各项损失的性质来看，各属于什么海损？

3. 海运货物运输保险险别及其责任范围

我国海洋运输货物的保险险别，按照能否单独投保来划分有基本险与附加险两类。基本险所承保的主要是自然灾害和意外事故所造成的货物损失或费用，附加险所承保的是其他外来风险所造成的损失或费用。除基本险和附加险外，还有专门险，如图 8.1 所示。

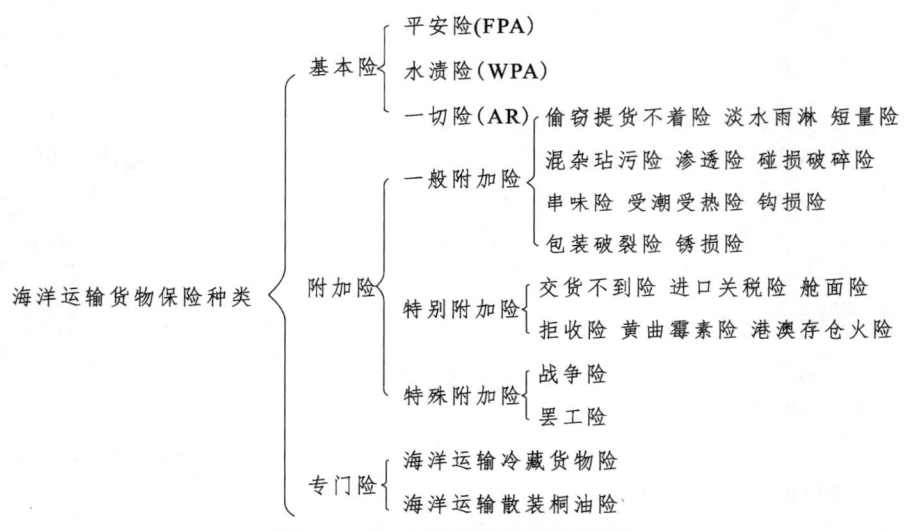

图 8.1 海上运输货物保险种类

（1）基本险。

基本险亦称主险，是可以独立投保、不必依附于其他险别项下的险别，是海上货物运输保险的主要险别之一。它是指对于被保险货物在运输中遭受暴风、雷电、流冰、海啸、洪水等自然灾害或由于运输工具搁浅、触礁、碰撞、沉没、失火或爆炸，以及装卸过程中整件货物落海等意外事故所造成的全部或部分损失，还有因上述事故引起的救助费用、共同海损的牺牲和分摊，由保险人负责赔偿的保险。

我国货物保险的基本险分为平安险、水渍险和一切险三种。

① 平安险。

平安险的原意是"单独海损不赔"，指保险人仅负责赔偿因自然灾害或意外事故造成的货物全损和共同海损。

② 水渍险。

水渍险原意范围是"负单独海损责任",是在平安险的基础上增加了承保货物由于恶劣气候、雷电、海啸、地震、洪水等自然灾害造成的部分损失。相应地,费用的赔偿范围也有所扩大。水渍险承保的风险仍属于列明风险,被保人向保险人索赔时,负责证明损失的近因是承保风险。

③ 一切险。

一切险又称综合险,是三个基本险中责任范围最大的险种,除包括上列平安险和水渍险的各项责任外,本保险还负责被保险货物在运输途中由于外来原因所致的全部或部分损失。

基本险责任范围的关系如图8.2所示。

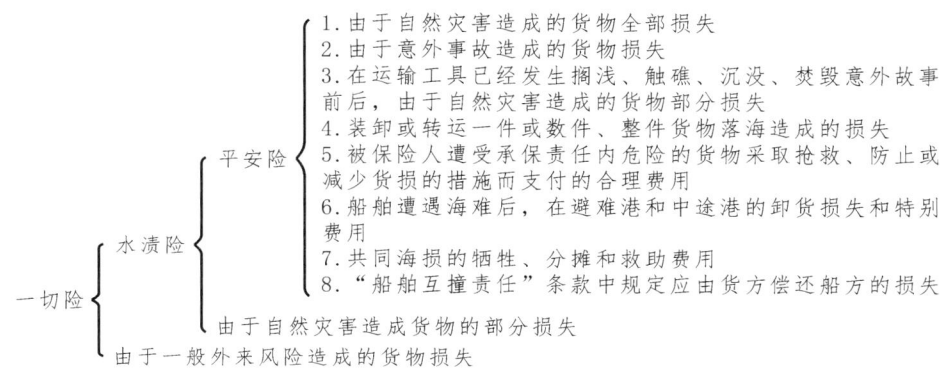

图 8.2　基本险的责任范围

（2）附加险。

为了满足投保人的需要,保险人在基本险条款之外又制定了各种附加险条款。附加险是基本险的补充,因为各种运输货物的基本险别所保障的范围都不可能包括所有的意外损失,附加险就成为基本险的扩大和补充。附加险不能单独投保,只能在投保某一种基本险的基础上加保。它可以由被保险人根据需要选择确定加保一种或几种附加险。附加险所承保的是外来原因所致的损失,包括一般附加险、特别附加险和特殊附加险三种。

一般附加险别不能单独投保,必须在投保了主险的基础上加保或部分加保。由于一般附加险别的全部风险都属于一切险的责任范围之内,所以只要保了一切险,则保险公司对一般附加险的所有风险都负责。一般附加险主要有以下11种。

① 偷窃提货不着险。

在保险有效期内,保险货物被偷走或窃走以及货物运抵目的地后,整件未交的损失由保险公司负责赔偿。"偷"是指货物整件被偷走,"窃"是指货物中的一部分被窃取,偷窃不包括使用暴力手段的公开窃夺,"提货不着"是指货物的全部或整体未能在目的地交付收货人。

② 淡水雨淋险。

在运输中,由于淡水、雨水以及雪融所造成的损失,保险公司都应负责赔偿。淡水包括船上淡水舱、水管漏水以及舱汗等。淡水是与海水相对而言的。由于平安险和水渍险所造成的各种损失负责赔偿，因此，淡水雨淋险扩展了平安险和水渍险的承保责任。

③ 短量短少险。

短量短少险负责保险货物数量短少和重量损失，通常包括货物的短少，保险公司要查清外包装是否发现异常现象，如破口、破袋、扯缝等。如属散装货物，往往将装船和卸船重量之间的差额作为计算短量的依据，但不包括正常的途耗。对某些大量的不合理的短少现象，被保险人必须提供本保险货物装船前的重量证明。

④ 混杂、玷污险。

本险别承保两类损失：一是保险货物在运输过程中，混进了杂质所造成的损失；二是承保货物在运输途中受其他货物玷污所致的损失。

⑤ 渗漏险。

本险别承保两类损失：一是承保流质、半流质的液体物质和油类物质，在运输过程中由于容器损坏而引起的渗漏损失；二是承保用液体储存的货物因液体渗漏而引起货物腐败变质等损失。

⑥ 破损破碎险。

破损主要是对金属、木质等货物来说的，如搪瓷、钢精器皿、机器、漆木器等，在运输途中，因为受到震动、颠簸、挤压等造成货物本身的凹瘪、脱瓷、脱漆、划痕等损失。破碎则主要是对易碎性物质来说的，如陶器、瓷器、玻璃器皿、大理石等在运输途中由于野蛮装卸、运输工具震颠等造成货物本身的碎裂、断碎等的损失。鉴于平安险和水渍险对自然灾害或运输工具遭遇意外事故所引起保险货物的破损和破碎损失均已负责，所以破损破碎险就扩大到承包一切外来原因所致的碰损、破碎损失。

⑦ 串味险。

保险货物因为受到其他物品的气味影响所造成的串味损失由保险公司承担，例如茶叶、香料、药材在运输途中受到一起堆储的皮革、樟脑等的异味的影响使其品质受到损失。这种串味如果与配积载不当直接有关，则船方负有责任，保险公司应向轮船公司追偿。

⑧ 受潮受热险。

保险货物因受潮受热而引起的损失均属本险别保险责任。例如，船舶在航行途中，由于气温骤变，或者船上通风设备失灵等使舱内水汽凝结、发潮、发热引起货物损失。再如，松香靠近机舱壁，由于舱内温度升温受热溶化等。

⑨ 钩损险。

保险货物在装卸过程中，因使用手钩、吊钩等工具所造成的损失，例如捆装棉布使用手钩钩破，包装粮食因吊钩钩坏麻袋而使粮食外漏等均属于其保险责任。

⑩ 包装破裂险。

因为包装破裂造成货物短少、玷污等损失。此外，保险货物在运输过程中，为使运输安全起见，需要修补包装、调换包装所支付的合理费用，也予负责。由于包装破造成物资的损失从其他附加险的责任可以得到保障，因此该附加险主要解决的问题是修补或调换包装的损失费用。

⑪ 锈损险。

锈损险负责保险货物在运输过程中因为生锈所造成的损失。这种生锈只要不是原装时就已存在，而是在保险期限内所发生的都应负责。因此，这一险别的责任是比较大的。一般来说，对裸装的金属板、块、条、管等（大五金）是不保此险的，原因是这些裸装物资几乎必然会生锈，责任范围难以掌握。

特别附加险所承保的风险大多与国家的行政措施、政策法令、航海贸易习惯有关，它并不包括在基本险种内，必须另行加保才能获得保障。特别附加险的险别有以下六种。

① 交货不到险。

从保险货物装上船舶开始，在 6 个月内不能运到保险单载明的目的地交货，不论何种原因，保险公司就按全部损失赔付。这种情况往往不一定是承运方运输上的原因，而是某些政治上的因素引起的，例如货物被另一个国家在中途港强迫卸下，造成禁运等。与提货不着险不同，交货不到险是不论任何原因的。

② 进口关税险。

本险别负责由于货物受损，却仍需按完好价值完全交纳进口关税所造成的费用支出。进口关税的税率一般是比较高的。当货物进入某国家之前，由于中途遭受到损失其价值会因此而降低，如水损、玷污、发热变质以及内装数量短缺等。对于上述情况，有些国家规定在进口完交关税时，可以申请对损短的部分按其价值减税、免税；但也有些国家规定，进口货物无论有无短少、损残，均需按完好价值完税。进口关税险，就是承保上述情况引起的关税损失。

③ 舱面险。

海上运输的货物，无论是干货船还是散装船，一般都是将其装在舱内（集装箱除外）。在制订货物运输的责任范围和费率时，都是以舱内运输作为考虑基础的。如果货物是装在舱面的，保险公司对此不能负责。但是有些货物由于体积大、有毒性或者有污染性，根据航运习惯，必须装载于舱面。为了解决这类货物的损失补偿，就产生了特别附加舱面险。装在舱面的货物暴露于外，很容易受损，特别是雨季淋湿、海水溅击更是经常发生的。保险公司通常只是在"平安险"的基础上加保舱面险，一般不愿意在"一切险"基础加保，以免责任过大。

④ 拒收险。

拒收险承保货物在进口时，不论何种原因而被进口国政府或有关当局拒绝进口或没收所造成的损失。保险人一般按货物的保险价值赔偿，如果货物在发运后尚未抵达进口港，进口国在此期间宣布禁运或禁止，保险人只负责赔偿将货物运回出口国或转口到其他目的地而增加的运费，但所赔金额不能超过这批货物的保险价值。如果在货物发运前，进口国已宣布禁运或禁止，保险人则不承担赔偿责任。

加保拒收险的货物主要是与人体健康有关的食品、饮料和药品等。加保时，被保险人必须持有进口所需的特许证和进口限额。由于大多数国家对这类货物的进口基本上都规定有卫生检验标准，一旦违反了进口国规定的标准，就会被拒绝进口乃至被销毁，因此这种风险比较大，一般情况下保险人都不愿意承保。

⑤ 黄曲霉素险。

黄曲霉素是一种致癌霉素，发霉的花生、油菜籽、大米等通常含有此霉素，当其含量超过一定限度时，会对人体造成很大的危害，所以很多国家都对这种霉素的含量有严格的限制标准，如果超过限制标准，货物就会被拒绝进口、没收或强制改变用途。黄曲霉素险就是承保此种损失的险别。但是，保险责任开始前已存在的黄曲霉素超标，不在保险人的责任范围之内。

对于被拒绝进口的强制改变用途的货物，被保险人同意在保险人需要时应尽力协助处理货物或申请仲裁。

⑥ 出口货物到香港（包括九龙在内）或澳门存仓火险责任扩展条款。

我国内地出口到港澳地区的货物，如果进口人向我在港澳的银行办理进口押汇，在进口人未向银行偿还贷款之前，货物的权益属于银行，在保险单上必须注明货物过户给放款银行，如果货到目的地货主仍未还款，货物往往就存放在过户银行指定的仓库里，此时运输险的责任已经终止，为避免在此期间货物发生损失而损害银行及货主的利益，就需要加保本险别。本险别的责任自运输险责任终止时开始,责任的终止则有两种情形，一是银行收回押款解除对货物的权益为止；二是自运输险责任终止时计满30天为止，两者以先发生为准。

特殊附加险主要包括战争险和罢工险，是当前国际海上货物运输保险中普遍适用的，罢工险与战争险的关系密切，按国际海上保险市场的习惯，保了战争险再加保罢工险时一般不再加收保险费；所以一般被保险人在投保战争险的同时加保罢工险。

① 海上货物运输战争险。

海上货物运输战争险是保险人承保战争或类似战争行为导致的货物损失的特殊附加险，被保险人必须投保货运基本险之后，才能经特别约定投保战争险。

② 海上货物运输罢工险。

海上货物运输罢工险是保险人承保被保险货物因罢工等人为活动造成损失的特殊附加险。

我国保险公司对罢工险的保险责任范围包括：

a. 罢工者、被迫停工工人或参加工潮暴动、民众斗争的人员的行动所造成的直接损失。

b. 任何人的敌意行动所造成的直接损失。

c. 因上述行动或行为引起的共同海损的牺牲、分摊和救助费用。

海洋运输货物罢工险以罢工引起的间接损失为除外责任，即在罢工期间由于劳动力短缺或不能运输所致被保险货物的损失，或因罢工引起动力或燃料缺乏使冷藏机停止工作所致冷藏货物的损失。

4. 海洋运输货物专门险条款

海洋运输货物专门险又称特种货物保险条款，可以单独投保。目前常用的特种货物海运保险条款主要有海洋运输冷藏货物保险条款和海洋运输散装桐油保险条款。

（1）海洋运输冷藏货物保险条款。

本险别是根据冷藏货物的特性而专门设立的。对于新鲜的水果、蔬菜、肉类以及水产品等货物，为保持新鲜程度，运输时均须置于专门的冷藏箱，根据其特点保持一定的冷藏温度。这些冷藏货物在运输途中，除和一般货物一样可能会遭遇各种海上灾害事故而受损，还可能因冷藏机发生故障，无法正常运转保持必要的温度而致腐烂、变质，因而需要通过投保海运冷藏货物险别以得到全面保障。

海洋运输冷藏货物保险分为冷藏险和冷藏一切险两个险别，两者均可单独投保。冷藏险的责任范围包括由于冷藏机器停止工作达到24小时以上所造成的货物腐烂或损失和水渍险的承保责任，即对被保险的冷藏货物在运输途中由于自然灾害或意外事故造成的腐败和损失予以赔偿。

这里所说的冷藏机器包括载运货物的冷藏车、冷藏集装箱及冷藏船上的制冷设备。冷藏一切险的责任范围更广，在承保险的各项责任基础上，还负责被保险鲜货在运输途中由于外来原因所致的腐烂或损失。

海洋运输冷藏货物保险的除外责任在海运货物保险条款的基础上稍有改变，一是增加了一项除外责任，将"被保险鲜货在运输途中的任何阶段，因未存放在有冷藏设备的仓库或运输工具中，或辅助运输工具没有隔湿设备所造成的鲜货腐烂的损失"列入除外责任；二是将海运货物保险条款除外责任中的"在保险责任开始前，被保险货物已经存在的品质不良或数量短差所造成的损失"改为"被保险鲜货在保险责任开始时，因未保持良好状态所引起的货物腐烂货物损失"。

海洋运输冷藏货物保险的保险期限与海运货物保险的保险期限大致相同，区别仅在于冷藏险关于责任终止期限的规定根据冷藏货物的特点和储藏条件的特定要求有所差异，具体表现为：

① 货物到达保险单载明的最后目的港后，须在30天内卸离海轮，否则保险责任终止。而在海运保险中没有此种限制。

② 货物全部卸离海轮并存入冷藏仓库，保险人负责货物卸离海轮后10天内的风险，但在上述期限内，货物一经移出冷藏仓库，保险责任即终止。而在海运保险中，自货物卸离海轮后，保险人最多可负责60天，一旦货物存入目的地指定收货人仓库，保险责任即终止。

③ 如果货物卸离海轮后不存入冷藏仓库，保险责任至卸离海轮时终止。而在海运保险中，货物如果未运往目的地至指定仓库，保险责任自货物分派、分配或转运时才终止。

（2）海洋运输散装桐油保险条款。

本险别是根据散装桐油的特点而专门设立的，可以单独投保。桐油作为油漆的重要原料，是我国大宗出口商品之一。桐油因自身特性，在运输过程中容易受到污染、变质等损失，为此，它需要不同于一般货物的保险的特殊保障，海运散装桐保险条款就是为桐油提供全面保障而制定的。

① 海运散装桐油保险的责任范围。海运散装桐油保险只有一个险别，负责不论任何原因所致的桐油超过保险单规定免赔率的短少、渗漏损失和不论任何原因所致桐油的污染或变质损失。

② 海运散装桐油保险的保修期限。海运散装桐油保险的责任与海运基本险的保险期限基本一致，具体规定如下：

a. 在正常情况下，海运散装桐油保险的责任自桐油远离保险单载明的起运港的岸上油库或盛装容器开始，包括整个运输过程，至保险单载明的目的地岸上油库责任终止，而且最多只负责海轮到达目的港后15天。

b. 在非正常情况下，被保险桐油应在运到非保险单载明的港口的15天内卸离海轮，保险责任在桐油卸离海伦后15天终止。如在15天内货物在该地被出售，保险责任在交货时终止。

c. 被保险桐油如在上述15天内继续运往保险单所载明的原目的地或其他目的地时，保险责任终止按（1）条款的规定终止。

（3）特别约定。

由于散装桐油非常容易损失，而且保险人承保的责任广泛，对于任何原因造成的桐油变质、污染、短少、渗漏损失均须负责，为控制自身承保的风险，避免承担桐油散运前的质量缺陷及容器的不洁导致的损失，保险人在保险条款中对桐油的检验规定了一系列严格的要求。

被保险人必须取得相应的检验证书，才能在桐油发生品质上的损失时获得保险赔款。除了为决定赔款额而支付的检验和化验费用由保险人负责之外，散装桐油在运输过程中的其他一切检验和化验费用均由被保险人负担。

（4）海上货物运输保险的除外责任和被保险人责任。

① 海上货物运输保险的除外责任。保险人对不属于保险责任范围内的风险事故所造成的保险标的的损失或由此产生的费用不承担责任。在海上货物运输保险的三种基本险中，保险人对下列原因所造成的货物损失都不负责赔偿：

a. 被保险人的故意行为或过失行为所造成的货损。

b. 被保险货物的潜在缺陷和货物本身性质所造成的损失，包括货物已存在的品质不良、包装不善、标志不清所造成的损失，以及因发货人责任所造成的损失。

c. 被保险货物的自然损耗、自然渗漏和自然磨损所造成的损失。

d. 被保险货物因市价跌落或运输延误所引起的损失或费用。

e. 属于战争险条款和罢工险条款所规定责任范围和除外责任的货损。

② 被保险人的责任。除按约定缴付保险费外，被保险人还应承担下列责任：

a. 当被保险货物运抵保险单所载明的目的港（地）以后，被保险人应及时提货，当发现被保险货物遭受任何损失，应立即向保险单上所载明的检验、理赔代理人申请检验，如发现被保险货物整件短少或有明显残损痕迹应立即向承运人、受托人或有关当局（海关、港务当局等）索取货损货差证明。如果货损货差是由于承运人、受托人或其他有关方面的责任所造成，还应以书面方式向他们提出索赔，必要时还须取得延长时效的认证。

b. 对遭受承保责任内危险的货物，被保险人和保险公司都可迅速采取合理的抢救措施，防止或减少货物的损失，被保险人采取此项措施，不应视为放弃委托的表示，保险公司采取此项措施，也不得视为接受委托的表示。

c. 如遇航程变更或发现保险单所载明的货物、船名或航程有遗漏或错误时，被保险人应在获悉后立即通知保险人并在必要时加缴保险费，本保险才继续有效。

d. 在向保险人索赔时，必须提供下列单证：保险单正本、提单、发票、装箱单、磅码单、货损货差证明、检验报告及索赔清单。如涉及第三者责任，还须提供向责任方追偿的有关函电及其他必要单证或文件。

e. 在获悉有关运输契约中"船舶互撞责任"条款的实际责任后，应及时通知保险人。

5. 海上货物运输保险责任期限

保险责任期限是指保险公司承担保险责任时间的起讫规定，又称保险有效期。不同的保险条款对海上货物运输保险责任期限的规定也不尽相同。

（1）"仓至仓"条款。该条款规定，从货物运离保险单所载明起运港发货人的仓库时开始，一直到货物运抵保险单所载明的目的港收货人的仓库时止，直到货物运抵保险单所载明的目的港收货人的仓库为止。但是，货物从目的港卸离海轮时起算满60天，不论保险货物是否进入收货人的仓库，保险责任均告终止。

（2）扩展责任条款。该条款是指保险货物在运输途中，由于在被保险人无法控制的情况下产生的船只绕道、延迟、被迫卸货以及转运等，保险公司对此仍继续负责。

（3）航程终止条款。在被保险人无法控制的情况下，保险货物在运抵保险单载明的目的地之前，运输契约在其他港口或地方终止，或者由于其他原因，航程在运输条款规定的保险责任截止期以前宣告终止，保险继续有效。负责期限直到保险货物在这些卸载的港口或地方卖出去以及送交时为止。但是，最长期限不能超过货物在卸载港全部卸离海轮后满60天。

（4）驳运条款。驳船在驳运过程中也常会发生损失，而驳船又非保险单上写明的海轮。本条款就因此而造成的货物损失予以负责，负责的范围按保险单上所载的承保险别办理。

6. 海上货物运输保险的索赔时效

索赔是指被保险人在被保险货物因所承保的风险而遭受损失时，向保险人要求赔偿损失。被保险人提出索赔时，必须应保险人的要求，提供与确认事故性质和损失程度有关的证明和资料。保险人只有在经过审查确定风险事故与损失之间存在因果关系，风险事故又属于承保范围之内的，才按损失的程度予以赔偿。此外，被保险人提出索赔还必须在索赔时效的期限之内，否则，就将丧失索赔权利。根据《海商法》第264条规定，该时效为2年，自保险事故发生之日起计算。

【案例分析 8-2】

我国某外贸公司与荷兰进口商签订一份皮手套合同，价格条件为 CIF（Cost, Insurance and Freight），运送到鹿特丹，向中国人民保险公司投保了一切险，生产厂家在生产的最后一道工序将皮手套的湿度降到了最低程度，然后用牛皮纸包好装入双层瓦楞纸箱，再装入20英尺的集装箱，货物到达鹿特丹后检验结果表明：全部货物湿、霉、变色、玷污，损失价值达80 000美元。据分析：该批货物的出口地不异常热，进口地鹿特丹不异常冷，运输途中无异常，完全属于正常运输。

思考分析：

1. 保险公司对该项损失是否赔偿，为什么？
2. 进口商对受损货物是否支付货款，为什么？
3. 你认为出口商应如何处理？

【案例分析8-3】

某国公司以CIF作为价格条件，从鹿特丹出口食品1 000箱，即期信用证付款，货物装运后，凭已装船清洁提单和已投保一切险的保险单，向银行收妥货款，货到目的港后经进口商复验发现下列情况：（1）该批货物共有10个批号，抽查20箱，发现其中2年批号涉及200箱内含沙门氏细菌超过进口国的标准；（2）收货人只实收998箱，短少2箱；（3）有15箱货物外表情况良好，但箱内货物共短少60千克；（4）目的港工人罢工，20箱货物被毁。

思考分析：

试分析以上情况，进口商应分别向谁索赔，理由是什么？

8.1.6 航空货物运输保险

航空运输货物保险是以飞机为运输工具的货物运输保险。近年来，随着航空货运的发展，航空运输货物保险业务也在迅速发展。不过，由于航空运输货物保险业务发展的历史不长，迄今为止，航空运输货物保险未能形成一个完整的体系，还没有独自的保险单格式。下面分别对国内航空货物运输保险和国际航空货物运输保险以及航空运输货物战争险的附加条款作简要的介绍。

1. 国内航空货物运输保险

国内航空货物运输保险是指托运人（被保险人）将托运的货物向保险公司（保险人）投保并支付保险费用，由保险公司按约定赔偿因航空运输中发生保险责任范围内事故造成的货物损失的一种保险。

国内航空货物运输保险合同以保险公司向被保险人签发的保险单证为凭证。托运人可直接向保险公司投保（保险公司往往委托承运人代办），也可委托他人代办。航空货物运输保险也实行自愿原则，不得强迫托运人办理保险。

（1）保险标的范围。

凡在国内经航空运输的货物均可作为国内航空货物运输保险的标的。

但下列货物不在保险标的范围以内：蔬菜、水果、活牲畜、禽鱼类和其他动物（鲜活货物）。

下列货物非经投保人与保险人特别约定，并在保险单（凭证）上载明，也不在保险标的范围以内：金银、珠宝、钻石、玉器、首饰、古币、古玩、古书、古画、邮票、艺术品、稀有金属等珍贵财物。

（2）保险责任。

一般情况下，保险货物在保险期内无论是在运输或存放过程中，由于下列保险事故造成保险货物的损失，保险人负赔偿责任：

① 火灾、爆炸、雷电、冰雹、暴风、暴雨、洪水、海啸、地陷、崖崩。

② 因飞机遭受碰撞、倾覆、坠落、失踪（在三个月以上），在危难中发生卸载以及遭受恶劣气候或其他危难事故发生抛弃行为所造成的损失。

③ 因受震动、碰撞或压力而造成破碎、弯曲、凹瘪、折断、开裂的损失。

④ 因包装破裂致使货物散失的损失。

⑤ 凡属液体、半流体或者需要用液体保藏的保险货物，在运输途中因受震动、碰撞或压力致使所装容器（包括封口）损坏发生渗漏而造成的损失，或用液体保藏的货物因液体渗漏而致保藏货物腐烂的损失。

⑥ 遭受盗窃或者提货不着的损失。

⑦ 在装货、卸货时和港内地面运输过程中，因遭受不可抗力的意外事故及雨淋所造成的损失。

另外，在发生责任范围内的灾害事故时，因施救或保护保险货物而支付的直接合理费用也属于保险人的责任范围。

（3）除外责任。

由于下列原因造成保险货物的损失，保险人不负责赔偿：

① 战争、军事行动、罢工、哄抢和暴动。

② 核反应、核子辐射和放射性污染。

③ 保险货物自然损耗，本质缺陷、特性所引起的污染、变质、损坏，以及货物包装不善。

④ 在保险责任开始前，保险货物已存在的品质不良或数量短差所造成的损失。

⑤ 市价跌落、运输延迟所引起的损失。

⑥ 属于发货人责任引起的损失。

⑦ 被保险人或投保人的故意行为或违法犯罪行为。

⑧ 由于行政行为或执法行为所致的损失。

⑨ 其他不属于保险责任范围内的损失。

（4）保险责任期间。

① 保险责任是自保险货物经承运人收讫并签发保险单（凭证）时起，至该保险单（凭证）上的目的地的收货人在当地的第一个仓库或储存处所时终止。但保险货物运抵目的地后，如果收货人未及时提货，则保险责任的终止期最多延长至以收货人接到《到货通知单》以后的15天为限（以邮戳日期为准）。

② 由于被保险人无法控制的运输延迟、绕道、被迫卸货、重新装载、转载或承运人运用运输契约赋予的权限所做的任何航行上的变更或终止运输契约，致使保险货物运输到非保险单所载目的地时，在被保险人及时将获知的情况通知保险人，并在必要时加缴保险费的情况下，保险仍继续有效。保险责任按下述规定终止：

　　a. 保险货物如在非保险单所载目的地出售，保险责任至交货时为止。但不论任何情况，均以保险货物在卸载地卸离飞机后满15天为止。

　　b. 保险货物在上述15天期限内继续运往保险单所载原目的地或其他目的地时，保险责任仍按上款的规定终止。

（5）保险价值和保险金额。

保险价值按货价或货价加运杂费确定，保险金额按保险价值确定，也可协商确定。

（6）投保人（被保险人）的义务。同国内水路、陆路货物运输保险。

（7）赔偿处理。

① 索赔单证。

被保险人向保险人申请索赔时，必须提供下列有关单证：

　　a. 保险单（凭证）、运单（货票）、提货单、发票（货价证明）。

　　b. 承运部门签发的事故签证、交接验收记录、鉴定书。

　　c. 收货单位的入库记录、检验报告、损失清单及救护货物所支付的直接合理费用的单据。

　　d. 其他有利于保险理赔的单证。

② 赔偿时效。

保险人在接到索赔单证后，应根据保险责任范围，迅速核定是否赔偿。赔偿金额一经保险人与被保险人达成协议后，应在10天内赔付。

③ 赔偿金额。

保险货物发生保险责任范围内的损失时，按保险价值确定保险金额的，保险人应根据实际损失计算赔偿，但最高赔偿金额以保险金额为限；保险金额低于保险价值的，保险人对其损失金额及支付的施救保护费用按保险金额与保险价值的比例计算赔偿。

④ 代位赔偿。

保险货物发生保险责任范围内的损失，根据法律规定或有关约定，应当由承运人或其他第三者负责赔偿一部分或全部的，被保险人应首先向承运人或其他第三者提出书面索赔。被保险人若放弃对第三者的索赔，保险人不承担赔偿责任；如被保险人要求保险人先予赔偿，被保险人应签发权益转让书和应将向承运人或第三者提出索赔的诉讼书及有关材料移交给保险人，并协助保险人向责任方追偿。由于被保险人的过错致使保险人不能行使代位请求赔偿权利的，保险人可以相应扣减保险赔偿金。

⑤ 残值处理。

保险货物遭受损失后的残值应充分利用，经双方协商，可作折价归被保险人，并在赔款中扣除。

⑥ 索赔时效。

被保险人从获悉遭受损失的次日起，如果经过2年不向保险人申请赔偿，不提供必要的单证，或者不领取应得的赔款，则视为自愿放弃权益。

⑦ 纠纷处理。

被保险人与保险人发生争议时,应协商解决,双方不能达成协议时,可以提交仲裁机关或法院处理。

2. 航空运输货物战争险

航空运输货物战争险是航空运输货物险的一种附加险,只有在投保了航空运输险或航空运输一切险的基础上,经过投保人与保险公司协商方可加保。加保时须另加付保险费。

加保航空运输货物战争险后,保险公司承担赔偿在航空运输途中由于战争、类似战争行为、敌对行为或武装冲突以及各种常规武器和炸弹所造成的货物的损失,但不包括因使用原子或热核制造的武器所造成的损失。

航空货物运输战争险的保险责任期限是自被保险货物装上保险单所载明的起运地的飞机时开始,直到卸离保险单所载明的目的地的飞机时为止。如果被保险货物不卸离飞机,则以飞机到达目的地当日午夜时起计算满15天为止。如被保险货物在中途转运时,保险责任以飞机到达转运地的当日午夜起计算满15天为止。

与海运、陆运险一样,航空运输货物在投保战争险的基础上,可加保罢工险,加保罢工险不另收费。如仅要求加保罢工险,则按战争险费率收费。航空运输罢工险的责任范围与海洋运输罢工险的责任范围相同。

8.1.7 旅客意外伤害保险

1. 旅客意外伤害保险

意外伤害是指外来的、突然的、非本意的、非疾病的使身体受到伤害的客观事件。旅客意外伤害保险是一种以乘坐火车、飞机、轮船、长途汽车等的旅客为被保险人,在指定的旅程内因意外伤害事故致死、致伤、致残,由保险人按约定给付保险金的意外伤害保险。

(1) 投保范围。

凡持有效客票乘坐从事合法客运的机动车辆、船舶、轮渡、火车等客运交通工具的旅客,均可作为被保险人参加旅客意外伤害保险。

(2) 保险责任。

在保险合同有效期间内,被保险人乘坐约定的客运交通工具过程中,因交通工具发生交通事故而遭受意外伤害,保险人依下列约定给付相应保险金:

① 被保险人自意外伤害发生之日起180天内因该意外伤害导致死亡的,保险人按意外伤害保险金额给付死亡保险金。

② 被保险人因意外事故下落不明,经人民法院宣告死亡的,保险人按意外伤害保险金额给付死亡保险金。

③ 被保险人自意外伤害发生之日起180天内因该意外伤害导致身体残疾的,保险人

根据中国人民银行《人身保险残疾程度与保险金给付比例表》的规定，按意外伤害保险金额及该项残疾所对应的给付比例给付残疾保险金。

④ 被保险人在县级以上（含县级）医院或者保险人认可的医疗机构诊疗所支出的、符合当地社会医疗保险主管部门规定可报销的医疗费用，保险人在意外伤害医疗保险金额范围内，给付医疗保险金。

在保险合同有效期间内，被保险人乘坐约定的客运交通工具过程中，因该交通工具发生交通事故遭受意外伤害而导致死亡、残疾或者发生医疗费用支出的，保险人也可参照国务院《道路交通事故处理条例》的规定执行，在意外伤害保险金额范围内承担死亡保险金、残疾保险金（含残疾用具费、抚养费）；在意外伤害医疗保险金额范围内承担医疗保险金（含伙食补助费、误工补助费、护理费）。当保险人约定的机动车辆乘坐人数超过投保人数时，发生意外伤害事故致使被保险人死亡、残疾或者发生医疗费用支出的，保险人按投保人数与实际乘坐人数的比例给付各项保险金。保险人给付的各项保险金以相应保险金额为限。

（3）除外责任。

因下列情形之一，造成被保险人死亡、残疾或者发生医疗费用支出的，保险人不负给付保险金责任：

① 投保人、受益人对被保险人的故意杀害、伤害。
② 被保险人故意犯罪或者拒捕。
③ 被保险人殴斗、醉酒、自杀、故意自伤及服用、注射毒品。
④ 被保险人受酒精、毒品、管制药物的影响而导致的意外。
⑤ 被保险人疾病、流产、分娩。
⑥ 核爆炸、核辐射或者核污染。
⑦ 战争、军事行动、暴乱或者武装叛乱。
⑧ 爬、跳交通工具等违反客运规章的行为。
⑨ 当地社会医疗保险主管部门规定不可报销的费用。

（4）保险期间。

保险合同的保险期间，自保险人同意承保、收取保险费并签发保险凭证，被保险人购票踏入约定的客运交通工具时起至离开约定的客运交通工具时止。

（5）保险金额和保险费。

① 意外伤害保险金额和意外伤害医疗保险金额相等，最低均为人民币 10 000 元。
② 保险费依两项保险金额之和计收，保险费率根据运输工具的不同和运输距离的远近取 0.001‰ ~ 0.1‰。

（6）被保险人的义务。

旅客意外伤害保险的被保险人负有如实告知和保险事故的通知义务。

① 被保险人故意隐瞒事实，不履行如实告知义务的，或者因过失未履行如实告知义务，足以影响保险人是否同意承保或者提高保险费率的，保险人有权解除合同。

② 被保险人故意不履行如实告知义务的，保险人对保险合同解除前发生的保险事故，不承担给付保险金的责任，不退还保险费。

③ 被保险人或者受益人应于知道或者应当知道保险事故发生之日起5天内以书面形式通知保险公司。否则，被保险人或者受益人应承担，由于通知迟延致使保险人增加的勘察、检验等项费用。但不可抗力导致的延迟除外。

（7）保险金的申请和赔付。

被保险人死亡的，由死亡保险金受益人作为申请人，填写保险金给付申请书，并凭下列证明和资料申请给付保险金：

① 保险单。

② 受益人户籍证明或者身份证明。

③ 保险费的缴费凭证。

④ 被保险人死亡证明书，事故裁决书。

⑤ 宣告死亡证明文件。

⑥ 被保险人户籍注销证明。

⑦ 保险人认可的有关部门出具的证明、裁决。

⑧ 受益人所能提供的与确认保险事故的性质、原因等有关的证明和资料。

被保险人残疾的，由被保险人作为申请人，填写保险金给付申请书，并凭下列证明和资料申请给付保险金：

① 保险单。

② 被保险人户籍证明或者身份证明。

③ 保险费的缴费凭证。

④ 由保险人指定或者认可的医院出具的被保险人残疾程度鉴定书。

⑤ 保险人认可的有关部门出具的证明、裁决。

⑥ 被保险人所能提供的与确认事故的性质、原因、伤害程度等有关的证明和资料。

被保险人支出医疗费用的，由被保险人作为申请人，填写保险金给付申请书，并凭下列证明和资料申请给付医疗费用保险金：

① 保险单。

② 被保险人户籍证明或者身份证明。

③ 保险费的缴费凭证。

④ 由保险人指定或者认可的医院出具的被保险人治疗记录和医药费收据。

⑤ 保险人认可的有关部门出具的证明、裁决。

⑥ 保险人要求提供的与确认事故的性质、原因、伤害程度等有关的证明和资料。

保险人收到申请人的保险金给付申请书及有关证明和资料后，对确定属于保险责任的，在与申请人达成有关给付保险金额的协议后10天内，履行给付保险金的义务；对不属于保险责任的，向申请人发出拒绝给付保险金通知书。

保险人自收到申请人的保险金给付申请书及有关证明和资料之日起60天内，对属于保险责任而给付保险金的数额不能确定的，根据已有证明和资料，按可以确定的最低数额先予以支付，保险人最终确定给付保险金的数额后，给付相应的差额。

如被保险人在被宣告死亡后生还的，受益人应于知道或者应当知道被保险人生还后30天内退还保险人已支付的保险金。被保险人或者受益人对保险人请求给付保险金的权利，自其知道或者应当知道保险事故发生之日起2年内不行使而消灭。

（8）争议处理。

保险合同争议的解决方式，由当事人在合同中约定从下列两种方式中选择一种：

① 因履行保险合同发生的争议，由当事人协商解决，协商不成的，可提交某仲裁委员会仲裁。

② 因履行保险合同发生的争议，由当事人协商解决，协商不成的，依法向对保险单签发地有管辖权的人民法院提起诉讼。

【案例分析8-4】

2019年8月3日，凤岗公汽公司的公交车（司机为冯某平）发生三车相撞交通事故，公交车乘客胡某芳受伤，公交车负事故全部责任。三车均购买了交强险、公交车购买了第三者责任险和道路客运承运人责任险，均由平安财险东莞公司承保。事故发生后，胡某芳住院治疗11天，诊断证明：出院后休息14天，加强营养。胡某芳诉至法院，要求凤岗公汽公司、冯某平、平安财险东莞公司支付住院费用、伙食补助费、误工费、营养费等合计8 863元。

思考分析：

1. 该事故是否为意外事故？
2. 胡某芳是否可以向凤岗公汽公司、冯某平、平安财险东莞公司索赔？

2. 铁路旅客意外伤害保险

铁路旅客意外伤害强制保险条例由政务院财经委于1951年04月24日颁布,同年06月24日实施，对铁路强制险进行相关规定，至2012年已经实施了61年。在半个世纪的时间里，关于铁路强制险的去向、合法性和保险额度等争议和讨论不绝。2012年11月9日，国务院第628号令正式废止了《铁路旅客意外伤害强制保险条例》。该废止措施从2013年1月1日起正式实施，乘客乘坐火车伤亡赔偿不再是15万元封顶，乘客也不再被强制收取票价2%的"人身意外伤害强制保险费"。

凡乘火车的旅客，均应按规定向中国人民保险公司投保铁路旅客意外伤害保险（旅客的保险费已包括在票价内，保险手续由铁路运输企业办理，不另签发保险凭证），当发生意外事故造成旅客伤害（含死亡）时，保险公司按规定向旅客支付保险金。

（1）保险期限。

铁路旅客运输意外伤害强制保险的有效期间，自旅客持票进站加剪后开始，至到达旅程终点缴销车票出站时为止，如需搭乘铁路免费接送旅客的其他交通工具时，则搭乘该项交通工具期间也包括在内。旅客乘坐的火车，在中途因故停驶或改乘铁路指定的其他列车者，在中途停留及继续旅程中，保险仍属有效。旅客在旅程中途自行离站不再随同原车旅行者，其保险于离站时起即告失效，但经站长签字证明原票有效者，在重新进站后，保险效力即恢复。

（2）保险金额及保险费。

每张火车票可投保 1 份铁路乘意险，每份保险费 3 元，最高保障 50 万元意外事故、伤残和 5 万元意外医疗费用；未成年人需由其父母投保，每份保险费 1 元，最高保障 20 万元意外事故、伤残和 2 万元意外医疗费用。

（3）保险责任。

① 旅客在保险有效期间内，由于遭受外来、剧烈及明显的意外事故（包括战争所致者在内）受伤须治疗者，由保险公司按实际情况给付医疗津贴，其数额以不超过保险金额为限。

② 旅客遭受意外事故受到伤害，以致死亡、残废或丧失身体机能者，除给付医疗津贴外，另由保险公司依照下列规定给付保险金：

a. 死亡者，给付保险金额全数。

b. 双目永久完全失明者，两肢永久完全残废者，或一目永久完全失明与一肢永久完全残废者，给付保险金额全数。

c. 完全丧失身体机能永久不能继续工作者，给付保险金额全数。

d. 一目永久完全失明者或一肢永久完全残废者，给付保险金额半数。

e. 丧失一部分身体机能永久不能复原影响工作能力者，视其丧失机能的程度，酌给一部分保险金。

③ 旅客在一次旅程中遭受意外事故，其保险金给付以不超过保险金额为限。

（4）除外责任。

遇有下列情况之一者，保险公司不负给付保险金或医疗津贴的责任：

① 疾病、自杀、殴斗或犯罪行为而致死亡或伤害者。

② 失踪者（但因车辆失事或意外事故而致失踪者，不在此限）。

③ 因无票爬跳车而致死亡或伤害者。

④ 有诈欺行为意图骗领保险金或医疗津贴者。

（5）医疗津贴及保险金的给付办法。

① 旅客遭受意外事故须予以治疗者，其医疗津贴由保险公司或其特约代理处根据铁路医院或其他指定医院、医师证明确定后，依照规定给付。

② 旅客遭受意外事故以致残废或丧失身体机能者，应由其本人或其指定代理人出具铁路医院或其他指定医院、医师及铁路的证明文件，由保险公司或其特约代理处根据此项证明，确定应给保险金数额。

③ 旅客遭受意外事故以致死亡者，应由其配偶、子女、父母或完全依赖该旅客供养者，出具铁路的证明文件，必要时并须出具居住地政府的户籍证明，向保险公司或其特约代理处申请给付保险金，如遇领款人发生争执时，应按照上列顺序决定。

④ 申请领取保险金，须自意外事故发生之日起1年内办理。
⑤ 保险金的给付，由保险公司或其特约代理处自接到申请之日起在15天内办理。

3．航空旅客人身意外伤害保险

航空旅客可以自行决定向保险公司投保航空旅客人身意外伤害保险。

（1）投保范围。
① 凡乘坐客运航班班机的旅客均可成为航空旅客人身意外伤害保险的被保险人。
② 具有完全民事行为能力的被保险人本人或者对被保险人有保险利益的其他人可作为投保人。

（2）保险责任。
在保险责任有效期间内，被保险人遭受意外伤害时，保险人依下列约定给付保险金：
① 被保险人自意外伤害发生之日起180天内身故时，保险人按保险单所载保险金额给付身故保险金。
② 被保险人自意外伤害发生之日起180天内身体残疾时，保险人按保险单所载保险金额及该项身体残疾所对应的给付比例给付残疾保险金。
③ 被保险人自意外伤害发生之日起180天内，未造成身故或残疾的，对被保险人在此期间实际支付的医疗费，保险人在国家规定的公费医疗报销范围内给付医疗保险金，金额最高不超过20 000元。
④ 保险人所负给付保险金的责任以保险单所载保险金额为限。

（3）除外责任。
同旅客意外伤害保险的除外责任。

（4）保险责任期间。
保险人所负保险责任从被保险人踏入保险合同指定的航班班机（或等效班机）的舱门开始到飞抵目的港走出舱门为止。等效班机是指由于各种原因由航空公司为指定航班所有旅客调整的班机或被保险人经航空公司同意对指定航班变更并且起、始港与原指定航班相同的班机。

（5）保险金额和保险费。
① 保险金额按份计算，每份的保险金额为20万元人民币。同一被保险人最高保险金额为200万元人民币。
② 每份保险的保险费为20元人民币。

（6）保险受益人的指定和变更。
① 投保人或被保险人在订立保险合同时，可指定一人或数人为身故保险金受益人，受益人为数人时，应确定受益顺序和受益份额，未确定份额的，各受益人按照相等份额享有受益权。被保险人为无民事行为能力或者限制行为能力人的，可以由其监护人指定受益人。被保险人或投保人可以变更身故保险金受益人，但需书面通知本公司，由本公司在保险单上批注。
② 投保人在指定和变更身故保险金受益人时，须经被保险人书面同意。
③ 残疾保险金的受益人为被保险人本人。

（7）保险事故通知。

投保人、被保险人或者受益人应于知道或应当知道保险事故发生之日起 5 天内通知保险人。否则投保人、被保险人或受益人应承担由于通知迟延致使保险人增加的勘查、检验等项费用。但因不可抗力导致的迟延除外。不可抗力是指不能预见、不能避免并不能克服的客观情况。

（8）保险金的申请与给付。

被保险人身故，由身故保险金受益人作为申请人填写保险金给付申请书，并凭下列证明和资料申请给付保险金：

① 保险单或其他保险凭证。
② 受益人户籍证明及身份证明。
③ 被保险人死亡证明书。
④ 承运人出具的意外事故证明。
⑤ 宣告死亡证明文件。
⑥ 被保险人户籍注销证明。
⑦ 受益人所能提供的与确认保险事故的性质、原因等有关的其他证明和资料。

被保险人残疾，由被保险人作为申请人，于被保险人被确定残疾及其程度后，填写保险金给付申请书，并凭下列证明和资料申请给付保险金：

① 保险单或其他保险凭证。
② 被保险人户籍证明及身份证明。
③ 被保险人残疾程度鉴定书。
④ 承运人出具的意外事故证明。
⑤ 被保险人所能提供的与确认保险事故的性质、原因、伤害程度等有关的其他证明和资料。

被保险人遭受意外伤害未造成身故或残疾但需接受治疗的，由被保险人作为申请人，于治疗结束后或治疗仍未结束但自意外伤害发生之日起已满 180 天时，填写保险金给付申请书，并凭下列证明和资料申请给付保险金：

① 保险单或其他保险凭证。
② 被保险人户籍证明及身份证明。
③ 医疗诊断书及医疗费用原始凭证。
④ 承运人出具的意外事故证明。
⑤ 被保险人所能提供的与确认保险事故的性质、原因、伤害程度等有关的其他证明和资料。

保险人收到申请人的保险金给付申请书及有关证明和资料后，如无特别约定，对属于保险责任的，在与申请人达成有关给付保险金数额的协议后 10 天内履行给付保险金责任。对不属于保险责任的，向申请人发出拒绝给付保险金通知书。

保险人自收到申请人的保险金给付申请书及有关证明和资料之日起 60 天内，对属于保险责任而给付保险金的数额不能确定的，根据已有证明和资料，按可以确定的最低数额先予以支付，保险人最终确定给付保险金的数额后，给付相应的差额。

如被保险人在宣告死亡后生还的，保险金领取人应自其知道或应当知道被保险人生还后 30 天内退还保险人支付的保险金。

被保险人或受益人请求给付保险金的权利，自其知道或应当知道保险事故发生之日起两年不行使而消灭。

（9）投保人解除合同的处理。

投保人在保险合同指定的航班班机起飞前要求解除本合同，保险人在扣除手续费 2 元后退还保险费。投保人要求解除本合同时，应提供下列证明和资料：

① 保险单或其他保险凭证。

② 被保险人身份证明。

（10）争议处理。

在保险合同履行过程中，双方发生争议的，应协商解决；经双方协商未达成协议的，可依达成的合法有效的仲裁协议通过仲裁解决；无仲裁协议或者仲裁协议无效的，可通过诉讼方式解决。

8.2 保价运输

保价运输是指运输企业与托运人共同确定的以托运人申明货物价值为基础的一种特殊运输方式。保价，就是托运人向承运人声明其托运货物的实际价值。凡按保价运输的货物，托运人除缴纳运输费用外，还要按照规定缴纳一定的保价费。保价运输就是实行限额赔偿制度后，一旦发生运输事故后，使托运人、收货人在运输中承担的风险降低。

8.2.1 保价运输的概念和特点

1. 限额赔偿制度

对于因承运人过失责任造成的货物损失，各种运输方式一般都通过法律、行政法规规定了最高的赔偿数额，称为赔偿限额。该赔偿限额往往低于货物的实际损失。交通运输业实行限额赔偿制度的原因主要有：

（1）按实际损失赔偿，交通运输企业负担过重，将会制约交通运输业的发展。

随着经济的发展，社会商品的品种越来越复杂，价格越来越高，对运输的要求越来越高，交通运输业承担的风险也越来越大。但我国的运费水平普遍较低，存在"高物价、低运价"的情况。在低运价的条件下，运输业的运输收入主要用于支付运输成本，若按货物的实际损失赔偿，则一些运输企业将难以经营下去。

（2）运费未与货物价格直接挂钩。

当前，运输企业运输的货物品种繁多，价格差异巨大，但我国的运费水平主要是以运输成本为基础并结合国家经济政策而制定的，并未考虑货物本身价格的贵贱。货物的运价率虽有区别，但高低相差不过几倍，远不能适应各种货物的实际价格的差异。故运输企业承担的货物损失价值与其所获得的收益是不相称的。

（3）国家价格管理体制的变化。

随着市场经济的发展，各地区商品价格的差异逐渐在扩大，即使同一地区、同一产品的价格也不尽相同，而交通运输业的运价则较为固定，有些运输方式还实行国家定价，即不能随行就市加以变化，从而出现了以"死运价"对"活物价"的状况。不可避免地出现了几个托运人运输同一品种的货物，向运输企业交纳相同的运费，发生事故后，索取不同数额的赔偿金的情况。这种权利和义务不对等的状况也是不合理的。

（4）运输中的风险不应全部由运输业承担，另外，实行限额赔偿制度也是国外交通运输业的惯例。

货物运输的产品是货物的位移，完成一个运输过程往往要跨越广大的地区。我国是一个大国，各地区的自然条件、社会条件存在巨大的差异，在运输过程中，不能确定的外部因素极多，运输业负担的风险也随之加大。这些危及安全的因素绝不是运输业本身所能解决得了的。显然，发生事故都要承运人全部包下来是不公平的，应寻求承、托双方共同分担风险的有效方法。

2. 保价运输的概念

根据限额赔偿制度，当发生因承运人过失责任造成的货物损失时，承运人将在赔偿限额内按实际损失赔偿。一般情况下，该赔偿限额与货物实际损失都差得很多，而这时货主希望的是全额赔偿，这就造成了一对矛盾。为了解决这个矛盾，各种运输方式普遍实行了保价运输制度。

保价就是货物的保证价值，也可称为声明价格。所谓货物保价运输，是指托运人在托运货物时声明其价格并向承运人支付保价费用，由承运人在货物损失时按声明价格赔偿的一种货物运输。货物保价运输既是运输合同的组成部分，也是实行限额赔偿后保证承运人、托运人利益对等的一种赔偿形式。

3. 保价运输的特点

（1）保价运输是运输企业实行限额赔偿后，为了保证承运人、托运人双方权益对等在法律上给予托运人的一种权利。在运输企业承运时，法律上保证托运人自愿决定是否行使这个权利。

（2）保价运输的货物，在起运地和目的地之间流动，并一直处在运输企业职工的劳动和监护下，这有利于货物安全运送到目的地交付给收货人。

（3）托运人应以全批货物的实际价格作为保价金额。货物的实际价格除货物自身的价格外，还包括承运前已发生的税款、包装费用和运输费用，不包括将发生的运输费用。

（4）保价运输除对托运人的损失起补偿作用外，运输企业可以直接采取特殊的技术和组织措施，保证货物运输安全。

（5）货物保价运输的责任是从承运人承运货物时起至将货物交付给收货人为止全程负责。

4. 保价运输的产生过程

保价运输来源于承运人赔偿责任限额制度和商事交易活动的意思自治原则。从航运历史来看，承运人责任制度发生过几次重要的变化。

18世纪80年代,在英国船东的强大压力下,英国法院开始承认提单中的承运人免责条款。利用"契约自由"原则,当时的英国航运资本家在海运提单条款中几乎任意规定免责条款。到了19世纪20世纪初,这种免责条款一度多达六七十种,其结果导致货主几乎承担了货物在海上运输过程中的一切风险,此为承运人"不负过失责任制度",这引起了当时贸易界的强烈不满。同时,由于提单是一种可转让的物权凭证,收货人、银行和提单受让人无审查提单条款的机会。提单中的许多免责条款也往往影响提单的自由转让。这一方面不仅妨碍了贸易的进一步发展,另一方面也影响世界航运业的发展。

自19世纪以来,各国民法均视过失责任为经典原则。过失责任是行为人须对自己有过失的致害行为负责的理念。鉴于承运人不负过失责任制度引发的贸易界与航运界矛盾的加深以及与主流经典理论的背道而驰,承运人不负过失责任制便不再适应实践发展的需要。1921年《海牙规则》规定了承运人最低限度的责任,在一定程度上制止了承运人在提单中滥用免责条款的做法。如第3条第8款规定:"运输合同中的任何条款、约定或协议,凡是解除承运人或船舶对由于疏忽、过失或未履行本条规定的责任和义务,因而引起货物或关于货物的灭失或损害的责任的,或以不同于本公约的规定减轻这种责任的,则一律无效。有利于承运人的保险利益或类似的条款,应视为属于免除承运人责任的条款。"

但是,海上运输毕竟是一种高风险作业的行业,为保护船舶所有人的利益,《海牙规则》同时又规定承运人赔偿责任的限额制度。第4条第5款规定:"承运人或是船舶,在任何情况下对货物或与货物有关的灭失或损害,每件或每计费单位超过一百英镑或与其等值的其他货币的部分,都不负责。"但该条同时增加了"但托运人于装货前已就该项货物的性质和价值提出声明,并已在提单中注明的,不在此限"的例外性规定。这种排除适用承运人责任赔偿限额的规定便是保价运输。后来,航运业承运人责任赔偿限额制度又被铁路运输、航空运输、公路运输等借鉴,由此形成了普遍意义上的承运人赔偿责任限额制度。保价运输就是为适应这一制度而产生的,其适用完全依赖于托运人和承运人双方的例外性约定。另外,保价运输还体现了当事人对承运人赔偿责任的自治,展现了合同当事人的自由意志与法律平衡原则相结合的法律理念。

下面分别对铁路、公路、水路和航空货物和行包保价运输进行介绍。

8.2.2 铁路货物保价运输

铁路货物保价运输通过加强铁路内部管理和安全防范,促进实现货物的安全位移,帮助实现货物的使用价值;同时,为铁路运输货物的风险进行合理分摊,即一旦发生货运事故,将对受损的托运人、收货人给予赔偿,将托运人、收货人在铁路运输中承担的风险降低。

1. 铁路货物保价运输的特点

铁路货物保价运输不仅是一种赔偿形式而且是可以促进铁路运输企业加强管理、保证运输安全,同时,也是对铁路运输企业的一种经济制约。铁路货物保价运输的特点有:

(1)在运输目的上,托运人和铁路运输企业都是一致的。因为旅客、托运人托运物品都是希望安全、迅速地运到目的地，实现它的使用价值。而损失后得到赔付是第二位，不是运输目的。铁路运输企业是合同的当事人，是直接参与运输的，因此，它不是被动、消极地赔付，而是要在运输组织上、技术设施上采取必要的措施，保证运输安全。这是保价运输最鲜明的特点之一。

（2）铁路内部对保价运输的货物采取一系列强化管理措施，特别是对重点保价货物，将实行运输企业过程监督，以保证货物安全、迅速、准确地运抵到站。

（3）保价运输是合同的一部分。因此，在办理托运手续的同时一次就可以办理，手续非常简便，只要在运单上托运人记事栏内注明"保价运输"的字样，在货物栏内按货物的实际价格注明保价金额就可以了。

（4）保价运输促使铁路运输企业主动、迅速地合理赔付，保护托运人和旅客的合法权益。为此，中国铁路总公司还做出了相应的规定，凡属于铁路责任的，必须先赔付，后划分铁路内部的责任，而且对赔付的时间还做了规定限制，超过规定期限的时间收取的保价费除了作为赔偿基金以外，主要用于改善客、货运的服务设施、安全防范，保证货物运输安全，做到取之于民，用之于民，提高社会效益，更好地为旅客和托运人服务。

2. 铁路货物保价费率

（1）确定保价费率的原则。

① 保价费率的确定要适当。

弥补铁路按货物重量计费低收入和按货物实际价值赔偿的差距是铁路开办保价运输的目的之一，若保价费率定得偏低，则达不到这个目的，若保价费率定得偏高，增加托运人的负担，不利于保价运输的顺利开展。

② 根据货物的性质和价值采取不同的费率。

铁路运输的货物种类繁多，性质相差甚大，有的货物在运输过程中不易发生货运事故，如煤炭矿石等，有的很容易发生货物损失，如鲜活货物。如果不考虑货物的性质，对所有货物采取统一的保价费率，对托运不同性质货物的托运人是不公平的。

③ 简明，便于操作。

货物保价费率列入铁路货物运输品名、分类与代码表，使得承办人能够准确、迅速、简便地查出货物适用的保价费率，完成货物的承保工作。

④ 稳定。

保价费率在一段时间内应保持稳定，不至于使托运人对铁路开办保价业务产生误解，从而影响保价运输的顺利开展。

（2）铁路货物保价费率。

铁路运输的货物种类很多，为了明确对各种货物应核收的保价费，将大量的货物按一定标准划分为若干类，结合货物的性质、价值、运输条件和发生损失的概率等因素，将所有货物的保价费率从低到高，其费率见表8.1。

表 8.1 铁路货物保价费率等级表

等级	一级	二级	三级	四级	五级	特六级	特七级
保价费率	1‰	2‰	3‰	4‰	6‰	10‰	15‰

集装箱装运的货物及本表所列品名以外的货物,均按 3‰ 计算;冷藏车装运的需要制冷的货物,按该货物保价费率的 50% 计费;超限货物均按该货物的保价费加收 50% 计费。

3. 铁路货物保价运输的办理

铁路货物保价运输的办理实行自愿原则。也就是说,对托运的货物是否保价完全取决于托运人的自愿,包括承运人在内的其他任何人不得以任何方式强迫托运人办理保价运输。托运人可以在办理保价运输的同时投保货物运输险。托运人办理保价运输时,必须全批保价,不能只保价一批货物中的一部分。但是从货主的利益出发,对未投保运输险的货物,还是提醒其参加保价运输为好。因为根据有关法规,未办理保价运输的货物,因承运人责任造成货物损失时,一般实行限额赔偿制度,而这种赔偿限额经常低于货物的实际价值。

铁路货物保价运输办理程序如下:

(1)声明价格和填制运单。

托运人要求按保价运输货物时,应在货物运单"托运人记载事项"栏内注明"保价运输"字样,并在"货物价格"栏内以元为单位,填写货物的实际价格。全批货物的实际价格即为货物的保价金额。

托运人应以全批货物的实际价格保价,货物实际价格包括税款、包装费用和已发生的运输费用。

按保价运输办理的货物,应全批保价,不得只保其中一部分。保价率不同的货物做一批托运时,应分项填记品名及保价金额,保价费用分别计算。保价率不同的货物合并填记时,适用于其中最高的保价费率。

以概括名称托运或品名、规格、包装不同,不能在货物运单内逐一填记的保价货物,托运人须提出物品清单。物品清单一式三份,加盖车站承运日期戳后,一份由发站存查,一份随运输票据递交到站,一份交托运人备存。

发站受理保价运输货物时,应按货物运单或物品清单记载,检查托运人填记的货物价格是否清楚、齐全,如认为有必要时,可以要求托运人提出确定价格的有关依据,予以核实。发现保价金额不符或涂改时,需更换货物运单或物品清单。

(2)保价费的缴付。

按保价运输的货物,托运人应缴付保价费。货物保价费的计算公式为:

$$保价费 = 保价金额 \times 货物适用的保价费率 \quad (8-5)$$

保价费率不同的货物作为一批托运时,应分项填记品名及保价金额,保价费用分别计算。保价费率不同的货物合并填记时,适用于其中最高的保价费率。

货物保价费在货票现付栏内记明,与运费同时核收。但根据托运人要求,货物保价费也可以单独核收,在货物运单承运人记载事项栏和货票记事栏内注明"保价费另收"字样或加盖相同内容的戳记。

(3)对高价值保价货物的安全防范措施。

车站受理一批保价金额在 50 万元及以上的整车货物、大型集装箱货物,一批保价金额在 30 万元及以上的 1 吨、5 吨、10 吨集装箱货物和一批保价金额在 20 万元及以上的零担货物，应建立"保价货物（B）运输台账"并逐级报告，由铁路局保价机构下达命令号批准，另有指示时，按其指示办理。按以上条件办理的保价货物，车站应在货物运单、货运封套或货车装载清单上加盖"B"戳记（或用红色书写），并在"列车编组顺序表"记事栏内注明"B"字样。

对"B"货物，车站应及时组织装车和挂运，运送途中严格交接检查。

装有"B"的贵重、易盗的整车货物，各铁路局可根据需要组织武装押运。押运区段由各铁路局决定。

各编组站、区段站对装有 B 货物的货车应及时挂运，在站中转停留时间一般不超过 24 小时（零担、集装箱货物中转时间一般不超过 36 小时），对保留列车中装有"B"货物的货车，车站负责派人重点看护。

标有"B"的货物，运抵到站后，车站应采取有效的防范措施，并及时通知收货人领取。

对未标有"B"的保价货物，各站均应结合本站情况采取必要的防范措施。车站应建立货物保价运输统计、分析制度。按月填报"保价货物运输报告"，于次月 4 日前报主管部门，铁路局集团公司于 10 日前汇总报国铁集团。

4. 铁路货物保价运输的变更或解除

保价运输货物变更到站后，保价运输继续有效。承运货物后，在发送前取消托运的，货物保价费应全部退还托运人。

5. 铁路货物保价运输的除外责任

（1）不可抗力，如地震、洪水等。

（2）货物本身的自然属性和合理损耗，如货物生锈、自然减量、易腐货物在容许运到期限内腐烂等。

（3）托运人、收货人的过错，如托运人装载不当、押运人过错、包装不符合要求等。

6. 铁路货物保价运输的赔偿处理

对办理保价运输的货物、包裹、行李自接受承运时起到交付时止因承运人责任造成的货物灭失、短少、变质、污染或损坏的，承运人应按声明价格赔偿，实际损失低于声明价格的，按实际损失赔偿。如果经核实，货物损失是因承运人的故意行为造成的，当声明价格低于实际损失时，承运人不受声明价格的限制，而应按照规定向货主赔偿货物的实际损失。

（1）索赔时效。

托运人、收货人向承运人要求赔偿的有效期限为 180 天。有效期限由下列日期起算：货物灭失、损坏为承运人交给货运记录的次日；货物全部灭失，未编有货运记录的，为运到期限期满后的第 31 天。承运人同托运人或收货人相互间要求赔偿或退补费用的时效期限为 180 天（要求铁路支付运到期限违约金为 60 天），托运人或收货人向承运人要求赔偿或退还运输费用的时效期限，由下列日期算起；

① 货物灭失、短少、变质、污染、损坏，为车站交给货运记录的次日。

② 货物全部灭失未编有货运记录，为运到期限满期的第16天，但鲜活货物为运到期限满期的次日。

③ 要求支付货物运到期限违约金，为交付货物的次日。

④ 多收运输费用，为核收该项费用的次日。

（2）赔偿程序。

① 托运人或收货人向承运人要求赔偿时，应按批向到站或发站提出"赔偿要求书"，并附货物运单、货运记录（或普通记录）和有关证明文件。

② 到站或发站应根据托运人或收货人的要求受理赔偿。

（3）赔偿额的确定。

当货物损失是由承运人的故意行为或重大过失造成时，承运人应按照实际损失向货主赔偿。

当货物的损失是由承运人的过失行为造成时，承运人应在保价金额内按货物的实际损失赔偿，实际损失超过保价额的部分不予赔偿。目前有两种赔偿方法：

① 根据铁路规章的规定赔偿：

$$承运人向货主赔偿额 = \min\{投保金额 \times 损失比例，实际损失\} \quad (8-6)$$

② 根据最高人民法院的规定赔偿：

$$承运人向货主赔偿额 = \min\{投保金额，实际损失\} \quad (8-7)$$

（4）赔偿期限。

对属于承运人承担赔偿责任的货物损失，承运人要主动向托运人或收货人赔偿。承运人办理赔偿的最长期限，自车站接受赔偿要求书的次日起至填发理赔通知时止：款额在5 000元及以下的为10天；超过5 000元未满5万元的为20天；5万元及以上的为30天。逾期未能赔付时，每超过1天，处理站应向赔偿要求人支付赔款额1%的违约金。违约金最多不超过赔款总额的20%。

【案例分析8-5】

某站承运药材一车，货物共2 000件，全车保价400万元。货物运至中转站，进行站车交接时，两侧施封良好、有效。到达收货站进行站车交接时，发现车辆左侧施封良好，右侧无封，且车门开启150毫米，经会同公安人员清点件数，车内货物短少150件，经调查，该车货物实际总价值为500万元。试分析该货运事故应如何赔偿。

思考分析：

1. 此案例中，货主是否应该得到铁路的赔偿？

2. 若应该，铁路向货主的赔偿额应为多少？

【案例分析 8-6】

某托运人在平旺站托运白糖一车，货物共 1 200 件，重 60 吨，货主投运输保险 20 万元。货物运至张家口南站时，发现车辆一侧施封良好，另一侧无封，且上下门扣损坏，经清点件数，车内货物仅剩 900 件，经调查，该车货物实际总价值为 30 万元。

思考分析：

该货运事故应如何赔偿？

【案例分析 8-7】

某石油公司通过铁路发运柴油两车，同时向某保险公司投了货损险。收货人在到达站提货时，发现柴油短少 41.2 吨（价款 116 548 元）。到达站为此出具了货运记录，证实该批柴油中途被盗。后石油公司向保险公司提出赔付申请，保险公司依据保险合同的约定赔付了 116 548 元保险金。保险公司依据《保险法》的有关规定，向承运人行使追偿权。因双方协商无果，保险公司于 7 个月后向铁路专门法院提起诉讼，请求承运人偿付 116 548 元的货物损失。

思考分析：

根据本案例分析，承运人是否需要向保险公司赔偿该货物损失？

8.2.3 公路货物保价运输

公路货物保价运输，是指公路货物托运人在托运货物时声明其价格并向承运人支付保价费用，由承运人在货物损失时按声明价格及货物损坏程度予以赔偿的一种货物运输。货物保价运输同运输保险一样，目的是保护托运人或收货人的正当利益不受损失。

1. 公路货物保价运输的办理

公路货物运输实行自愿保价原则，也就是说，对托运的货物是否保价完全取决于托运人的自愿，托运人可以办理保价运输，也可以在办理保价运输的同时投保货物运输险，还可以不办理保价运输。

办理公路货物保价运输时，应遵守以下规定：

（1）一张运单托运的货物只能选择保价或未保价中的一种。也就是说，对一批办理托运的货物，不得只保价其中一部分而不保价另一部分。

（2）托运人选择货物保价运输时，申报的货物价值不得超过货物本身的实际价值，且保价运输为全程保价。

（3）按保价运输的货物，托运人还应缴付保价费。保价费按不超过货物保价金额的 7‰ 收取。

（4）分程运输或多个承运人承担运输，保价费由第一程承运人（货运代办人）与后程承运人协商，并在运输合同中注明。承运人之间没有协议的按无保价运输办理，各自承担责任。

（5）办理保价运输的货物，承运人应在运输合同上加盖"保价运输"戳记。

2. 公路货物保价运输的变更或解除

保价运输货物变更到站后，保价运输继续有效。承运人承运货物后，在发送前取消托运的，货物保价费应全部退还托运人。

3. 公路货物保价运输的赔偿处理

对办理保价运输的货物在运输过程中因承运人责任造成的货物灭失、短少、变质、污染或损坏的，承运人应按下列规定赔偿：货物全部灭失的，按货物保价声明价格赔偿；货物部分毁损或灭失的，按实际损失赔偿；货物实际损失高于声明价格的，按声明价格赔偿；货物能修复的，按修理费加维修取送费赔偿。如果经核实，损失是因承运人的故意行为造成的，当声明价格低于实际损失时，承运人不受声明价格的限制，而应按照规定赔偿货物的实际损失，并追究其责任。

8.2.4 水路货物保价运输

1. 水路货物保价运输的范围

凡执行国家指导价格或市场价格的货物均可办理保价运输。另外，个人托运生活用品和搬家物品也可办理保价运输。

2. 水路货物保价运输的办理

（1）声明价格和填制货运单。

托运人确定采用保价运输的，应在货物运单"货物价值"栏内准确地填写该批货物的总价值。对不符合"三同"（同品种、同规格、同包装）条件的货物，除按上述规定办理外，还应向承运人提交货物单件价值清单。

（2）保价费的缴付。

按保价运输的货物，除运杂费外，托运人还应缴付保价费。承运人按有关保价费率的规定核收保价费后，在货物运单上加盖"保价运输"的红色戳记。

另外，由于个人生活用品和搬家物品比较杂，难以使用统一价格，因此托运时应提出物品清单，并逐项声明价格，将总价格填入运单"货物价值"栏内。

（3）水路货物保价运输的赔偿处理。

对办理保价运输的货物，在运输过程中发生货运事故，造成直接损失时，应按下列原则赔偿：货物发生损害、灭失时，承运人应当按照货物的声明价值进行赔偿，但承运人证明货物的实际价值低于声明价值的，按照货物的实际价值赔偿。

【案例分析 8-8】

国内水路运输一批货物，保险金额是 30 万元，保险事故发生时保险标的的价值是 50 万元，保险事故导致保险标的损失 20 万元。

思考分析：
保险公司应向被保险人支付多少赔款？

 【案例分析 8-9】

原告诉称：投保人广西某农资公司（以下简称 A 公司）于 1999 年 7 月 10 日与被告签订了以原告为被保险人的保险合同，保险单号码为钦货承 99/019，保险单对货物名称、数量、运输方式等作了规定。之后，A 公司将被保险货物交由福建省某市 B 海运公司所属的"鸢江"轮承运。7 月 13 日，当该轮航至广东海安海域时，船体遇强力震动，造成货仓进水，并湿损货物。根据保险条款，该损失属被告保险责任范围，原告即提交出险通知书及有关单证向被告索赔，未果。故请求法院判令被告赔偿保险货物损失 401 321 元，并承担本案诉讼费用。被告辩称：第一、原告未按时交纳保费，应承担违约责任，被告因此有权终止保险责任或拒绝赔偿损失；第二、原告向被告索赔时仅提供了货物损失数量方面的证明，未提供有关货损的性质、原因方面的证据，原告应承担举证不足的法律后果；第三、原告未经被告同意放弃对承运人的索赔权并错过对承运人的索赔时效，被告已不能代位向承运人追偿，被告依法有权拒赔或相应扣减保险赔偿。

思考分析：
（1）根据本案例分析，被告是否需要向原告承担赔偿损失？
（2）若被告可以提出扣减保险赔偿，是否会被支持？

8.2.5 航空货物保价运输

1. 国内航空货物保价运输

（1）国内航空货物保价运输的办理。
① 托运人托运的货物，毛重每千克价值在人民币 20 元以上的，可办理货物声明价值，按规定交纳声明价值附加费。
② 每张货运单的声明价值一般不超过人民币 50 万元。
③ 已办理托运手续的货物要求变更时，声明价值附加费不退。
（2）国内航空货物保价运输的赔偿处理。

保价运输的货物，由于承运人的原因造成货物丢失、短缺、变质、污染、损坏，应按声明的价值赔偿；如承运人证明托运人的声明价值高于货物的实际价值时，按实际损失赔偿。

2. 国际航空货物保价运输

（1）国际航空货物保价运输的办理。

① 托运人托运毛重每千克价值超过承运人规定限额的货物，可办理货物声明价值，并支付声明价值附加费。

② 承运人可以规定每张货运单的声明价值限额。承运人对超过其声明价值规定限额的货物可以拒绝运输。

③ 货运单上已载明的声明价值不得变更。对已办妥声明价值的货物行使处置权的，已付的声明价值附加费不予退还。

（2）国际航空货物保价运输的赔偿处理。

保价运输的货物，由于承运人的原因造成货物丢失、短缺、变质、污染、损坏，应按声明的价值赔偿；如承运人证明托运人的声明价值高于货物的实际价值时，按实际损失赔偿。

8.2.6 货物运输保价与货物运输保险的异同点

货物保价运输与货物运输保险都是补偿收货人或托运人的经济损失，但两者有区别又有联系，下面就货物保价运输与货物运输保险的异同点分别进行分析。

1. 运输保价与保险的相同点

（1）都遵循自愿原则。

（2）目的有相同点，即投保人或托运人以支付一定金钱为代价获取标的物的保值。

（3）都有最高赔偿限额的规定。运输保险的赔付，不超过约定的保险金额；保价运输的赔付，不超过保价条款约定的保价额。

（4）当事人都有诚实信用、如实告知的义务。

（5）从形式上看，托运人均在基础运费以外额外支付了"保费"。区别在于是否构成实际运费的一部分。

（6）从过程上看，托运人的货物均发生了灭失、损坏或交付延迟。

（7）从效果上看，托运人均因货损获得了赔偿。

（8）从金额上看，托运人声明价值均不得超过货物的实际价值。

2. 运输保险与保价的不同点

从法律方面分析：

（1）法律依据不同。

运输保险属于财产保险之一，由《保险法》调整；保价运输具体规定于有关运输法律法规。

（2）法律关系的性质不同。

运输保险确立的是托运人或收货人（即投保人或被保险人）与保险公司（即保险人）之间的保险合同法律关系，其表现形式一般有单独的货运保险合同或运输合同中存在明确的保险条款。

保价运输确立的仍然是托运人与承运人之间的运输合同法律关系，没有单独的保价合同，保价条款的存在不能产生新的法律关系，也不能改变既有的运输合同性质。

（3）索赔对象不同。

货物运输保险是向保险人索赔，而货物保价运输是向承运人索赔。

（4）赔偿范围不同。

运输保险：保险人承担保险金和因保险事故而支出的合理费用。保价运输：赔付范围排斥了保价额以外的托运人或收货人的一切费用支出。

（5）责任免除条件不同。

保价运输：承运人把自然灾害等不可抗力作为其免责条件；保险合同对此却是恰恰相反的约定。

（6）赔偿标准不同。

运输保险：笼统地对"货物"按一个标准赔付；保价运输：按照"行包"和"货物"两个标准赔付。

（7）赔偿的程序不同。

运输保险，其程序大致可分为报告事故、勘验与核赔、理赔三个阶段；保价运输的理赔程序分行李包裹保价的理赔和货物保价的理赔。

（8）关于代位求偿权的问题。

运输保险：保险人可从被保险人那里取得代位求偿权；保价运输：现有法律法规并未明确承运人可取得代位请求赔偿的权利。

（9）对标的残值的处理不同。

足额保险的，受损标的的残值归属保险人；不足额保险的，受损标的的残值按比例归属保险人。对于保价运输，受损货物都归属托运人或收货人。

（10）合同解除权的规定不同。

运输保险是指投保人一般可以解除保险合同，不过保险责任开始后，货物运输保险合同不得解除。保价运输指的是现有法律法规未规定当事人有解除保价合同的权利。

（11）有关赔付款的税收政策不同。

保险赔款免征个人所得税。但保价运输中托运人或收货人所支出的保价费用和承运人对损失的赔付款都不在免税之列。

（12）保险费与保价费的性质不同。

运输保险费完全属于民商事合同对价；而保价费，带有行政规费的性质，相当于国家的准财政收入。

综上所述，保价并不是保险价值与保险价格的简称，保价与保险是两个不同范畴的概念。

运输保险属纯粹的民商事法律关系表现形式，而保价运输更偏向于行政规费性质，有较浓厚的行政色彩，体现了具有垄断性经济主体的意志。

从形式和业务方面分析：

（1）制度设计的目的有不同。

保价是按照私权自治的精神，对承运人赔偿责任限额做出的一种商业安排。而保险则是将风险从某个个人转移到社会团体,由社会团体所有成员分担损失的一种风险防范机制。

(2) 所"保"风险的范围不同。

保价运输发生作用的前提是承运人负有不可免责的过失责任。而保险可以承保的风险除了承运人责任以外,尚可包括第三人侵权行为、不可抗力等。

(3) 运作机制不同。

在保价运输条件下,承运人一般要及时启动特殊处理流程,保证货物安全、及时运抵收货地点。而在承运人代理保险条件下,承运人可及时办理投保手续,并不必然启动特殊处理流程。

(4) 风险的最终承担者不同。

保价运输通常由承运人承担赔偿责任。运输保险由保险公司承担货损风险;即便是因承运人责任导致货物损失,托运人亦可直接向保险人索赔,然后再由保险人向承运人追偿。

(5) 根据保险惯例,某些不能承保的货物亦在办理保价运输之列。

对于私人信函、身份证件等不可计量价值的函件类货物而言,一般不属于保险公司的承保范围,但可以办理保价运输。但同时对保价一般设置最高限额。

从补偿经济损失方面分析:

(1) 责任依据的法律不同。

保价运输责任的法律依据是有关运输法律法规;而运输保险责任的依据是保险法规。

(2) 责任基础不同。

保价运输责任的基础主要是因承运人责任造成的货物损失,运输保险责任的基础主要是因自然灾害、意外事故等非人为因素造成的损失。根据国内水路、陆路货物运输保险的有关规定,保险货物因承运人责任造成的货物损失,保险人向投保人补偿后,有向承运人追偿的权利。

(3) 赔偿方式不同。

保价运输赔偿的依据是保价协议,它是运输合同的组成部分,根据此协议,托运人要缴纳一定的保价费,承运人以保价金额承运,发生承运人责任的损失时按保价运输的原则赔偿,即最高不超过保价金额。运输保险的赔偿依据是保险协议,根据该协议,在发生保险责任范围内的损失时,赔偿金额最高不超过保险金额。

(4) 目的不同。

保价运输的目的是解决限额赔偿不足以补偿托运人损失而设立的一种特殊的赔偿制度。运输保险目的则是为了解决因自然灾害、意外事故而造成的经济损失的社会补偿方式。

(5) 对货物的安全管理不同。

货物保价运输是货物运输合同的组成部分,承运人作为合同的一方直接参加货物的运输工作,有条件对保价货物采取特殊的安全管理措施。对于货物保险运输是社会救济问题。前者是运输责任的延续,后者是一种社会补偿形式。

（6）资金使用的范围不同。

运输保价收入，除用于赔偿外，主要用于改善运输设施，保证运输安全，提高运输质量，比运输保险更直接地维护了托运人、收货人的权益。

【案例分析 8-10】

某货轮从天津新港驶往新加坡，在航行途中船舶货舱起火，大火蔓延至机舱，船长为了船货的共同安全决定采取紧急措施，往舱中灌水灭火。火虽被扑灭，但由于主机受损，无法继续航行，于是船长决定雇佣拖轮将货船拖回新港修理，检修后重新驶往新加坡。其中损失与费用有：（1）1 000 箱货被火烧毁；（2）600 箱货由于灌水受到损失；（3）主机和部分甲板被烧坏；（4）拖轮费用；（5）额外增加的燃料、船长及船员工资。

思考分析：

根据本案例分析，这些损失哪些是单独海损，哪些是共同海损？

【案例分析 8-11】

2009 年 5 月 6 日，原告张某与其客户杨某签订设备买卖合同一份，合同主要约定，客户杨某从原告处购买一台机器设备，价值 30 000 元，2009 年 5 月 16 日，原告与被告某快运有限公司郑州分公司约定由被告将机器设备托运到杨某处，运费 150 元，收货人为杨某，提货时，发现托运设备摔坏，因而当时拒收。随后，损坏的设备通过被告返回郑州，此被摔坏的设备至今仍由被告保管。于是原告一直向被告协商赔偿事宜，被告以种种理由推诿，为维护原告的合法权益，故诉讼要求被告向原告损失赔偿 30 000 元。被告快运公司辩称，原告托运货物已保价 1 885 元，按照相关法律规定，被告最多按照最高保价赔偿原告 1 885 元。

思考分析：

1. 根据本案例，分别阐述保价赔偿与保险赔偿的区别。

2. 本案例中，被告是否应当赔付原告货损，按保价额 1 885 元赔偿还是按实际价值 30 000 元赔偿？

8.3 热点连线

一、"互联网 + 运输"——无车承运人

2016 年 8 月 26 日，交通运输部办公厅印发《关于推进改革试点加快无车承运物流创新发展的意见》（以下简称意见），将在全国开展道路货运无车承运人试点工作。近年来，移动互联网技术与货运物流行业深度融合，货运物流市场出现了无车承运人等新的经营

模式,其是以承运人身份与托运人签订运输合同,承担承运人的责任和义务,通过委托实际承运人完成运输任务的道路货物运输经营者。我国无车承运人的发展尚处于起步探索阶段,相关部门逐步开展试点工作,逐步调整完善无车承运人管理的法规制度和标准规范,推进运输企业的改革,促进运输行业的增效。相对于国外成熟的运输模式,我国目前还处于初级阶段,仍未形成规模,责任承担问题往往是困扰国内"无车承运人"发展的主要问题。《交通运输部办公厅关于深入推进无车承运人试点工作的通知》(交办运函〔2018〕539号):经对无车承运人试点进行调研,发现无车承运业务普遍存在,运单与资金流水单匹配率低。部分试点企业上传的运单为车货匹配业务单据,而非承运业务单据,导致大部分运单数据没有与之相对应的资金流水记录,试点企业运单与资金流水单匹配率仅为 19.9%,仍然存在线上刷单、线下交易的灰色操作,部分试点企业未实现真正意义上的无车承运,未承担全程运输责任。

【热点案例 8-1】

2017年7月11日在西城区,原告倪某在下公交车后被被告牛某骑闪送快递车从背后撞倒,导致原告面部和右腿有不同程度受伤。报警后,交警认定,被告牛某负事故主要责任,原告负次要责任。后倪某将牛某和北京同城必应科技有限公司依法诉至法院,提出赔偿治疗费 23 132 元等多项请求。

思考分析:

根据本案例分析,北京同城必应科技公司是否需要承担倪某的赔偿责任?

二、保价运输乱象——快递运输

快递公司默认消费者同意其条款,并且相关客服无法说清具体赔偿标准,拒绝承揽高价商品等问题几乎是快递行业普遍存在的现象。我国法律、法规和现行标准中,针对"快递保价"有明确规定的主要有《中华人民共和国邮政法》(2015年4月24日正式实施)、《快递暂行条例》(2018年5月1日正式实施)和《快递服务》(GB/T 27917—2011,2012年5月1日起正式实施)国家标准。

【热点案例 8-2】

2019年,北京的钟先生通过顺丰邮寄了一台价值98万元的医疗设备到南宁。他特意选择了2万元的保价,保价费100元。签收时发现包装破损,外壳变形,如果修复,需要1万多元。钟先生本以为2万元的保价额度完全可以支付维修费用,钟先生提供了设备的发票以及维修的单据后,顺丰方面表示,可以赔,但只能赔250元。

思考分析:

根据本案例进行分析,顺丰公司的赔付行为是否合理?

【热点案例 8-3】

2018 年 9 月 29 日,严先生通过德邦物流到付件的形式,发送了一台液晶显示器到深圳,被承运方要求定制木箱并保价。几天后,收货方收货时发现,在运输中显示器完全损坏,无法使用。因为货品损坏,收货方拒绝支付运输费用。没想到,德邦物流方面以没有支付运费为由,拒绝理赔。

思考分析:

根据本案例进行分析,德邦物流以没有支付运费为由拒绝理赔是否合理?

本章小结

运输保险是以运输途中的货物作为保险标的,保险人对由自然灾害和意外事故造成的货物损失负责赔偿责任的保险。本章根据保险的定义、分类及保险单的基础知识,以运输保险为主,分别对货物运输保险、旅客意外伤害保险作了介绍与说明。货物运输保险主要分为国内水路、陆路货物运输保险、海上货物运输保险和航空运输保险;旅客意外伤害保险主要分为铁路旅客意外伤害保险和航空旅客意外伤害保险。随后,介绍了保价运输的概念、特点及产生过程、以铁路、公路、水路和航空运输方式说明了货物和行包保价运输的具体规定,界定了货物运输保价和货物运输保险的异同点。

复习与思考

1. 简述保险的概念和保险合同的基本原则。
2. 简述运输保险的概念及分类。
3. 货物运输保险的特征有哪些?
4. 什么是实际全损与推定全损?简述两者的区别。
5. 简述单独海损与共同海损的构成条件。
6. 简述海上货物运输保险的主要险别。
7. 简述航空旅客意外伤害保险的有关规定。
8. 简述保价运输的特点。
9. 货物运输的保价与保险有哪些异同点?

参考文献

[1] 周江雄,庞燕. 国际货物运输与保险[M]. 武汉:国防科技大学出版社,2006.
[2] 胡骥. 对外运输贸易与保险[M]. 成都:西南交通大学出版社,2006.
[3] 冯媛媛. 运输实务[M]. 北京:对外经济贸易大学出版社,2004.
[4] 刘作义,郎茂祥. 运输商务[M]. 北京:中国铁道出版社,2003.
[5] 李津,金俊武. 运输商务管理[M]. 北京:国防工业出版社,2005.

[6] 中华人民共和国全国人民代表大会常务委员会. 中华人民共和国保险法[Z]. 2015.

[7] 中华人民共和国全国人民代表大会常务委员会. 中华人民共和国海商法[Z]. 1993.

[8] 中华人民共和国全国人民代表大会. 中华人民共和国民法典[Z]. 2021.

[9] 中华人民共和国全国人民代表大会常务委员会. 中华人民共和国邮政法[Z]. 2015.

[10] 中华人民共和国全国人民代表大会常务委员会. 中华人民共和国铁路法[Z]. 2015.

[11] 中华人民共和国国务院. 快递暂行条例[R]. 2019.

[12] 中国太平洋财产保险股份有限公司. 国内水路、陆路货物运输保险条款. 2009.

[13] 中国人民保险公司. 海洋运输货物保险条款. 1981.

[14] 中国人民保险公司. 国内航空货物运输保险条款. 1984.

[15] 中国保险监督管理委员会. 航空旅客意外伤害保险条款. 2003.

[16] https://www.docin.com/

[17] https://m.thepaper.cn/

[18] http://www.govwq.com/

[19] https://m.lawtime.cn/

9 运输商务事故处理

在运输过程中难免偶发事故,为了更好地了解运输商务事故的处理,接下来将从客货事故种类、等级、事故责任划索赔、理赔程序、赔偿金额确定等方向展开学习。

9.1 运输事故

旅客和货物在运输过程中,由于各种危险的存在,运输事故难以避免,根据运输对象不同可分为客运事故和货运损失。根据事故的性质和损害程度不同,运输事故可划分为不同的种类和等级。

9.1.1 铁路运输事故

1. 铁路货物损失

货物损失是指货物在铁路运输过程中(自铁路运输企业接收货物时起,至将货物交付收货人时止)发生灭失、短少或者损坏。

(1)铁路货运损失的种类。

为了便于统计分析,按照事故发生的情况,《铁路货物损失处理规则》(以下简称《货规》)中将货物损失分为以下 5 类:

① 火灾。
② 被盗(有被盗痕迹)。
③ 丢失(全批未到或部分短少、漏失,没有被盗痕迹的)。
④ 损坏(破裂、变形、磨伤、摔损、部件破损、湿损、冻损、腐烂、植物枯死、活动物中毒死亡、变质、污染、染毒等)。
⑤ 其他(办理差错及其他原因造成的货物损失)。

(2)铁路货运损失的等级。

《货规》将铁路货物损失程度分为 4 级:

① 一级损失:货物损失款额(以下简称损失款额)10 万元以上的。
② 二级损失:损失款额 1 万元以上未满 10 万元的。
③ 三级损失:损失款额 1 000 元以上未满 1 万元的。
④ 轻微损失:损失款额未满 1 000 元的。

（3）货物损失报告与勘察。

铁路车站发现货物损失后，发现人员应保护现场，立即向车站负责人和货物损失处理人员报告。接到报告后，车站负责人应组织有关货运人员立即赶赴现场进行货物损失勘查、清理、资料收集并编制货物损失报告。必要时通知托运人或收货人。

铁路货物损失按下列情况重点勘查：

① 火灾。货车火灾：查明火灾列车车次、货车种类、到达时间、编挂位置及上一责任货检站检查情况、邻车情况；查看车内货物装载现状、起火部位、四周货物烧损情况；检查车辆状态（车底板、闸瓦、防火板等）、货物装载（苫盖物）高度；了解机车类型及状态；检查可能造成起火的各种迹象。货场火灾：损失货物所处位置；着火点货位原来堆放何种货物和火源及周边自然现状；货物入库（区）时间和货物交接检查情况；仓库电线、灯具情况；装卸作业机具防火情况；人员出入情况。

以上均要记明火灾发生和扑灭的时间，被烧货物状态。

② 被盗丢失。车、集装箱（以下简称箱）内货物被盗：查明列车车次、到达时间、开始作业和卸车完了时间、编挂位置及上一责任货检站检查情况；查看车（箱）体状态、施封状态、车内货物装载现状。货场内货物被盗丢失：查明卸车入库（区）时间，卸车班组、货运员、库区货运员的交接情况；包装破损内货短少时，查明损失货件在库区堆码情况及周围货物出库情况。

③ 损坏。查明破损货物的损坏程度、部位、数量、包装损坏状态、破损部位、新痕旧痕、内货固定及衬垫情况、加固材料质量、加固方法，包装上标明的装卸方式；装载方法、码放位置及周围货物；在货车内或集装箱内的装载位置、高度及所接触货物的窜动或冲撞痕迹。查明湿损货物在货车或集装箱内的装载位置、湿损数量及程度；车辆、集装箱的定检修单位和时间，车体或箱体不良部位和尺寸；记明货物装载状况、篷布质量、苫盖、绳索捆绑等情况。货物在库（区）发生湿损时，记明卸车时间、仓库状况、苫盖篷布状态等现状。查明变质货物位置及损失程度、数量，记明运输条件、到达时间、承运时间、卸车时间和货物运单、列车编组顺序表记载的容许运到期限、实际运到时间、易腐货物等情况；机械冷藏车乘务员出具的普通记录和机械冷藏车作业单；运单上货物的容许运输期限、记事栏相关内容及标记，货物包装堆码方式。查明污染货物损失程度、数量，车内污染物（源）名称、位置、面积、包装情况，污染物（源）与被污染货物距离，被污染货物的数量和程度。活动物死亡，重点勘察并记明检疫证明的名称和号码，车辆安插货车表示牌情况，货物运单的记事内容，货物列车的编组隔离等情况。

④ 其他。有货物无运单信息，记明货物来源；有运单信息无货物，记明货物运单信息记载内容；无标记货物，记明包装特征或货物名称、件数和重量。误运送应记明判别误送依据，货物（车）的发站及正确到站。到站卸车发现货物包装完整，件数相符，重量短少或多出，按《货规》规定在货物运单注明。

⑤ 上述情形以外的其他货物损失视具体情况进行勘查。

（4）铁路货运记录。

记录是反映事故真实情况的文件，是分析事故的基本材料和货主向铁路提出赔偿要求的依据。记录分为货运记录和普通记录两种。

货运记录是指货物在运输过程中，发生货损、货差、有货无票、有票无货或其他情况，需要证明承运人同托运人或收货人之间责任和铁路内部之间责任时，发现车站当日按批（车）所编制的记录。货运记录是判定铁路和托运人、收货人在事故中的经济责任的基本证明材料，是赔偿依据的基本文件。

货运记录分为带号码的和不带号码的两种。带号码的货运记录每组一式三页，第一页为编制站存查页；第二页为调查页；第三页为货主页。不带号码的货运记录只限作抄件或货运员发现事故时报告用。货运记录由车站货运安全员编制。凡是货物在铁路运输过程中发生货物损失的，车站均应在发现次日内按批（车）编制货运记录。但列车有货运车长时，如装车时间紧张，可在物品清单（或交接凭证）中记明货物损失情况，由卸车站编制货运记录。遇有下列情况时也应编制货运记录：

① 发生《货规》《铁路货物运输管理规则》（以下简称《管规》）及其引申规则办法中所规定需要编制的情况时。

② 自备篷布、自备集装箱运输发生损失时。

③ 一批货物中的部分货物补送或损失货物及误运送、误办理及其他情况货物需要回送时。

④ 发现无标记、无法交付货物，公安机关查获铁路运输中被盗、被诈骗的货物以及公安机关缴回的赃款移交车站时，沿途拾得的铁路运输货物交给车站处理时。

⑤ 托运人组织装车，收货人组织卸车，货车施封良好，篷布苫盖和敞车、平车、砂石车货物装载外观无异状，收货人提出货物有损失经承运人确认时。

⑥ 集装箱运输的货物，箱体完整、施封良好，交付完毕次日内，收货人提出货物有损失经承运人确认时。

普通记录是指货物在运输过程中，发生换装、整理或在交接中需要划分责任以及依照其他规定需要编制时，当日按批（车）所编制的一种凭证。普通记录仅能作为铁路内部交接或铁路与托运人、收货人交付货物时的有关说明，是一般性证明文件，不起解决经济责任的证明作用，不能作为请求赔偿的依据。

普通记录也分为带号码的和不带号码的两种。带号码的普通记录每组一式两页，第一页为编制单位存查页；第二页为证明页，交给接方（包括收货人）。不带号码的普通记录也只限作抄件或货运员发现事故时报告用。

普通记录为现状交接证明。如遇下述情况，须在当日按批（车）编制普通记录：

① 发生《货规》《管规》及其引申规则办法中所规定需要编制的情况时。

② 货物损失涉及车辆技术状态时。

③ 货车发生换装整理时。

④ 集装箱封印失效、丢失或封印站名、号码与票据信息不一致或未按规定使用施封锁时。

⑤ 卸车（换装）发现货物件数或重量较票据记载信息多出时。

⑥ 依据其他有关规定，需要证明时。

（5）国际铁路联运商务记录的编制。

当国际铁路联运货物在运送途中发生货运损失或其他异常情况时，为使其能得到正确及时的处理，发现损失的车站应在发现损失当日编制商务记录。商务记录是分析货损原因、划清责任和请求赔偿的基本文件。国际铁路联运在货物运送中或交付时，如承运人对货物进行了检查并确认下述情况，则应编制商务记录：

① 货物名称、重量或件数与运单中记载的事项不符。

② 货件上的标记与运单中记载的货件记号（标记）、到站和到达路、收货人、件数等事项不符。

③ 货物毁损（腐坏）。

④ 有货无票、运单缺页或有票无货（灭失）。

商务记录一式三份。带附件的一份由编制商务记录的承运人留存；两份附在运单上，其中一份由交付货物的承运人留存，另一份在交付货物时根据国内法律规定的办法交给收货人。如在国境站由双方进行货物检查，则编制商务记录一式五份，两份附在运单上（一份由交付货物的承运人留存，另一份交收货人），两份交给接收承运人，一份交给交付承运人。

（6）铁路货损处理程序。

铁路车站发现货物损失或办理差错时，除按规定编制货运记录外，还应在货运记录编制当日以查复书形式，通过保价系统对货物损失的原因和责任进行调查，必要时可派人外出调查。但交接责任明确的货物损失，可不进行调查。

发现火灾以及液化气体泄漏、剧毒品、易燃品、放射性物品被盗丢失以及估计损失款额达到以及损失等情况剧毒、易燃、液化气体泄漏，应在1小时内逐级报告，并在24小时内向有关站、直属站段、铁路局和有关铁路公安部门拍发"货运损失速报"，并抄报中国铁路总公司货运部。

货运损失速报内容如下：

① 货物损失等级、种类。

② 发现损失的时间、地点。

③ 货物发站、车站、品名、承运日期。

④ 车种、车型、车号、货票号码、办理种别、保价或保险金额。

⑤ 损失概要。

⑥ 对有关单位的要求。

车站接到调查记录（包括自站编制的记录）、货运损失速报和查询文电后，核对记录和附件是否齐全、正确，加盖收文日期戳记，编号登记于"货运损失（记录、调查、赔偿）登记簿"内，并按规定办理。

发现一级货损时，发现铁路局集团公司应全面排查。涉及他局集团公司责任时，应自拍发货物损失速报之日起，10日内邀请有关局参加处理，召开分析会，做出会议纪要。有关局集团公司接到货物损失速报后，应组织调查，并按发生局集团公司通知的开会日期参加事故分析会，并签署会议纪要。

局集团公司间对损失责任划分意见一致时，由发现铁路局集团公司将会议纪要连同有关材料送到达局。局间对损失责任划分意见有分歧时,应在会议纪要内阐明各自意见。

2. 铁路客运事故

(1)铁路客运事故的种类。

① 按旅客人身伤害程度划分。
② 按旅客人身伤害事故划分(见表9.1)。

表9.1 旅客人身伤害事故划分

事故等级	一般伤亡事故	重大伤亡事故	特大伤亡事故	特别重大伤亡事故
伤亡人数	一次造成死亡1~2人或10人以下重伤的事故	一次死亡3~9人或10人以上50人以下重伤的事故	一次死亡10~29人或50人以上100人以下重伤的事故	一次死亡30人以上或100人以上重伤的事故

(2)铁路客运事故处理程序。

发生旅客人身伤害事故时,列车长、车站客运主任应当会同铁路公安部门及时勘验事故现场,检查旅客所持车票的票种、票号、发到站、车次、有效期及加减情况等;收集不少于两份同行人或见证人的证言和有关证据并保护好有关证据材料。

收集证人证言时,应当记录证人姓名、性别、年龄、地址、联系方式、身份证号码等内容、证言、证据应当准确、真实,并能够证明事故发生的过程和原因。

列车上发生旅客人身伤害事故,应当将受伤旅客移交三等以上车站(在区间停车处理时为就近车站)处理,车站不得拒绝受理。列车向车站办理移交手续时,编制客运记录一式两份(一份存查,一份办理站、车交接),连同车票、旅客随身携带品清单、证据材料一起移交。旅客人身伤害事故系因斗殴等治安或刑事案件所致,列车乘警应在客运记录上签字。

因特殊情况来不及编写记录的,列车长必须指派专人下车与车站办理交接,并必须在三日以内向事故处理站补交有关材料。当次列车因故未能将受伤旅客及有关材料及时移交时,旅客在法定时限内向铁路运输企业索赔且能够证明伤害是在运输过程中发生的,事故发生列车应本着方便旅客的原则,移交旅客就医所在地车站或旅客发、到站处理,被移交站应当受理。

车站对本站发生、发现或列车移交的受伤旅客应当及时送附近或有救治条件的医院抢救。送铁路医院时可凭加盖有车站或客运室公章的客运记录与医院办理就医手续。送地方医院须先缴纳押金时,可用站进款垫付。动用站进款时,填写或补填"运输进款动支凭证",5日内由核算站或车务段财务拨款归还。

受伤旅客在现场抢救无效死亡或在站内、区间发现的旅客尸体,经公安机关或医疗部门确认死亡后,车站应当暂时派人看守并尽快转送殡仪馆存放。对死者的车票、衣物等应当妥善保管并通知其家属来站处理。如死者身份、地址不清或家属不来时,或死亡原因系伤害致死需立案侦查时，可根据公安机关的意见处理死者尸体，必要时应对尸体做法医鉴定。尸体存放原则上不超过7天。

9.1.2 公路运输事故

交通事故（Traffic Accident）是指车辆在道路上因过错或者意外造成人身伤亡或者财产损失的事件。与原《道路交通事故处理办法》中的道路交通事故定义相比，新定义有了明显变化：

第一，交通事故不仅是由不得特定的人员违反交通管理法规造成的，也可以是由于地震、台风、山洪、雷击等不可抗拒的自然灾害造成；

第二，交通事故的定义和含义基本与国际接轨。

1. 公路货运事故

（1）公路货运事故种类。

货运事故是指货物运输过程中发生货物毁损或灭失。货运事故和违约行为发生后，承运双方及有关方应编制货运事故记录。

按照货运事故发生的实际情况，公路运输事故的种类同铁路运输事故。

（2）公路货运事故的等级。

① 重大事故：货损金额3 000元以上；经省级有关部门鉴定为珍贵、尖端、保密物品的运输灭失、损坏。

② 大事故：货损金额为500～3 000元。

③ 一般事故：货损金额为50～500元。

④ 小事故：货损金额为20～50元；20元以下的不做事故统计上报，但企业要做处理和内部记录。

（3）公路货损、货差商务记录的编制。

公路货损、货差商务事故记录的编制过程，一般根据下列要求进行：

① 事故发生后，由发现事故的运送站或就近站前往现场编制商务记录；如系重大事故，在有条件时还应通知货主，一起前往现场调查，分析责任原因。

② 如发现货物被盗，应尽可能保持现场，并由负责记录的业务人员或驾驶员根据发现的情况，会同有关人员做好现场记录。

③ 对于在运输途中发生的货运事故，驾驶员或押运人应将事故发生的实际情况如实报告中转站，并会同当地有关人员提供足够的证明，由中转站编制一式三份的商务记录。

④ 如货损事故发生于货物到达站，则应根据当时情况，会同驾驶员、业务人员、装卸人员编制商务记录。

（4）公路货运事故的处理程序。

货运事故发生后，承运人应及时通知收货人或托运人，收货人、托运人知道发生货运事故后，应在约定的时间内，与承运人签注货运事故记录。收货人、托运人在约定的时间内不与承运人签注货运事故记录的；或者无法找到收货人、托运人的，承运人可邀请2名以上无利害关系的人签注货运事故记录。

由托运人直接委托站场经营人装卸货物造成货物损坏的，由站场经营人负责赔偿；由承运人委托站场经营人组织装卸的，承运人应先向托运人赔偿，再向站场经营人追偿。

承运人、托运人、收货人及有关方在履行运输合同或处理货运事故时，发生纠纷、争议，应及时协调解决或向县级以上人民政府交通主管部门申请调解；当事人不愿和解、调解或者和解、调解不成的，可依仲裁协议向仲裁机构申请仲裁；当事人没有订立仲裁协议或仲裁协议无效的，可依法向人民法院起诉。

2. 公路客运事故

（1）公路客运事故的种类。

根据公路交通事故造成的后果，道路旅客运输事故可以划分为轻微事故、一般事故、大事故和特大事故4类（见表9.2）。

表9.2 道路旅客运输事故

事故等级	轻微事故	一般事故	重大事故	特大事故
伤亡人数	轻伤1~2人	重伤1~2人或轻伤≥3人	死亡1~2人或3人≤重伤≤10人	死亡≥3人或重伤≥11人或死亡1人且重伤≥8人或死亡2人且重伤≥5人
财产损失	机动车事故<1 000元 非机动车事故<200元	数额<30 000元	30 000≤数额≤60 000元	数额>60 000元

（2）公路客运事故处理程序。

① 现场勘查。

相关部门接到客运事故报案后，须做好报案记录。属于重大、特大事故的，应当立即向上级公安交通管理部门或者有关部门报告。不属于自己管辖的，移送主管部门，并通知当事人。

② 调查取证。

询（讯）问当事人、证人和有关人员，按照《中华人民共和国治安管理处罚条例》的规定进行，有责任的当事人无故不到的，可以依法传唤、采集、提取事故现场的痕迹、物证，按照处理事故的有关规定、标准进行。事故现场和当事人体内如有可能因时间、地点、气象原因灭失的痕迹或者证据，应当及时提取。饮酒或者使用毒品的当事人如拒绝提取血液，并有反抗行为的，可以使用约束带或者警绳强制提取，提取完毕后必须立即解除。

③ 检验、鉴定和重新评定。

检验事故死者尸体不得在公众场合进行。剖验事故死者尸体，应当征得其亲属或者代理人的同意。但是公安管理部门认为必要时，经事故处理部门负责人批准，可以直接解剖尸体。境外来华人员的尸体经法医检验的，由法医出具"死亡鉴定书"，需解剖尸体的，应当取得死者家属或者所属国驻华使、领馆同意解剖的书面证明。

事故受伤人员伤残评定工作应当由法医进行，无法医则由处理事故的办案人员进行；伤情复杂的，可以聘请有专门知识的人员或者委托其他专业伤残鉴定机构进行。在有条件的地方，应当设立事故伤残评定委员会。

事故当事人对伤残评定不服的，按照《道路交通安全法实施条例》规定可以向上一级管理部门申请重新评定，重新评定的结论为最终结论。上一级管理部门认为必要时，可以委托其他专业伤残鉴定机构或者聘请有专门知识的人员进行重新评定。

9.1.3 水路运输事故

1. 水路货运事故

（1）水路货运事故的种类及原因。

水路货运事故有不同的分类方法，如按照损失的程度划分，可分为全部损失的事故和部分损失的事故；按事故的性质划分，可分为货差和货损。前一种分类方法主要适用于保险业务，而海运业务则多采用后一种分类方法。按照事故性质划分的水路货运事故及造成这些事故的主要原因如下：

① 货差：货差的主要原因是标志不清、误装、误卸和理货错误等。

② 货损：货损可分为全部损失和部分损失。

在采用集装箱运输的全程中，除了海上运输外，在集装箱装卸区范围内不适当的保管和堆存；路桥运输中铁路车辆的震动；拖车和卡车运输中车辆的摇晃，途经山岳地带的电波以及经过寒冷地区时的温度、湿度、气压的变化等，都是造成箱内货物受损的重要原因。

（2）海上货运事故记录。

当货物在承运期间发现货运事故时，船长或大副除应及时采取切实有效的措施防止事故进一步扩大外，还应将货物的损坏情况、原因及所采取的措施和处理经过详细地记录在航海日志上。

在我国港口，开始卸货前如发现货物装舱混乱、隔票不清、货物有残损等情况，理货长应立即通知船方验看，并编制"现场记录"，经船方签认后方开始起卸货物。现场记录也是理货长最后编制货物残损单的依据。

船舶在航行中遇到恶劣天气，在船舶抵达第一到达港开舱卸货之前，船长应做成书面的海事声明，并附上航海日志的有关部分送港口主管当局或公证机关签证，以保留进一步申诉事故情况的权利。

（3）水路货运事故处理程序。

托运人、作业委托人向承运人和港口经营人要求货运事故赔偿时，应在规定时间内提出索赔。提出货运事故索赔书的同时，应随附货运记录、货运单证、货物损失清单、价格证明等文件。

承运人、港口经营人收到货运事故索赔书后，应在收到的次日起的60天内将处理意见通知托运人、收货人或作业委托人；托运人、收货人或作业委托人收到承运人、港口经营人处理意见通知到的次日起10天内没有提出异议的，承运人、港口经营人应立即赔付结案。但货物被盗并已向公安部门报告立案的赔偿期限，可以顺延半年。同一承运人对同一托运人和同一收货人连续运输的整批大宗货物发生件数溢短时，按航次分别编制货运记录，承运人与托运人或收货人，港口经营人与作业委托人，可按照约定对货物作价相抵，一年结算一次。

2. 水路客运事故

水上交通事故按照人员伤亡和直接经济损失情况可以分为以下四个等级：小事故；一般事故；大事故；重大事故。水上交通事故分级标准见表9.3。

表9.3 水上交通事故分级标准表

船舶类型	事故等级			
	重大事故	大事故	一般事故	小事故
船舶≥3 000总吨或主机功率≥3 000千瓦	死亡≥3人或损失≥500万元	死亡1~2人或300万元≤损失<500万元	重伤21人或50万元≤损失<300万元	无重伤或损失<50万元
500总吨≤船舶<3 000总吨或1 500千瓦≤主机功率<3 000千瓦	死亡≥3人或损失≥300万元	死亡1~2人或500万元≤损失<300万元	重伤21人或20万元≤损失<50万元	无重伤或损失<20万元
船舶<500总吨或主机功率<1 500千瓦	死亡≥3人或损失≥50万元	死亡1~2人或20万元≤损失<50万元	重伤21人或10万元≤损失<20万元	无重伤或损失<10万元

9.1.4 航空运输事故

在航空运输中，由于运输服务工作中的过失，造成旅客伤亡、不良政治影响或经济损失价值在五千元以上者，均为运输事故。

1. 一等事故

（1）旅客死亡。

（2）由于运输服务工作的过失，延误专机飞行造成不良后果者。

（3）国家科学技术间断保密产品、国防保密物资、机要文件，发生灭失造成严重政治后果。

（4）党中央布置的重要政治性运输任务，发生灭失、损坏或造成严重政治影响。

（5）货物、邮件、行李灭失或损坏，其损失价值或赔偿在三万元以上。

（6）由于运输服务工作的过失，严重损坏飞机、设备或损失价值在三万元以上。

2. 二等事故

（1）旅客重伤致残或严重中毒而丧失劳动能力。

（2）由于运输服务工作的过失造成包机返航，延误起飞时间而不能完成当日的航程或取消当日的飞行。

（3）重要货物，如抢险救灾物资、国家珍贵文物、重要的出国展品、礼品和涉外货物，发生灭失、损坏，造成不良政治后果。

（4）由于工作过失而发生涉外事件、泄密事件，造成不良政治影响。

（5）货物、邮件、行李灭失或损坏，其损失价值或赔偿额在一万元以上三万元以下。

（6）由于运输服务工作的过失，损坏飞机、设备或损失运费价值在一万元以上三万元以下。

（7）由于超载或载重平衡安排错误使飞行安全受到严重影响，或超载重量达到该飞机当次飞行的起飞重量的2%以上（大型飞机）或3%以上（中小型飞机）。

3. 三等事故

（1）旅客受伤或中毒，短期内不能恢复健康。

（2）由于运输服务工作的过失，造成飞机返航，延误起飞时间而不能完成当日的航程或取消当日的飞行。

（3）中央发行的报刊文件，紧急政治书刊和宣传品，急救物资以及有高度时间性的货物、邮件或行李发生延误，造成不良政治后果。

（4）货物、邮件、行李灭失或损坏，其损失价值或赔偿额在五千元以上一万元以下。

（5）由于运输服务工作的过失，损坏飞机、设备或损失运费价值在五千元以上一万元以下。

（6）超载重量达到该型飞机当次飞行的最大起飞重量的1%~2%（大型飞机），或2%~3%（中小型飞机）。

（7）因工作过失，使飞机少载300千克以上，造成吨位浪费，影响待运客货及时运出。

（8）因工作过失而发生旅客漏乘、错乘、误机或因超售客票不能按期乘机，造成不良政治影响，或经济损失在五千元以上一万元以下者。

4. 运输差错

在运输服务工作中，由于未认真执行规章制度、工作疏忽或其他原因，使运输安全、航班正常性、运输服务质量受到影响，给旅客、收发货人或有关单位带来不便，或者造成一定的经济损失但没有构成等级事故的，都属于运输差错，如以下几种情况：

（1）飞机延误起飞在15分钟以上。

（2）货物、邮件、行李发生错装、错卸、漏装、错运或错交。

（3）超载重量在10千克以上，在该型飞机该次飞机的最大起飞重量的1%以下（大型飞机）或2%以下（中小型飞机）。

（4）飞机少载，浪费吨位在100千克以上，影响待运客货及时运出。

（5）误收危险品，或未按照规定的包装、重量条件收运具有危险性质的货物。

（6）货物、邮件或行李灭失、损坏，飞机设备损坏或运费损失，其价值或赔偿额在五百元以下。

【案例分析 9-1】

2004年11月21日8时21分，从包头飞往上海的中国东方航空公司5210次航班在起飞一分钟后，在距机场1公里处的包头市南海公园坠毁，机上47名乘客和6名机组人员全部遇难。该飞机是东航从云南公司调往上海执行任务的CRJ200型飞机，可载客50人。

思考分析：

该事故属于哪种事故？

9.2 运输事故责任划分

托运人把货物交给承运人后，承运人会根据双方之间的合同和行业的惯例履行运输的义务，把货物安全、及时地交给收货人。但是由于各种危险的存在及货物在长途运输的途中和多环节作业的情况，运输事故难以避免，且运输事故的性质和原因多种多样，因此，运输事故责任划分时，需要经过全面的调查，由专门机构依据相关法律法规进行认定。

9.2.1 铁路运输事故责任划分

1. 铁路货物损失责任划分

（1）铁路货物运输托运人的责任。

托运人在向铁路承运人托运货物时，托运人相应地承担如下责任：

① 对在货物运单和物品清单内所填事项的真实性由托运人完全负责，如托运零担货物时，应在每件货物上标明清晰明显的标记。

② 对托运的货物，托运人应根据货物的性质、质量、运输要求以及装载等条件，使用便于运输、装卸，并能保证货物质量的包装。对有国家标准或专业包装标准的，应按其规定进行包装。对没有统一规定包装标准的，托运人应会同车站研究制定货物运输包装暂行标准。

③ 凡在铁路车站装车的货物，托运人应在铁路指定的日期将货物运至车站，车站在接收货物时，应对货名、件数、运输包装、标记等进行检查。

④ 及时支付运费。

（2）铁路货物运输承运人的责任。

从货物承运时起至货物交付交货人或者依照有关规定处理完毕时止，货物发生灭失、短少、变质、污染、损坏，铁路应按货物的实际损失负赔偿责任。但由于下列原因之一所造成的货物灭失、短少、变质、污染、损坏，承运人不负责赔偿：

① 由于不可抗力造成的。

② 由于货物本身性质引起的碎裂、生锈、减量、变质或自燃等。

③ 由于托运人、收货人或所派押运人的过错造成的，主要包括：货物包装的缺陷，承运人在验收货物时无法从外部发现或未按国家规定在货物上标明包装储运图示标志；托运人自装车的货物，加固材料不符合规定的条件或者违反装载规定，交付货物时承运人无法发现的；押运人应当采取而未采取保证货物安全措施的；收货人负责卸货造成的损失等。

④ 由于货物本身的合理损耗造成的。

⑤ 其他经查证非承运人责任造成的。

但是，由第三人的过错造成的货损、货差，不能免除铁路运输企业的赔偿责任，铁路运输企业赔偿后可向第三人追偿。

（3）铁路货物损失责任裁定与处理期限。

货物损失调查定责工作由到站（中途终止运输的，为货物终止运输站）、到达铁路局负责，但发站承运后装车前、货物承运前在车站仓储或货物仅在车站仓储的，定责工作由发站或仓储办理站负责。发生货物损失后，记录编制站应初步判定是否为承运人责任，难以判定的应由到站进一步调查确定。涉及物流外包业务的，定责意见须经签约铁路局集团公司确认。对货物损失定责意见有争议，经一次往返查复不能取得一致时，争议单位在收到对方复查书3日内向到站提出要求裁定的查复书，并按下列规定办理：

① 轻微损失责任由到站裁定。

② 三级损失责任，到站应将定责意见上报主管铁路局集团公司，由到达铁路局集团公司裁定。

③ 二级损失责任，到站应将定责意见上报主管铁路局集团公司，由到达铁路局集团公司与相关铁路局集团公司协商，到达铁路局集团公司裁定。

④ 一级损失责任，到达铁路局集团公司应将定责意见连同会议纪要等材料上报国铁集团裁定。

一级损失责任，国铁集团的裁定为最终裁定。二级、三级损失责任，到达铁路局的裁定为最终裁定；轻微损失责任，到站的裁定为最终裁定。对承运人责任明确的货物损失处理要坚持快速调查、快速定责。自到站编制货运记录之日起，对轻微、三级损失处理期限最长不得超过10日；对二级、一级损失处理期限最长不得超过30日。

（4）国际铁路联运货物损失的赔偿责任。

按《国际铁路货物联合运输协定》（以下简称《国际货协》）运单承运货物的铁路负责完成货物的全程运送，直到在到站交付货物时为止。如将货物转发送到未参加《国际货协》的国家，则负责完成直到按另一种货物联运协定的运单办完运送手续时为止。如果货物转发送自未参加《国际货协》的国家，则自按《国际货协》运单办完运送手续后开始。因铁路原因造成货物运到逾期、全部或部分灭失、重量不足、毁损、腐坏或质量下降的损失，铁路应按货物的实际损失赔偿发货人或收货人，但赔偿最高不超过货物全部灭失时的款额。如承运的货物，由于下列原因发生灭失、短少、毁损（腐坏），则承运人不予负责：

① 由于铁路不能预防和不能消除的情况。

② 由于货物、容器、包装质量不符合要求或由于货物、容器、包装的特殊自然和物理特性，以致引起其毁损（腐坏）。

③ 由于发货人或收货人的过失或由于其要求，而不能归咎于承运人。

④ 由于发货人或收货人装车或卸车的原因所造成。

⑤ 由于货物没有运送该货物所需的容器或包装。

⑥ 由于发货人在托运货物时，使用不正确、不确切或不完全的名称，或未遵守《国际货协》的条件。

⑦ 由于发货人将货物装入不适于运送该货物的车辆或集装箱。

⑧ 由于发货人错误地选择了易腐货物运送方法或车辆、集装箱种类。

⑨ 由于发货人/收货人未执行或未适当执行海关或其他行政手续。

⑩ 由于与承运人无关的原因被国家机关检查、扣留、没收货物。

【案例分析9-2】

2007年6月20日，某贸易公司向铁路某站申请运输煤炭240吨，请求车皮4节，每节装运60吨，由托运人自装。由于该站无检验设施，仅凭托运人自报确认为240吨。列车在运行途中发生燃轴事故，直接经济损失22万元。经过专家鉴定，这起事故的原因是超载，本来60吨车皮最大容许超载5吨，而托运人自装达到75吨，远远超过最大容许装载量。车站要求贸易公司赔偿铁路车辆损失15万元，中断运输线路损失5万元。贸易公司以铁路承运人已经确认为由拒赔，承运人遂诉至法院。

思考分析：

1. 本案中的损失是哪一方的责任造成的？
2. 试分析责任方应如何赔偿？

2. 铁路客运事故责任划分

铁路旅客人身伤害事故责任分为旅客自身责任、第三人责任、铁路运输企业责任及其他。

旅客自身责任：旅客违反铁路安全规定，不听从铁路工作人员引导、劝阻等违法违章行为或其他自身原因造成的伤害。

铁路运输企业责任：由于铁路运输企业人员的职务行为和设施设备的原因，给旅客造成的伤害。

第三人责任：由于旅客和铁路运输企业合同双方以外的人给旅客造成的损伤。

非上述三种责任造成的伤害属于其他。

铁路运输企业责任分为客运部门责任和行车等其他部门责任，客运部门责任又分为车站责任和列车责任。

（1）有下列情形之一的，属于车站责任：

① 旅客持票进站或下车后在检票口以内因组织不当造成伤害的。

② 缺乏引导标志或有关引导标志不准确而误导旅客发生伤害的。

③ 车站设备、设施不良造成旅客伤害的。

④ 车站销售的食物造成旅客食物中毒的。

⑤ 因误售、误剪不停车站车票造成旅客跳车的。

⑥ 在规定停止检票后继续检票放行或检票放行时间不足，致使旅客抢上列车造成伤害的。

⑦ 因违章操作、管理不善造成火灾、爆炸，发生旅客伤害的。

⑧ 事故处理工作组有理由认为属于车站责任的。

（2）有下列情形之一的，属于列车责任：

① 由于车门未锁造成旅客跳车、坠车或站内背门下车造成旅客伤害的。

② 因列车工作人员的过失，致使旅客在不办理乘降的车站（包括区间停车）下车造成人身伤害的。

③ 由于组织不力，旅客下车挤、摔造成伤害的。

④ 车站误售、误剪车票，列车未能妥善处理造成旅客跳车伤害的。

⑤ 因列车报错站名致使旅客误下车造成伤害的。

⑥ 因列车工作人员的过失造成旅客挤伤、烫伤的。

⑦ 因餐车、售货销售的食物造成旅客食物中毒的。

⑧ 因违章操作、管理不善造成火灾、爆炸，发生旅客伤害的。

⑨ 因列车设备不良造成旅客人身伤害的。

⑩ 事故处理工作组有理由认为属于列车责任的。

事故处理工作组认为两个以上单位都负有责任时，可列两个以上的责任单位。

（3）其他部门责任。

铁路运输企业的其他部门责任所造成旅客伤害的，属于其他部门责任。

9.2.2 公路运输事故责任划分

1. 公路货物承运人的责任

公路运输承运人只有在其责任期间发生的运输事故，才负相应责任。承运人的责任期间，是指承运人自接受货物起至将货物交付收货人（包括按照国家有关规定移交给有关部门）止，货物处于承运人掌管之下的全部时间，但承运人与托运人还可以就货物在装车前和卸车后对承担的责任达成的协议。

公路运输承运人的责任如下：

（1）承运人未遵守承、托双方商定的运输条件或特约事项，由此造成托运人的损失，应负赔偿责任。

（2）货物在承运责任期间发生毁损或灭失，承运人应负赔偿责任。但有下列情况之一者，承运人举证后可不负赔偿责任：

① 不可抗力。

② 货物本身的自然性质变化或者合理损耗。

③ 包装内在缺陷，造成货物受损。

④ 包装体外表面完好而内装货物毁损或灭失。

⑤ 托运人违反国家有关法令，致使货物被有关部门查扣、弃置或做其他处理。

⑥ 押运人员责任造成的货物毁损或灭失。

⑦ 托运人或收货人过错造成的货物毁损或灭失。

在集装箱货物运输中，整箱货物在承运责任期间内，保持箱体完好，封志完整，箱内货物发生货损货差，承运人不负赔偿责任，但承运人负责装、拆箱的除外。

（3）货物在起运前交给承运人保管，以及运到后在承运人保管期间，因承运人责任造成损失的，承运人应负赔偿责任。

（4）承运人委托第三者组织装卸，因装卸原因造成货物损失，承运人也应向托运人负赔偿责任。承运人赔偿后，可向有责任的第三者追偿。

（5）如果经证实货物损失是由于承运人的故意行为造成的，承运人除应按实际损失向货主赔偿外，还应由合同管理机关对其处以损失部分10%~50%的罚款；构成犯罪的，还将依法追究肇事者的刑事责任。

（6）如果货物损失或托运人其他经济损失是因承运人和托运人共同所致，则双方应按过错程度大小分别承担自己相应的责任。

（7）由于承运人责任造成货物未在约定的期限内运抵约定地点，承运人应负违约责任，即按约定或规定向收货人偿付违约金。

（8）因承运人责任将货物错送或错交收货人的，承运人应将货物无偿运到合同约定的地点，交给指定的收货人；如果货物因此逾期运到，应偿付逾期交付货物的违约金。

（9）承运人不按合同规定的时间和要求配车发运的，应负违约责任。

因不可抗力或非承运人责任造成承运人未能按合同约定履行的，可免除承运人支付违约金的全部或部分责任。

2. 公路运输托运人的责任

公路运输托运人应负的责任主要包括：按时提供规定数量的货载；提供准确的货物详细说明；货物储运图示标志清楚；包装完整，适于运输；按规定支付运费。

一般规定有：如因托运人的责任造成的车辆滞留、空载，托运人须负责延滞费和空载费等损失。托运人责任具体规定如下：

（1）托运人未按合同规定的时间和要求，备好货物和提供装卸条件，以及货物运达后无人收货或拒绝收货，而造成承运人车辆放空、延滞及其他损失，托运人应负赔偿责任。

（2）因托运人下列过错，造成承运人、站场经营人、搬运装卸经营人的车辆、机具、设备等损坏、污染或人身伤亡以及因此而引起的第三方的损失，由托运人负责赔偿：

① 在托运的货物中有故意夹带危险货物和其他易腐蚀、易污染货物以及禁、限运货物等行为。

② 错报、匿报货物的重量、规格、性质。

③ 货物包装不符合标准，包装、容器不良，而从外部无法发现。

④ 错用包装、储运图示标志。

（3）托运人如不如实填写运单，错报、误填货物名称或装卸地点，造成承运人错送、装货落空以及由此引起的其他损失，托运人应负赔偿责任。

（4）由托运人负责装卸的货物，超过合同规定装卸时间所造成的损失，由托运人负责赔偿。

3. 货运代办人的责任

货运代办人以承运人身份签署运单时，应承担承运人责任；以托运人身份托运货物时，应承担托运人的责任。

4. 站场经营人或搬运装卸经营者的责任

（1）货物在搬运装卸作业中，因搬运装卸人员过错造成货物毁损或灭失的，站场经营人或搬运装卸经营者应负赔偿责任。

（2）货物在站、场存放期间，因站场经营人责任发生毁损或灭失的，站场经营人应负赔偿责任。

9.2.3 水路货运事故责任划分

1. 托运人的责任

在班轮运输的情况下，货主将货物送交船公司指定的集中地点以前，或者在集装箱运输的情况下，拼箱货交至集装箱货运站以前，整箱货交至集装箱堆场以前，因为货物在托运人掌管之下，此时发生的货物灭失或损坏，属托运人的责任。

在航次租船的情况下，如果租船合同中约定由承租人（通常是托运人或货主）负责装船，而且明确约定船舶所有人对承租人自行安排装卸工人进行装货所造成的货物灭失或损坏可以免责时，货物装入舱内以前发生的货物灭失或损坏应由货主负责。

另外，造成货物灭失或损坏的原因是货物的包装不坚固，或由于托运人假报货名，以及货物本身的性质或潜在缺陷等，也属于托运人的责任。

2. 船公司的责任

货物在船公司掌管下所发生的事故，原则上都应由船公司负责。船公司除了应负保证船舶适航的义务外，还应负对货物给予充分注意的义务，即承运人或其雇佣人员对在货物的接受、装船、积载、运送、保管、卸船、交付中因疏忽而造成的货物灭失、损坏或延迟，应负损害赔偿责任。

3. 第三者的责任

第三者的责任主要是指货物在装卸作业过程中由于装卸工人操作不当或不注意而发生货物的撞击、坠落、落水等情况所造成的损害和不合理的使用手钩，以及驳船遭遇海难，在仓库中的失窃，理货失误等所造成的损害。

【案例分析 9-3】

某公司向欧洲出口一批糖果，投保一切险。由于货轮陈旧，运行速度慢，加上该轮沿途到处拦截，结果航行 3 个月才到目的港。卸货后，糖果因受热时间过长已经全部软化，无法销售。

思考分析：

这种情况保险公司是否会给予赔偿？

9.2.4 航空运输事故责任划分

1. 航空货运事故责任划分

因发生在航空运输期间的事件造成货物毁灭、遗失或者损坏的，承运人应当承担责任；但是，承运人证明货物的毁灭、遗失或者损坏完全是由于下列原因之一造成的，不承担责任：

（1）货物本身的自然属性、质量或者缺陷。
（2）承运人或者其受雇人、代理人以外的人包装货物的，货物包装不良。
（3）战争或者武装冲突。
（4）政府有关部门实施的与货物入境、出境或者过境有关的行为。

货物在航空运输中因延误造成的损失，承运人应当承担责任；但是，承运人证明本人或者其受雇人、代理人为了避免损失的发生，已经采取一切必要措施或者不可能采取此种措施的，不承担责任。

在货物运输中，经承运人证明，损失是由索赔人或者代行权利人的过错造成或者促成的，应当根据造成或者促成此种损失的过错程度，相应免除或者减轻承运人的责任。

2. 航空客运事故责任划分

旅客在航空器内或上下航空器过程中死亡或受伤，承运人应当承担赔偿责任。

承运人如能证明旅客死亡或受伤是不可抗力或旅客本人健康状况造成的，不承担赔偿责任。

承运人如能证明旅客死亡或受伤是由旅客本人过错造成或者促成的，同样应当根据造成或促成此种损失的过错的程度，可以减轻或免除其赔偿责任。

国内航空运输承运人的赔偿责任限额由国务院民用航空主管部门制定,报国务院批准后公布执行。国际航空运输承运人的赔偿责任限额按照下列规定执行:

(1)对每名旅客的赔偿责任限额为16600计算单位(计算单位是指国际货币基金组织规定的特别提款权,下同);但是,旅客可以同承运人书面约定高于本项规定的赔偿责任限额。

(2)对托运行李或者货物的赔偿责任限额,每公斤为17计算单位。旅客或者托运人在交运托运行李或者货物时,特别声明在目的地点交付时的利益,并在必要时支付附加费的,除承运人证明旅客或者托运人声明的金额高于托运行李或者货物在目的地点交付时的实际利益外,承运人应当在声明金额范围内承担责任。

托运行李或者货物的一部分或者托运行李、货物中的任何物件毁灭、遗失、损坏或者延误的,用以确定承运人赔偿责任限额的重量,仅为该一包件或者数包件的总重量;但是,因托运行李或者货物的一部分或者托运行李、货物中的任何物件的毁灭、遗失、损坏或者延误,影响同一份行李票或者同一份航空货运单所列其他包件的价值的,确定承运人的赔偿责任限额时,此种包件的总重量也应当考虑在内。

(3)对每名旅客随身携带的物品的赔偿责任限额为332计算单位。旅客可以自行决定向保险公司投保航空运输人身意外伤害险。此项保险金额的给付,不得免除或减少承运人应当承担的赔偿金额。

向外国人、华侨、港澳同胞和台湾同胞给付的赔偿金,可以兑换成该国或该地区的货币,其汇率按赔偿金给付之日中华人民共和国国家外汇管理部门公布的外汇牌价确定。

旅客或其继承人与承运人对其损害赔偿发生争议,可以向人民法院提起诉讼。

9.3 运输事故索赔

运输事故索赔是指发生运输事故后托运人或收货人对损失要求事故责任人履行赔偿或给付保险金的行为。运输事故索赔主要涉及三个方面的内容,分别是索赔程序、索赔所需文件、索赔时效。

9.3.1 铁路运输事故索赔

1. 铁路货损索赔

(1)一般铁路货物损失索赔程序。

托运人或收货人向承运人要求赔偿时,应按批向到站或发站提出"赔偿要求书",并附货物运单、货运记录(或普通记录)和有关证明文件。

(2)一般铁路货物损失索赔单证。

托运人或收货人向铁路要求赔偿损失时,应持加盖了公章的赔偿要求书按批向到站(货物发送前发生的事故向发站)提出赔偿要求,并附货物运单、货运记录、货物价格证明等资料。

(3)一般铁路货物损失索赔时效。

根据《铁路货物运输规程》的规定,托运人或收货人要求铁路运输企业赔偿或退补运输费用的时效期限为 180 天,但要求承运人支付违约金的有效期间为 60 天。有效期限由下列日期起算:

① 货物灭失、损坏为承运人交给货运记录的次日;货物全部灭失,未编有货运记录的,为运到期限期满后的第 31 天。

② 多收或少收运输费用,为核收该项费用的次日。

③ 要求支付违约金,为交付货物的次日。

④ 其他赔偿及退补多收或少收费用,为发生事故或核收该项费用的次日。

承运人在运到期限期满后,经过 30 天仍不能交付的货物,托运人、收货人可按货物灭失向到站要求赔偿。在赔偿前,如货物运到时,车站应及时向收货人办理交付并收回货运记录。

对于保险货物,被保险人从获悉保险货物遭受损失的次日起,如果经过 180 天不向保险人申请赔偿,也不提供必要的单证,或者不领取应得的赔款,则视为自愿放弃权益。

【案例分析 9-4】

某石油公司通过铁路发运柴油两车,同时向某保险公司投了货损险。收货人在到达站提货时,发现柴油短少 41.2 吨(价款 116 548 元)。到达站为此出具了货运记录,证实该批柴油中途被盗。后石油公司向保险公司提出赔付申请,保险公司依据保险合同的约定赔付了 116 548 元保险金。保险公司依据《保险法》的有关规定,向承运人行使追偿权。因双方协商无果,保险公司于 7 个月后提起诉讼,请求承运人偿付 116 548 元的货物损失。

思考分析:

该保险公司的上诉请求是否应得到支持?

2. 铁路客运事故索赔

旅客受伤需治疗时,医疗费用按实际需要,凭治疗医院单据由铁路运输企业承担,但其标准一般最高不超过赔偿金限额。如旅客人身伤害系法律、法规规定铁路运输企业免责的,其医疗费用由旅客承担。

旅客自身责任或第三人责任造成的人身伤害,医疗费用由责任人承担。第三人不明确或无力承担时,由铁路运输企业先行赔付后,向第三人追偿。

旅客受伤治疗后身体部分机能丧失的,应当按照机能丧失程度给付部分赔偿金和保险金。旅客身体两处以上受伤并部分机能丧失的,应当累加给付,但不能超过赔偿金、保险金最高限额。旅客受伤治愈后无机能影响的,在赔偿金、保险金最高限额的 5% 以内酌情给付。旅客死亡时按最高限额给付。

如铁路运输企业能够证明旅客人身伤害是由铁路运输企业和旅客的共同过错造成

的，应当相应减轻铁路运输企业的赔偿责任。

因处理事故需要发生的其他费用（如看尸、验尸、现场勘验、寻人启事等与事故处理直接有关的支出）在事故处理费中列支，并在事故处理报告上列明。

因事故产生的保险金、赔偿金、医疗费用、其他费用，有责任单位（铁路运输企业其他部门责任时，转责任单位所属铁路部门）的，由处理事故部门将以上费用转账给责任单位。无责任单位的，转事故发生单位。

事故责任涉及两个以上单位时，其事故处理费用由责任单位共同分担，分担比例按责任轻重由事故处理工作组确定。

对伤亡旅客的赔偿一般应当于治疗结束或尸体处理完毕后进行。由旅客或其继承人、代理人（代理人应当出具被代理人的书面授权书）提出"铁路旅客人身伤害事故赔偿要求书"，并出具治疗医院的证明，作为事故处理站办理赔偿、确定给付赔偿数额的依据。

事故处理工作组接到"铁路旅客人身伤害事故赔偿要求书"后，应当尽快与旅客或其继承人、代理人协商办理赔偿。办理赔偿应当编制"铁路旅客人身伤害事故最终处理协议书"，事故处理各方对协议书所载内容无异议后签字并加盖"事故处理专用章"生效。同时，开具"铁路旅客人身伤害事故赔付通知书"，及时将赔偿金、保险金支付给旅客或其继承人、代理人。

需向事故责任或发生单位转账时，由铁路局集团公司财务部门开具转账"通知书"，连同"铁路旅客人身伤害事故最终处理协议书"转送事故责任或发生单位。事故责任或发生单位接到转账"通知书"等资料后，应当于10天内将费用转拨事故处理部门；超过10天时，每超过1天按应付费用的0.5%支付滞纳金。

（1）赔偿标准。

普通行李、包裹在运输中发生物品损失时，若托运人按保价运输办理的，在声明价格范围内按物品的实际损失（部分损失按损失部分所占的比例）予以赔偿；若托运人未选择保价运输的，按实际损失赔偿，但最高每千克不超过15元（连同包装重量）。

（2）赔偿程序。

发生行李包裹事故时，一般请在到站办理，特殊情况也可由发站办理。

收货人要求赔偿时，请在规定的期限内提出并附下列文字材料：

① 行李票或包裹票。

② 行李、包裹事故记录。

③ 证明物品内容和价格的凭证。

（3）索赔时效。

承运人与旅客、托运人、收货人因合同纠纷产生索赔或互相间要求办理退补费用的有效期为一年。有效期从下列日期起计算：

① 身体损害和随身携带品损失时，为发生事故的次日。
② 行李包裹全部损失时为运到期终了的次日；部分损失时为交付的次日。
③ 给铁路造成损失时，为发生事故的次日。
④ 多收或少收运输费用时，为核收该项费用的次日。

9.3.2 公路货运事故索赔

1. 索赔程序

公路货运事故发生后，承运人应及时通知收货人或托运人。收货人、托运人知道发生货运事故后，应在约定的时间内与承运人签注货运事故记录。收货人、托运人在约定的时间内不与承运人签注货运事故记录的，或者无法找到收货人、托运人的，承运人可邀请2名以上无利害关系的人签注货运事故记录。

在公路货运事故记录过程中，收货人不得扣留车辆，承运人不得扣留货物。由于扣留车、货而造成的损失，由扣留方负责赔偿。

2. 索赔单证

公路货物运输合同当事人要求另一方当事人赔偿时，须提出赔偿要求书，并附运单、发票、保单、货物清单、货运事故记录和货物价格证明等文件，属保价运输还应附声明价格的证明文件。要求退还运费的，还应附运杂费收据。

3. 索赔时效

承、托双方彼此之间要求进行损失赔偿的时效，从收货人、托运人得知货运事故信息或签注货运事故记录的次日起计算（灭失的货物自运输期限届满后的第31天起计算），不超过180天。逾期提出的赔偿要求无效。

9.3.3 水路货运事故索赔

1. 索赔程序

发生货运事故时，索赔人应尽快查明货损原因，准备各种索赔单证，然后向承运人或其代理人提交索赔事情申请书或索赔清单正式提出索赔要求。索赔人对索赔权利采取的保全措施主要有两种：一种是要求承运人提供担保（现金担保和保函担保）；另一种是扣船。

2. 索赔单证

发生水路货运事故后，索赔人应向承运人或承运人的代理人提交索赔事情申请书或索赔清单正式提出索赔要求。索赔单证主要有：提单、过驳清单、卸货报告或货物溢短单、残损单等卸货单证，重理单，货物残损检验证书，商业发票，装箱单，修理单。索赔事情申请书或索赔清单的内容应包括：索赔人的名称和地址；船名；装货港名称，抵达卸货港日期；货名及提单号，接货地名；残损或短卸情况，数量；索赔日期，索赔金额及索赔理由。

3. 索赔时效

《海牙规则》和各国船公司对普通货运提单的索赔，规定为收货人应在收到货物3天之内，将有关货物的灭失、损害情况以书面的形式通知被索赔人，如果货物的状况在交货时已由双方证明，则不需要书面的索赔通知。

货物运抵保险凭证所载明目的地的储存处所或收货人在当地的第一个仓库后，收货人应在10 d内向当地保险机构申请索赔，并会同检验受损的货物，否则保险人不予受理。

被保险人从获悉或应当获悉货物遭受损失的次日起，如果经过1年时间不向保险人提出必要的单证，或者不领取赔款，则视为自愿放弃权益。

9.3.4 航空运输事故索赔

1. 航空货运事故索赔

当托运人、收货人或其代理人发现货物有遗失、短缺、变质、污染、损坏或延误到达等情况后，可以直接向承运人索赔。

（1）索赔程序。

① 托运人或收货人或其代理人发现货物有丢失、短缺、变质、污染、损坏或延误到达情况，应当场向承运人提出，承运人应按规定填写运输事故记录并由双方签字或盖章。如有索赔要求，收货人或托运人应于签发事故记录的次日起，按法定时限向承运人或其代理人提出索赔要求。向承运人提出赔偿要求时应当填写货物索赔单，并随附货运单、运输事故记录和能证明货物内容、价格的凭证或其他有效证明。

② 如有索赔要求，托运人、收货人或其代理人应当在法定异议时限内，以书面形式向航空公司各地货运部门、机场货运部门或其代理人提出货物损失的赔偿要求。

③ 填写"货物索赔单"，并须详细说明货物损坏、短缺或遗失、延误的情况。随附货运单、货物商业发票、装箱清单、运输事故记录，以及能够证明货物内容、价格的凭证或其他有效证明。

④ 索赔要求一般在货物到达站处理，承运人对索赔人提出的赔偿要求，应当在两个月内答复。不属于受理索赔的承运人接到索赔要求时，应当及时将索赔要求转交有关的承运人，并通知索赔人。

（2）索赔单证。

索赔人向承运人提出索赔要求时，应出具的文件主要有：索赔函；货运单正本或副本；货物商业发票、装箱清单和其他必要材料；货物运输事故记录以及商检报告或其他有效损失证明。

（3）索赔时效。

因货物损失发生索赔时，索赔人应在下列期限内以书面形式向承运人提出：

① 明显损失或部分丢失：自收到货物之日起 14 天内提出。
② 延误：自货物处置权交给指定收货人之日起 21 天内提出。
③ 丢失：自航空货运单填开之日起 110 天内提出。
④ 诉讼：自飞机到达目的地或运输终止之日起 2 年内提出。
超过法定索赔期限收货人或托运人未提出赔偿要求，则视为自动放弃索赔权利。

2．航空客运事故索赔

（1）索赔条件。
① 保险标的遭受保险事故发生。若没有保险事故发生，就不存在索赔。
② 保险标的遭受损失的原因必须是保险责任范围内的保险事故造成。否则，即使造成损失，也不能提出索赔，由保险人承担赔偿义务。如某航空公司投保了航空器机身险而未投保附加机身战争险，若该公司航空器遭劫持造成损失就无权向保险公司提出索赔。

（2）索赔程序。
① 在保险事故发生后，被保险人和受益人应在积极抢救的同时，以最快最有效的方式通知保险人，提出索赔要求。
② 被保险人和受益人有义务采取一切合理的抢救、整理措施，以免损伤继续扩大，力求将损失减少到最低程度。若不履行此义务，保险人有权终止保险合同或拒绝赔偿。
③ 被保险人应保护出险现场，提供检验方便，接受保险人检验。在航空器保险事故中，被保险人（承运人）应尽量保持航空器事故现场完整。如遇特殊情况无法保留现场时，应及时拍下原始现场照片，进行所需要的详细记录，并妥善保管相关的文件和材料。
④ 被保险人必须提供必要的索赔单证，包括保险单、账册、收据、发票、集装箱、出险证明书、出险调查报告、损失鉴定证明以及损失清单、抢救整理的原始单据等。
⑤ 被保险人有权领取保险金。除对某些特殊标的或事先约定外，保险人一般均应以现金支付保险金。
⑥ 涉及第三人责任时，被保险人需开具权益转让书，使保险人享有代位求偿权。

9.4　运输事故理赔

理赔是指保险事故发生后，保险人对被保险人所提出的索赔案件的处理。被保险人遭受灾害事故后，应立即或通过理赔代理人对保险人提出索赔申请，根据保险单的规定审核提交的各项单证，查明损失原因是否属保险范围，估算损失程度，确定赔偿金额，最后给付结案。如损失系第三者的责任所致，则要被保险人移交向第三者追偿损失的权利。

9.4.1　铁路运输事故理赔

1．铁路货物损失理赔程序

托运人或收货人向铁路运输企业要求赔偿货物损失时，由到站按批受理；货物发送前发生的事故和发站责任造成的事故，可由发站按批受理；运输途中发生的火灾、整车货物变质、活动物死亡需要就地处理的，经与托运人、收货人协商同意，可由发现站（发生站）按批受理。发站、发现站（发生站）受理赔偿后，应立即通知到站。

车站对收货人或托运人的赔偿要求按《货规》规定受理。对承运人责任明确的货物损失，收货人或托运人向到站或发站提出赔偿要求时，到站或发站均应受理。涉及物流总包业务的，由签约单位按合同约定指定车站受理。委托他人办理时，应由收货人或托运人出具委托书、委托人和被委托人的身份证明复印件和联系方式。

托运人或收货人向铁路要求赔偿货物损失时，应按批提出"赔偿要求书"，并附下列证明文件：

① 货物运单或快货货票戊联原件（货物全部灭失时，为领货凭证）。
② 货运记录的货主页或经赔偿受理站确认的抄件。
③ 物品清单（发站没有填制的除外）。
④ 其他必要证明材料。

受理赔偿时，车站须审核赔偿要求人的权利、有效期限、"赔偿要求书"的内容，以及规定的证明文件（货运记录（货主页）原件、有效身份证明以及与货物损失有关的其他材料）是否正确、有效和完整。审核无误后，在"赔偿要求书"收据上加盖车站公章或货物损失处理专用章，交给赔偿要求人。通过铁路货运电子商务系统网上受理客户提出的赔偿要求时，受理站审核客户上传的电子赔偿材料后，需将受理情况以"客户通知书"通过铁路货运电子商务系统告知客户。对非承运人责任的保价货物损失，收货人或托运人向到站或发站提出补偿要求时，比照赔偿程序受理。

轻微损失的赔偿由受理站审核办理。赔偿要求人要求以现金支付赔款的，由车站按财务规定当日完成现金赔付；赔偿要求人要求通过银行转账的，由受理站在下达"货物损失赔（补）偿通知书"（以下简称赔通），当日将赔偿材料报主管直属站段，由直属站段转账。轻微损失赔款备用金由车站主管直属站段财务部门按照备用金管理制度办理和监督。

三级损失的赔偿由受理站在受理当日，以查复书写明调查过程、损失款额、赔偿金额等上报主管直属站段，抄送发、到站及相关站，由主管直属站段审核办理。

二级、一级损失的赔偿及保价货物损失补偿，由受理站在受理当日，以查复书写明调查过程、损失款额、赔（补）偿金额等上报主管铁路局集团公司，抄送发、到站及相关站，由主管铁路局集团公司审核办理。

涉及物流外包业务的（包括客户以铁路方保证金冲抵违约金或向保函开立银行索赔违约金的），由签约单位按合同约定指定车站办理赔偿；不属车站办理权限的，由车站在受理当日，以查复书写明调查过程、损失款额、赔（补）偿金额等上报主管直属站段或铁路局集团公司，抄送发、到站及相关站，由主管直属站段或铁路局集团公司按合同约定审核办理。

办理赔（补）偿单位应填发"赔通"，并加盖货物损失处理专用章。赔通分为正本、副本，正本为领、付款凭证（由银行转账时，交本单位财务部门；领取现金时，交赔偿要求人领款用），副本为赔款通知。通过铁路货运电子商务系统网上办理赔偿的，应将赔通加载至铁路货运电子商务系统上告知客户。铁路货物损失理赔程序如图9.1所示。

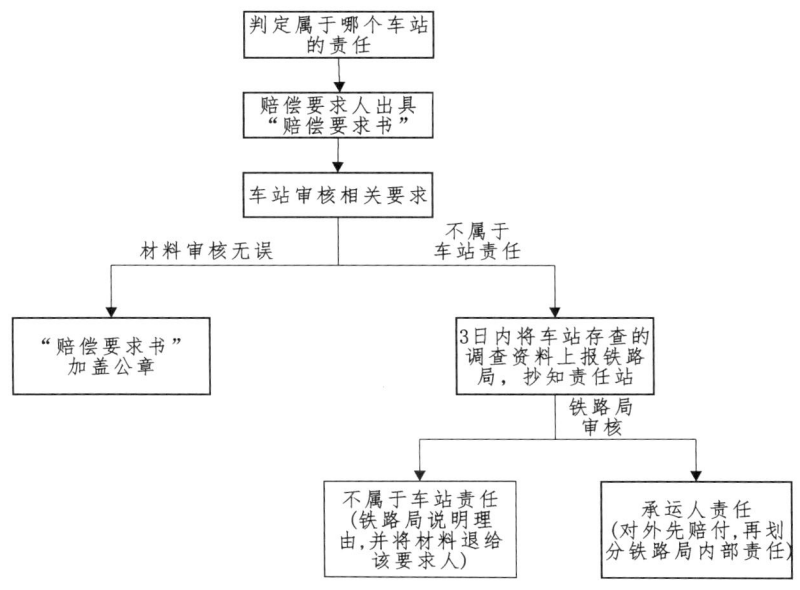

图 9.1 铁路货运理赔程序

2. 铁路货物损失赔偿金额

（1）非保价保险货物损失的赔偿。

当货物损失是由承运人的故意行为或重大过失造成时，铁路应按照实际损失向货主赔偿。

当货物的损失是由承运人过失行为造成时，赔偿额可用下式计算：

$$赔偿额 = \min\{赔偿限额，实际损失\} \tag{9-1}$$

目前规定的赔偿限额标准如下：

① 不按件数只按重量承运的货物，每吨最高赔偿100元。
② 按件数和重量承运的货物，每吨最高赔偿2 000元。
③ 个人托运的搬家货物、行李每10千克最高赔偿30元。

赔偿价格的标准：

① 执行国家定价的货物，应按照各级物价管理部门规定的价格计算。
② 执行国家指导价格或市场调节价格的货物，比照前项国家定价货物中相同规格或类似商品价格计算。
③ 个人托运的搬家货物、行李按货物交付当日（全部灭失时，为运到期限满了的当日）当地国有企业或供销部门的零售价格计算。

（2）保价货物损失的赔偿。

关于铁路保价货物事故损失的赔偿具体如下：

① 当货物损失是由承运人的故意行为或重大过失造成时，不受保价额的限制，应按照实际损失向货主赔偿。"实际损失"是指因灭失、短少、变质、污染、损坏导致货物、包裹、行李实际价值的损失。按照实际损失赔偿时，对灭失、短少的货物、包裹、行李，按照其实际价值赔偿；对变质、污染、损坏降低原有价值的货物、包裹、行李，可按照其受损前后实际价值的差额或者加工、修复费用赔偿。

② 当货物的损失是由铁路运输企业的过失行为造成时，承运人应在报价金额内按货物的实际损失赔偿，实际损失超过保价额的部分不予赔偿。对于保价货物的损失，目前有两种赔偿方法：一是根据铁路规章的规定赔偿，二是根据最高人民法院的规定赔偿。

（3）保险货物事故损失的赔偿。

参加运输保险的货物发生损失时，还应在进一步判断是否属于铁路运输企业责任的基础上，根据货物是否又参加了保价运输，按下列规定确定赔偿额。

当货物损失是由铁路的故意行为或重大过失造成时，铁路应按实际损失向货主赔偿。对保险公司先行赔付的，保险公司可按支付的保险金额向铁路运输企业追偿，因不足额保险产生的实际损失与保险金的差额部分，由铁路运输企业赔偿。

当货物的损失是由铁路的过失行为造成时，应分以下情况进行赔偿：

① 货物未按保价运输承运的，铁路运输企业应按限额赔偿的有关规定向货主进行赔偿。对保险公司先行赔付的，在足额保险的情况下，保险公司向铁路运输企业的追偿额为铁路运输企业的赔偿限额；在不足额保险的情况下，保险公司向铁路运输企业的追偿额在铁路运输企业的赔偿限额内按照投保金额与货物实际价值的比例计算，因不足额保险产生的铁路运输企业的赔偿限额与保险公司在限额内追偿额的差额部分，由铁路运输企业赔偿。

② 货物按保价运输承运的，由铁路运输企业按保价运输的有关规定进行赔偿。对保险公司按照保险合同的约定向托运人或收货人先行赔付的，可分为以下两种情况：

a. 在足额保险的情况下，保险人按实际损失赔偿，但最高赔偿额以保险金额为限。保险公司向铁路运输企业的追偿额为铁路运输企业按保价运输有关规定计算出的赔偿额。

b. 在不足额保险的情况下，保险公司向铁路运输企业的追偿额在铁路运输企业按保价运输有关规定计算出的赔偿额内按照投保金额与货物实际价值的比例计算，因不足额保险产生的铁路运输企业按保价运输有关规定计算出的赔偿额与保险公司在按保价运输有关规定计算出的赔偿额的追偿额的差额部分，由铁路运输企业赔偿。

如果货物损失属于保险责任范围，而不属于承运人责任范围的，由保险公司按保险合同的约定单独进行赔偿。

如果损失不属于保险责任范围，又属于承运人免责范围的，则由被保险人自负。

（4）铁路货物逾期运到的赔偿。

由于铁路运输企业的过错未按货物运输合同履行的,应按合同规定或有关规定向对方支付违约金。未按货物运输合同履行，主要是指货物逾期运到和交付。《中华人民共和国铁路法》规定，铁路运输企业应当按照合同约定的期限或者国务院铁路主管部门规定的期限，将货物运到目的站；逾期运到的，铁路运输企业应当支付违约金。铁路运输企业逾期30天仍未将货物交付收货人的，托运人或收货人有权按货物灭失向铁路运输企业要求赔偿。

普通货物逾期运到时，按逾期总日数与运到期限计算违约金。违约金占运费的比例为 5%～20%。

快运货物逾期运到时，按运价里程和逾期天数退还货物快运费，退还比例为 30%～100%。此外，若按普通货物计算运到期限仍为逾期运到时，则再计算违约金。

特殊规定：超限货物、限速运行的货物、免费运输的货物以及货物全部灭失，承运人都不支付违约金；从承运人发出领货通知的次日起（不能实行领货通知或会同收货人卸车的货物为卸车的次日起），如收货人在2天内未将货物领出，即失去要求承运人支付违约金的权利。

货物在运输过程中，由于下列原因之一造成的滞留时间，应从实际运到日数中扣除：
① 因不可抗力的原因引起的。
② 由于托运人责任致使货物在途中发生换装、整理所产生的。
③ 因托运人或收货人要求运输变更所产生的。
④ 运输活动物，由于途中上水所产生的。
⑤ 其他非承运人责任发生的。

托运人或收货人要求铁路运输企业支付违约金的有效期间为60天，自交付货物的次日起计算。

（5）国际铁路联运货物损失和违约赔偿金额的确定。

货物全部、短少的赔偿：

《国际货协》中规定了货物灭失、短少损失的情况下，损失赔偿额根据货物价格确定。

当运送的货物有声明价格时，铁路应按声明价格或相当于货物灭失部分的声明价格的款额向发货人或收货人赔偿。

灭失货物的运输费用、海关费用以及与运输有关的其他费用，如未纳入货物价格内，则应予以偿还。不是由运输合同产生的发货人或收货人的费用和损失不应由铁路赔偿。

货物毁损、腐坏或因其他原因降低质量的赔偿：

因铁路责任造成的货物毁损、腐坏或因其他原因降低质量时，铁路应赔偿相当于货物价值降低部分的款额。

当运送的货物有声明价格时，铁路应按照相当于货物由于毁损、腐坏或因其他原因降低质量而降低价格的百分比，支付应为声明价格部分的款额。

货物运到逾期的赔偿：

货物运到逾期时，铁路应根据造成逾期的铁路的运费和逾期的长短，即逾期天数占总运到期限的比例，向收货人支付罚款。货物运到逾期的违约金额度，根据造成运到逾期承运人的运费和逾期（期限）的长短，即逾期（天数）占总运到期限的比例确定：

逾期不超过总运到期限 1/10 时，为运费的 6%；

逾期超过总运到期限 1/10，但不超过 3/10 时，为运费的 18%；

逾期超过总运到期限 3/10 时，为运费的 30%。

（6）铁路货物损失赔偿期限。

办理赔偿的期限，自受理赔偿要求的次日起至填发赔通之日止为 2 个工作日。特殊情况下办理赔偿的最长期限：直属站段不超过 5 个工作日，铁路局集团公司不超过 10 个工作日。赔款下达后应及时送财务部门，财务部门接到赔款后，应在 5 个工作日内支付赔款。保价运输货物的损失赔款由保价成本承担，非保价运输货物的损失赔款由运营成本承担。涉及物流外包业务的（包括客户以铁路方保证金冲抵违约金或向保函开立银行索赔违约金的），由签约单位按规定支付或冲减违约金。

9.4.2 公路货运事故理赔

1. 公路货运事故理赔程序

承运人或场站作业人在接到托运人或收货人的赔偿要求书后，首先审核索赔时效，逾期则不受理，然后检查索赔文件是否齐全。

承运人或场站作业人应在收到受损方赔偿要求书的次日起 60 天内，将处理意见通知受损方，特殊情况经受损方和责任方协商可适当延长。受损方收到处理意见的次日起，10 天内没有提出异议，责任方可即付结案。

2. 公路货运事故和违约赔偿金额

（1）公路货运事故损失赔偿金额的确定。

① 货运事故赔偿分为限额赔偿和实际损失赔偿两种。对于因承运人责任造成的货物损失，当货物运输合同中未约定赔偿责任时，法律、行政法规对赔偿责任限额有规定的，依照其规定，但经核实确属承运人的故意行为造成货物损失的，不适用有关赔偿限额的规定，承运人应当按照实际损失赔偿；尚未规定赔偿责任限额的，按货物的实际损失赔偿。

② 对于因承运人责任造成的货物损失，当货主参加保价运输时，货物全部灭失的，按货物保价声明价格赔偿；货物部分毁损或灭失的，按实际损失赔偿；货物实际损失高于声明价格的，按声明价格赔偿；货物能修复的，按修理费加维修取送费赔偿。

③ 货主参加运输保险时，按投保人与保险公司商定的保险协议办理赔偿。

④ 货物损失赔偿费包括货物价格、运费和其他杂费。货物价格中未包括运杂费、包装费以及已付的税费时，应按承运货物的全部或短少部分的比例加算各项费用。

⑤ 货物毁损或灭失的赔偿额，当事人有约定的按照其约定，没有约定或约定不明确的可以补充协议，不能达成补充协议的，按照交付或应当交付时货物到达地的市场价格计算。

【案例分析 9-5】

补充责任限额说明。赵女士委托快递公司将价值 1.2 万元的货品送给客户，当时公司满口承诺，保证在当天中午之前送达目的地。没想到，这家公司的快递员收件后，连人带货品一起消失了。经调查，这家快递公司派来的快递员是个新手，连登记的身份证号码都是假的，压根儿就没把货品送出去。为此，赵女士单位向快递公司提出索赔要求，而对方却搬出他们内部格式条款，不肯全额赔偿。

思考分析：

1. 快递公司的过错是否导致责任限额失效？
2. 责任限额无效的情况下，未购买声明价值服务是否对赔偿标准有影响？

（2）关于公路货运事故和违约赔偿的其他规定。

① 由于承运人责任造成货物灭失或损失，以实物赔偿的，运费和杂费照收；按价赔偿的，退还已收的运费和杂费；被损货物尚能使用的，运费照收。

② 丢失货物赔偿后又被查回的，应送还原主，收回赔偿金或实物；原主不愿接受失物或无法找到原主的，由承运人自行处理。

③ 承托双方对货物逾期到达、车辆延滞、装货落空都负有责任时，按各自责任所造成的损失相互赔偿。

④ 对于货物运输途中发生交通肇事造成货物损坏或灭失的，承运人应先行向托运人赔偿，再由其向肇事的责任方追偿。

⑤ 货物赔偿费一律以人民币支付。

⑥ 由托运人直接委托站场经营人装卸货物造成货物损坏的，由站场经营人负责赔偿；由承运人委托站场经营人组织装卸的，承运人应先向托运人赔偿，再向站场经营人追偿。

⑦ 当事人不得自行用扣发货物或扣付运费来充抵违约金和赔偿金。

根据有关规定，赔偿金数额双方事先有约定的，承运人按合同约定支付；没有约定或者约定不明确，依据《民法典》第五百一十条的规定仍不能确定的，按照交付或者应当交付时货物到达地的市场价格计算。法律、行政法规对赔偿额的计算方法和赔偿限额另有规定的，依照其规定。

3. 公路货运事故赔偿时效

公路货运合同当事人应在收到对方赔偿要求书的次日起，60 天内做出答复。违约金、赔偿金应在明确责任后 10 天内偿付，否则按逾期付款处理。

 【案例分析 9-6】

案例背景：（1）甲公司与乙保险公司签订货物运输预约保险协议，为其全年生产的产品在运输过程中的风险向乙保险公司投保国内公路货物运输保险。（2）甲公司的货运业务由丙运输公司承运。(3)丙运输公司与丁保险公司签订货物运输保险协议，向丁保险公司为其承运业务投保国内公路货物运输保险（甲公司货运业务仅是丙公司总体货运业务的一部分）。

案例情况：

丙公司在承运甲公司的某批货物的过程中发生了保险事故，丙公司被有权机关认定对事故负全部责任。甲公司通知乙保险公司发生货损，丙公司通知丁保险公司发生货损。丁保险公司得知甲公司已经向乙保险公司投保货运险后，向乙保险公司主张按照重复保险共同分摊损失。

思考分析：

1. 甲公司、丙公司的投保行为是否属于重复保险？
2. 该案应该如何理赔？保险公司应如何赔付？

9.4.3 水路货运事故理赔

1. 水路货运事故理赔程序

（1）索赔单证的审核。

当船公司或船公司的代理人接到索赔人提出的索赔案后，应立即进行索赔单证是否完备的审核和对单证内容的审核。

对索赔单证完备性的审核包括：

① 证明索赔人是合法的索赔人。收货人用提单或提单的影印本表明，代位求偿的保险人或其他受托人还须随附"权益转让证书"或委托书。

② 证明承运人负赔偿责任。普通船舶运输时用过驳清单、卸货报告或货物残损单和货物溢短单等表明卸货数量和质量的单证或由具有公证资格的检验人出具的检验报告；集装箱运输时用集装箱货物的交付记录和检验报告等。

③ 证明索赔人提出的索赔金额是合理的。提交证明货物受损程度的单证、核定索赔金额的单证。

对索赔单证内容的审核包括以下几项内容：

① 索赔人提出索赔的时间是否已超过提单条款或有关国内法和在本国生效的国际公约所规定的诉讼时效。

② 各种索赔单证上记载的日期、船名、航次、提单号、货物名称、标志等内容是否一致。

③ 货物损失是不是在承运人掌管期间内发生的。

④ 证明货物残损或短缺的货物单证上有没有大副或船长的签字。

⑤ 核对理货计数单据，查明货物在装卸时的理货数字是否正确。

⑥ 在确认船公司应承担责任时，还要审核索赔清单中所列CIF货价与发票所列价格是否相符。

（2）事故调查与赔偿。

船公司接到索赔案件后，应及时对损害事实进行调查，查明事故原因。如果确认货物的损害不是由于自己的责任所引起的，就应将自己对于货物的损害不承担责任及其理由及时通知索赔人，即"拒赔"。为了举证，承运人必须提出一系列能证明其及其代理人、雇佣人员没有过失或不应承担责任的单证或证明。这些单证除收货单、理货计数单、货物溢短单和货物残损单，或过驳清单、卸货报告等货运单证，以及货物残损检验证书等公证机关出具的证明外，有时还要提出如下单证及证明：

① 积载检验报告，是具有公证资格的检验人出具的，可作为在积载方面承运人已做到"谨慎处理"的证明。

② 舱口检验报告，是指船舶在航行中遭遇风暴或恶劣天气，估计舱内货物可能受到其他损害时，在船舶到达目的港后，申请具有公证资格的检验人对舱口的密封情况、货物的积载情况等进行检验所出具的证明。

③ 卸货事故报告，是有些船公司要求载运货物的船舶编制的一种说明货运事故实际情况的书面报告。

④ 海事声明和海事报告，船舶在航行中遭遇异常气候或其他意外事故，造成或估计会造成船、货损害，承运人或船方为谋求摆脱他们对此项损害的责任和保留向有关方索赔的权利，在船舶进入第一靠港后的一定时间内（通常为24小时），或到达目的港开舱卸货前向有关机构，如本国驻外大使馆或领事馆，或港口主管当局，或公证机关递交海事声明，以求得公证。海事报告是在船舶发生海事后，船、货的损害已经形成，在对损害已存在的情况和损害的程度已大致了解的情况下，船长向有关当局递交的书面报告。

2. 水路货运事故赔偿金额

（1）确定赔偿金额的标准。

在实际业务中，多数以CIF发票价格作为确定赔偿金额的标准。但是，在货物价格变动激烈的情况下，有时也以下述方法确定赔偿金额：

① 以CIF发票价格作为卸货地价格，但在以FOB价格条件成交的情况下，则以发票价格加上保险费、运费和卸货费的总额作为卸货地价格。至于在以外币计价的情况下，则按照船舶到达目的港之日的汇率换算成卸货地价格。

② 以货物保险的保险金额假定为卸货地价格。

③ 以托运人托运时所申报的价格假定为卸货地价格。

在计算上述三种价格后，参照卸货地同种、同品质的货物的实际价格，以其中与实际价格最接近的一种价格作为标准价格，并以此为基础与货主磋商、求得谅解，然后进一步落实赔偿的支付问题。

附加资料：CIF术语的中译名为成本加保险费加运费（Cost, Insurance and Freight）。按CIF术语成交，虽然由卖方安排货物运输和办理货运保险，但卖方并不承担保证把货送到约定目的港的义务，因为CIF是属于装运交货的术语，而不是目的港交货的术语，也就是说CIF不是"到岸价"。

FOB（Free On Board），也称"离岸价"，是国际贸易中常用的贸易术语之一。按离岸价进行的交易，买方负责派船接运货物，卖方应在合同规定的装运港和规定的期限内将货物装上买方指定的船只，并及时通知买方。货物在装船时越过船舷，风险即由卖方转移至买方。

（2）承运人的赔偿责任限制。

承运人的赔偿责任限制是指在已明确承运人负有赔偿责任应支付赔偿金额的情况下，承运人对每件或每一单位货物支付赔偿金的最高限额（即赔偿限额）。规定赔偿责任限制是免责条款之外对承运人的利益给予保护的又一措施。例如，中远提单条款第11条第二段规定"承运人对货物的灭失或损坏的赔偿责任应限制在每件或每一计费单位不超过人民币700元"。

（3）水路货物运输保险的有关规定。

投保人和保险人约定保险标的的保险价值并在合同中载明的，保险标的发生损失时，以约定的保险价值为赔偿计算标准。

投保人和保险人未约定保险标的的保险价值的，保险标的发生损失时，以保险事故发生时保险标的的实际价值为赔偿计算标准。保险金额不得超过保险价值。超过保险价值的，超过部分无效，保险人应当退还相应的保险费。如果被保险人投保不足，保险金额低于保险价值的，除合同另有约定外，保险人按照保险金额与保险价值的比例承担赔偿保险金的责任。被保险人为防止或者减少根据合同可以得到赔偿的损失而支出的必要的合理费用，为确定保险事故的性质、程度而支出的检验、估价的合理费用，以及为执行保险人的特别通知而支出的费用，应当由保险人在保险标的损失赔偿之外另行支付，支付费用以相当于保险金额的数额为限。

货物发生保险责任范围内的损失，如果根据法规的规定，应当由承运人或其他第三者负责赔偿部分或全部损失的，被保险人应首先向承运人或其他第三者提出索赔。如果被保险人提出要求，保险人也可以先予赔偿，但被保险人应签发权益转让书给保险人，并协助保险人向责任方追偿。

保险货物遭受残损后的残值应充分利用。经双方协商，可作价折归被保险人，并在赔款中扣除。

（4）水路货运事故赔偿时效。

就海上货物运输向承运人要求赔偿的请求权，时效期间为一年，自承运人交付或者应当交付货物之日起计算；在时效期间内或者时效期间届满后，被认定为负有责任的人向第三人提起追偿请求的，时效期间为九十日，自追偿请求人解决原赔偿请求之日起或者收到受理对其本人提起诉讼的法院的起诉状副本之日起计算。

保险人在接到索赔单据后，应当根据保险责任范围迅速判定是否赔偿。如确定赔偿，赔偿金额一经保险人与被保险人达成协议后，应在10天内赔付。

【案例分析 9-7】

某船承运一整船化肥从中国到非洲,船上货物投保了海运货物平安险,在航行途中船舶遭遇暴风雨,海水浸入船舱,造成两个舱内 400 袋化肥各损 50 袋,其他舱货物安然无恙。风浪过后,船舶带伤继续航行,不幸触礁,海水涌入一个船舱,造成舱内 200 袋化肥全损。后经其他船援助,安全驶入附近港口进行修理,并最终安全完成全部航程。事后,货主向保险公司提出索赔。

思考分析:

保险公司应如何赔付?

9.4.4 航空货运事故理赔

1. 航空货运事故理赔程序

在航空运输中,托运货物发生损失的,收货人应当在发现损失后应当及时向当地保险公司申请检验,最迟不得超过 10 天,否则保险人不予受理。如果当地无保险公司,则由被保险人或收货人会同承运人共同检验,并由承运人出具证明加盖公章,向起运地保险人索赔。

托运人或收货人发现货物发生损失时,收货人最迟应当自收到货物之日起 14 日内在运输凭证上或者另以书面提出。货物发生延误的,最迟应当自货物交付收货人处置之日起 21 日内在运输凭证上或者另以书面提出。如有索赔要求,收货人或托运人应当于签发事故记录的次日起,按法定时限向承运人或其代理人提出索赔要求。向承运人提出赔偿要求时应当填写货物索赔单,并随附货运单、运输事故记录和能证明货物内容、价格的凭证或其他有效证明。

被保险人向保险人申请赔偿时,必须提供下列单证:航空货运单(保险单或保险凭证)、发票、装箱单、货物运输事故签证、索赔清单及救护保险货物所支出合理费用的单据。保险人在接到上述申请和单证后,根据保险责任范围迅速核定应否赔偿。有关赔偿金额,经与被保险人达成协议后立即赔偿。

在承运人会同收货人做出货物运输事故签证时起,被保险人如果经过 180 天不向保险人申请赔偿,不提出必要的单据、证件,则视为自动放弃索赔权利。

索赔要求一般在到达站处理。承运人对托运人或收货人提出的赔偿要求,应当在 2 个月内处理答复。

不属于受理索赔的承运人接到索赔要求时,应当及时将索赔要求转交有关的承运人,并通知索赔人。

2. 航空运输事故理赔金额

由于承运人的原因造成货物丢失、短缺、变质、污染、损坏的,应按照下列规定赔偿:

（1）货物没有办理声明价值的，承运人按照实际损失的价值进行赔偿，但赔偿最高限额为毛重每千克赔偿20元。

（2）已向承运人办理货物声明价值的货物，按声明的价值赔偿；如承运人证明托运人的声明价值高于货物的实际价值时，按实际损失赔偿。

超过货物运输合同约定期限运达的货物，承运人应当按照运输合同的约定进行赔偿。

3. 航空客运事故理赔

（1）理赔原则。

① 按保险合同办事原则。严格遵守保险条款，不折不扣地承担经济补偿义务。赔偿金额确定后，保险人必须在10日内支付。否则视为违反合同，应承担违约金。

② 主动、迅速、准确、合理的原则。这是理赔的一贯要求，即主动开展理赔工作；按法定时间及时赔偿；明确保险责任，不错赔、不滥赔；具体情况具体分析，符合法律标准和道德标准。主动、迅速、准确、合理是互相制约互相联系的统一体。

③ 坚持实事求是原则。保险事故的原因错综复杂，有时难以判断某一损失是否属于保险责任范围。只有深入实际调查研究，才能在不违背保险赔偿精神的前提下实事求是地处理保险赔偿。

（2）理赔程序。

① 登记立案。保险人得到被保险人的损失通知后，应在赔款案件登记簿上将有关内容登记立案。

② 勘查案情。保险人的理赔人员必须对出险案件的保险单是否有效、保险利益是否存在、投保条件和特约事项情况如何、是否有重复保险等进行审查。勘查现场时要按顺序和要求做好记录，必要时写好勘查报告。

③ 责任审定。凡在核赔权以内的各类案件，理赔部门都要认真研究联系记录或查勘报告，通过专人审定对案件责任做出初步结论，然后报上级审批。凡涉及追偿第三人责任的案件，应先由被保险人填写"权益转让书"，再履行赔付义务。

④ 损余物资处理。在适当照顾被保险人利益的同时，应使受损财产得到充分利用。必须由保险人收回的损余物资，可经过规定手续冲减赔款支出。

⑤ 赔款计算。属保险责任范围内的损失，应先审查被保险人提供的损失清单，然后按标的损失、施救费用、查勘费用、损余收回、免赔额等各项公式计算，填制赔款计算书。凡以外汇投保的，保险人以外汇赔付；凡以人民币投保的，保险人以人民币赔付。

⑥ 结案。保险人的财会部门接到赔款计算书后，必须在10日内将赔偿款支付给保险人，理赔人员将全案文件和单证归档结案。

本章小结

运输事故是运输生产活动中发生的各种事故的总称。本章系统分析了铁路、公路、水路、航空等运输方式的客、货运事故责任划分的原则、货运记录的编制和处理、运输事故的索赔程序、单证和时效、理赔程序、赔偿金额的确定及赔偿期限的规定等。

1. 运输事故的种类和等级

运输事故包括客运事故和货运事故，各种运输方式针对不同的事故类型划分不同的种类和等级，事故等级一般与货物损失金额或旅客人员的伤亡程度相关。

2. 运输事故责任划分

运输事故责任主要分为承运人、托运人及第三方的责任，事故发生后，根据事故发生的原因，判断事故所造成的损失应该由谁来承担，或者是双方对事故都应该承担一定的责任。

3. 运输事故索赔

运输事故索赔是指投保人或被保险人在发生保险事故、遭受财产损失或人身伤亡以后，要求保险人履行赔偿或给付保险金义务的行为。保险索赔是被保险人获得实际的保险保障和实现其保险权益的具体体现。本章对铁路、公路、水路、航空四种运输方式的索赔程序、索赔单证、索赔时效等进行了介绍和说明。

4. 运输事故理赔

运输事故理赔是指保险事故发生后，保险人对被保险人所提出的索赔案件的处理。被保险人遭受灾害事故后，应立即或通过理赔代理人对保险人提出索赔申请，根据保险单的规定审核提交的各项单证，查明损失原因是否属保险范围，估算损失程度，确定赔偿金额，最后给付结案。

复习与思考

1. 简述铁路货运事故种类与等级。
2. 简述铁路客运事故种类与等级。
3. 简述公路货运事故种类、等级以及事故处理程序。
4. 简述铁路货运、客运事故各方责任的划分。
5. 简述公路货运、客运事故各方责任的划分。
6. 简述水路货运、客运事故各方责任的划分。
7. 简述航空货运、客运事故各方责任的划分。
8. 简述铁路货运事故索赔与理赔程序。
9. 如何确定铁路货运事故的赔偿金额？
10. 铁路货运记录有何作用？
11. 实际损失是什么？
12. 国际铁路联运的责任范围是如何规定的？
13. 国际航空运输承运人的赔偿责任限额是如何规定的？
14. 国际铁路联运货物发生事故时，提出赔偿请求的依据有哪些？赔偿金额如何确定？

参考文献

[1] 王任祥. 现代港口物流管理[M]. 上海：同济大学出版社，2007.
[2] 徐公达，石丽娜. 航空旅客运输管理[M]. 北京：航空工业出版社，2003.
[3] 谢春讯，李智忠，徐阳. 航空货运代理实务[M]. 北京：清华大学出版社，2008.
[4] 徐月芳，石丽娜. 航空客货运输[M]. 北京：国防工业出版社，2004.
[5] 李军玲. 国际货运基础教程[M]. 北京：中国民航出版社，2000.
[6] 中国民用航空总局. 国内航空运输承运人赔偿责任限额规定[R]. 2006.
[7] 唐秋生，刘玲丽. 交通运输商务管理[M]. 北京：人民交通出版社，2006.
[8] 朱沛. 航空运输教程[M]. 北京：兵器工业出版社，2004.
[9] 国务院. 铁路交通事故应急救援和调查处理条例[R]. 2012修订.
[10] 中国铁路总公司. 铁路货物损失处理规则[S]. 2018.
[11] 全国人大常委会. 中华人民共和国民用航空法[Z]. 2021.
[12] 中华人民共和国铁道部. 铁路货物运输规程[S]. 铁运〔1991〕第40号.
[13] 全国人大常委会. 中华人民共和国保险法[Z]. 2015.
[14] 全国人大常委会. 中华人民共和国海商法[Z]. 1992.
[15] 中国人民保险公司. 国内航空货物运输保险条款（试行）. 1984.